해방신학

Gustavo Gutiérrez

A THEOLOGY OF LIBERATION
History, Politics and Salvation

© Orbis Books, Maryknoll, New York 1973

Translated by SEONG Yeum
© Benedict Press, Waegwan, Korea 1977

해방신학

1977년 6월 초판
2000년 4월 신정판(4쇄)
2021년 5월 8쇄
옮긴이 · 성염
펴낸이 · 박현동
펴낸곳 · 성 베네딕도회 왜관수도원 ⓒ 분도출판사
찍은곳 · 분도인쇄소
등록 · 1962년 5월 7일 라15호
04606 서울시 중구 장충단로 188(분도출판사 편집부)
39889 경북 칠곡군 왜관읍 관문로 61(분도인쇄소)
분도출판사 · 전화 02-2266-3605 · 팩스 02-2271-3605
분도인쇄소 · 전화 054-970-2400 · 팩스 054-971-0179

www.bundobook.co.kr
ISBN 978-89-419-7149-8 03230

구스타보 구티에레즈

해 방 신 학
역사와 정치와 구원

성염 옮김

분 도 출 판 사

차 례

서론 ·· 11

제1부
신학과 해방

제1장: **신학: 비판적 사색** ································· 16
    신학의 고전적(전통적) 과제 ························· 17
        예지叡智로서의 신학 ······························· 17
        합리적 지식으로서의 신학 ······················ 19
    신앙 실천에 대한 비판적 고찰 ····················· 21
        역사적 실천 규범 ································· 21
        비판적 고찰 ·· 28
    결론 ·· 32

제2장: **해방과 개발** ··· 35
    개발의 개념 ··· 36
        개발의 기원 ·· 37
        개발의 추구 ·· 38
    해방운동 ·· 41
        개발주의에 대한 비판에서 사회혁명으로ㆍㆍㆍ 41
        인간은 자기 운명의 주인이다 ················· 43
        해방의 신학적 개념 ····························· 52
    결론 ·· 57

제 2 부
문 제 제 기

제 3 장: **문제제기의 과정** ·· 60
제 4 장: **제시된 해답** ·· 68
    "그리스도교 세계"Christendom ································· 68
    "신그리스도교 세계"New Christendom ························ 70
    교회와 세계를 구분함 ··· 73
제 5 장: **교회와 세계를 양분한 데서 초래된 위기** ············ 77
    사목 분야의 위기 ··· 77
      평신도 사도직 운동의 위기 ······························ 77
      "사회문제"에 대한 각성 ···································· 79
    신학의 위기 ··· 81
      순수한 세속 ·· 81
      단일한 구원의 소명 ··· 85

제 3 부
라틴아메리카 교회의 당면 과제

제 6 장: **라틴아메리카의 해방운동** ································ 94
    라틴아메리카의 새로운 국면 ································· 94
      개발정책 10년의 성과 ······································ 95
      "종속" 이론 ·· 98
    해방운동 ··· 105
제 7 장: **해방운동과 교회** ·· 113
    그리스도인들의 사회 참여 ···································· 114
      평신도 ·· 115

사제와 수도자 ·· 119
주교 ··· 123
이론적 배경 ··· 124
라틴아메리카의 변혁에 관한 이론 ··················· 125
라틴아메리카 교회의 처신 ································ 137
제 8 장: **교회의 당면 과제** ·· 147

제 4 부
해방의 신학

전편: **신앙과 신新인간**

제 9 장: **구원과 해방** ··· 164
그리스도교 구원관 ··· 164
양적인 구원 개념 ·· 165
질적인 구원 개념 ·· 166
역사의 단일성 ··· 169
창조와 구원 ··· 171
창조: 최초의 구원사건 ······································· 171
정치적 해방: 인간의 자기창조 ·························· 173
구원: 재창조이자 창조의 완성 ·························· 176
종말론적 약속 ··· 181
약속에 의한 상속인 ·· 181
종말론: 미래와 역사적 현재 ······························ 184
종말론적 약속: 역사적 약속 ······························ 190
그리스도와 해방의 완성 ······································· 195
현세적 진보와 하느님 나라의 발전 ···················· 195

　　　　　정치적 해방의 차원 ····················· 200
　　　　　해방자 그리스도 ····················· 204
제10장: **역사의 하느님** ····················· 209
　　　　　인류는 하느님의 성전 ··················· 210
　　　　　이웃을 향하는 전향 ···················· 216
　　　　　　정의의 실천은 하느님을 아는 길 ··········· 216
　　　　　　이웃 사람 안에 계시는 그리스도 ············ 219
　　　　　해방의 영성 ······················· 231
제11장: **종말론과 정치** ······················ 239
　　　　　희망의 신학 ······················· 242
　　　　　복음의 정치적 차원 ···················· 251
　　　　　　"신新정치신학" ····················· 251
　　　　　　예수와 정치세계 ····················· 259
　　　　　　신앙, 유토피아, 정치활동 ················ 270

후편: 그리스도교 공동체와 새로운 사회

제12장: **교회: 역사의 성사** ··················· 284
　　　　　구원의 보편적 성사로서의 교회 ············· 284
　　　　　　새로운 교회관 ····················· 285
　　　　　　성사와 표지 ······················ 289
　　　　　성찬과 인간애 ······················ 295
　　　　　　"나를 기념하여" ···················· 295
　　　　　　고발과 예보 ······················ 300
　　　　　　크리스천 형제애와 계급투쟁[抄譯] ·········· 310
제13장: **가난과 인간의 연대성** ················· 316
　　　　　"가난"의 개념 ······················ 318

8　차 례

  "가난"의 성서적 의미 ························· 321
   가난: 창피한 처지 ························· 321
   가난: 정신적 순박 ························· 328
  문제의 종합: 유대와 저항 ····················· 333

결론 ································· 339

서 론

이 책은 압제받고 착취당하는 남미 여러 나라에서 일어난 자유화 운동에 투신하고 있는 남녀들의 체험을 그리스도교 복음에 비추어서 고찰해 보려는 하나의 시도이다. 오늘의 불의한 상황을 철폐하여 더 자유롭고 더 인간다운 변화된 사회를 건설하려는 공동노력의 체험에서 우러나온 신학적 반성이다. 남미 여러 나라에서는 수많은 사람들이 자유화 운동에 뛰어들고 있는데, 그 가운데서도 크리스천들의 수가 날로 늘어나고 있다. 이 책이 어떤 설득력과 효력을 낸다면 그것은 오로지 그들의 체험과 신학적 반성에 공을 돌려야 할 것이다. 필자의 가장 큰 염원은 그들이 압제받는 사람들과 함께 나눈 깊은 연대의식을 더 분명히하려는 그들의 노력과 고귀한 체험이 혹시나 손상당하지 않도록 하려는 데 있다.

우리가 목적하는 바는 이미 작정하고 있는 태도를 정당화할 어떤 이데올로기를 공들여 정립하는 것이 아니며, 우리 신앙을 흔들어놓는 과격한 도전을 받고서도 당황하지 않는 안전책을 찾으려고 급급해하는 것도 아니다. 그리고 우리가 정치활동을 "연역해 낼 수 있는" 어떤 신학을 꾸며내자는 것도 아니다. 우리의 의도는 주님의 말씀에 비추어 우리 자신을 판단하고, 신앙에 입각하여 사색하며, 우리의 사랑을 북돋우자는 것이다. 그리고 더 급진적이고 총체적이며 효율적이 되려는 우리의 처신에서, 우리가 품고 있는 희망의 근거를 찾아내자는 것이다. 그리스도교 생활의 훌륭한 과제들을 전적으로 변화된 이 전망에서 재고하고, 우리의 이런 과업수행에서 새로 야기된 문제들에 관한 과제들을 판단하자는 것이다. 이것이 소위 "해방신학" theology of liberation의 목표이다.

라틴아메리카에서는 이 노선에 따라서 여러 방면으로 진지한 노력이 경주되고 있다. 우리가 알고 있는 범위 내에서는 그 노력들이 우리에게 많은 참고가 되고 이 책 저술에 큰 도움이 되었다. 우리의 역사적·사회적 여건에 맞지 않는 어떤 해결방법을 전용하지 않으려고 정신을 쓰는 것은 마땅하지만 그렇다고 세계 그리스도교 공동체의 공헌을 소홀히하는 그런 사고는 피하고 싶다. 더구나 우리와는 다른 사상적 배경에서 형성된 이념들을 무비판적으로 슬쩍 도입하는 것보다는 세계 그리스도교 공동체의 이러한 공헌을 명백히 인정하는 것이 더 나을 듯하다. 그런 이념들은 건전하고 솔직한 비판과 검토를 거쳐야만 우리에게서도 결실할 수 있다.

역사를 통해서 전개해 온 인간의 해방운동의 신학적 의미를 고찰하기 위해서는 먼저 우리가 사용할 용어들을 방법론적으로 정의할 필요가 있다. 이 책자의 제1부에서 이 작업을 할 것이다. 우리는 여기서 역사에 있어서의 인간의 활동과 현존에 대한 신학의 비판적 기능에 왜 우리가 각별한 관심을 가지는지 밝힐 수 있을 것이다. 우리 시대에, 특히 탄압이 자행되는 저개발국가에서의 인간 현존의 가장 중대한 사실은 정의와 우애가 군림하는 사회, 인간들이 품위를 갖추고 살며 자기 운명의 개척자요 주인이 될 수 있는 사회를 건설하기 위한 투쟁이다. 우리의 견해로는 "개발" 혹은 발전이라는 용어는 이러한 염원을 별로 잘 표현하고 있지는 않다. 오히려 "해방" 또는 "자유화"라는 용어가 더 적절하다. 그뿐 아니라 해방의 개념은 더 정확하고 포괄적이다. 해방이란 개념은 인간이 자기의 실존과 자기의 생애를 통해서 자유를 쟁취하는 가운데 인간이 자기를 변혁함을 강조한다. 성서는 전적으로 선물로서 주어지는 해방 — 구원 —, 그리스도로 말미암은 해방을 이야기한다. 그 선물은 곧 우리가 말하는 모든 국면을 포괄하며 해방운동 전체에 깊은 의의를 부여하고, 아울러 예견할 수 없는 완전한 해방이 어떤 것인가를 시사한다. 그렇게 본다면 해방은 곧 오직 하나의 구원과정으로 간주될 수도 있겠다. 이러한 견해는 인간의 다양한 차원, 즉 타인들과의 관계와 주님과의 관계를 "혼동하는 일 없이" "단일한 것"으로 보게 만든다. 한때 신학이 시도하던 목표도 이것이며, 우리가 이하에서 전개할 사상의 골격이 되는 것도 바로 이것이다.

그리고 제2부에서는 해방의 신학이 당면한 문제가 전통적으로 내려오는 오래된 문제인 동시에 새로운 문제라는 것을 고찰해야 할 것이다. 신학이 역사의 흐름 속에서 이 문제에 어떻게 응답해 왔는가를 분석한다면 이 양면성이 더욱 두드러지게 나타난다. 여기서 우리는 신학의 전통적 방법들은 다 써버려 고갈되고 말았으므로 신학적 성찰의 새로운 분야가 개척되고 있다는 결론에 도달할 것이다. 이러한 연구는 우리의 노정에 있는 장애들을 제거하고 신속히 앞으로 전진하는 데 도움을 줄 것이다. 제2부에서 우리는 이 문제를 다룬다.

이런 분석을 한 다음에 제3부에서 우리는 현대세계에서의 교회의 "실제 활동"을 재고하지 않을 수 없다. 크리스천들이 국민 대다수이면서도 착취와 압제가 자행되는 유일한 대륙 라틴아메리카의 실정은 우리의 관심을 끈다. 현재 라틴아메리카 교회와 특히 헌신적인 그룹들이 해방운동에 관여하고 있는 형태를 서술하고 해석하는 가운데, 우리는 정말 신학적으로 고찰해야 할 문제점들을 파악할 수 있을 것이다. 이것은 이러한 방향의 첫 노력이 될 것이다. 이 논술의 제3부에서는 전적으로 이 시론試論에 힘을 기울이기로 한다.

이상과 같은 연구에서 우리는 해방의 신학적 의미를 묻는 질문은 곧 "그리스도교의 의의와 교회의 선교에 관한" 질문이라는 결론에 도달하게 된다. 교회가 거리낌없이 자기의 교의적 수단이나 신앙의 활력의 수단을 끌어대어 무슨 문제에나 척척 답변하던 시대가 있었다. 그러나 오늘날 우리가 해방이라고 일컫는 이 운동의 중대성이나 그 범위는 그리스도교 신앙과 교회를 근본적으로 문제삼게 할 정도에 이르고 있다. 성인成人이 된 인류의 과업을 위해 그리스도교 신앙과 교회가 도대체 무슨 의미를 가지느냐는 질문이 제기되고 있다. 본서의 후편이라고 할 제4부는 이 연구에 할당될 것이다. 우리는 그리스도의 구원사업에 핵심을 둔 해방운동의 단일성과 복합성을 논한다. 그러나 우리는 결정적인 해답을 주려는 것이 아니라 고려할 문제들을 묘사할 뿐이며, 정확히 말해서 새로운 문제점들이 무엇인가를 대략 서술하는 데 불과하다.

해방운동이 야기시킨 문제점들이 워낙 새롭고 워낙 변화가 심하기 때문에 적확한 용어와 명백한 개념을 구사하기가 힘들다. 그럼에도 불구하고 이 책자를 내놓는 것은 어느 정도 도움이 되리라는 기대와 함께, 사계斯界에서 쏟아질 비판과 질책이 우리의 사상을 키워주고 심화시켜 주리라고 믿기 때문이다.

본 논술은 1968년 페루의 침보떼(Chimbote)에서 개최된 Encuentro Nacional del Movimiento Sacerdotal ONIS에 제출된 백서를 토대로 한 것이다. 이 백서는 MIEC 문서부에 의해서 *Hacia una teología de la liberación*이라는 제목으로 1969년 몬테비데오에서 출판된 바 있다. 스위스 카티니(Cartigny)에서 1969년 11월 SODEPAX가 구성한 "신학 및 개발 자문위원단"에 제출할 때 손질을 했고, 그것이 *In Search of a Theology of Development: A Sodepax Report* (Lausanne, 1970)에 "Notes on a Theology of Liberation"이라는 제목으로 실렸다. 본서도 같은 사상 노선을 따르고 있다.

제 1 부

신학과 해방

"신학"과 "해방"이라는 두 말은 여러 가지로 해석될 수 있는 용어들이다. 우리가 연구할 문제들을 정확하고 분명하게 제시하기 위해서 우리가 앞으로 사용하게 될 "신학"의 개념을 비판적으로 검토해야겠다. 아울러 "해방" — 혹은 자유화 — 이라는 말을 쓸 때에 그것으로 무엇을 나타내고자 하는지도 대강 밝혀야 하리라고 본다. 그 이상은 연구가 진행됨에 따라 미묘한 의미들도 밝혀지고 이해도 깊어지는 가운데 이 처음의 노력을 보완하리라고 본다.

제 1 장

신학: 비판적 사색

신학적 성찰, 즉 **신앙의 이해**는 하느님의 말씀이라는 선물을 받아들인 신앙인 누구에게나 저절로 또한 필연적으로 생긴다. 완전하고 진정한 신앙생활을 하려고 노력하는 데 언제나 따르는 것이며, 또한 교회 공동체 내에서 이 신앙을 공동으로 고찰하고 표현하는 데도 없어서는 안되는 것이다. 그리고 "신앙인 누구에게나", 더군다나 각 그리스도교 공동체 안에는 신학의 대체적 윤곽이 서 있는 법이다. 또한 신앙을 이해하려는 노력, 말하자면 생활과 행동과 구체적인 태도로 나타나는 저 신앙에 대한 예비 이해 같은 것이 있는 것이다. 신학 — 용어의 정확한 전문적 의미 그대로의 신학 — 이라는 건물이 세워질 수 있는 것도 바로 이 기초 위이며 또한 이 기초 덕분이다. 이 기초는 단지 위로 뛰어오르기 위한 발판으로 그치는 것이 아니라, 신학적 사고가 끊임없이 뿌리를 내리고 또 힘을 길러내는 토양이다.[1]

그러나 엄밀한 의미에서의 신학 연구의 초점은 교회사를 통해 수많은 변전을 겪었다. "신학은 교회의 역할과 결부되어 있으므로, 신학은 교회의 역사적 발전에 따라 좌우되게 마련이다." 이는 크리스티앙 뒤꼭의 말이다.[2]

---

[1] Antonio Gramsci가 철학을 평한 말이 신학에도 해당된다고 하겠다: "철학이란 소수의 학술 전문가 혹은 직업적이고도 체계적인 철학자 같은 사람들의 범주에만 통하는 지성활동이므로 극단적으로 어려운 무엇이라는 선입견을 먼저 없앨 필요가 있다. 인간은 누구나 '철학자'임을 입증할 필요가 있다. '인간 각자에게' 고유한 '자기 나름의 철학'이 있고 그 매개변수와 특성이 있는 것이다"("Avviamento allo studio della filosofia e del materialismo storico, Saggio introduttivo", in *La formazione dell'uomo* [Roma, Editori Riuniti, 1969], p.217).

[2] Christian Duquoc, "Théologie et mission de l'Église", in *Lumière et Vie* 14, no.71 (1965), p.55. Cf. Yves Congar, "Théologie", in *Dictionnaire de Théologie Catholique*; *A History of Theology* (Garden City, N.Y.: Doubleday, 1968); *La foi et la théologie* (Tournai: Desclée, 1962); José Comblin, *História da teologia católica* (São Paulo: Editôra Herder, 1969).

최근 이브 콩가르가 말한 대로, 이 발전은 근년에 와서 상당히 가속화하였다: "지난 4반세기 동안에 신학 연구는 일변했다."[3]

신학의 고전적(전통적) 과제

그리스도교 공동체의 역사를 통해서 볼 때 신학의 연구는 여러 가지 기능을 수행해 왔다. 그렇다고 해서 오늘날 그 기능 가운데 어느 것은 결정적으로 대체되고 있다는 말은 아니다. 표현방식이야 여러 가지였겠지만, 신학이 신앙의 내용을 이해하려는 노력이라는 본질적인 사실은 항상 엄연히 존속해 왔다. 그럴 뿐만 아니라, 더 통찰력있고 진지한 노력을 전개한 결과 결정적인 성과를 이룩하였고, 그래서 이후의 모든 신학 사조가 답습하지 않으면 안될 길을 열어나갔던 것이다. 이런 점에서 볼 때, 신학사에서 성공을 거두었던 역사적 단계들을 운운하는 것보다는 신학의 항속적 사명들 — 교회사에서 출현한 시기가 각기 다를지라도 — 을 논하는 편이 적합하지 않을까 한다. 신학의 고유한 두 가지 기능을 든다면, 하나는 예지의 신학이요, 다른 하나는 합리적 지식으로서의 신학이다.

예지(叡智)로서의 신학

교회 초기 몇 세기 동안을 보면 우리가 지금 말하고 있는 "신학"이라는 것이 영성생활과 긴밀하게 결부되어 있었다.[4] 본래 신학은 성서에 대한 묵

---

[3] *Situation et tâches présentes de la théologie* (Paris: du Cerf, 1967), p.11. Cf. Gustave Thils, *Orientations de la théologie* (Louvain: Ceuterick, 1958); Adolf Kolping, *Katholische Theologie gestern und heute; Thematik und Entfaltung deutscher katholischer Theologie vom I, Vaticanum bis zur Gegenwart* (Bremen: Carl Schuenemann, 1964); W. Kasper, *The Methods of Dogmatic Theology* (N.Y.: Paulist Press, Deus Books, 1969); P. Touilleux, *Introduction à une théologie critique* (Paris: Lethielleux, 1967).

[4] "식자"(識者)와 "성도"(聖徒)라는 말이 어느 점에서 같은 뜻을 가졌다. Y. Congar, "Théologie", *Foi et théologie, Situation et tâches*; Louis Bouyer, *The Spirituality of the New Testament and the Fathers* (New York: Desclee, 1960).

상⁵을 의미했으며 영성의 증진·함양을 목표로 한 것이었다. "초심자"初心者, 곧 여느 신자와 "정진자"精進者, 곧 완덕完德을 추구하는 사람들을 구별하고 있었다.⁶ 그래서 초대교회의 신학이라면 전적으로 수도修道의 성격을 띠었고, 따라서 속사俗事와는 거리가 먼 영성생활을 주안점으로 하고 있었다.⁷ 신학은 성화聖化의 좁은 길을 따라 정진하고 완전한 영성생활을 추구하는 모든 그리스도인의 염원에 대해 하나의 귀감을 제시해야 했다.

초대교회의 사상과 대화하는 데 부심한 나머지 그때의 신학은 플라톤 사상과 신플라톤 사상의 범주들을 사용했다. 그런데 이 두 사상은 일종의 형이상학을 가지고 있었다. 현세보다 상위의 세계의 존재를 강조하고 절대자, 그로부터 만유萬有가 비롯했고 또 만유가 그리로 회귀하는 절대자의 초월성을 주장하는 형이상학이었다.⁸ 그 대신 현재의 생활은 본래 예기치 않게 일어나는 일이며 별 가치가 없는 것으로 여겨졌다.

그러나 동시에 그리스 교부들의 사상을 되살려본다면 성격이 좀 다르다. 그리스 교부들의 세계 — 우주와 역사 — 에 관한 신학은 개인적인 영성적 묵상을 넘어서서 더 폭넓고 풍부한 신학적 사고를 담고 있다.

14세기를 전후해서 신학자들과 영성생활 지도자들간에 균열이 생겼다. 이 결별을 잘 볼 수 있는 책이 『준주성범』遵主聖範(*Imitatio Christi*)으로, 지난 수 세기 동안 깊은 영향을 끼친 책이다. 신학과 영성생활의 이 균열 때문에 우리는 오늘날에도 곤경을 당하고 있다. 비록 성서를 중심으로 한 쇄신이 있었고 평신도의 영성에 관한 연구가 활발하여 가히 새로운 "영성신학"이라 할 움직임이 있긴 하지만 이 장애는 여전하다.⁹

---

⁵ Cf. Joseph de Ghellinck, "*Pagina et Sacra Pagina*, Histoire d'un mot et transformation de l'objet primitivement désigné", in *Mélanges Auguste Pelzer* (Louvain: Éd. de l'Institut Supérieur de Philosophie, 1947), pp.23-59.

⁶ Cf. Henri de Lubac, *Exégèse médiévale: Les quatre sens de l'Écriture* (Paris: Aubier, 1959-64).

⁷ "세상에 대한 멸시"에 관해서는 R. Bultot의 저서를 참조할 것. 이 문제에 관한 논쟁을 개관하려면 L. J. Bataillon – J. P. Jossua, "Le mépris du monde", *Revue des Sciences Philosophiques et Théologiques* 51 (1967): 23-8을 참조할 것.

⁸ Cf. *Dictionnaire de Théologie Catholique*, s.v. "Platonisme des Pères".

신학이 가지는 이 영적 기능은 그리스도교 초기에는 매우 중요시되었지만 후대에 와서는 지엽적인 것으로 천대받다시피 되었고, 계속 여전히 불변하는 신학의 일익을 구성하고 있다.[10]

합리적 지식으로서의 신학

12세기부터 신학은 학문으로 성립되기 시작했다: "신학이 sacra pagina(성스러운 기록)에서 theologia(신에 관한 학문)로 변전되었다. '신학'이라는 말은 아벨라르도Abelardus가 처음 사용했다."[11] 그리고 대大알베르또Albertus Magnus와 토마스 아퀴나스Thomas Aquinas에게서 절정에 이르렀다. 아리스토텔레스의 범주론範疇論에 바탕하여 신학은 "특정 학문"scientia subalterna[12]으로 분류되었다. 토마스의 견해는 폭넓고 종합적이었다. 그에 의하면 신학은 단지 학문에 그치지 않고 인간을 하느님께 맺는 사랑에서 연원하는 예지였다.[13] 그러나 14세기에 위에 말한 대로 신학과 영성이 결별하자 이 평형은 깨졌다.

학문에 대한 토마스 신학의 해석은 분명치 않다. 현대 사고방식이 일반적으로 받아들이는 학문의 정의와는 부합하지 않기 때문이다. 그러나 토마스 아퀴나스의 저서에 비쳐진 기본적 특색에서 보면, 신학은 분명히 신앙과 이성이 교차하는 데서 이루어지는 "오성적 규율"disciplina intellectualis이다.[14] 그렇다면 신학을 "학문"으로서보다는 "합리적 지식"으로 놓고서 그 고유한 사명을 논하는 편이 적절하리라고 본다.

---

[9] Guardini, Congar, Voillume, Evely, Paoli, Régamey 등 여러 인물을 예로 들 수 있겠다.

[10] Hans Urs von Balthasar, "Théologie et sainteté", Dieu Vivant, no.12, pp.15-31; "Spirituality", in *Word and Redemption: Essays in Theology II* (N.Y.: Herders, 1965), pp.87-108.

[11] Y. Congar, *Foi et théologie*, p.238.

[12] *S.Th.*, I, q.1; cf. Y. Congar, *op. cit.*; Comblin, *Teologia católica*; M. D. Chenu, *Is Theology a Science?* (N.Y.: Hawthorn Books, 1959).

[13] *S.Th.*, I, q.1에 관한 이 문제의 해석: Michel Corbin, "La fonction et les principes de la théologie selon la Somme Théologique de saint Thomas d'Aquin", *RSR* 55 (1967): 321-66.

[14] C. Dumont, "La réflexion sur la méthode théologique", *NRT* 83 (1961): 1034-50; 84 (1962): 17-35에 이 일면이 명석하게 규명되고 있다.

합리적 지식 기능 역시 신학의 영속적 기능이다. 그것이 신앙과 이성의 교차점이며, 신앙과 어느 특정한 철학, 또는 신앙과 철학 일반과의 교차를 배제하지 않기 때문이다. 이성은, 특히 오늘날에 와서는, 철학 영역 외에도 다른 많은 분야에서 작용한다. 오늘의 새로운 사조에 따르면 신앙의 이해도 사회학, 심리학 및 생물학에 준하여 전개해야 하는 것이다. 예를 들면 라틴아메리카에서는 사회과학 분야가 신학적 사고를 위해서 막중한 도움을 주고 있다. 이런 여러 학문의 합리적이고도 공평한 해석으로 신학사상이 형성되지 않으면 신앙을 이해하는 데 참으로 도움이 되지 않는다.

어떤 곳에서는 아직까지도 낡은 견해가 남아 있지만 13세기 후에 나타난 스콜라 신학에서는 토마스적 신학사상의 퇴화현상이 나타나 있음을 기억할 필요가 있다.[15] 13세기 이후에는 신학의 과제에 대한 접근이 보기와는 달리 여러 방법으로 나타났다. "합리적 지식"의 요구가 자연히 신학을 체계화하고 명료화할 필요를 낳게 하였다.[16] 이리하여 스콜라 신학은, 특별히 트리엔트 공의회 이후로는, 교회 교도권의 시녀 역할로 전락한다. 신학의 기능이 "① 계시진리를 정의하고 제시하고 설명하는 일, ② 교설敎說을 조사하여 오설誤說을 규명하며 단죄하고 정설正說을 옹호하는 일, ③ 권위를 가지고 계시진리를 가르치는 일"[17]로 결정된 것이다.

요컨대, 신학은 영성과 합리적 지식을 둘 다 필요로 한다. 이 두 가지는 모든 신학적 사고의 영속적이며 불가결한 기능이라 하겠다. 그러나 두 가지 기능을 다 살려야 할 것이며, 신학사에서 얼룩진 분열과 왜곡이 없어야 한다. 우리 시대와는 여건이 전혀 다른 역사적 상황에서 성취된 한두 가지 특출한 성과에 집착하지 말 것이며, 도리어 반성적 사고의 전망과 방법을 계속해서 견지해 나가야 할 것이다.

---

[15] Ibid.

[16] "전통 스콜라 신학에 의하면 신학의 학문성은 그 체계화에 있다고 생각했다. … 오성의 기능은 문제제기와 해설의 명료성을 밝히는 데 있었다"(Comblin, Teologia católica, p.71).

[17] Ibid., p.10. 신학이 교도권, 특히 로마 교도권의 보편성에 직속됨에서 권위를 얻었다.

신앙 실천에 대한 비판적 고찰

신학이 가지는 신앙 실천에 관한 비판적 기능이 분명하게 구명된 것은 최근 몇 해의 일이지만, 그 근원을 따지면 초대교회에까지 거슬러올라가게 된다. 예컨대, 『신국』에 나타난 아우구스티누스의 역사신학을 보면, 시대의 표징 — 혹은 징조 — 들을 진지하게 분석하고, 그 표징들이 그리스도교 공동체에 제기하는 도전을 정확하게 분석한 데에 토대를 두고 있다.

역사적 실천 규범

얼마 전까지와는 달리 그리스도교 생활의 실존적 측면과 행동적 측면이 최근에 와서 매우 강조되고 있다. 이유는 여러 가지가 있다.

맨 먼저 **애덕**charity이 그리스도교 생활의 핵심임을 재발견한 사실을 들 수 있다. 신앙을 더 성서적 견지에서 위탁의 행위, 자기를 버리고 하느님과 이웃을 향하는 투신, 타자들과의 관계라고 보게 된 것이다.[18] 신앙은 사랑을 통하여 움직여나간다고 한 성 바울로의 가르침은 이런 의미가 아닌가 한다. 사랑은 신앙의 영양소요 신앙의 완성이며, "타자"를 향해, 따라서 불변하게 타자들을 향해 자기를 내맡긴다는 것이다. 그리스도인의 신앙 실천 praxis의 원리, 역사 안의 그리스도인의 적극적 현존의 원리가 바로 이것이다. 성서의 가르침에 의하면 사랑으로 구원하시는 하느님께 인간이 드리는 전적 응답이 곧 신앙이다.[19] 그렇다면 "신앙의 이해"란 일정한 진리들에 대한 인정 또는 기억이라고 볼 수 없다. 차라리 하나의 귀의歸依요 전인적全人的 태도이며, 생에 대한 특별한 자세를 이해하는 것이다.

---

[18] Cf. Gérard Gilleman, *The Primacy of Charity in Moral Theology* (Westminster: The Newman Press, 1959); J. Mouroux, *I Believe, The Personal Structure of Faith* (N.Y.: Sheed and Ward, 1959); Bernard Häring, *The Law of Christ* (Westminster: The Newman Press, 1966); Pierre-André Liégé, *Consider Christian Maturity* (Chicago: The Priory Press, 1965); Joseph Ratzinger, *The Open Circle, The Meaning of Brotherhood* (N.Y.: Sheed and Ward, 1966); C. Spicq, *Théologie morale du nouveau testament* (Paris: J. Gabalda et Cie Éd., 1965).

[19] Cf. Iohannes Alfaro, "Fides in terminologia biblica", *Gregorianum* 42 (1961): 463-505.

또 다른 이유를 들자면, 그리스도교 **영성**spirituality에 상당한 발전이 있었다. 교회의 초기 몇 세기를 보면 일종의 관상생활, 세상에서의 도피를 특색으로 하는 은수隱修 또는 회수會修생활을 우위로 생각했고 또 그것만이 성성聖性에의 모형인 양 제시되었다. 12세기 무렵에는 설교나 다른 사도직 활동을 하면서도 관상생활에 참여할 수 있다는 가능성이 시사되었다. 가장 대표적인 것이 "탁발 수도회"의 정관과 활동을 절충한 생활이다. 그들은 contemplata aliis tradere(관상한 바를 남에게 전수해 준다)라는 표어를 썼다.[20] 역사적으로 볼 때 이 단계는 이냐시오Ignatius의 영성으로 넘어가는 중간 과정이라 하겠다. 이냐시오는 관상과 활동의 어려운 종합을 훌륭하게 이루었다: in actione contemplativus(활동하는 가운데 관상한다)라는 표현대로이다.[21] 최근에 평신도의 영성을 모색하는 움직임 덕분에 이러한 사조가 더욱 강화되었으며, 오늘날 세속사의 종교적 가치가 연구되고 그리스도인이 세계 안에서 전개하는 활동에서 영성을 추구하게 됨으로써 그 절정에 이르고 있다.[22]

그뿐 아니라 오늘날에는 계시의 **인간학적 측면**anthropological aspects을 더 예리하게 감지하고 있다.[23] 하느님 "말씀"은 동시에 세상에 대한 "약속"이시기도 하다. 복음의 메시지는 우리에게 하느님을 계시하면서 우리가 주님 앞에서, 그리고 다른 사람들과의 관계에서 어떤 위치에 있는가를 계시한

---

[20] Cf. *Summa Theologica* II-II, q.188.

[21] 이 구절은 본래 Nadal의 말로 전해지나 이냐시오 로욜라의 소신이 매우 정확히 표현되고 있다. Cf. Maurice Giuliani, "Trouver Dieu en toutes choses", *Christus* 6 (1965): 172-94; G. Fessard, *La Dialectique des "Exercises Spirituels" de s. Ignace de Loyola* (Paris: Aubier, 1958).

[22] Cf. Yves Congar, *Lay People in the Church* (Westminster: The Newman Press, 1965); Olivier A. Rabut, *Valeur spirituelle du profane* (Paris: du Cerf, 1963); P. Roqueplo, *Expérience du monde: expérince de Dieu?* (Paris: du Cerf, 1968).

[23] Karl Rahner는 "오늘의 교의신학은 신학적 인간학이어야 한다. … 인간중심 신학 노선은 필요할 뿐 아니라 결실도 풍부하다"고 설파했다("Theology and Anthropology", in *The Word in History*, ed. T. Patrick Burke [N.Y.: Sheed and Ward, 1966], p.1). Cf. J. B. Metz, *Christliche Antropozentrik: Über die Denkform des Thomas von Aquin* (Munich, Kösel Verlag, 1962); C. Dumont, "Pour une conversion 'anthropocentrique' dans la formation des clercs", *NRT* 87 (1965): 449-65; L. Malevez, "Présence de la théologie à Dieu et à l'homme", *NRT* 90 (1968): 785-800.

다. 그리스도교가 계시하는 하느님은 인간이 되신 하느님이시다. 바르트는 그리스도교의 인간본위 사상을 다음과 같은 유명한 문장으로 표현한 바 있다: "하느님이 사람이 되신 이상, 인간은 만물의 척도다."[24] 이러한 제반 여건이 세계 안에서 인간이 가지는 현존과 활동, 특히 타인들과 관련된 활동을 재평가하게 만들었다. 이 문제를 놓고 콩가르는 이런 말을 했다: "전체적으로 볼 때 신약의 방향은 초자연적 실재들을 그 자체로 per se 놓고 관찰하는 데에서 방향을 돌려, 그 초자연적 실재들이 인간과 가지는 관계, 세계와 가지는 관계, 우리들에게는 '타자들'에 해당하는 모든 사람들의 문제점과 주장에 관심을 가지는 관계를 관찰하게 되었다."[25] 여기서 인간이 타자들과 가지는 수평적 관계를 문제삼는 것이 아니다.[26] 단지 인간과 하느님 사이의 불가해소의 결속을 재발견하는 문제일 따름이다.[27]

한편으로 **교회의 생활** 자체가 **신학의 장**locus theologicus으로 새삼스럽게 등장한 사실을 들 수 있다. 셰뉘는 벌써 30년 전에 그리스도인들이 그 시대의 중요 사회운동에 참여하는 문제를 놓고 깊이 사색한 인물이다: "사회운동들은 은총, 육화肉化, 구속救贖의 교리들이 실제로 구현되는 '신학의 장'들'이다. 역대 교황의 회칙도 이를 명시적으로 선언하고 또 상세히 술회한 바 있다. 원고나 뒤적이고 사변적인 갑론을박에 사로잡혀 이 놀라운 사건들에 마음을 전혀 쓰지 못하는 신학자들이 있다면 그들이야말로 빈곤한 신학자들이다. 그런 사건에 호의를 표하는 것만으로는 안되며, 자기의 학문을 가지고서 이를 뒷받침하지 않으면 안된다. 그 사건 안에 성령께서 현존하신다는 여기에 신학적 논거가 있고 또 가장 강력한 바탕이 서는 것이

---

[24] Karl Barth, *Christengemeinde und Bürgergemeinde* (Zollikon-Zürich, Evangelischer Verlag, 1946), p.36.
[25] *Situation et tâches*, p.27.
[26] 이 문제를 놓고 콩가르와 *Frères du Monde* 지 사이에 오고간 논쟁을 참고하라(*Frères du Monde*, 46-7, 49-50 [1967]). 문제의 전반적 개관은 Jean-Pierre Jossua, "Christianisme horizontal ou vertical?" *Parole et Mission* 11, no.41 (1968): 245-55를 보라.
[27] 본서 제10장 참조.

다."[28] 십수년 전에는 소위 "신신학"新神學이 일어나 이 문제를 일신하려 했다. 교회의 생활이 모든 신학적 분석의 원천이라는 사실이 그때부터 재삼 강조되었다. 하느님의 말씀이 신앙의 공동체를 불러모으고 이 공동체 안에 육화한다. 그리고 이 공동체는 만민에게 봉사하는 데 헌신한다.

제2차 바티칸 공의회는 권세를 가진 교회가 아니라 봉사하는 교회의 이념을 강력하게 재천명하였다. 이 교회는 자기중심의 교회가 아니다. 이 교회가 "자기를 발견하기" 위해서는 "자기를 상실하지" 않으면 안되며, "현대의 기쁨과 희망, 슬픔과 번뇌"(「사목헌장」 1항)를 자기 것으로 삼고서 생활해야 한다. 이 모든 여건은 우리로 하여금 세계 안에서의 교회의 현존과 활동을 신학의 출발점으로 삼아야 한다는 새로운 진로를 발견케 한다.

교황 요한 23세와 제2차 바티칸 공의회 이래로 "시대의 표징들"[29]을 발견하는 것을 신학의 사명으로 천명하게 된 것도 같은 노선으로 보아야 한다. 물론 이것은 교회라는 좁다란 한계선을 떠나서 하는 이야기이다. "시대의 표징"이란 단지 지적 분석 그 이상의 것을 요구함을 망각해서는 안된다. 사목활동과 전인적 투신과 봉사를 요구하는 것이다. 시대의 표징(정조)을 연구하는 데에는 지적인 면과 실천적인 면을 둘 다 포함한다. 「현대세계의 사목헌장」 44항은 이렇게 말하고 있다: "현대세계의 말과 소리에 귀를 기울이고 그것을 분별하며 해석하고 복음의 빛으로 판단함으로써 계시된 진

---

[28] M. D. Chenu, "La théologie au Saulchoir" (1937 text), *La Parole de Dieu*, vol.1, *La foi dans l'intelligence* (Paris, du Cerf, 1964), p.259. René Laurentin은 저서 *Liberation, Development and Salvation* (Maryknoll, Orbis Books, 1972), pp.7-8에서 이 *"locus theologicus"*가 교회의 고유한 특성임을 지적한 바 있는데 이는 참으로 옳은 식견이었다.

[29] 매우 흥미로운 이 표현도 여태껏 명백한 개념이 되지 못했다. 「사목헌장」도 이 개념을 정의하려 하지는 않고 대강 묘사하면서 그것이 신앙생활에 끼치는 결과들을 논할 따름이다. 이 말을 이해하기 위해서는 아래 글들을 참조하기 바란다. M. D. Chenu, "Les signes des temps: Réflexion théologique", L'Église dans le monde de ce temps (ed. Y. Congar & M. Peuchmaurd) (Paris, du Cerf, 1967), II: 205-25; "Understanding the Signs of the Times" (ed. Franz Böckle) *Concilium* 25 (1967), pp.143-52; Marcos McGrath, "The Signs of the Times in Latin America Today", Eduardo F. Pironio, "Christian Interpretation of the Signs of the Times in Latin America Today", *The Church in the Present-day Transformation of Latin America in the Light of the Council*, vol.1, Position Papers of the Second General Conference of Latin American Bishops, Medellín, Colombia, 1968 (Bogota, CELAM, 1970), pp.79-106, 107-28.

리가 항상 더욱 깊이 알려지고 더 잘 이해되고 더욱 적절히 표현되도록 노력하는 것은 하느님 백성 전체의 의무이며 특히 사목자들과 신학자들의 의무이다." 이 기능을 하느님 백성의 각 성원이 맡은 바 의무, 특히 — 교회의 활동을 지도할 임무를 가진 — 사목자들의 의무라고 함으로써 시대의 표징들의 요구에 대응해야 함을 분명하게 밝혔다. 그리고 그 표징을 식별하는 데는 신학자들의 역할이 매우 중대하다. 그들은 지적인 분석을 통해서 이 일에 가담하도록 되어 있다(위의 헌장에 "신학자들"이라는 말을 넣는 데 상당한 논란이 있었음도 흥미있는 일이다).

또 하나, 철학 분야에서도 인간활동을 중대시할 뿐더러 모든 사색의 출발점으로 간주하고 있다. 현대철학의 특색이라 할 주제는 인간과 자연의 관계이다. 자연과학과 기술공학의 진보·발달에서 유래한 문제로 보인다. 인간이 자연과 가지는 새로운 연대는 인간으로 하여금 자기 자신을 재의식하게 하였고, 타인들과 가지는 능동적 관계들을 재인식하게 만들었다.

모리스 블롱델은 공허하고 보람없는 영성을 탈피해서 더욱 구체적이고 생동하는 철학적 사변을 정립해 볼 의도에서 철학을 "행동에 대한 비판적 고찰"이라고 소개했다. 인간은 행동을 통해서 부단히 자기를 초월한다. 철학은 그 행동에 내재한 논리를 이해하는 사색이라는 것이다.[30] 그리하여 블롱델은 새로운 **호교론** 정립에 상당한 공헌을 했으며, 최근에 일어난 사조까지 포함한 현대신학의 가장 중요한 사상가의 한 사람이 되었다.

이상의 여러 요인 외에도 **마르크스 사상**의 영향을 들 수 있다. 마르크스주의는 인간의 실천 행동과 세계의 변혁에 주안점을 두고 있다.[31] 마르크

---

[30] Maurice Blondel, *L'Action* (Paris, Alcan, 1893). 블롱델의 방법론을 연구한 저작으로는 다음의 책들이 있다: Henry Duméry, *Critique et religion* (Paris, SEDES, 1957); *idem, Raison et religion dans la philosophie de l'action* (Paris, du Seuil, 1963); James M. Somerville, ed., *Total Commitment: Blondel's L'Action* (Washington, Corpus Books, 1968).

[31] "철인들은 고작 세계를 '해석'하는 데 부심해 왔다. 그러나 문제는 세계를 '변혁'하는 것이다"("Theses on Feuerbach", no.11, in K. Marx & F. Engels, *On Religion* [New York, Schocken Books, 1964], p.72). 그 대신 마르크스주의에 있어서 실천행동상의 이념의 정확한 역할이 무엇인가는 아직도 논란의 대상이 되고 있다. 그 해석에 대한 종합적 관찰은 Adolfo Sánchez Vázquez, *Filosofía de la praxis* (Mexico, Grijalbo, 1967), pp.43-5 참조.

스주의의 영향을 감지하기 시작한 것은 19세기 중엽부터였으나 최근에 와서는 그 문화적 영향력이 훨씬 강해졌다. "마르크스주의는 현대 모든 철학 사상들의 하나의 형식으로 구성해 놓은 체제이기 때문에 결코 소멸되지 않을 것이다"[32]라는 사르트르의 이 말에 동의하는 사람들이 많다. 사실이 그렇다면 현대신학 역시 마르크스주의와 직접 부딪치게 마련일 것이고, 신학 연구가 세계의 변혁과 역사 안에서의 인간의 활동과 그 의미를 모색하게 된 것도 마르크스주의의 영향이 컸다고 하겠다.[33] 그뿐 아니라 신학과 마르크스주의와의 대면은 신앙을 이해하려는 (신학의) 노력이 역사 안에 사는 인간의 역사적 행습行習에서 무엇을 받아들일 수 있느냐를 파악하는 데 도움을 준다. 그리고 신학 연구가 세계의 변혁에 어떤 의미를 제공할 수 있느냐를 파악하는 데에도 도움을 준다.

끝으로 신학에 **종말론적 차원**이 다시 대두됨으로써 역사적 행습의 본기능을 탐색하게 되었다. 인간 역사가 무엇보다도 미래를 향한 하나의 개방일진대, 신학의 사명도 인간이 주님과 다른 인간들과 완전히 결정적으로 만나도록 배려하는 데에 있다. 역사가 제시하는 이 초월적 의미를 향하여 인간이 방향을 정하고 자기를 개방하도록 정치적 배려를 하는 것이 신학의 사명이다. 그리스도교 생활에 있어서 행동이 차지하는 중요성에 비추어, 복음 말씀대로 "진리를 실천한다는 것"이 과연 무슨 의미를 가지는가를 분명하고 구체적으로 밝히게 된다.

우리를 사랑하시는 한 분 하느님을 믿는 신앙, 하느님과 완전한 친교를 이루고 인간들 사이에 형제애를 이룩하라는 은혜로운 소명이 "세계의 변혁"과 무관할 수는 없다. 그것과 무관하지 않을 뿐 아니라 신앙은 필연적으로 역사 안에서 형제애와 인간 융화를 조성하는 방향으로 나아가게 마련

---

[32] "Marxisme et philosophie de l'existence", in Roger Garaudy, *Perspectives de l'homme* (Paris, Presses Universitaires de France, 1961³), p.112.

[33] 이 문제에 관해 집대성한 저작: ed. Erich Kellner, *Marxism and Christianity* (New York, Macmillan, 1968); Georges M.-M. Cottier, *Chrétiens et marxistes* (Tours, Maison Mame, 1967); Roger Garaudy, *From Anathema to Dialogue* (New York, Herders, 1966).

이다. 그리고 진리를 이렇게 실천함으로써만이 우리 신앙이 어원語源이 가진 의미대로 "증명"되는 것이다(신앙이란 말의 어원에는 "증거"라는 뜻도 있음 — 역자 주).

이런 개념에서 최근에 "정행"正行(orthopraxis)이라는 말이 생겨났다. 그 말의 뜻이 무엇이냐를 놓고 아직도 논란이 없는 것은 아니다. 정행법이란 진실하다고 보는 주의주장을 고찰하고 설파하는 "정교"正敎(orthodoxy)를 부인하자는 것은 아니다. 그보다는 소위 "교리"가 그리스도교 생활에서 차지하는 위치, 즉 무엇보다도 교리가 최우선이요 다른 모든 것은 이차적인 것으로 배제되는 그런 풍조를 거부하고 일종의 평형을 구축해 보자는 의도에서 나온 말이다. 여태까지 "정교"라고 하면 케케묵은 전통에 충성을 다하고 이론의 여지가 많은 해석 문제를 두고도 덮어놓고 맹종하는 것밖에 다른 것이 아니었다. "정행"을 주장하는 사람들은 망상적이라 할 만큼 정통에 사로잡혀 집념하는 태도를 지양하자고 할 따름이다. 그리고 더 적극적인 면이 있다면, 그리스도교 생활에서 구체적 행동, 활동, 업적 및 실천의 의의와 중요성을 인식시키자는 데 있다. 쉴레벡스는 어느 회견석상에서 이런 말을 한 적이 있다: "(행동의 중요성을 인식한 것이) 그리스도교의 실존 이해 분야에서 일어난 가장 큰 변화였다고 생각한다. 행동을 하기 위해서는 사상도 필요하다. 그러나 수세기 동안 교회는 진리를 정식화하는 데 관심을 기울이면서도 더 나은 세계를 건설하는 데는 아무것도 한 바가 없다. 달리 말해서 교회는 정교에다 전력을 집중하고 정행은 비신자들과 교회 성원이 아닌 사람들의 손에 맡겨왔다."[34]

마지막으로 한 가지, 실천praxis을 모색하는 데 베르나노스의 풍자적인 다음 말에 유념할 것이다: "하느님은 당신 말씀을 전수하는 일과 그 말씀을 실천하는 일에 똑같은 사람을 쓰시지 않는다."[35]

---

[34] Edward Schillebeeckx, "La teología", *Los católicos holandeses* (Bilbao, Desclée de Brouwer, 1970). Michel de Certeau의 "La rupture instauratrice ou le christianisme dans la culture", *Ésprit* 39 (1971): 1177-214도 참조할 만하다.

[35] G. Bernanos, *Lettre aux anglais* (Paris, Gallimard, 1948), p.245. 실천의 중요성에 관한 전통적 해석: C. Dumont, "De trois dimensions retrouvées en théologie", *NRT* 92 (1970): 570-80.

비판적 고찰

 위에서 본 모든 요인들로 인해 우리는 주님과 교제한다는 사실이 곧 우리 이웃 사람들을 위해 구체적이며 창조적으로 봉사, 헌신하는 그리스도교 생활을 의미한다는 결론에 이르렀다. 또한 위에 열거한 사항들은 신학이 비판적 사고의 기능도 한다는 사실을 재발견하고 그 기능이 어떤 형식으로 수행되는가를 파악하게 해준다. 이 점을 좀더 선명히 밝히는 것이 좋겠다.

 신학은 인간 자신과 인간의 근본적 원리원칙에 관한 비판적 사고가 되어야 마땅하다. 신학이 이 노선을 충실히 따른다면 신학 자체의 내용을 의식하고, 개념적 요소들을 온전히 갖춘 더 진지한 학문이 되리라고 본다. 그렇지만 신학을 "비판적 사고"라고 할 때에는 꼭 인식론의 각도에서 이야기하는 것이 아니다. 그리스도교 공동체의 생활이나 사상에 나타나는 경제적·사회-문화적 여건들에 대해서 뚜렷하고도 비판적인 태도를 논하게 된다. 그 점을 무시한다면 우리가 스스로를 기만하고 또 남을 기만하는 소행이 된다. 그러나 우리는 "비판적 사고"라는 용어를 일정한 실천이론을 표현하는 데 국한시키기로 한다. 논리를 이렇게 전개하고 나면 신학은 필연적으로 사회와 교회에 대한 비판론이 된다. 사회와 교회가 하느님의 "말씀"에 의해서 부름을 받고 사명을 부여받은 이상, 신학의 비판을 받는 것은 필연적 귀추이다. 그러므로 신학은 하나의 비판이론이지만 신앙으로 받아들인 "말씀"이 빛에서 풀려진 학문이고, 또 실천적 목표 — 따라서 역사적 실천praxis과 불가분의 관계를 가진다 — 에서 영감을 얻는 학문이다.[36]

 교회는 인간 역사 속 깊숙이 하느님 나라를 선포하고 간직하기 위해서 복음 메시지를 설교하고, 교회의 성사를 베풀고, 애덕을 실천해야 한다.[37]

---

[36] 신학을 이렇게 파악한다면 José Carlos Mariátegui가 "역사를 고찰하는 능력과 역사를 창조하는 능력이 하나가 되어야 한다"고 한 말이 의미심장하게 들릴 것이다. 신학을 "비판적 사고"로 간주하는 태도는 문필자의 다른 책자 *La pastoral de la Iglesia en América Latina* (Montevideo, MIECJECI, 1968), p.15에 명시되어 있다.

[37] "하느님 나라를 세우다", "하느님 나라를 지상에 펴다" 하는 식의 표현을 보려면 Rudolf Schnackenburg (*God's Rule and Kingdom* [New York, Herders, 1963], p.354)를 참조하라. 이에 대한 비평: Hans Küng, *The Church* (New York, Sheed & Ward, 1967), pp.90-2.

그리스도교 공동체가 고백하는 신앙은 "애덕을 통해서 나타나는 신앙"이다. 이 신앙은 참된 애덕이자 행동이며 인간들에게 봉사하는 데 몸바치는 투신이다. 적어도 그래야 한다. 신학은 반성이요 비판적 태도이다. 신학은 현실 한걸음 뒤에서 현실을 "뒤따른다".[38] 헤겔은 철학을 가리켜 "해질녘에야 잠을 깬다"는 비유를 든 적이 있는데, 신학에도 해당하는 말이라 하겠다. 신학 연구를 전제로 해서 교회의 사목 방침이 정해지는 것은 아니다. 신학이 사목을 산출하는 것이 아니라 사목을 반영한다. 신학은 교회의 사목활동 속에서 그리스도교 공동체의 행동 거취를 이끌어가시는 성령의 현존을 발견할 수 있어야 한다.[39] 신앙의 이해를 목표로 하는 "신학의 장"은 바로 교회의 생활이요 설교이며 교회의 역사적 거취인 것이다.

그뿐 아니다. 그리스도인이 세계 안에서 가지는 현존과 활동을 연구·검토한다는 것은 교회의 눈에 보이는 "한계선"을 초극한다는 사실을 뜻한다. 이것은 무엇보다도 중요한 사실이다. 교회는 세계를 향해 개방된 태세를 취함으로써 세계가 제기하는 문제점들을 종합 검토하고, 세계의 역사적 변혁을 예의주시해야 한다. 콩가르의 말이 있다: "교회가 진정 현대세계의 실재 문제들을 다루고 또 해답을 모색하겠다면 … 스스로를 개방하며 신학적-사목적 인식론의 새로운 장章을 만들어야 할 것이다. 정통신학이 해왔듯이 계시와 전통에서만 출발할 것이 아니라, 세계와 역사에서 도출한 사실과 문제를 기점으로 해야 한다."[40] 교회가 인간 역사 전체를 향해 스스로를 개방하고 나선다면 신학도 그 비판적 기능을 완전하게 수행할 수 있고, 따라서 교회의 실천 규범praxis도 편협한 생각을 탈피하게 될 것이다.

---

[38] "전(全)육체, 전정신, 거기서 나오는 온갖 소산도 사랑의 가장 미소한 감정에 비기지 못한다. … 모든 육체와 정신을 쥐어짜도 거기서 참사랑의 감정을 한 올이라도 뽑아내지 못한다"(Blaise Pascal, *Pensées*, no.793).

[39] Karl Barth, *Church Dogmatics*, vol.1, part 1, *The Doctrine of the Word of God* (Edinburgh, T. & T. Clark, 1936), p.2에 이런 글이 나온다. "신학은 교회의 언어를 뒤따라가게 마련이다. 교회의 처신이 옳고 그름을 문제삼을 때, 신학은 교회 밖의 어떤 규준에 비추어보는 것이 아니라, 교회의 근원과 목적에 준해서 평가하는 것이다."

[40] *Situation et tâches*, p.72.

신학의 비판적 기능은 필요불가결한 역할이다. 신학이 실재 현상을 신앙에 비추어 고찰할 때에는 반드시 교회의 사목활동이 수반되어야 한다. 역사상 사건들을 그 고유한 관점에서 비판·검토함으로써 신학은 사회와 교회가 일시적인 현상을 영구적인 본질로 혼동하는 일이 없도록 도울 수 있다. 그렇기 때문에 신학의 비판적 사고는 어떤 일정한 사회질서나 교회질서를 합리화하고 정당화하는 한 이데올로기의 역기능을 담당하기도 한다.

다른 한편 신학은 계시의 원천들을 구명함으로써 사목활동의 방향을 잡아준다. 신학이 사목활동을 폭넓은 문맥으로 이끌어줌으로써 행동주의activism와 즉결주의immediatism에 빠지지 않게 붙든다. 그래서 비판적 사고로서의 신학은 인간과 그리스도교 공동체를 위해 해방의 기능을 행사한다. 인간과 그리스도교 공동체로 하여금 배물사상과 우상숭배에 떨어지지 않게 하면서, 동시에 스스로를 위축시키고 해치는 자아도취에 빠지지 않게 막아주는 것이다. 신학의 기능을 이렇게 이해한다면, 신학은 여하한 형태의 종교적 이탈religious alienation에서부터도 자유로운 기능을 가진다고 단언할 수 있겠다. 교회제도 자체가 주님의 "말씀"으로 곧바로 접근하는 것을 방해할 때 생기는 그런 "종교적 소외"에서부터 자유로울 수 있는 것이다.

신학이 사회와 교회에 대한 비판적 고찰이라면, 신학은 사회와 교회가 성장·발달하고 어느 면에서 변혁되는 현상에 대한 이해이기도 하다. 그리스도교 공동체의 현실 참여 자세가 시대적으로 제각기 다른 형태를 띠어왔다. 그래서 현실 참여에 대한 이해도 자꾸만 새로워지고 때로는 전혀 낯선 길을 밟게 된다. 일단 정립된 다음에는 영속하는 "진리들"에만 신학이 집착하고 참진리Truth이고 길Way인 "진리" 자체에 대해서는 집착하지 않는다면, 그런 신학은 정적靜的 신학이며 결국 쓸모없는 학문이 되고 말 것이다. "첨단을 걷지 않은 신학은 허위의 신학이다"[41]라는 자주 오해해서 쓰이는 부이야르의 말은 이런 뜻에서 새로운 정당성을 취하게 된다.

---

[41] H. Bouillard, *Conversion et grace chez S. Thomas d'Aquin* (Paris: Aubier, 1944), p.219.

마지막으로 이렇게 이해된 신학, 즉 마땅히 신앙 실천과 연관을 가진 신학은 예언자적 기능을 해야 한다. 신학은 역사 사건들의 심원한 의미를 밝히고 선포하면서 해석하는 한 예언자적 기능을 다한다. 쿨만의 다음 말이 곧 예언자적 기능을 보여주는 말이다: "예언자는 점장이 행세를 하여 개별적으로 신탁을 말해주는 것이 아니다. 그의 예언은 설교이자 선포가 된다. 예언자는 사람들에게 모든 사건의 진의를 해설한다. 예언자는 특정한 순간에 하느님이 품고 계신 경륜과 뜻을 알린다."[42] 그러나 이처럼 신학이 역사 사건들을 주목하고 그 의미를 규명하는 이유는 그리스도인들로 하여금 더 근본적으로 더 분명하게 역사에 투신하게 하는 자세를 가지도록 하는 데 목적이 있다. 신학의 예언자적 기능을 이렇게 파악해야만, 안토니오 그람쉬의 표현과 같이, 신학자가 새로운 "유기적 지성"organic intellectual[43]이 될 것이다. 신학자가 특정한 시간과 장소에서 일어나는 역사적 실재에 참으로 인격적으로 관계하는 인물이 된다는 말이다. 국가와 사회계급과 국민들이 다른 국가와 계급과 국민들에게 지배당하지 않고 압제받지 않으려고 투쟁하는 그 세계에 신학자도 관여하게 될 것이다. 마지막으로 분석하자면, 신학으로 드러나는 "의미의 참된 해석"은 역사적 응용historical praxis에서만 성취된다. 쉴레벡스는 이렇게 말했다: "하느님 나라에 관한 해석학은 특히 이 세계를 더 나은 세계로 만드는 데 있다. 거기서 비로소 나는 하느님 나라가 무엇을 의미하는지를 깨달을 수 있을 것이다."[44] 우리는 여기서 "복음의 정치적 해석"이라는 문제에 부딪치지 않을 수 없게 된다.[45]

---

[42] Oscar Cullmann, *The Christology of the New Testament* (Philadelphia: The Westminster Press, 1963).

[43] Antonio Gramsci, "La formazione degli intellettuali", *Scritti politici* (Roma: Ed. Riuniti, 1967), pp.830-40.

[44] Cf. *Católicos holandeses*, p.29. 또한 그는 하느님 나라 해석학은 성서의 재해석을 요한다고 했다.

[45] Cf. Jürgen Moltmann, "Towards a Political Hermeneutics of the Gospel", in *Union Seminary Quarterly Review* 23 (1968): 303-23; idem, *Religion, Revolution, and the Future* (New York: Charles Scribner's Sons, 1969), pp.83-107.

결 론

신학은 말씀의 빛을 받아서 그리스도교 신앙 실천에 관한 비판적 고찰이라고 했다. 그렇다고 신학의 이 비판적 기능이 "예지"와 "합리적 지식"으로서의 기능을 대치하는 것은 결코 아니다. 그보다도 이 두 기능을 전제로 삼고 또 필요로 한다. 그러나 이것이 전부는 아니다. 신학의 세 가지 기능이 상호 병립하는 것으로 보아서는 안된다. 신학의 비판적 기능은 필연적으로 다른 두 기능의 의미를 재정의하게 된다. 그래서 예지 및 합리적 지식으로서의 신학도 교회의 신앙 실천을 출발점으로 삼고 또 그 노선을 따라야 된다. 성서에 기반을 둔 영적 성장에 관한 이해가 발달해야 한다는 것도 이 신앙 실천과 관련시켜서이며, 신앙이 인간 이성이 제기한 문제와 대면하는 것도 이 신앙 실천을 통해서이다. 본 저서의 주제가 그렇기 때문이겠지만 우리로서는 세분된 신학의 기능 가운데 이 비판적 기능을 특히 부각시키는 입장이 된다. 그러자면 자연히 교회의 실천생활에 각별한 주의를 기울이게 되고, 성령께 충동을 받고 또 다른 인간들과 공동유대를 만드는 그리스도인들이 역사에 투신하는 문제를 각별히 고찰할 것이다. 그리고 우리 시대의 두드러진 문제점의 하나인 해방운동process of liberation에 관해 주로 고찰할 것이다. 해방운동은 소위 제3세계에서 특별한 의미를 가지는 문제이다.

특수한 문제를 가지고 전개되는 이러한 신학은 "라틴아메리카의 관점에서 보는 신학"을 수립하는 데 견고하고 — 건전하면서도 — 영구성있는 토대를 제공하리라고 본다. "라틴아메리카의 입장에서 보는 신학"이란 사람들이 염원하고 있을 뿐만 아니라 반드시 필요하기도 하다. 라틴아메리카에다 초점을 맞춘 신학이 대두된 까닭은 그저 무슨 독창물을 만들어보자는 교활한 생각에서가 아니라, 신학의 역사적 효율의 근본 의미를 모색해 보자는 것이요 — 구태여 숨길 필요가 있겠는가? — 또 세계교회의 신앙 실천과 사상에 기여하자는 것이다. 그러나 우리가 이러한 기여를 할 수 있으려면 우리가 전체 그리스도교 공동체로부터 우리의 사상 소재를 얻듯이,

우리의 연구도 보편성을 유지하겠다는 염원을 당초부터 확실히할 필요가 있다. 그리고 이 염원을 구체적으로 실현하자면 국지적이고 배타적인 경향들을 극복하고 그 대신에 **유일무이한** 무엇, 독특하면서도 보편적이며, 따라서 결실 풍부한 내용을 창조하지 않으면 안될 것이다.

하비 콕스는 이런 말을 한 적이 있다: "신학이 장래에도 존속하려면 미래의 신학이 되는 길밖에 없다."[46] 미래의 신학은 필연적으로 역사적 신앙 실천을 비판적으로 감정하고, 우리가 앞서 대강 묘사한 역사적 과업을 비판·평가할 입장에 놓이게 된다. 몰트만은 신학이 "현실의 뒤를 절뚝거리며 따라가는 처지가 되어서는 안되고 … 현실의 미래를 펼쳐보임으로써 현실을 비추는 역할을 하는 것이다"[47]라고 했다. 해방운동을 비판적으로 고찰하는 우리의 연구는 절뚝거리며 현실을 뒤따라가는 것이 아니다. 해방운동에 있어서 현재는 미래를 잉태하고 있다. 무릇 희망이라는 것은 역사에 대한 현재의 투신에서 오는 결과 내지 그 투신의 고유한 부분이 되어야 한다. 신학은 현재 속에 기존하는 이 미래를 창안하지는 않는다. 아무것도 없는 데서 희망의 자세를 창조하는 것도 아니다. 신학의 기능은 그보다 훨씬 온건한 것이다. 신학은 현재 속에서 미래를 창안하고, 모든 것이 좌절되어도 희망을 걸고 일어서는 것이 역사의 주춧돌이 된다고 해설하는 학문일 따름이다. 전향적 행동을 심사숙고한다고 해서 과거에 집착하는 것은 아니다. 그렇다고 현재에 편승하는 것도 아니다. 그보다는 현실을 투시하고 역사의 동향을 알아내며, 미래를 향하여 역사를 추진하는 것이 무엇인가를 통찰한다. 자유화 혹은 해방이 역사적으로 어떻게 실현되는가를 고찰한다는 것은 인간이 신앙하고 인간이 소망하는 미래의 빛을 받아 현재를 반성하는 것이다. 그리고 행동 ─ 현재를 변혁하는 것은 행동이다 ─ 의 관점에서 반성한다. 그러나 안락의자에 비스듬히 누워서 이런 사색을 전개하는 것이 아니다. 도리어 이 순간 역사의 맥박이 뛰는 심저에까지 뿌리를

---

[46] Harvey Cox, *On Not Leaving It to the Snake* (New York: Macmillan, 1967), p.12.

[47] *Theology of Hope* (New York: Harper & Row, 1967), p.36.

뻗어내림을 뜻하며, **역사의 주님**의 말씀을 가지고서 역사를 밝혀보임을 뜻한다. 역사의 주님은 인류의 현재 순간에 전적으로 개입하셨으며, 그 역사를 완성을 향해 몰고가신다.

그러므로 해방의 신학은 새로운 주제들을 내놓는다기보다는 신학하는 **새로운 길**을 제시한다고 보겠다. 역사적 시행을 비판적으로 반성하는 신학은 역사를 해방시키는 신학이다. 즉, 인류의 역사를 해방시키는 변혁의 신학이다 — 따라서 **교회**에 모여 그리스도를 공개적으로 고백하는 인류의 역사를 변혁시키는 신학이다. 이것은 세계를 반성·고찰하는 데서 머물지 않고, 세계를 변혁시키는 과정의 일익을 담당하겠다고 나서는 신학이다. 하느님 나라를 받아들이는 데에 스스로를 개방하고 있는 신학이다. 유린당하는 인간 존엄성에 대해서 항의하고, 국민 대다수가 당하는 착취에 대해서 투쟁하며, 사랑을 자유로이 해방시키고, 정의와 우애가 군림하는 새로운 사회를 건설하면서, 하느님 나라를 받아들이려고 하는 신학이다.

제 2 장

해방과 개발

현대세계는 급격하고 심각한 사회-문화적 변화를 겪고 있다. 그러나 이런 변화가 일괄적인 양상으로 일어나는 것도 아니며, 지역과 국가에 따라서 천차만별한 양상을 보이고 있다.

현대인은 이 불균형의 변혁과 그 경제적 원인을 의식하게 되었으며, 거기서 초래되는 일정한 여건과 타개책들의 함수관계를 파악하고 있다. 현대인은 자기의 환경과 상황을 보고서 이것을 다른 지역의 상황과 비교한다. 통신수단이 신속하고 원활한 세계에서 살고 있는 만큼 다른 나라와 그 국민들의 생활조건을 가까이서 알게 된다. 그러나 인간은 그런 비교를 하고 나서 자기들도 그렇게 살아봤으면 하는 막연한 소망으로 그치지 않는다. 현대인은 변혁의 진로가 인간의 가장 근본적인 욕구 — 자유, 존엄성, 모든 인간이 자기를 개발할 수 있는 조건 등 — 를 충족시키는 일을 추구하는 것으로 본다. 그것을 직접 추구하지 않는다면 적어도 그 방향으로 진전되기를 바라고 있다. 그리고 모든 인간단체와 사회활동은 인간의 이 염원을 목표로 해야 한다고 믿는다. 현대인은 자기가 설정한 이 모든 계획이 실현 가능하며, 최소한 일부라도 성취되리라는 확신을 가지고 있다.

인류가 성취한 노작勞作은 누적되는 것이라고 역사는 가르친다. 인류가 노력하여 성취한 결과들, 세대와 세대가 쌓아올린 공동체험들은 뒤에 오는 세대들에게 전망을 열어주고, 더 위대한 과업을 성취할 여지를 제공한다.

국가들간의 여러 차등을 의식한다는 사실은 우리 세대의 한 특징적 현상이다. 대중전달 수단들이 발달한 덕택이라고 하겠다. 그리고 세계 경제의 혜택을 별로 받지 못한 나라들, 세계 인구의 대다수를 안고 있는 가난한 국가들에서 이 불평등의식이 더욱 뚜렷이 나타나고 있다. 그런 국가들의 국민들은 대다수의 동포들이 도저히 눈뜨고 볼 수 없는 비참한 생활조건에 처해 있음을 예민하게 느끼고 있다. 그리고 이러한 불평등이 현재까지 인간들에게 씌워진 사회적 관계의 유형에서 비롯된다는 설명이 옳다고 본다. 이상의 이유들 때문에 이 가난한 지역에서는 사회개혁을 위한 노력이 과감하게 일어나고 있다. 그러나 사람들의 기대가 천차만별한 데다가 다방면에서 압력이 미치고, 기존 체제와 기존 세력의 각종 탄압이 미치고 있어서 갈등이 많다. 여기서 한 가지 확실히해야 할 것은, 가난한 국가들의 국민의 염원은 부강국들을 모방하는 그 이상의 것이며, 따라서 어쩔 수 없이 불분명하고 모호한 성격을 띠고 있다는 점이다. 또 한 가지는 이들 사회에서는 대내적인 이질성과 외부에서 오는 결정 요인들로 말미암아 계층에 따라 요구와 필요가 다르게 마련이다. 이 모든 여건 때문에 사회개혁 운동은 더욱 행동의 역동성을 띠게 되고 심한 갈등과 충돌이 불가피하다.

가난한 국가들은 부강국들의 뒤를 답습하는 데는 흥미를 잃었다. 거기에는 여러 가지 이유가 있겠으나, 부강국의 현재 위치는 불의와 압제 위에 세워진 것이라는 신념이 더욱 짙어가는 현상을 들 수 있겠다. 가난한 국가들도 물질적 비참과 부족을 극복하고자 노력하지만, 이것은 더 인간적인 사회를 달성하기 위함인 것이다.

개발의 개념

"개발"development이라는 용어는 더 인간다운 생활조건을 조성하려는 오늘날 국민들의 염원을 한마디로 종합한 것이다. 용어 자체는 새로울 것이 없으나 최근 사회과학에서 쓰이는 용법은 매우 새롭다. 왜냐하면 그것이 최근에야 등장한 여러 가지 문제를 표명하고 있기 때문이다. 과거에 쓰여온 빈부의 이율배반으로는 인류의 모든 문제와 현대인의 염원을 표현할 수 없게 되었다.

개발의 기원

혹자는 "개발"이라는 용어의 유래를 소극적인 의미로 생각한다. "저개발"underdevelopment — 부강국과 비교하여 빈곤한 나라들의 어려운 사정을 표현한 용어 — 에 반대되는 말로 보는 것이다.[1]

개발 개념을 밝히는 데 도움이 될 몇 가지 중요한 추세를 소개하겠다.

맨 먼저 요셉 슘페터의 저서[2]를 들 수 있다. 영국 고전경제학과 마르크스 이후의 과정을 연구한 최초의 경제학자인 슘페터는 "순환유동"circular flow을 특성으로 하는 자본주의를 연구하였다. 즉, 구조적 변화는 없이 한 경제과정에서 다른 과정으로 되풀이되는 경제체제를 대상으로 한 것이다. 여기서 균형을 깨뜨리고 새로운 활력을 도입하는 요소가 있다면 그것은 혁신innovation이다. 혁신은 두 가지 양상으로 전개될 수 있는데, 하나는 이 분야에 고유한 것으로서 기술 및 경제상의 혁신이고, 다른 하나는 거기에 수반되는 정치 및 사회상의 혁신이다. 혁신이란 기존 체제에 반대하거나 또는 그것을 극복하려 하므로 정치적·사회적 혁신이 나타난다. 슘페터는 이것을 Entwicklung이라고 불렀으며, 그 용어가 오늘날 "개발"이라고 번역되고 있다. 과거에는 "진화"evolution[3] 또는 "개화"unfolding[4]라고 번역되었다.

오스트레일리아 경제학자 콜린 클라크의 저서[5]도 중대한 공헌을 한 바 있다. 클라크는 경제활동의 목표는 부富가 아니라 복지라고 주장했다. 복지라고 할 때에는 재화를 자기 마음대로 사용하는 데서 오는 만족을 뜻하는

---

[1] Cf. Thomas Suavet, "Développement", in *Dictionnaire économique et social* (Paris, Ouvrières, 1962²). L. J. Lebret는 "'개발'이라는 이념이 등장한 것은 1945년이다"(*Dynamique concrète du développement* [Paris, Ouvrières, 1967], p.38)고 했으나 출처를 밝히지는 않았다. 체계적 연구: Jacques Freyssinet, *Le concept du sousdéveloppement* (Paris, Mouton, 1966).

[2] Joseph A. Schumpeter, *Theorie der Wirtschaftlichen Entwicklung* (Leipzig, Dunker & Humblot, 1912) (Eng. ed.: *The Theory of Economic Development: An Inquiry into Profits, Capital, Credit, Interest, and the Business Cycle* [Cambridge, Harvard Univ. Press, 1934]).

[3] 불어판 번역 제호가 *Théorie de l'évolution économique*였다.

[4] 스페인어 번역판의 제목은 *Teoría del desenvolvimiento económico*였다.

[5] Colin Clark, *The Conditions of Economic Progress* (London, Macmillan, 1940).

것으로 이해했다. 클라크는 시간과 공간의 통념들을 비교하여 복지의 척도를 제시해 보려고 했다. 지역과 국가에 따라서 그 척도에 차이가 나타났다. 클라크는 복지의 최고 수준을 공업화된 사회에서 볼 수 있다는 결론을 내렸다. 그는 공업화로의 길을 지적하고서 빈곤한 국가들은 그것을 하나의 "진보"progress(development가 아니다)로 보고 부지런히 뒤따라야 한다고 했다.

1955년에 개최된 반둥 회의도 "개발"의 의미를 발전시키는 데 상당한 공헌을 했다. 수많은 국가, 특히 아시아와 아프리카 나라들이 거기 모여, 자본주의 세계와 사회주의 세계라는 두 선진국 세계를 견주어보고 저개발의 제3세계의 성원들이라는 연대의식을 자각하였다. 반둥 회의는 해당 국가들이 그 저개발상태에서 벗어나려는 정책을 입안하게 된 효시였다. 그뒤 각국에서 시행한 정책들이 반드시 이 회의에서 염원된 바에 부합한 것은 아니었지만, 여하튼 반둥 회의는 각국이 저개발의 사실을 깊이 의식하고 그것을 용납할 수 없다는 다짐을 하게 만든 의미에서 뜻이 깊었다고 하겠다.[6]

개발의 추구

개발의 개념에는 이론의 여지가 없는 명료한 정의가 아직까지 없다.[7] 개발을 달성하려는 방법들도 천차만별하다. 상세히 거론하는 대신에 여기서는 일반 분야에서 통하는 관념이 어떤 것들이 있는가를 살펴보기로 하자.

개발은 순전히 경제적인 측면에서 이해할 수도 있다. 그럴 경우에 개발은 "경제성장"과 동의어가 된다.

그래서 한 국가의 개발의 정도는 상위의 선진국가와 비교하여 국민총생산GNP이나 국민소득NI이 얼마나 되느냐로 측정된다. 이 평가 방법을 엄밀하게 하고 좀더 복잡하게 할 수도 있을 것이나 그 전제, 즉 개발을 부력富力의 증진, 또는 복지의 정도로써 평가하는 점에서는 동일하다.

---

[6] Cf. Odette Guitard, *Bandoeng et le réveil des anciens peuples colonisés* (Paris, Univ. de France, 1961).

[7] "'개발'이라는 용어는 분명한 정의를 내릴 만큼 오래 사용되지 못했다"(Suavet, *op. cit.*).

역사적으로 볼 때 이것이 맨 먼저 대두된 "개발"의 의미였다. 이런 뜻으로 생각되기에는 영국의 경제 관념과 관련이 있을 것이다. 영국은 세계 최초로 개발을 추진한 나라이고, 경제학자들이 그 문제를 연구하기 시작한 나라이다. 그리고 후일에 부강국들의 복지가 초래한 환상 덕분에 이런 견해가 더욱 굳혀졌다.

오늘도 이 견해를 따르는 학자는 많지 않다.[8] 다만 현재 꼭 필요한 견해를 측정하는 비교 기준으로서의 구실밖에 하지 않는다. 그러나 개발에 관한 자본주의적 관점에서는, 형태는 다소 불명료하지만, 아직도 남아 있다.

개발을 경제성장과 동일시한 데에서 부작용과 단점이 많았기 때문에 더 중요한 다른 해석이 나왔다. 그 관점에 의하면 개발은 "사회 전체의 발전" total social process이다. 여기에는 경제적·사회적·정치적·문화적 측면이 모두 포함된다. 이 개념은 각기 다른 요인들간의 상호의존성을 크게 강조한다. 한 분야의 발전은 다른 모든 분야의 발전을 촉진하고, 따라서 그 역으로 한 분야의 침체는 다른 모든 분야의 성장을 저해한다는 것이다.[9]

개발을 사회 전체의 발전으로 간주하는 사상에서는, 한 국가의 경제발전에 영향을 미치는 내외 요인들 모두가 재화의 분배와 경제생활을 조성하는 인간들의 관계의 조직과 서비스까지 좌우하는 것으로 생각한다. 사회과학자들은 이 문제를 소위 제3세계의 국가들과 관련시켜 주의깊게 다루어왔다. 그리하여 경제계의 활발한 유통이란 기실 소수에게는 부를 더욱 축적시키고 다수에게는 더욱 빈곤을 조장한다는 결론에 도달했다.[10]

---

[8] 지역국가의 특수한 상황과 부의 분배에 관한 계획적인 방법을 연구하여 후진국에 널리 알려진 저작이 있으니 Walt W. Rostow의 *The Stages of Economic Growth: A Non-Communist Manifesto* (New York, Cambridge Univ. Press, 1960)가 그것이다.

[9] "개발은 사회 총체 발전을 말한다. 경제적 개발, 정치적 개발, 사회적·문화적 개발을 운운할 때에는 방법론상의 편의 또는 부분적 의미에서 하는 말들이다"(Helio Jaguaribe, *Economic & Political Development: A Theoretical Approach & a Brazilian Case Study* [Cambridge, Harvard Univ. Press, 1968], p.4). Cf. Giorgio Ceriani Sebregondi, *Sullo sviluppo della società italiana* (Torino, Boringhieri, 1965); Raymond Barre, *Le développement économique: Analyse et politique* (Paris, Cahiers de l'Institute de Science Économique Apliquée, 1958).

[10] 이하 본문 제6장 참조.

이상의 여건들 때문에 개발의 정책을 세우는 데 있어서, 국가의 모든 부면이 총체적으로 또 조화있는 발전을 이루도록 꾀하고 위험한 차질을 피하는 데 주력해야 한다.

개발을 총체적 사회 발전의 각도에서 본다면 필연적으로 문제의 도덕적 차원도 고려하지 않으면 안된다. 즉, 인간 가치를 존중하고 또 그것을 전제로 삼아야 한다는 말이다. 부지불식간에 여기서 개발의 인본주의적 전망 humanistic perspective의 첫 걸음이 내디뎌진 것이다. 사실상 이것은 총체적 사회 발전을 연장한 것이지 그것과 대당對當되는 개념은 아니다.

프랑소와 페루는 시종일관 이 노선을 추구하였다. 그는 개발은 "국민의 정신적 및 사회적 변화의 결합이다. 이것만이 국민들로 하여금 점진적이고 항구적으로 명실상부하게 총생산을 증가시킬 수 있게 한다"고 했다. 한걸음 더 나아가 "서비스의 호혜작용에 의해서 의식의 호혜작용을 초래할 때에 개발이 제대로 성취되는 것으로 보아야 한다"[11]고 했다.

인간 가치를 존중한다는 것이 어디까지나 그리스도교 사상에 물든 학자들만이 지껄이는 견해라고 생각하면 큰 잘못이다. 마르크스주의 입장에서도 같은 견해가 제기되고 있다.[12]

---

[11] François Perroux, "La notion de développement", in *L'économie de XXe siècle* (Paris, Univ. de France, 1964²), pp.155, 171. 페루는 "From the Avarice of Nations to an Economy for Mankind", *Cross Currents* 3 (1953), 193-207에서 이 주장을 이미 피력한 바 있다. Lebret는 이런 말을 했다: "우리로서는 개발은 곧 인간 경제의 대상 그 자체이다. … 이것은, 국민 대중과 후진 국민 대중의 유대관계를 염두에 두고서 가능한 대로 빠르고 적은 노력으로써, 더 인간적이 아닌 상태에서 더 인간적인 상태로 전이하는 것이다"(Labret, *op. cit.*, p.28). 그는 또한 개발을 "더 인간답게 살기 위해서 더 많이 가지는 것"(To have more in order to be more)이라고 정의하였고, 이 두 가지 표현은 회칙「민족들의 발전」에도 사용되었다. Cf. Luis Velaochaga, *Concepción integral del desarrollo* (Lima, Univ. Católica, 1967).

[12] 공산주의 사회도 "신인"(新人) 또는 "전인"(全人)을 주장한다. 마르크스의 초기 저작에도, 인간은 무엇을 가졌느냐가 아니라 어떤 인간이냐에 의해 평가될 것이라는 구절이 나온다: "… 사유재산 제도의 적극적 초극을 즉각적이고 일방적인 만끽의 의미 또는 소유나 차지의 뜻으로 생각해서는 안된다. 인간은 총체적 방법에 의거해서 자기의 총체적 본질을 충당하는 법이다. 말하자면 전인으로서 처신하는 것이다"(*Economic and Philosophic Manuscripts of 1844*, ed. Dirk J. Struik, [New York, International Publishers, 1964], p.138). Cf. Garaudy, *Perspectives*, pp.347-51; Henri Lefebvre, *Dialectical Materialism* (London, Jonathan Cape, 1968), pp.148-66; Karel Kosik, *Dialéctica de lo concreto* (Mexico, Grijalbo, 1963), pp.235-69.

이러한 인본주의적 태도는 개발의 개념을 역사적 비전이라는 폭넓은 차원에로 옮겨놓은 것이다. 인류가 자기 운명을 제어하는 세계, 곧 역사에 비추어 문제를 보게 된 것이다.[13] 그러나 여기에는 몇 가지를 첨가 또는 수정하는 사상적 전환이 요구된다. 우리는 그것을 "해방"liberation이라고 부르고 싶다. 다음에 곧 우리의 의도를 좀더 분명히 할 것이다.

해방운동

개발주의에 대한 비판에서 사회혁명으로

"개발"이란 용어는 지난 수십년간 가난한 국민들의 염원을 한마디로 요약한 말이었다. 그러나 최근에는 여기에 관해서 맹렬한 비판이 가해지고 있다. 개발정책이 빈곤한 국가들을 저개발에서 해방시키는 데 결함이 많았을 뿐 아니라, 해당 정부들이 구체적 성과를 거두지 못한 까닭에 비판은 더욱 날카로워졌다. 이때문에 "개발"development(desarrollo)이라는 용어에서 유래한 "개발주의"developmentalism(desarrollismo)가 지금은 좋지 않은 의미로 쓰이게 되었다. 특히 라틴아메리카에서는 경멸의 대상이 되고 있다.[14]

근자에 개발에 대한 얘기가 참으로 많았다. 빈곤한 국가들은 부강국들의 원조를 청했다. 그리고 일종의 개발의 비책이 있다는 기대까지 생겨났다. 1950년대 라틴아메리카에 개발원조가 집중되었고 굉장한 기대를 걸었다. 하지만 원조자들은 빈곤의 뿌리를 근절시키려 들지 않았기 때문에 노력은 실패로 돌아갔고, 혼란과 좌절만을 더욱 조장했던 것이다.[15]

---

[13] Vincent Cosmao의 다음 말에서 이 사상을 조감할 수 있겠다: "그러므로 우리는 사회개발을 경제개발과 통합하는 일, 달리 말해서 비경제적 인자들을 경제개발에다 통합하는 일 이상의 것, 즉 역사의 비전을 성취해야 한다. 인류가 집단적 운명을 제어할 수 있고, 경제개발을 인간화하여 전인과 만인의 복지에 이바지할 수 있는 역사의 비전 말이다"("Les exigences du développement au service de l'homme", *Parole et Mission* 10, no.39 [1967], 581).

[14] Cf. *Del desarrollo al desarrollismo* (Buenos Aires, Galerna, 1969). 특히 Juan Pablo Franco, "Reflexiones críticas en torno al desarrollismo"를 일독할 만하다.

[15] 이하 제6장 참조.

사태가 이렇게 악화된 가장 주요한 원인을 든다면, 경제성장 및 근대화의 측면에서 개발을 추진한 주체가 누구였느냐는 것이다. 거개가 세계 경제를 좌우하는 정부들이나 단체들과 긴밀하게 연결된 국제기구들이 주체가 되어 이 일을 추진한 것이다.[16] 그리고 이 운동으로 추진한 변혁이라는 것도 기존 체제의 형식적 구조를 그대로 두고, 그 테두리 안에서 달성해야 한다고들 생각했다. 그래서 국제 경제를 장악한 자들의 이익을 조금도 손상하지 않으려고 굉장한 주의를 기울였고, 자연히 그들과 결합된 국내의 이권단체들도 건드리지 않으려고 상당히 부심하였다. 그뿐이 아니었다. 소위 변혁이라는 것이 고작 막강한 경제단체들의 세력을 더욱 강화하는 새롭고 음성화된 수법 외에 다른 것이 아니었다.

개발주의가 개혁주의 및 근대화와 동의어가 되었다. 말하자면 참다운 변혁을 성취하는 데 미온적이고 결국 유명무실한 정도에서 그치고 만 것이다. 빈곤한 국가들은 자기들의 저개발이 실은 부강한 나라와 가난한 나라 간에 존재하는 상관관계 때문에 선진국들의 개발에서 빚어진 부산물임을 점차 의식하게 되었다. 그뿐 아니라 자기네 개발을 성취하기 위해서는 무엇보다 먼저 부강국들의 지배를 벗어나야 한다는 것도 깨닫기에 이르렀다.

이런 관점에서 보면 해방운동에는 분명 갈등과 투쟁이 내포되어 있다. 개발을 성취하자면 우선 저개발의 근본 원인들을 공략하지 않으면 안되는데, 그 중에서도 가장 심각한 문제는 그 국가가 다른 국가들에게 경제, 사회, 정치, 문화면에서 종속되어 있는 상황이다. 어떤 사회계급이 다른 계급들을 지배하고 있는 것과 동일한 현상이다. 기존 체제와 기존 질서의 테두리 안에서 변화를 시도하던 노력은 거개가 실패로 돌아갔다. 이상의 상황 분석은 편견에 의한 억설이 아니라 학문적 근거에서 나온 정설이다. 기존 상황status quo을 근본적으로 무너뜨리는 일, 즉 현존하는 사유재산 제도의 개혁, 피착취계급의 세력 신장, 인간 종속을 무너뜨릴 사회혁명만이 기존

---

[16] 라틴아메리카는 IMF(국제통화기금), IBD(국제개발은행), 개발협정(Alliance for Progress), ECLA(라틴아메리카 경제위원단) 등이 주역을 담당했다.

사회를 새로운 사회, 사회주의적 사회로 변화시킬 것이다. 적어도 그런 사회가 가능하도록 해줄 것이다.[17]

현상을 이렇게 살피고 나면, 해방운동에 관한 이야기가 더 진지하고 인간적 내용을 풍부히 담은 것으로 들릴 것이다. "해방"이라는 말은, "개발"이라는 말로써는 도무지 나타낼 수 없는, 불가피한 근본 개혁을 표현하고 있다. 이런 여건에 비추어보아야만 개발정책이 실효를 거두고 현실적 의의를 갖춤으로써 형식에서 그치는 일이 없을 것이다.

인간은 자기 운명의 주인이다

빈곤한 국가들의 처지가 종속당하고 압제받는 상황이라고 설명하고 나면, 과연 경제적·사회적·정치적 해방을 거론하지 않을 수 없다. 그렇지만 우리가 이 자리에서 논하는 것은 인간 실존과 그 미래 역사를 더 총체적으로, 더 깊이 이해하자는 것이다.

해방에 대한 염원이 오늘의 역사를 불태우고 있다. 모든 제약, 인간의 자아실현을 훼방하는 모든 장애로부터의 해방, 인간의 자유를 저해하는 온갖 요소로부터의 해방을 추구하고 있다. 그 증거로서는 소위 저개발국가의 전형적 모델로 자처하는 선진 공업사회 내부에서도 새롭고 교묘한 압제의 형태들이 적발되고 규탄받기 시작한 것이다. 거기서는 빈곤에 대한 도전으로 사회 전복을 책동하는 것이 아니라 부富에 대한 도전으로 등장한다.[18] 그

---

[17] 제6장에서 이 문제를 라틴아메리카의 현실과 결부시켜 논하게 될 것이다.

[18] 1968년 프랑스의 5월 소요를 두고 마르쿠제는 말했다: "학생들이 반기를 든 것은 빈곤하고 체제가 결함이 있는 사회에 대해서가 아니라 부강한 사회에 대해서다. 이 나라 사회는 국민 25%가 빈한한 게토(ghetto)에 몰려 살고 있으나 거기가 사치와 낭비에 있어 놀랍게 조직된 사회이다. 그네들의 반항은 이 사회가 만들어내는 참상에 대해서가 아니라 이 사회가 끼쳐주는 복지를 표적으로 하고 있다. 이것은 전혀 새로운 현상이며, 풍요한 사회에서만 볼 수 있는 독특한 것이다"(J. M. Palmier: *Sur Marcuse* [Paris: Union Générale d'Éditions, 1968], p.167). Paul Ricoeur도 비슷한 표현을 한 바 있다: "이 혁명은 자본주의에 대한 도전이다. 자본주의가 사회정의를 달성하는 데 실패했기 때문만이 아니고, 물량에 의한 복지라는 비인간적 술수로 국민을 기만하는 데 성공했기 때문에 거기에 도전하는 것이다. … 이처럼 무의미한 사회를 눈앞에 두고서 이 혁명은 인간들의 소비 능력보다는 복지와 이념과 가치의 창조에다 비중을 둔 것이다" ("Réforme et révolution dans l'Université", *Ésprit* 36 [1968], 987).

렇지만 부강국에서 일어나는 현상과 빈곤한 국가에서 일어나는 상황은 매우 다르다. 우리로서는 인류 역사의 주역으로 자처하는 부강국들이 만든 새로운 형태의 제국주의를 특히 경계해야 할 것이다. 그런 제국주의의 한계점을 파악하지 못하고 흉내내려다가는 제3세계의 혁명단체들은 자기네 현실을 크게 오해하고 기만하는 결과를 낳게 될 것이다. 그야말로 풍차와 싸우는 돈키호테와 같은 망상가들이 된다는 말이다.

그러나 후진국들은 이런 함정과 결점을 파악한 후에도 여전히 그 노선을 답습할 우려가 있다. 그 점도 조심해야 한다. 현재 선진국 사정과 비슷한 사태가 장차 후진국에서도 일어날 것이다. 후진국이 추구하는 해방운동은 지금 부강국 내부에서 점증하는 소수파들의 주장과 크게 다르지 않을 것이다. 그리고 후진국에서 소외된 채 전개되는 혁명운동은 저들에게서 많은 교훈을 배울 수 있을 것이다. 그리고 그것을 도입하여 새로운 사회를 건설하는 힘든 사명을 올바로 추진하는 데 도움을 받게 될 것이다.

동서남북 세계 어디서나 인간이 진정한 인간 실존과, 자유로운 생활과, 인류가 역사에서 쟁취하여 얻은 활달한 자유를 누릴 수 있는 여건이 문제되고 있다. 우리는 오늘날 자유의 역동성과, 자유는 투쟁하여 손에 넣는 것임을 그 어느 때보다 분명하게 의식하게 되었다. 물론 이런 의식에 도달하려면 과거에서 그 뿌리를 찾지 않을 수 없다.

15세기와 16세기는 인간의 자기이해에 매우 중대한 전기가 되었다. 경험과학과 거기서 도출해 낸 기술 덕택에 인간과 자연과의 관계가 근본적으로 변질되었다. 거기서 얻은 성과를 믿고서 인간은 이전에 품고 있던 세계관과 인간관을 내동댕이쳤다. 질송E. Gilson은 이 사태를 저 유명한 문구로 함축하여 표현했다: "형이상학이 낡아진 것은 형이하학(물리학) 때문이다." 과학 덕분에 인간은 자기 자신을 전혀 달리 보기 시작하였다.[19] 이런 과정

---

[19] 인간의 자기이해는 인간과 자연의 관계에 전적으로 좌우된다. Edward Schillebeeckx, "L'immagine di Dio in un mondo secolarizzato", *Ricerca* (Roma), March 31, 1969 참조. 마르크스도 이 사실을 매우 강조하였다.

이 있었기에 그뒤에 온 철학 주류들이 탁상공론에 그치지 않고, 오히려 인간이 자연과의 관계 및 타인과의 관계에서 얻은 체험을 술회하고 반성하는 내용을 담게 되었던 것이다. 그리고 과학지식과 기술지식의 발달로 말미암아 자연 및 타인들에 대한 관계가 여러 모로 해석되고 수정되었다.[20]

데카르트는 자연에 대한 인간의 관계를 변질시킨 새로운 물리학에 가장 큰 공헌을 한 인물들 가운데 한 사람이다. 그는 사고의 우위성, "명백하고 확연한 개념들"을 본위로 한 철학, 인간 주체성의 창조적 부면을 부각시킨 철학에 기초를 놓았다.[21] 칸트의 "코페르니쿠스 혁명"은 이 사상을 보강하고 체계화했다. 칸트의 사상에 의할 것 같으면, 인간의 개념이 객체에 종속되는 것이 아니라, "객체 — 항상 동일한 사물로 남아 있는 —, 또는 경험 — 인식된 객체는 이것뿐이다 — 이 나의 관념에 동화되어야 한다". 그 이유는 "우리가 사물에서 선험적으로 인식하는 것은 우리가 사물에 부여하는 범주들이기 때문이다".[22] 칸트는 이런 관념이 결국 "새로운 사유방법"을 초래하여, 사고의 근본 토대를 비판하여 유치한 단계를 탈피하고 성숙한 단계로 비약하게 만들 참다운 지식을 가능케 하리라고 생각했다.

헤겔도 같은 노선을 따르면서 거기에 활력과 역사라는 테마를 도입했다.[23] 넓은 안목으로 볼 때 헤겔 철학은 프랑스 혁명에 대한 반성이었다.

---

[20] "철학이 출현하고 재출현하려면 과학의 힘을 입어야 한다. 왜 좁은 의미의 철학이 플라톤 시대에야 등장했던지도 알 만하다. 그리스 수학의 자극을 받아 철학이 출현한 것이다. 그리고 갈릴레오의 물리학의 충동을 받아 데카르트에 이르러 일신되었다. 칸트는 뉴턴의 발견의 영향을 입는 철학을 계승했고, 훗설은 기본 공리에 자극받아 철학을 개편했다"(Louis Althusser, *Lénine et la philosophie* [Paris: François Maspero, 1969], p.27). Althusser가 철학과 과학을 너무 가까이 결속시킨 데 대해 상당한 비판도 있었다: cf. André Regnier, "Les surprises de l'idéologie: Heisenberg et Althusser", *L'Homme et la Société*, no.15 (1970), pp.247-50.

[21] J. B. Metz는 토마스가 고대 우주론을 탈피하여 인간학을 전개한 최초의 인물이라 했다: *Christliche Anthropozentrik: Über die Denkform des Thomas von Aquin* (Munich: Kösel, 1962).

[22] "The Critique of Pure Reason" (1787년 제2판의 서문), in *Kant* (Great Books of the Western World, vol.24), p.7.

[23] 칸트에게서도 역사철학의 견해는 볼 수 있었고 칸트 이전에도 이미 등장했었다. 그러나 역사를 조직적으로 체계화한 것은 헤겔이 처음이다. 헤겔 이후의 인간들의 의식은 "역사의식"이라 해도 과언이 아니다. Cf. Henrique de Lima Vaz, *Cristianismo e conciencia histórica* (São Paulo, 1963), p.20; idem, *Ontologia e histórica* (São Paulo: Duas Cidades, 1968).

프랑스 혁명이라는 역사적 사건은 인간 각자가 소속 사회의 미래의 결정에 참여할 권리가 있음을 선언한 까닭으로 굉장한 연쇄반응을 일으켰다. 헤겔의 생각으로는, 인간은 타자의 의식에 의해서 지각되고 "인식됨"으로써만 자기 자신을 의식한다는 것이었다. 그러나 인간이 타자에 의해 인식되는 데는 하나의 갈등, "생사의 투쟁"을 전제로 하고 있다. "왜냐하면 자유를 쟁취하기 위해서는 생명을 내건 모험을 치르지 않으면 안되는 까닭이다."[24]

주종主從의 변증법에 의해 역사 과정은 의식의 탄생, 인간의 점진적 해방으로 나타날 것이다.[25] 변증법적 과정을 통해 인간은 자아를 건설하고 자기 존재의 실재를 인식하게 된다. 인간이, 순수한 자유를 획득함으로써 자기를 해방시키는 것이다. 이 자유는 노작勞作을 통해 세계를 변혁시키고 인간을 교육한다.[26] 헤겔은 "세계사는 자유를 의식하는 도정이다"라고 했다. 그뿐 아니라 역사를 추진하는 힘은 난관을 거쳐 자유를 획득하려는 노력이다. 물론 초기 단계에서는 자유란 거의 의식되지 않지만, "자유 자체가 의식을 고취시키고, 그 의식을 통해 실재화한다는 무한한 필연성을 내포하고 있다. 무릇 자유에 관한 의식은 곧 자유의 본질이다".[27] 그러는 가운데 인간은 점차적으로 자기 운명의 고삐를 자기 손에 쥐게 된다. 그는 자기의 앞을 내다보고, 일체의 종속과 소외를 떠난 새로운 사회를 지향하게 된다. 여기서 철학의 새로운 차원, 곧 사회비판이 등장한다.[28]

---

[24] *The Phenomenology of Mind* (New York: The Humanities Press, 1964), pp.229, 232-3.

[25] Alexandre Kojève는 이 관점을 매우 강조했다. Cf. Alexandre Kojève, *Introduction to the Reading of Hegel*, ed. Allan Bloom (New York: Basic Books, 1969).

[26] Hegel, *Phenomenology*, pp.238-9. Cf. A. Kojève, *Introduction to the Reading of Hegel*, p.48ff. 마르크스도 초기 저작에서 이 헤겔 사상을 격찬했다: "헤겔의 「정신현상학」의 뛰어난 업적이라면 … 인간의 자기창조를 곧 성장발전이라고 파악한 점이다. … 헤겔은 '노동'의 본질을 파악했고, 객관적 인간 — 참다운 인간, 따라서 현실적 인간 — 은 곧 인간 '자신의 노동'의 산물임을 포착했다"(*Manuscripts of 1844*, p.177).

[27] *Reason in History* (New York: Liberal Arts Press, 1953), p.25. "세계사는 … 자유에 대한 의식의 성장 과정을 보여준다"("The Philosophy of History", in *Hegel*, Great Books, p.182).

[28] 마르쿠제는 이념의 역사를 배경으로 이 문제를 연구한 바 있다. Herbert Marcuse, *Reason and Revolution: Hegel and the Rise of Social Theory* (Boston: Beacon Press, 1941).

마르크스는 같은 노선을 자신의 독특한 방식으로 전개하고 혁신하였다.[29] 그러나 그렇게 하기 위해서는 전대前代의 사상들과의 소위 "인식론적 단절" epistemological break — 가스똥 바셸라드Gaston Bachelard에게서 빌려온 개념이다 — 을 치러야 했다. 마르크스의 유명한 「포이에르바하에 관한 명제들」에 이 새로운 입장이 확연하게 기술되어 있다. 이 글에서 마르크스 이론의 기본 요소들이 간결명료하게 제시되고 있다. 특히 "제1명제"에서 마르크스는 자기는 고전유물론과 관념론의 중간 입장이라고 하면서, 양자에 대한 변증법적 초월을 모색한다고 했다. 먼저 그는 외부세계의 객관성을 인정하고서, 다음에 인간에게 이것을 변혁시킬 능력이 있음을 천명한다. 마르크스로서는 "안다"는 것은 곧 "노작을 통해서 세계를 변혁시킨다"는 것과 긴밀하게 결합된 무엇이다. 그는 이 기본 명제들을 바탕으로 해서 역사적 실재에 관한 학문적 이해를 구성해 나간다. 그는 자본주의 사회를 해부한다. 거기에는 인간에 의한 인간의 착취, 계급에 의한 계급의 착취의 구체적 사례가 무수히 나타난다. 인간이 인간답게 살 수 있는 역사의 한 시대를 시사하면서, 마르크스는 역사과학을 정립하기 위한 범주들을 창안한다.[30]

이리하여 학문이 인간으로 하여금 더 비판적 사고를 도울 길이 열린 것이다. 덕분에 인간은 자기의 이념적 창조를 좌우하는 사회-경제적 결정 요인들을 새삼스럽게 인식하게 되었고, 따라서 그것들에 대해 더 자유롭고 명료한 처신을 할 수 있게 되었다. 그뿐 아니라 이처럼 참신한 사상이 출현함으로써 인간이 역사의 이니셔티브를 통어하는 범위가 확대되었고, 그

---

[29] 마르크스 사상은 헤겔 사상을 사회-경제 측면에서만 해석한 것임을 간과해서는 안된다. 그러나 해석은 여하튼 헤겔에 사상적 근원을 두고 있다. 헤겔 사상의 해석이 제각기 다른 양상 참조: L. Althusser, *For Marx* (New York: Pantheon Books, 1969); Ernest Mandel, *The Formation of the Economic Thought of Karl Marx* (New York: Monthly Review Press, 1971); Kosik, *Dialéctica*.

[30] 헤겔이 특히 초기에 경제문제를 거의 논하지 않았다는 사실은 상식적 얘기다. Cf. György Lukács, *Der junge Hegel und die Probleme der kapitalistischen Gesellschaft* (Berlin: Aufbau-Verlag, 1954); Jean Hyppolite, *Studies on Marx and Hegel* (New York, Basic Books, 1969). 그리고 헤겔이 경제문제를 논한 부분도 마르크스만큼 엄격하지는 않다. 그러나 마르크스는 헤겔의 저작들을 발굴한 공이 크다.

이니셔티브를 더욱 합리화할 수 있게 되었다(물론 이 이론이 성립되려면 우리측에서 역사를 교조주의적으로나 기계론적으로 해석해서는 안된다). 이 이니셔티브들은 자본주의적 생산양식을 사회주의적 생산양식으로 변경시킬 만한 역량을 갖춰야 한다. 다시 말해서 인간이 비로소 인간답고 자유롭게 살 수 있는 사회를 지향하는 생산구조를 도모해야 한다. 인간이 자연을 지배하고, 부의 생산을 사회주의화하고 부를 지나치게 사유私有하는 현상을 없애고, 사회주의를 창건할 수 있어야 한다는 말이다.

그러나 현대인은 어떤 계급, 국가 또는 사회의 일원으로서 자기완성을 저해하는 "외적인" 압력에서 벗어나는 해방만을 동경하지는 않는다. 인간은 "내면의" 해방도 동경하고 추구한다. 개인의 내밀한 영역, 그러니까 사회적 차원에서만 아니라 심리적 차원에서도 자유로운 몸이 되기를 염원한다. 그리고 인간이 내면의 자유를 추구한다고 해서 그것이 사회관계를 외면하는 이념적 회피도 아니고, 인간이 처한 예속의 상황을 내면화하자는 수작도 아니다.[31] 오히려 프로이트 이후로 심리학계에서 논하는 "인간 정신"human psyche의 실재 세계와 긴밀한 유대를 가지는 자유여야 한다.

프로이트가 인간 행동의 무의식의 인자들을 규명하고, 억압이 인간의 심리를 형성하는 핵심요소임을 강조함으로써 사실상 자유의 새로운 지평이 열린 것이다. 억압이라는 것은 사회 환경에서 오는 문화적·윤리적 요청과 본능적 충동 사이에서 일어나는 갈등의 산물이라고 하겠다.[32] 프로이트는 무의식적 동기가 인간 행동에 거의 전제적 횡포를 부리며 그릇된 행동을

---

[31] 이 점을 Georges Politzer는 베르그송과의 논전에서 지적했다: "한마디로 잘라 말하자면, 노예가 정말 노예가 될수록 그만큼 자유로워진다는 이야기다. 자기의 예속을 더욱 내면화하고 심화할수록 자유로운 몸이 된다는 역설이다. 그렇다면 죄수가 자유를 얻는 길은 탈옥이 아니라 자원하여 죄수가 되는 길일 것이다. 자유를 선전하기 위해서 반항을 선동할 것이 아니라 전적인 종속을 가르치라는 것이다. 말하자면 노예들이 진정 노예의 정신을 가질 때 비로소 자유가 군림한다는 논리다"(*Le Bergsonisme: Une mystification philosophique* [Paris, Éd. Sociales, 1949], p.77).

[32] 심리적 갈등의 이념을 최초로 묘사한 것은 1892년 프로이트가 처음이었다. 프로이트는 이후 수년간 이 연구를 진척시켜 학설을 정립했다. 그는 본능적 성찰과 사회적 압력 사이의 갈등을 주제로 했으나 몇 차례 수정을 거쳐 향락원리와 현실원리의 대립이라고 정의했다.

유발할 수 있다고 하였다. 이 그릇된 행동을 제어하기 위해서는 행동 주체가, 자기의 무의식으로 조성되는 행동을 의미하는 새 언어를 면밀히 해독함으로써, 그 동기들을 포착해야 한다. 헤겔 이래로 우리는 "갈등"conflict이라는 말을 배종적胚種的·설명적 범주로 보아왔고, "의식"awareness이라고 하면 자유 쟁취의 한 과정으로 생각했다. 그러나 프로이트는 "갈등"과 "의식"이 심리 과정에서 출현하는 것이라고 설명했고, 인간은 이 영역에서부터 해방을 얻어야 한다고 가르쳤다.

집단적 차원 또는 역사적 차원의 해방이라는 개념 속에 반드시 심리적 해방까지 포괄되어 있지는 않다. 심리적 해방은 집단적 해방 또는 역사적 해방에는 들어 있지 않은 내용을 담고 있다.[33] 그러나 여기서 심리적 해방과 집단적·역사적 해방을 간단하게 분리시키거나 양자를 서로 대립시키자는 것은 아니다. 데이비드 쿠퍼의 말을 인용해 보자: "나는 과거의 모든 혁명이 실패로 돌아간 근본 원인이 사회집단mass social 영역의 해방과 인간 개인 영역의 해방을 별도로 분리시킨 데 있다고 생각한다. 즉, 경제적·정치적 분야에서 모든 계급을 해방시키는 일과, 개개의 인간 및 그가 직접 소속되어 있는 구체적 집단에서 개인을 해방시키는 일을 별개의 것으로 보았다는 말이다. 오늘에 와서 우리가 혁명을 운운하려면, 대단위사회macro-social 요소와 소단위사회micro-social 요소 사이에, '내면 실재' inner reality와 '외부 실재' outer reality 사이에 어떤 통합을 유도할 수 있어야 한다. 그렇지 못할 경우 우리의 혁명이론은 극히 무의미해지고 말 것이다."[34] 그뿐이 아니다. 해방운동에서 바로 투쟁의 적이 되는 것이 인간 소외와 착취이다. 그러나 착취와 소외에서의 해방을 세밀히 분석하면 거기에는 인격적·심리적 영역의 해방이 문제로 등장한다. 새 사회, 새 인간을 수립하겠다는 운동에서도 이

---

[33] 이 문제에 관하여는 Harvey Cox의 연구를 참조할 것: "Political Theology for the United States", *Projections: Shaping an American Theology for the Future*, ed. T. F. O'Meara and D. M. Weisser (Garden City, N.Y.: Doubleday, 1970), pp.41-9.

[34] "Introduction", *To Free a Generation: The Dialectics of Liberation*, ed. David Cooper (London, Collier Books, 1968), pp.9-10.

면이 의외로 쉽사리 간과된다.[35] 인격적 측면이라고 해서 지나치게 사사로운 무엇으로 간주해서는 안된다. 도리어 인간의 모든 차원을 둘러싸는 것으로 생각해야 한다. 현대에는 만인이 정치활동에 폭넓게 참여하는 문제를 놓고 논란이 많지만, 거기서도 인간의 이 인격적인 면에 대해 상당히 큰 비중을 두고 있다. 사회주의 국가에서마저 그렇다.

헤겔과 마르크스의 영향을 받아 사회비판에 심리분석의 범주들을 도입한 마르쿠제의 시도는 매우 중대하다고 보겠다. 프로이트 자신은 자기 저서 『문명과 그 불만』Civilization and its Discontents[36]을 그다지 중요하게 평가하지 않았다. 그러나 마르쿠제는 이 저서를 연구한 결과를 토대로 풍요한 사회가 인간에게 끼치는 "과잉 억압"over-repressive을 분석하고 비억압적 사회가 가능하다는[37] — 프로이트는 이 가능성을 부인하였다 — 사실을 제시한다. 선진공업국가 — 자본주의든 사회주의든 — 에 대한 마르쿠제의 분석비판은 드디어 그로 하여금 일방적이고 억압적인 사회에 찾아올 위기를 선언하게 하였다.[38] 그런데 비억압적 사회를 이룩하기 위해서는 사회가 내놓은 가치체계, 즉 인간에게는 자유로이 살아갈 능력 — 가능성 — 이 없다고 하는 사상을 먼저 부숴야 한다. 마르쿠제는 이런 도전을 가리켜 "위대한 거부"Great Refusal라고 하였다: "생산 증진과 생활 수준 향상이라는 꿈을 인류의 창조적 연대성 밑에다가, 모든 국가 경계선과 이해관계를 초월하여 빈곤과 비참을 극복하려는 염원 밑에다가, 평화를 성취하려는 인간의 희구 밑에다가 종속시킬 수 있게 만드는 것이다. 그야말로 혁명의 망령이라고 하겠다."[39]

---

[35] Frantz Fanon은 이 문제에 대해서 평생을 바쳐 연구하였다. *The Wretched of the Earth* (New York, Grove Press, 1963)와 *Studies in a Dying Colonialism* (New York, Monthly Review Press, 1965) 참조. 그에 대한 연구서: Renate Zahar, *Colonialismo y enajenación: Contribución a la teoría política de Frantz Fanon* (Mexico, Siglo Veintiuno, 1970).

[36] 프로이트의 1929년 7월 28일자 서한 참조: Ernst Jones, *The Life and Work of Sigmund Freud* (New York, Basic Books, 1957), III: 448.

[37] Marcuse, *Eros and Civilization* (Boston, Beacon Press, 1955).

[38] *One Dimensional Man* (Boston, Beacon Press, 1964).

[39] *An Essay on Liberation* (Boston, Beacon Press, 1969), pp.ix-x.

어떤 이념이 전개되는 마당에서는 그 이념이 모든 면을 다 포괄하기는 힘든 법이다. 이념에는 모호한 점이 있게 마련이고, 비판받고 규명되어야 할 면도 있는 법이다. 그리고 대개가 역사에 비추어 재검토해야 한다. 역사는 이념들을 수긍하고 인정하기도 하고 배척하기도 한다. 그리고 이념이라는 것은 인간 행습에 비추어 재검토해야 한다. 인간 행습만이 모든 이론의 토대가 되는 법이다. 그리고 그 이념들이 출현하던 당시와는 상황이 다른 사회-문화적 현실에 입각해서도 재고해야 할 것이다. 그렇다고 해서 이념들에 대해서 무조건 회의적이거나 미심쩍은 태도를 가지라는 말은 아니다. 다만 어떤 이념을 받아들이기 전에 상당한 비판과 검토를 거쳐야 한다는 말이다. 위에서 열거한 사상과 이념은 현대세계의 대중 안에 광범위하게 뿌리박고 있는 염원, 곧 해방의 염원을 표명하고 있는 까닭에 이를 비판하고 검토하는 일은 매우 긴급한 과제가 아닐 수 없다. 해방을 추구하는 현대인의 염원이 아직은 애매하고 혼동도 없진 않으나 갈수록 사람들의 의식 속에 선명해지고 있다. 그리고 많은 사람들이 — 월남, 브라질, 뉴욕 또는 프라그에서 — 이 염원을 자기들의 행동 규범으로 삼고 거기에다 생애를 바칠 각오를 하고 있다. 그들의 헌신과 투쟁이야말로 위에서 대략 살펴본 이념들을 오늘날 역사적으로 생존시키고 정당화하고 있다.

역사를 인간해방의 과정으로 파악한다면 자유를 하나의 "쟁취"로 보게 된다. 자유에 대한 추상적 관념에서 현실적 자유에로 한걸음 내딛기 위해서는 인간을 억압하는 모든 세력을 상대로 투쟁을 해야 한다는 것, 실패와 함정이 있고 때로는 우회해야 하고, 할 수만 있다면 재빨리 발을 빼고 싶은 유혹이 따르는, 그런 투쟁을 치러야 한다. 이 투쟁의 목표는 생활 조건의 향상만이 아니라 체제의 근본 개혁, 곧 사회혁명이다. 한걸음 더 나아가 지속적 창조, 인간이 되는 새로운 길, 영속적 문화혁명permanent cultural revolution을 목표로 하고 있다.

다시 말해서 우리가 문제삼고 있는 것은 인간에 관한 능동적이고 역사적인 개념이다. 자신의 미래를 향하여 창조적 활동을 하기로 향방을 결정한 인간, 미래를 위해서 현재에 활동하는 인간의 개념이다.[40] 떼이야르 드 샤르댕Teilhard de Chardin은 인간이 진화의 고삐를 쥐고 있다고 하였다. 본질론자들이나 결정론자들의 사상과는 반대로, 역사란 인간에게 선재하는 역량들의 개발이 아니다. 역사란 새로운 방식으로, 질적으로 다른 방식으로 인간이 되는 것이다. 개인이 인류와의 연대성에 입각하여 자기의 전인적이고 충만한 완성을 성취하는 것이다.

해방의 신학적 개념

뒷장章에 가서 해방의 신학적 배경을 상세히 다룰 것이나,[41] 여기서는 방금 앞에서 논의한 바에 입각하여 잠시 이 문제를 소개하는 편이 좋겠다.

"개발" 혹은 발전이라는 용어가 교회 교도권의 문헌상에 나타난 것은 비교적 근자의 일이다.[42] 비오 12세[43]가 이 문제를 간단히 언급한 외에는, 요한 23세의 회칙「어머니와 교사」Mater et Magistra에 와서야 이 주제가 정식으로 다루어졌다.[44]「지상의 평화」Pacem in terris는 이 용어에 특별한 주의를 기울이고 있다.「현대세계의 사목헌장」Gaudium et spes은, 비록 독창적인 것은 아니지만, 이 논제에 한 부면을 전부 할당하고 있다. 이 모든 문헌은 한결같이 현존하는 불의가 제거되어야 하고, 인간에 대한 봉사와 직결된 경제 발전이 시급함을 천명하고 있다. 그리고 회칙「민족들의 발전」Populorum progressio은 전적으로 개발문제를 다루고 있다. 이 회칙에 와서는 용어와 이념

---

[40] Cf. Ernst Bloch, *Das Prinzip Hoffnung* (Frankfurt, Suhrkamp Verlag, 1959); *Man on his Own* (New York, Herders, 1970); *On Karl Marx* (New York, Herders, 1971); J. Moltmann, *Theology of Hope*.

[41] 제9장 참조.

[42] Jean-Yves Calvez – Jacques Perrin, *The Church and Social Justice: The Social Teaching of the Popes from Leo XIII to Pius XII* (1878~1958) (Chicago: Regnery Co., 1961)만 해도 아직 이 용어가 나타나지 않았다.

[43] Cf. René Laurentin, *Liberation, Development, and Salvation*, pp.102-3.

[44] J.-Y. Calvez, *The Social Thought of John XXIII: Mater et Magistra* (Chicago: Henry Regnery Co., 1964).

이 뚜렷이 정립되었다. 그리고 "완전한"integral이라는 형용사가 부가됨으로써 다른 각도에서 문제를 제기하고 거기에 새로운 전망을 제시하고 있다.

이 회칙이 내놓은 새로운 견해들은 종속과 해방을 토의한 제2차 바티칸 공의회의 대체토론에서 이미 암시된 바 있다. 「사목헌장」은 "발전도상에 있는 국가들은 … 더 빨리 발전하는 부강한 국가들에게 더욱 뒤떨어지고 후자에 대한 경제적 의존도는 날로 높아만 간다"(9항)고 하였고, "거의 모든 민족이 독립은 했다 하지만, 과도한 불평등과 온갖 형태의 '부당한 종속상태'에서 해방되었다고 하기에는 아직 요원하다"(85항)고 시사한다.

여기서 자연히 종속과 의존에서 벗어날 필요성, 거기서 해방되어야 할 절박성이 논의되지 않을 수 없는 것이다. 「사목헌장」은 두 군데에서 해방 문제를 언급하고, 인간의 노력만으로 그것을 달성할 수 있다는 사상을 개탄한다. "많은 사람들은 인간의 노력으로써만 참되고 완전한 인류해방emancipation을 기대하며 미래에 지상에 건설될 인간왕국이 자기 마음의 온갖 소망을 채워줄 수 있으리라고 확신을 가진다"(10항). 그리고 인류해방을 순전히 경제적·사회적 차원에만 국한시킬 위험이 있음도 지적한다: "현대 무신론의 여러 형태 중에서 인간의 구원liberation을 경제적 내지 사회적 해방emancipation에서 기대하는 무신론의 형태를 무시할 수 없다"(20항).[45] 이상의 주장들은, 소극적으로 말하자면, 해방을 더 넓은 안목에서 보아야 한다는 사상을 전제로 하고 있다. 편협한 사고방식을 비판하는 것이다. 그래서 "참되고 완전한" 해방의 가능성을 인정하고 들어가는 것이다. 그런데 이 더 넓은 안목이 무슨 내용을 가지고 있느냐는 아직도 정립되어 있지 않다. 안타까운 일이다. 그러나 「사목헌장」의 본문에는 몇 가지 내용이 암시는 되고 있다. 헌장은 "무엇보다도 형제와 역사에 대한 책임 수행에 입각해서 인간을 규정지을 새로운 '휴머니즘'"의 출현을 말하고 있다(55항). 역사를 창조하는 사람들, "새로운 인류를 창조하는 참된 새 사람들"(30항), 진정한

---

[45] 개념을 분명히하기 위해 원어를 몇 자 적어넣는다.

새로운 사회를 건설하려는 염원에 움직이는 사람들이 필요한 것이다. 그리고 공의회 문헌은 경제적·정치적 요망 "이면에는 더 깊고 더 보편적인 요망이 내포되어 있다. 즉, 개인이나 집단이 인간 품위에 알맞은 충족하고도 자유로운 생활, 다시 말해서 현대세계가 사람들에게 풍부히 제공하는 온갖 가능성을 스스로도 이용할 수 있는 생활에 굶주리고 있다"(9항)고 주장한다.

그러나 이 모든 것은 시작에 불과하다. 「사목헌장」이 일반적으로 인간 상황에 관한 우호적 서술을 하고 있음은 잘 알려진 바이다. 기복이 심한 문제는 약간 수정하고 거칠게 모난 것들은 반드럽게 만들며 충돌적인 면은 피하려 했다. 사회계급이나 국가들의 날카로운 대립 등은 외면하고 있다.

교황 회칙 「민족들의 발전」은 이보다 더하다. 몇몇 본문을 따로 떼어놓고 보면 분명히 "각자가 인종과 신앙과 국적에 상관없이 인간다운 삶을 향유하며, 다른 인간, 또는 인간이 제대로 제어하지 못하는 자연능력에 의한 일체의 종속에서 자유로이 벗어난 세계의 건설"(47항)을 언급하고 있기 때문이다.[46] 그러나 회칙 전체에는 이 이념이 스며 있지 않다. 그렇게 볼 때 「민족들의 발전」은 과도기적 문헌이라 하겠다. 이 회칙이 "금전의 국제제국주의"를 규탄하고 "하늘을 향하여 부르짖는 불의의 상황"을 공격하며, 부강국과 빈곤한 나라 사이의 격차가 갈수록 심화되는 데 우려를 표하면서 결국 회칙은 이 세계의 대국들을 상대로 이야기하고 그들에게 변혁이 시급히 필요하다고 호소하는 것이다.[47] 해방이라는 언어를 공공연하게 사용했더라

---

[46] 이 회칙을 선포하기 2년 전, 1965년 5월 1일 일반 알현에서 바오로 6세는 다음과 같이 말했다: "새롭게 기계화된 작업 스타일은 노동자에게 자기소외의 의식을 느끼게 할 것인데 사람들은 그것을 예견하지 못하고 있다. 다른 사람의 소유인 기구들을 가지고 다른 사람들을 위해서 일하겠다는 욕심이 감퇴될 것이다. 그리고 나면 경제적·사회적 해방을 촉구하는 움직임이 일어날 것이며, 그 대열에 그리스도께 대한 신앙으로 얻은 도덕적·영성적 구원의 진가를 위협받을 수도 있다고 생각지 않는가?"(*L'Osservatore Romano*, May 3, 1965).

[47] Cf. René Dumont "Populorum Progressio: Un pas en avant, trop timide", *Ésprit* 35 (1967): 1092-6; Raymundo Ozanam de Andrade, "Populorum Progressio: Neocapitalismo ou revolução", *Paz e Terra* (Rio de Janeiro), 4 (1967), pp.209-21; François Perroux, "Populorum Progressio: L'encyclique de la Résurrection", *L'Église dans le monde de ce temps*, 3:201-12; Herné Chaigne, "Force et faiblesse de l'encyclique", *Frères du Monde*, nos. 46-7 (1967), pp.58-74.

면 회칙은 일종의 암시나 시사에 그치지 않고, 압제받는 사람들에게 더 직접적이고 결정적인 신뢰감을 주어 그들로 하여금 자기네가 처한 상황을 과감하게 청산할 용기를 가지게 했을 것이고, 자기네 운명을 스스로 조종할 자세를 가지게 만들었을 것이다.[48]

해방의 주제가 더 완전하게 논의된 것은, 「민족들의 발전」에 호응하는 뜻에서 채택된, 제3세계의 18인 주교들의 선언문[49]에서였다. 그리고 콜롬비아의 메델린에서 1968년에 개최된 제2차 라틴아메리카 주교회의(CELAM)의 결의문에는 이 선언문의 종합적 내용이 다루어졌다.[50] 이 결의문은 「18인 주교 선언문」보다 훨씬 교의적 권위를 가지고 있다. 이 두 문헌을 보더라도 벌써 문제의 초점이 바뀌지고 있음을 알 것이다. 상황에 대한 판단이 그 지역과 국가의 중산층과 세력자들의 입장에서 제시되어 있지 않고 그 사회 및 국가의 하층과 저변에서 허덕이는 사람들의 입장에서, 그들의 곤경과 염원을 바탕으로 제시되고 있다.

그리스도교 공동체가 심각한 역사적 변천의 소산인 해방과 그 염원을 비로소 "시대의 표징"으로 받아들여, 이 운동에 투신하고 판단, 해석하라는 소명으로 이해하기 시작한 것이다. 성서의 메시지는 그리스도의 행업을 해방으로 제시하고 있다. 성서 메시지는 사실상 이런 해석의 근거를 충분히 담고 있다. 과거 오랜 세월 동안 신학은 인간사의 투쟁적 성격, 인간들과 사회계급과 지역국가들 사이의 대립관계에 관해서 거의 외면하고 사색하기를 기피했다. 그렇지만 성 바울로는 그리스도 실존의 파스카적 핵심, 인간

---

[48] 여기서 회칙 「민족들의 발전」의 가치를 부인하려는 것은 아니다. 이 회칙에 호의적인 주석: Ricardo Cetrulo, "Populorum Progressio: De la 'animación' de la sociedad al análisis de situación", *Víspera* (Montevideo), 3 (1967), pp.5-10; Lucio L. Radice, *Socialismo e libertà* (Roma: Ed. Riuniti, 1968), pp.136-48. 바오로 6세도 추기경 Roy에게 보낸 서한 *Octogesima adveniens*(「노동헌장 반포 80주년에 즈음하여」)에서 여러 가지를 새롭게 표현하고 있다.

[49] *Between Honesty and Hope: Documents from and about the Church in Latin America. Issued at Lima by the Peruvian Bishops' Commission for Social Action* (Maryknoll Publications, 1970), pp.3-12.

[50] 제7장에서 상세히 논하게 된다.

생활의 파스카적 성격을 거듭 강조했다: 낡은 인간에서 새 인간으로, 죄에서부터 은총으로, 노예 처지에서 자유 신분으로 넘어감을 이야기했다.

"자유를 위해 그리스도께서 우리를 해방하셨습니다"(갈라 5,1). 이 구절에서 성 바울로가 말하고자 하는 바는, 자아를 향한 이기적인 전향, 곧 죄악으로부터의 해방이다. 범죄한다는 것은 이웃을 사랑하기를 거부함이며, 종국에는 주님을 사랑하기를 거부함이다. 하느님과 이웃과의 절교인 죄는 인간세계의 모든 빈곤과 불의와 압제의 궁극 원인이라는 것이 성서의 가르침이다. 죄를 이 모든 여건의 궁극 원인으로 본다고 해서 상황을 그렇게 유도하는 구조적 이유들과 객관적 결정 요인들을 대수롭지 않은 것으로 보자는 말은 아니다. 우리가 강조하는 바는, 무릇 사건이란 우연하게 일어나지는 않는 법이며, 불의한 체제가 존재할 때에는 그 배후에 개인적 또는 집단적 의지, 고의적으로 하느님과 이웃을 배척하려는 의지가 도사리고 있다는 사실이다. 아울러 사회변혁이 제아무리 급진적이고 철저하다 해도 모든 악을 자동적으로 제거할 수 없다는 암시이기도 하다.

그러나 바울로의 주장은 그리스도께서 우리를 자유로운 몸이 되게 하려고 해방하셨다는 것이다. 그렇다면 이 자유는 무엇을 하자는 자유인가? 사랑할 수 있는 자유이다. 본회퍼의 말을 들어보자: "자유란 인간이 자기를 위해 쓰자는 무엇이 아니라 남들을 위할 수 있는 무엇이다. … 자유는 무슨 소유나 헌물이나 대상이 아니다. 자유는 관계 외에 다른 것이 아니다. 정말로 자유란 두 인격들간의 관계이다. 자유로워진다는 것은 '다른 이를 위하여 자유로운 몸이 된다는 것'을 의미한다. 타인이 나를 자기에게 결합시키기 때문이다. 타인과 관계를 가지는 한에서 나는 자유로운 몸이다."[51] 우리가 부름을 받은 자유는 자아로부터의 탈피, 이기심의 극복, 이기심을

---

[51] Bonhoeffer, *Creation and Fall, Temptation* (New York: Macmillan, 1966), p.37. 바오로 6세는 다음과 같이 천명하고 있다: "(자유는) 그 가장 심원한 인간의 실재 속에서 발전하여 확산되고 인간들 사이에 활동적이고 생생한 유대관계를 조성하게 될 것이다." "인간이 진정한 자유를 찾기 위해서는 인간을 자유롭게 하시는 하느님 안에서 자기를 상실해야 할 것이며, 주님의 죽음과 부활에 힘입어 쇄신되어야 할 것이다"(*Octogesima adveniens*, no.47).

북돋우는 모든 체제와 구조에서의 탈출을 전제로 한다. 자유의 토대는 타인을 향한 자기개방이다. 그래서 그리스도께서 자유로이 선물하시는 해방이 완전한 해방이요 하느님과의 만남이며 타인들과의 통교이다.

결 론

위에서 논한 내용을 종합한다면, "해방"의 개념에 관한 세 가지 차원의 해석, 또는 해방운동에 대한 세 가지 태도를 분석해 낼 수 있겠다.

첫째 단계에서, "해방"은 압제받는 대중과 사회계급의 염원을 표현한 것으로서 경제·사회·정치적 영역에서 충돌적인 면을 강조하며, 그들을 부강국이나 압제계급과 투쟁하는 상대역으로 등장시킨다. 그에 비해서 "개발"이라는 용어나, 특히 개발주의적desarrollista 성격을 띤 정책이라는 것은 현실을 외면하고, 현실이 안고 있는 비극적이고 투쟁적인 면모에 대해서 허위의 영상을 그려놓기가 쉽다는 것이다. "개발"이 내걸고 있는 문제 자체는 더 보편적이고 심화되고 근본적인 해방의 전망 속에 포함되어 있기는 하다. 실상 "개발"이라는 말이 그 고유한 의미를 찾고 어떤 보람있는 결실을 내기 위해서는 이 해방의 전망에 그대로 흡수되어야 한다.

더 깊은 단계에 들어가면 "해방"은 역사에 대한 이해라고 일컬을 수 있다. 인간을 자기의 운명에 대해 의식하고 책임을 지는 존재로 보게 된다. 이러한 역사 이해와 인간 이해는 사회변혁의 염원을 훨씬 생동적으로 만들고 그 목표를 훨씬 광범위하게 확대한다. 여기서는 인간의 모든 영역이 개화하기를 염원하게 되며, 자신의 생애와 역사를 통해서 자아를 생성하는 인간을 그리게 된다. 진정한 자유를 점차 쟁취하면서 새로운 인간, 질적으로 다른 사회가 창건되는 것이다. 그러므로 이 비전에 비추어보면 우리가 사는 이 시대에 문제되는 것이 무엇인가를 더 잘 이해하게 된다.

끝으로 다음과 같은 이야기를 할 수 있다. "개발"이라는 말은 그 용어 자체가 제기하는 과정에 해당하는 신학적 문제점들을 모호하게 만들고 일정한 한계를 설정한다.[52] 그에 비해서 "해방"이라는 용어는 역사 안에서 인간이 가지는 위치와 활동에 영감을 주는 성서적 근거를 발견하게 한다. 성서를 보면 그리스도는 해방을 가져온 분으로 등장한다. 구세주 그리스도는 인간 우애의 유린과 불의와 모든 압제의 근본 원인인 죄에서 인간을 해방시킨다. 그리스도는 인간이 참으로 자유로운 몸이 되게 만든다. 다시 말해서 인간이 그리스도 당신과 상통하여 살 수 있게 하신다. 이 상통이야말로 모든 형제애의 토대가 된다.

그렇다고 해서 지금 이야기한 세 가지 단계가 병립하는 과정이나, 단계적으로 연속하는 과정은 아니다. 단일하고 복잡미묘한 해방운동의 의미를 파악하는 세 가지 단계(수준)가 있다는 말이다. 기실 해방운동은 그리스도의 행업에서 가장 깊은 의미와 가장 완전한 실현을 발견할 수 있는 것이다. 그러므로 해방에 관한 의미 파악의 세 가지 단계는 상호의존성이 있으며, 이 점을 한꺼번에 고찰할 때에 비로소 해방운동의 진면목이 드러난다. 여기서는 두 가지를 조심해야 한다. 첫째는, 이상주의idealism나 영성주의spiritualism의 태도를 피해야 한다는 것이다. 이것은 현실의 심각한 요구를 회피하는 그럴듯한 술책에 불과하다. 둘째로는 즉각적인 필요에 대응하는 데만 급급한 나머지 단기적 효과를 노리는 상황분석이나 프로그램을 피하자는 것이다.[53]

---

[52] Cf. Laurentin, *Liberation, Development, and Salvation*, p.63과 39도 참조.

[53] 아우구스티누스는 죄에 사로잡힌 영혼은 적군에게 점령당한 나라와 같다는 특유한 비유를 하며, "해방"이라는 용어가 담고 있는 여러 차원의 의미를 암시한 바 있다. Cf. *Commentarium in Psalmum 9*, n.8 (quoted by Y. Congar, "Christianisme et liberation de l'homme", *Masses Ouvrières* [Paris], no.258 [1969], p.3).

제 2 부

문 제 제 기

전술한 대로 이제 "해방"이라는 복잡다단한 내용과 과정을 주님의 말씀에 비추어 고찰할 필요가 있다. 이 고찰이 이른바 "해방신학"theology of liberation 이다.

  이 연구는 어디까지나 현시점에 입각해야 하며, 오늘날 세계 도처에서 그리스도인들은 — 타인들과의 유대하에 — 전개하고 있는 활동, 특히 남미에서 벌어지는 해방운동에 참여하는 문제를 놓고서 논하게 된다. 그러나 우리가 취급할 문제가 어떤 성격의 것인가를 먼저 가능한 대로 명확하게 밝히는 것이 좋겠다. 교회사를 살펴보면 그리스도인의 현실 참여를 놓고 너무나도 다른 해답들을 내려왔고 그리고 그 해답들이 오늘날의 그리스도인들의 구체적인 활동과 처신에 아직까지도 상당한 영향을 끼치고 있는 터이므로 우리는 이 역사적 과정을 일별하지 않으면 안된다. 이것이 교회의 역사를 통해서 어떤 해답들이 제시되어 왔는가를 분석·검토하며 아울러 이 문제의 성격이 어떻게 변천했는가를 파악해 보자는 것이다.

제 3 장

문제제기의 과정

해방신학을 논한다는 것은 인간의 해방이라는 역사적 과정과 인간의 구원 사이에 무슨 함수관계가 있느냐는 물음에 해답을 모색하는 것이다. 말을 바꾸자면, 앞서 지칭한 "해방"이라는 용어가 다양한 의미들을 지니고 있는데 그 의미들간에 어떤 관계가 있는가를 규명하는 것이다. 이하에서 문제의 전모가 밝혀지기는 하겠지만 여기서 우선 몇 가지 요점만이라도 지적하는 편이 좋겠다.

방금 지적한 "해방과 구원의 함수관계"는 교회 안에서 전통적으로 제기되어 온 문제이다. 최소한 함축적으로라도 모든 신학이 반드시 이 문제에 언급해 왔다. 최근에 와서 "현세 사물"[1] — 이 표현은 늘 정당한 대접을 받지 못했다 — 을 대상으로 하는 신학이 각기 자기 나름대로 해답을 시도하고 있다. 다른 각도에서는 역사신학[2]과 개발신학[3]이 등장했고 정치신학[4]도 같은 소재를 다루고 있다.

그러나 이 문제만을 전적으로 다루는 것이 말썽많은 — 사실 물의를 일으킬 만하다 — 이 "혁명의 신학"이다.[5]

---

[1] Cf. Gustave Thils, *Thèologie des realités terrestres*, vol.1, *Préludes* (Paris: Desclée de Brouwer, 1947). Y. Congar는 이 문제를 아직도 미심쩍어하고 있다. "신학의 몇몇 장(章)들은 아직도 상당히 손을 대어야 할 곳이 많다. 창조와 구속의 관계에 대해서는 물론이려니와, 소위 현세 사물의 신학이라고 할 것이 여전히 문제로 남아 있다"(*situation et tâches*, p.79).

[2] 이 신학의 내용과 문헌 소개로는 Joseph Comblin, *Vers une théologie de l'action*, Études Religieuses, no.767 (Brussels: La Pensée Catholique, 1964), pp.87-108이 간결하고 좋다.

[3] Vincent Cosmão, "Towards a Theology of Development", *IDOC International, North American Edition*, 5 (1970), pp.86-96에 간략한 소개가 나온다. 문헌 소개: Gerhard Bauer (ed), SODEPAX, *Towards a Theology of Development: An Annotated Bibliography* (Geneva: 1970).

[4] J. B. Metz의 사상은 제11장에서 상세하게 다룰 것이다.

우리가 여기서 다루는 것은 극히 고전적인 문제, 신앙과 인간 실존, 신앙과 사회 현실, 신앙과 정치활동, 달리 말해서 하느님 나라와 세계 건설 사이의 관계를 규정하는 일이다. 교회-사회 또는 교회-세계의 관계를 따지는 전통적 과제도 이 테두리 안에서 고찰할 것이다.

그렇지만 이 문제의 항구적 특성을 구명한다고 해서 오늘에 당면하고 있는 새로운 양상을 망각해서는 안된다.

형태가 새로울지라도 문제의 원칙적 내용은 항상 그대로 남는다. 메츠는 최근에 이런 말을 한 적이 있다: "교회와 세계의 관계에 관해서 헤아릴 수 없이 많은 토론이 있었음에도 불구하고, 이 양자간의 관계만큼이나 성격이 불분명한 것도 세상에 없을 정도이다."[6] 그러나 문제가 계속해서 제기되는데도 거기에 만족할 만한 해답이 나오지 않았다는 것은 이 문제를 전통적으로 내세우는 경우 그것이 새롭고 급변하는 현실 상황과 빗나갔고 또 그만큼 절실하지 못했기 때문이 아닌가 한다.

이러한 제반 문제점들을 연구하는 데 제2차 바티칸 공의회의 문헌과 특히 그 정신을 크게 참작하지 않으면 안될 것이다. 그러나 실제로는 이 문제에 대한 새로운 해답의 시도는 공의회 문헌에 부분적으로밖에 나와 있지 않으며, 또 그럴 수밖에 없었다. 칼 라너도 최초에 이런 발언을 한 적이 있다: "제2차 바티칸 공의회에서 노골적으로 거론된 사상들은 공의회 이후의 교회가 당면하고 있는 주요 과제를 제대로 해설해 주지 못하고 있음을 수

---

[5] 문헌은 풍부하지만 우선 몇 가지를 뽑아 열거하겠다. Hugo Assman, "Caracterização de uma Teologia de Revolução" *Ponto Homem*, 4 (1968): 6-45; Richard Shaull, "Hacia una perspectiva cristiana de la revolución social", *Cristianismo y Sociedad 3*, no.7, pp.6-16; Richard A. McCormick, "The Theology of Revolution", *Theological Studies* 29 (1968): 685-97; Joseph Smolik – Concilium General Secretariat, "Revolution and Desacralization", *Concilium* 47 (1969), pp.163-79; P. Blanquart, "Foi chrétienne et révolution", *A la recherche d'une théologie de la violence* (Paris, du Cerf. 1968), pp.138-55; IDOC International, *Christianisme et révolution* (Paris: Éd. La Lettre, 1968); idem, *When All Else Fails: Christian Arguments on Violent Revolution* (Philadelphia: Pilgrim Press, 1970); Ernst Feil – Rudolf Weth, *Diskussion zur Theologie der Revolution* (Munich–Mainz: Kaiser-Grünewald, 1969).

[6] J. B. Metz, *Theology of the World* (New York: Herders, 1969), p.93. Cf. Christian Duquoc, "L'Église et le Monde", *Lumière et Vie* 14 (1955), p.49.

긍하는 일도 매우 중요하다고 생각하는 바이다."[7] 그리스도인들이 현세적 책임을 "회피"해서는 안된다고 못박는다거나, 현세적 책임과 구원 사이에는 "모종의 관계"가 있다고 천명하는 것으로는 무언가 부족하다. 「현대세계의 사목헌장」은 이러한 일반론의 수준에 머물러 있다는 인상을 주는 때가 많다.[8] 그리고 문헌 주석가들의 상당수가 그런 태도를 벗어나지 못하고 있음도 더욱 애석한 노릇이다. 현대신학은 마땅히 이런 문제점들의 정황을 정확히 판명해 내고 그 내용을 자세히 기술해야 할 것이다.[9] 그래야만 현시점에서 제기되는 구체적인 도전에 정면으로 대처할 수 있을 것이다.[10]

현단계로는 이 문제에 관해서 한 가지 사실만은 분명하다: 현대인의 사회적 행태praxis가 성숙에 도달하기 시작했다는 점이다. 인간이 자기가 역사의 능동적 주체임을 항상 깊이 염두에 두고 있으며, 중도에서 자아완성을 저해하는 온갖 사회적 물의와 압력에 대해서 그 어느 때보다 분명한 처신을 하고자 하며, 사회구조를 변혁시키고 정치활동에 투신하는 데도 그 어느 때보다 확실한 태세를 갖추고 있다. 인간들이, 소위 다스리기로 "천명" 天命을 타고났다는 소수 특권층의 손에서 정치적 결정권을 빼앗아낸 — 또는 적어도 빼앗아내기 시작한 — 것은 커다란 사회혁명을 거쳐서였다. 동시에 혁명세력이 발효하기 시작하였다. 역사의 계기가 된 중요한 사건을 둘 든다면 프랑스 혁명과 러시아 혁명을 꼽을 수 있다. 그때까지만 해도 대다수의 민중은 정치적 결정에 참여하지 못했으며, 참여한다 해도 극히 예외적인 경우에 형식적으로만 동원될 따름이었다. 민중 대다수가 그런 문제에 심각한 의식을 가지고 있지는 않다는 말이 옳겠지만, 그런 중에서도 때때로 문제의식을 느끼고 급기야는 일제히 그 방향으로 움직이기 시작한

---

[7] *La risposta dei teologi* (Brescia: Queriniana, 1969), p.61.   [8] 특히 제39항, 43항.

[9] 그것이 공의회 정신의 구현이기도 하다. 바오로 6세의 말을 빌리자: "공의회의 쇄신을 외적 실천의 변동, 규율과 관습의 변경, 상습적 행동의 탈피, 타성의 극복, 진정한 그리스도교 정신에 대한 저항의식의 극복 등으로 저울질해서는 안된다. 우리는 '새로운 사고방식으로' 생각해야 한다. 이것이야말로 개혁과 쇄신적응의 첫걸음이다"(일반 알현: 1966년 1월).

[10] 제8장 참조.

것이다. 라틴아메리카 전역에 급증하고 있는 소위 "정치문제화"politicization 의 현상은 이 복합적 과정의 한 표명인 것이다. 라틴아메리카 대륙에서는 압제받는 계급을 해방시키려는 투쟁 — 간접적으로는 모든 민중이 유효하고 인간적인 정치적 책임을 각성시키자는 투쟁이다 — 을 벌이면서 민중은 새로운 활로를 모색하고 있다.

인간 이성은 정치 이성으로 변모해 왔다. 우리 시대의 역사의식에 비추어볼 때 정치라는 것은 사생활에서 틈틈이 얻는 여가에 종사하는 그런 것만이 아니다. 그렇다고 한계가 분명한 한 인간 실존의 한 영역도 아니다. 경제적 기반에서 인간들이 단합하여 생활할 수 있게 만드는 "국가"polis의 건설, 사회의 건설은 인간활동 전체를 철저하게 조건짓고 영위시키는 장場이다. 정치 영역은 역사를 통해 농축되어 온 비판적 자유를 행사하는 분야이다. 정치 영역은 인간 성취를 위한 보편적 결정요인이자 집단적 투기장이다.[11] 정치 영역을 이렇게 넓은 의미에서 바라볼 때 비로소 권력으로의 이끌림orientation to power으로서의 "정치"라는 개념을 설정할 수 있다. 막스 베버Max Weber는 이 "이끌림"이 정치활동의 전형적 특성을 이룬다고 하였다.

정치권력 추구나 행사의 구체적 행태는 다양하다. 그렇지만 이 모두가, 자기의 생의 고삐를 자기 손으로 붙들고, 스스로 자기 운명을 개척하고 싶어하는 인간의 깊은 욕망에 근거를 두고 있다. 따라서 정치 영역에서 제외될 분야는 하나도 없다. 모든 것이 정치적 색채를 띠고 있다. 인간이 자유롭고 책임있는 존재가 되는 것도, 다른 사람들과 연관을 가지는 인격체가 되는 것도, 역사적 사명을 짊어지는 일꾼이 되는 것도 어디까지나 정치적 바탕에서이며, 이 영역 밖에서는 결코 이를 성취하지 못한다. 인간관계 자체부터 정치적 영역을 전제로 하며, 그 영역을 확장한다. 사람들은 정치적 수단을 통해서 상호 연결된다. 리쾨르가 이웃이라는 "잠정적이고 유약한" 인간관계에 대당시킨 "항구적이고 견고한" 동료관계라고 한 것이 바로 이

---

[11] 그러나 "정치 영역"이 과연 무엇이냐는 모호한 데가 많다. 의미상으로는 보편성을 띨 수 있으나 경험상의 실재는 항상 순간적인 상황에서 분리하지 못한다.

것이다.[12] 세뉘는 이 점을 이렇게 설명했다: "인간은 항상 자기 존재의 사회적 차원을 즐겨왔다. 인간은 천성적으로 사회적 존재이기 때문이다. 그러나 오늘의 상황은 더욱 진지하다. 우연적으로가 아니라 구조 자체에서부터, 집단적 사건이 사회 영역에 목적을 설정해 주고 사회를 더욱 응집시키는 것이다. '집단' collectivum 자체가 인간적 가치를 가지며, 따라서 인간적 사랑의 수단이 되고 대상이 된다. 인간적 사랑이 이 '지속적' 집단, 분배 공정을 위한 이 기관, 통치 관리를 위한 이 조직체 안에서 전개된다."[13]

정치 영역이 이처럼 보편성을 띤다는 점에 덧붙여, 인간의 사회적 행태가 점차 과격해진다는 사실에 유의해야 할 것이다. 현대인은 경제적·사회-문화적 결정 요인들과 대면하면서 인간의 단순소박한 성품을 상실해 왔다. 인간 상황의 근본 원인들이 갈수록 분명하게 드러나고 있다. 이런 원인들과 정면으로 대결해야만 인간이 처한 상황을 근본적으로 개조할 수 있다는 사실을 깨닫고 있다. 그래서 사회의 기존 질서에 대해서도 소박한 혁신주의자의 태도를 지양하였다. 이러한 혁신주의는 너무도 피상적이고 미온적이므로 오히려 기존 질서를 영속화한다는 것이다. 오늘날 전세계, 특히 제3세계에서 혁명의 기운이 일고 있는 것은 바로 인간들의 행태가 과격해지고 있다는 사실을 표현하고 있다. 사회혁명을 도모한다는 것은 기존 체제status quo를 철폐하고 그와는 질적으로 다른 체제로 대치한다는 뜻이다. 새로운 생산체제에 기반을 둔 정의로운 사회를 건설한다는 뜻이다. 어떤 국가가 다른 국가를 통치하고, 한 계급이 다른 계급을 지배하며, 어느 국민이 다른 국민을 지배하는 그러한 세상을 종식시킨다는 뜻이다. 타자에게 지배당하는 국가와 국민과 계급을 해방하는 이 움직임은 현존질서를 뿌리째 흔들고 있다. 이 해방운동이야말로 우리 시대의 가장 큰 도전이다.

---

[12] P. Ricoeur, "The *Socius* and the Neighbor", *History and Truth* (Evanston Ill.: Northwestern Univ. Press, 1965), pp.98-109. 한 가지 확실하게 할 점은 "모든 분야가 정치적 색채를 띠고 있다"고 해서 모든 것을 정치에로 환원시킨다는 말은 아니라는 점이다.

[13] M. D. Chenu, "Les masses pauvres", in G. Cottier etc., *Église et pauvreté* (Paris: du Cerf, 1965), p.174. Cf. Pierre Eyt, "Pour une réflexion en matière politique", *NRT* 93 (1971): 1055-75.

이 급진성이 우리로 하여금 정치 분야에서는 투쟁이 불가피하다는 사실을 깨닫게 한다. 그뿐 아니라 정의 사회를 건설하는 데는 이해관계와 견해가 각기 다른 집단들간의 대결은 불가피하다. 물론 거기에는 많은 종류의 폭력이 잠재하고 있다. 정의 사회를 건설하려면 국민들간에 진정한 평화를 창조하는 데 방해되는 모든 장애물을 극복해야 한다. 구체적인 예로, 라틴 아메리카에서는 이러한 투쟁이 "압제 대對 해방"이라는 축을 만들어 회전하고 있다. 최소한의 대가를 치르고 사태를 조정하고자 하거나 그런 상태를 유지시키고자 하는 사람들에게는 이런 사조나 운동이 난감하기도 하고 혼란도 줄 것이다. 이러한 해결책은 사태가 격해지면 더 심각한 무질서가 초래되리라는 안이하고 교활한 이데올로기만 정당화시켜 주고, 다수를 빈곤 속에 묶어두려는 소수파의 간교를 정당화하는 구실밖에 안된다. 그러나 정치에서는 알력과 투쟁이 불가피하다는 사실을 의식하는 그것으로 만족해서는 안된다. 도리어 자신이나 남을 오해하는 일 없이, 모든 민중 사이에 정의와 평화를 세우기까지 투명한 태도와 용기를 가지고 투쟁해야 한다.

과거에는 신학에서 사회적 행동규범social praxis을 논할 때 정치적 차원은 제대로 다루지 않았다. 그리스도교계에서는 정치 영역의 특수성과 독창성을 발휘하는 데 난관이 많았고 지금도 그러한 실정이다. 사생활을 강조하고 개인적 가치를 개척하는 데 역점을 두었고, 정치 분야는 저차원의 것, 소위 "공동선"이라는 제목만 붙여놓고서 되도록이면 회피하고 외면하고자 했다. 여기서 나온 것이 인간의 소위 "사회 정서"social emotion를 존중하겠다는 "사회사목안"social pastoral planning이라는 것이다. 긍지가 있는 그리스도인이라면 누구나 이 사회 정서를 느끼게 마련이니까 거기에 대해서 대안이 있어야 한다는 너그러운 처사였다. 그리하여 현실세계를 극히 일반적으로, 또 "인간화"시켜서 상상하는 것만으로 만족하는 풍조가 생기고, 경제-사회 분야의 기계적 구조라든가 역사의 역동성에 관한 과학적이고 체계적인 지식을 등한시하였다. 따라서 복음의 메시지에서도 인격적이고 융화적인 면모를 강조하고, 정치적이며 투쟁적인 차원을 소홀히하게 되었다.

우리는 그리스도교 생활을 새로운 눈으로 바라보아야 한다. 과거에 중대시하던 면모가 교회의 역사적 현존을 얼마나 속박하고 위협했는가를 바로 볼 줄 알아야 한다. 교회의 역사적 현존은 정치적 차원을 회피할 길 없다. 지금까지도 항상 그러했지만, 특히 오늘 같은 새로운 상황하에서는 이 "정치적 차원"과 절충하는 일이 훨씬 시급해졌다. 인간들은 이 점을 절실히 의식하고 있으며 그리스도인들도 예외는 아니다. 정치 영역을 빼놓고는 교회를 생각할 수도 없으려니와 교회 안에서 살 수도 없다.

그리스도인들이 인간의 사회적 행동규범을 단지 도덕적 양심에서 오는 의무감이나, 교회의 이익이 침해당하는 데 대한 반발 이상의 것으로 생각하는 이유를 이해할 수 있을 것이다. 정치 영역은 특수한 성격을 가진다. 따라서 정치의 전체성, 과격성 및 투쟁성 등을 안다면 정치를 어떤 특수 영역에다 국한시키려는 태도를 일체 버릴 것이며, 정치가 가장 심각한 인간적 영역들을 포괄함을 깨달을 것이다. 사회적 행동규범은 점차 독자성을 가지게 되며, 그리스도인들은 그 규범 안에서 — 타인들과 더불어 — 인간으로서의 자기 운명을 개척하고, 역사의 주님께 대한 신앙에 입각하여 신앙생활을 영위하고 있다. 해방의 운동에 참여하는 일이 그리스도교 생활과 사상에 있어서 하나의 의무적이고 특권적인 장場(locus)으로 대두한 것이다. 이 참여를 통해 인간은 하느님의 "말씀"의 뉘앙스 — 다른 실존 상황에서는 도저히 터득할 수 없던 어떤 뉘앙스 — 를 이해하기에 이르며, 이 참여만이 인간이 주님께 진정하고 보람있는 성실을 바치게 하는 것이다.

우리가 이해한 역사 이해에서는 구원의 가치가 문제된다. 그런데 이 문제점 — 해방을 위한 행동규범 liberating praxis — 을 자세히 살펴보면 "그리스도교의 의미 자체"가 문제됨을 알 수 있을 것이다. 인류가 완전한 상통을 이루기까지 앞으로 나아가는 역사적 생성에 하느님의 "말씀" 및 그 "말씀"과의 상봉이 주는 의미를 포착해야 한다. 그리스도인이란 바로 이 의미를 받아들이고, 연대의식과 믿음과 소망과 사랑을 가지고서 그 의미를 생활에 옮기는 인간이다. 또 그리스도인은 모든 인간 행동의 최종 목표(horizon)이신 하느님과 일회적이고 절대적인 관계를 가지기 때문에, 항상 폭넓고 진지한 안목을 가지고서 처신해야 한다. 여느 인간들보다 훨씬 많은 요구를 받는 위치에 처하게 된다. 우리는 오늘날 매우 노골적이고 핵심적인 신학 및 사목상의 질문을 받고 있다: "그리스도인이 된다는 것이 무슨 의미가 있는가? 미래라는 미지의 상황 속에서 교회란 무슨 의미를 지니는가?"[14] 그리고 마지막으로는 "인생이 살아갈 가치가 있느냐 없느냐를 결정하는"[15] 문제에 대한 해답을 얻기 위해서도 복음의 메시지를 탐구하지 않으면 안된다. 카뮈는 이 물음이 모든 인간의 가장 큰 당면 문제라고 하였다.

방금 지적한 질문들에 대한 해답을 모색하는 새로운 방안과 새로운 차원이 등장할 것이다. 항시 붙여온 구질구질한 핑계로 문제의 새로운 측면을 외면한다는 것은 현실에서 이탈하는 위험스러운 짓이다. 대개 이런 데서 문제를 일반론으로 끌고 내려가거나, 분명한 언질이 없이 적당히 넘어가는 우회전술을 쓰는 따위의 태도를 낳는다. 그에 비해서, 문제의 새로운 면모만을 생각한다면 그리스도교 공동체가 역사의 도정을 걸어오면서 사색하고 생활하는 가운데 공헌한 바를 무시할 우려가 있다. 그리스도교 공동체의 성공과 실패와 과오는 그대로 우리 유산이 되었다. 그렇다고 해서 그 유산 때문에 제약을 받아서도 안된다. 하느님의 백성은 "새 하늘과 새 땅"을 향하여 "자기네 희망을 속으로 헤아리면서" 앞으로 나아가는 것이다.

다음 장의 몇몇 해답이 오늘의 문제를 제대로 답변하지는 못한다. 그러나 이 일련의 노력에 포함된 적극적인 면을 보고, 문제의 핵심 요소와 거기 따르는 결점과 한계를 참작한다면, 우리가 탐색할 길을 대강 소묘해 주고, 적어도 피해야 할 함정을 보여주리라고 믿는다.

---

[14] 이 문제에 대해 그리스도인들이 여러 모로 해답을 모색했다. 많은 체험이 얻어졌고 혼란도 없지 않았다: Cf. R. Laurentin, *Enjeu du IIe Synode et contestation dans l'Église* (Paris: du Seuil, 1969); "A la recherche d'une Église", *Parole et Mission* 12, no.46 (1969); IDOC, *Le due chiese* (Roma: IDOC, 1969); Malcolm Boyd, *The Underground Church* (New York: Sheed and Ward, 1968).

[15] 수년 전 P.-A. Liégé가 "그리스도교의 인간 신뢰"라고 한 것이 그 기점이 된다고 하겠다 ("Bulletin d'Apologétique", *RSPT* 33 [1949], 67).

제 4 장

제시된 해답

신앙과 현세 사물, 교회와 세계의 관계 문제를 놓고 역사상 여러 가지 해답이 제시되어 왔다. 지금도 해답들을 보면 각기 상이한 성격을 띠고 있다. 우리가 이 장에서 이들을 고찰하는 까닭은[1] 그저 역사적 호기심에서가 아니다. 실은 오늘의 교회 상황과 밀접한 관계를 가지기 때문이다.

"그리스도교 세계"

그리스도교 세계Christendom*란 사상적 틀이 아니다. 이 말은 우선 하나의 사실이며 교회가 걸어온 기나긴 역사적 체험을 종합한 말이다. 이것은 교회의 생활과 사상에 깊은 영향을 끼쳤다. "그리스도교 세계"의 사고방식이나 관점에 비추어볼 때, 현세 사물temporal reality은 자율성을 가지지 못한다. 교회는 현세 사물의 고유한 의미를 인정하지 않는다. 그래서 어디까지나 자기 목적을 위한 수단으로서 현세 사물을 구사한다. 이것이 소위 "아우구스티누스 정치사상"Political Augustinism[2]의 귀결이다. 하느님 나라를 건설하는 설계에는 속적俗的이고 역사적인 도면이 들어갈 자리가 없다는 것이다.[3]

---

[1] Cf. Gustavo Gutiérrez, *La pastoral en la Iglesia en América Latina* (Montevideo: Ed. del Centro de Documentación MIEC-JECI, 1968). 이 책자는 라틴아메리카의 사목신학에 몇 가지 유형을 제시하는 뜻에서 대학생들에게 행한 강의록이다. 제4장은 이 내용을 요약한 것이다.

* Christianity(그리스도교 또는 그리스도교 사상)와는 좀 다른 뉘앙스를 가지고 역사적인 내용을 담고 있는 말이다 — 역자 주.

[2] Cf. H.-X. Arquillère, *L'Augustinisme politique* (Paris: Librairie Philosophique J. Vrin, 1955). 문제의 역사연구서이다. 이 책에 대해서 Henri de Lubac의 비판이 있었다: *Augustinianism and Modern Theology* (New York: Herders, 1969).

교회는 구원을 독점 분배하는 기관으로 간주되고 있다: "교회 밖에서는 구원이 없다"는 명제 그대로다. 이 독점성 때문에 — 거기에도 어떤 자격이 없지는 않으나 그것으로 모든 것을 정당화하지는 못한다 — 교회는 자기가 구원 경륜의 중심기관이라고 자부하고, 따라서 세계에 대해서는 상당한 권력을 가진 것처럼 행세하였다. 그리고 이 권력은 자연히 정치적 무대에서 행사되었고 이는 불가피한 현상이다.

이러한 여건하에서는 그리스도인이 현세적 직무에 종사한다는 것은 곧 직접 교회의 이익을 위해 활동하는 의미가 된다. 교회의 이 견해가 표명된 전형적인 예를 든다면, 이탈리아의 가톨릭 신자들이 자기 나라 정치활동에 참여하지 못하게 금지한 *Non possumus*라는 파문장破門狀이다. 몇 십년 전까지만 해도 효력을 떨치던 유명한 교령敎令이다. 그래서 "그리스도교적 정치"라고 한다치면, 교회의 복음선포 사명에 협조하고 교회의 이익을 안전하게 보장하는 것 이상이 못 되었다. 19세기 말엽부터 20세기 초엽에 등장했던 유럽과 라틴아메리카의 교파 정당들이 추종한 것도 이 노선이었다. 공직에 있는 가톨릭 신자들에게 아직까지 그런 기대를 걸고 있는 지역도 없지 않다. 교회당국의 이익이라면 주로 주교와 성직자들의 분야가 되기 때문에 평신도들은 정치사회에서 맡은 바 역할을 정상적으로 수행하면서 그 문제에는 보조적 역할만 하면 그것으로 충분하다고 생각했다.[4]

그런데 우리가 지적한 신학 범주들은 역사상으로 신앙생활과 사회생활이 원만한 조화를 이룬 가운데 그리스도교가 활기를 띠던 시대를 배경으로 하고 있다. 오늘에 와서는 신앙생활과 사회생활의 이런 조화와 일치는 존재하지도 않기 때문에, 이런 범주들은 아무런 기능을 발휘하지 못하고, 자칫

---

[3] "교회는 독자성을 가지는 세계를 생각할 수가 없었다. 왜냐하면 무릇 세속사회란 교회가 설정한 규율에 의거하여 영원한 구원의 목적을 위해 봉사하는 데에 존재가치가 있었던 것이다" (Y. Congar, "Église et Monde", *Le Concile au jour le jour, troisième session* [Paris: du Cerf, 1965], p.143).

[4] 전형적인 책자로는 다음을 참조할 것: Luigi Civardi, *A Manual of Catholic Action* (New York: Sheed & Ward, 1943). 특히 6장과 8장.

사목활동마저 현실과 동떨어진 것이 되게 할 우려가 있다.[5] 그런데 더 나쁜 것은, 이러한 범주들을 그대로 추종하다가는 시대에 뒤떨어진 사회질서를 복구시키고 이미 폐기된 체제를 고수하려는 봉건적인 정치사상을 유발할 수 있다는 점이다.

이제는 이 사고방식이 완전히 소멸되었다는 단순한 생각을 하지 말기 바란다. 오늘도 교회 내에 광범위하게 직접·간접으로 건재하고 있다. 그리고 교회 안에서 혁신을 저해하는 갈등과 저항의 원인이 되고 있다. 달리는 설명할 길이 없다. 공의회 석상에서 벌어진 토론이라든가,[6] 더욱더 공의회 이후에 발생한 그 모든 갑론을박이 이 점을 여실히 증명하고 남는다.

"신新그리스도교 세계"

16세기의 역사적 상황이 달라짐으로써 교회에 부딪쳐 오는 문제가 막중해지고, 프랑스 혁명으로 말미암아 더욱 심각해지자, 교회의 사목방법도 점차 변화하고 신학사상에도 전과는 다른 사조가 생겨났다. 자끄 마리땡은 이러한 사조를 가리켜 "신그리스도교 세계"New Christendom[7]라고 명명했다.

과거 "그리스도교 세계"에서 밀접하게 결부되어 있던 신앙과 사회생활이 오늘에 와서는 분리된 이상, 분리된 그 상황에서 해결의 실마리를 찾자는 사조이다. 그러나 거기에 사용하는 범주들이 구태의연하여 전통적 사고방식을 탈피할 수가 없었다. 한 세기 전에도 비슷한 시도가 있었으나 그 시도는 정통교의와 상합하지 못했고 건실한 토대도 갖추지 못했다. 소위 "가톨릭 자유주의"Catholic liberalism라는 것이 그것이었다. 이 사상은 프랑스 혁명

---

[5] 교회가 "그리스도교 세계"의 사고방식을 실제로 포기한 것은 제2차 바티칸 공의회 이후였다. 역사적으로 본다면 "그리스도교 세계"란 이미 4세기 전에 사라졌는데도 말이다.

[6] 예컨대 "종교자유" 문제를 놓고 얼마나 격렬한 토론이 있었던가를 상기해 보라. Cf. G. Gutiérrez, "Libertad religiosa y diálogo salvador", in *Salvación y construcción del mundo* (Barcelona: Nova Terra, 1968), pp.11-43.

[7] Jacques Maritain, *True Humanism* (New York: Charles Scribner's Sons, 1938).

의 이념으로 야기된 상황에 어떻게 대처할 수 있는가를 모색했다. 상당한 반향을 불러일으켰음에도 불구하고 그리스도교 공동체 대다수가 그 사상을 그릇 이해했고 또 교회당국의 적의를 사서 유야무야가 되고 말았다.

"신그리스도교 세계" 사상이 제시하는 명제들을 보면 교회사에 새 시대가 왔음을 시사하고 있다. 이 사상은 체계도 잘 잡혔고 교회에 내려오는 전통적 사고방식에 기초를 두려고 힘쓰고 있다. 과거의 사상을 지배하던 것이 아우구스티누스 신학이었다면, 이 후자를 지배하는 것은 토마스 신학이라고 말할 수 있다. 은총은 자연을 말살하거나 대치하지 않고 자연을 완성한다고 하는 토마스 아퀴나스의 지론이 정치활동이 더 자율성을 가지고 공정한 위치에서 전개될 가능성을 열어준 것이다. 이를 토대로 마리땡은 정치철학을 수립했고, 현대적 요소들도 가미하려고 했다.[8] 인간적 사회를 건설한다는 과제는 무엇보다도 정의의 토대 위에 세워진 사회, 타인의 권리에 대한 존중과 사해동포 사상을 기반으로 하는 사회를 모색한다. 앞에서 잠시 거론했지만, 이것이 반드시 종교심에서 유래하거나 교회의 이익을 옹호하는 데서 시작하라는 법은 없다. 그래서 특히 교계제도와의 관계에 있어서 현세 영역의 자율성과 독자성을 주장하게 되었다. 교계가 자기네 권한 밖에 있는 현세 영역에 때늦은 개입을 못하게 하자는 것이었다.[9]

교회가 세계에 대해서 하나의 견제세력이라는 견해는 크게 수정되었다. 그러나 교회는 여전히 어떤 모양으로든 구원사업의 중추 역할을 하고 있음은 사실이라고 한다. 그리고 보면 교회의 자기숭배증은 여전한 것 같다. 결국 정의롭고 민주적인 사회를 건설함으로써 교회가 그 세계에서 원활하

---

[8] 마리땡의 사상은 라틴아메리카 그리스도교 단체들에게도 상당한 영향을 끼쳤다. 시비도 많았으나 독특한 해답을 찾지는 못했다: Fernando Martínez Paz, *Maritain, política e ideología: Revolución cristiana en la Argentina* (Buenos Aires: Ed. Nahuel, 1966); Luis Arturo Pérez, *Estudio de filosofía político-social* (Santiago de Chile, 1948); Julio Jiménez, *La ortodoxia de Maritain: Ante un ataque reciente* (Talca, Chile: Ed. Cervantes, 1948).

[9] 자기네 정치적 처신을 의식하기 시작한 라틴아메리카에서는 이같은 경계심이 매우 두드러지게 나타나고 있다. Cf. Juan Luis Segundo, *Función de la Iglesia en la realidad rioplatense* (Montevideo: Barreiro y Ramos, 1962), p.41.

게 활동할 호조건을 마련하는 일이 그 목표가 되고 있다. "신그리스도교 세계" 주장자들의 말은 "세속적 그리스도교 세계"profane Christendom, 다시 말해서 그리스도교적 원리와 원칙에 지배되는 사회를 건설하자는 것이다.

현세 사물이 일단 자율성을 가진다고 인정받자 평신도들에게 과거에는 용납되지 않던, 고유한 역할과 직능이 부여되기 시작했다. 특히 "그리스도교 신자"로서 처신하는 것과 "그리스도인"으로서 처신하는 것을 구분한 덕분에[10] 평신도들의 직능은 한결 원활해진다. 전자의 경우는 그리스도인이 행동하기는 하나 어디까지나 교회의 일원으로서 행동하는 것이며 따라서 그의 활동은 교회 공동체를 대표한다(가톨릭 액션 지도자들의 경우가 여기에 해당한다). 후자의 경우에도 그리스도인이 그리스도교 원리의 영감을 받아 행동하지만 자기 행동에 대해 독자적인 책임을 진다. 따라서 정치활동에서 훨씬 큰 자유를 향유하는 셈이다. 그리고 평신도의 특수한 사명이란 이 현세에다 "신그리스도교 세계"를 구현하는 일이다. 그런 뜻에서 무릇 그리스도인이라면 그리스도교 원리에 입각한 단체, 그리스도교 명칭을 띤 정당에 가입하는 것이 바람직하다는 생각이 널리 퍼졌다.[11]

이같은 입장은 현세 과업을 신앙의 눈으로 평가하고, 현대세계 안에 교회의 위치를 더 확보하자는 초보적 노력을 반영하는 것이다. 그리고 실제로 무수한 신자들이 이 사상에 힘입어서 관대하게 자발적으로 나서서 정의로운 사회를 건설하는 일에 앞장서고 있다. 그런데 그들도 교회당국이나 신도들에게서 적대시되는 경우가 많다. 교회당국이나 신도들이 보수적 사고방식을 가지고 있기 때문인 것으로 보인다. 아닌게아니라 실제로 이들이 모색하는 방향은 어딘가 소심하고 도대체 모호한 성격이 없지 않다.[12] 소위

---

[10] Maritain, *Humanism*, p.291. 이 구분은 상당한 호감을 샀다. Cf. Alfred de Soras, *Action catholique et action temporelle* (Paris: Spes, 1938).

[11] *Ibid.*, pp.264-7. 이리하여 "기독교 … 당"의 명칭을 띤 정당들의 등장을 자극시켰다.

[12] 이 단점을 해결하려는 노력이 상당히 있었으나 교회 본위 사상은 여전한 것 같다. 예컨대 마리땡은 비크리스챤이 그리스도교 이념 정당에 가입할 수 있음을 밝히지만, 그리스도교 사상과 거리가 먼, 더구나 적의를 가진 정당에 참여하는 문제는 생각지 않았다.

정치적으로는 중도파의 성격을 띤 것이다. 거기에는 복고주의에다 중도파의 정치사상을 결부시킨 것이었다. 그러므로 이 사상은 철저하게 새로운 형태의 사회를 건설하겠다는 염원과는 거리가 먼 것이다.

교회와 세계를 구분함

"신그리스도교 세계" 사상은 교회와 세계의 관계를 전과는 달리 더 분명하게 정의할 만큼 전통적 견해에서 진일보하였다. 교회와 세계라는 두 영역을 분리시키는 일 없이 양자를 구분하려는 시도를 최초로 한 인물이 마리땡이다. 후대에 가서 문제가 더욱 심화되고 내용이 풍부해지면서 과거 "그리스도교 세계" 노선은 그 형적을 점차 잃어갔다. 제2차 바티칸 공의회가 열리기 수년 전 교회 일각에서는 하느님 계획의 단일성을 견지하되 교회와 세계 사이에 분명한 선을 그어보자는 사목 및 신학의 사조가 있었다.[13]

세계가 자율성을 가지며, 교회와 구분된 실재이며 자기 나름의 목적성을 가진다는 사실이 어느 때보다 확실해졌다.[14] 그리고 현세 영역의 자율성이란 교회당국을 상대로 하는 자율성만이 아니라 교회의 사명 자체를 상대로 가지는 자율성을 말하는 것이다. 그래서 교회는 하나의 제도로서 ― 그래도 존중할 만한 전통으로서 ― 윤리적 교도敎導를 하는 일을 빼놓고는 현세 문제에 개입할 수 없는 처지가 되었다. 다음에 바로 재론하겠지만, 이것은 결국 그리스도인 각자가 자기 양심에 준하여 행동하면 된다는 결론을 낳았

---

[13] 이것은 프랑스 교회의 사상과 경험에서 상당한 영향을 받았다(cf. Hector Borrat, "La Iglesia para qué?", *Cristianismo y Sociedad* 22 [1970]: 7-29). 교회와 세계라는 두 실재를 어떻게 구분하느냐는 문제는 라틴아메리카의 평신도 사도직 운동에서는 핵심적 과제가 되었다. Y. Congar가 이 사상의 대표적 인물이다: cf. *Lay People; A Gospel Priesthood; Christians Active in the World.* Cf. A Chavasse et al., *Église et Apostolat* (Paris: Casterman, 1955²); Gerard Philips, *The Role of the Laity in the Church* (Cork: The Mercier Press, 1956); Jerome Hamer, *The Church is a Communion* (New York: Sheed and Ward, 1964).

[14] Cf. *Civilisation et evangelisation: Note Doctrinale du comité théologique de Lyon* (Lyon: Emmanuel Vilte, 1957).

다.[15] "지상의 나라"를 건설하는 노력도 그 나름의 가치를 가지는 것으로 인정되기 시작한 것이다.

그 결과 교회의 사명도 두 가지로 좁혀졌다: 하나는 복음선포요 다른 하나는 현세 영역에 그리스도교 정신을 함양시키는 일이다.[16] 이브 콩가르의 말을 예로 들겠다: "주님으로부터 부여받은 사명에 따라 인간을 신앙에로 회심시키고 세례를 베푸는 가운데, 교회는 이 세상에서 구원과 성성聖性이라는 '별개의 질서' order apart를 제시하고 실현시킨다. 교회는 문화의 영역, 다시 말해서 현세질서와 역사 안에서 활동함으로써 인간사회의 혼이 되라는 사명을 수행한다."[17] 직접 세계를 건설하는 것은 교회의 책임이 아니라는 말이다. 그런 견지에서 그리스도교 이념을 바탕으로 하는 현세적 단체들, 특히 "권력층"에게서 호감을 못 사고 있다[18](그런데 이 단체들이 풍기는 인상을 보면 그리스도교가 마치 세계 건설의 어떤 이데올로기가 아닌가 하는 느낌을 가지게 한다).[19] 이리하여 교회와 세계가 두 영역으로 뚜렷하게 나뉘어진 것이다. 하느님의 나라는 단일하되, 교회와 세계가 각기 자기 고유한 방식으로 그 나라의 건설에 기여한다는 것이다.[20]

그래서 사제와 평신도의 직능도 달라진다. 사제는 세계에 설 땅을 잃었고 사제의 사명은 교회의 사명과 동일해졌다. 현세질서를 복음화하고 영감

---

[15] 프랑스 주교들의 교서 등에 이 사상이 등장했다: *Directoire pastoral en matière sociale*, no.32 (Paris: Bonne Presse, 1954); *Gaudium et spes*, 43항도 이 입장을 반영한 것이다.

[16] M. D. Chenu의 말에 의할 것 같으면 이런 결론이 나온 것이 프랑스 "사회주의 그리스도교"(Social Christianity) 때문이라고 한다("Misión de la Iglesia en el mundo contemporáneo", *La Iglesia en el mundo de hoy*, ed. Guillermo Barauna [Madrid: Studium, 1967], pp.390-1).

[17] Yves Congar, *Christians Active in the World*, p.71. 최근에도 두 사명을 같이 생각했다: "Le rôle de l'Église dans le monde de ce temps", *L'Église dans le monde de ce temps*, 2:305.

[18] P. A. Liégé는 그리스도교 단체들을 권력단체(*potestatives*)와 교육단체(*educatives*)로 구분한다: "La mission contre les institutions chrétiennes?" *Parole et Mission* 4 (1961): 501-2. 교회 세력을 확보하는 강력단체(*lourdes*)와 봉사를 위주하는 유화단체(*légères*)로 구분하기도 한다: "La pauvreté, compagne de la mission", *Église er Pauvreté*, pp.167-8.

[19] Cf. Emmanuel Mounier, "Feu la Chrétienté", *Oeuvres de Mounier*, 4 vols. (Paris: du Seuil, 1961-1963), 3:686-714.

[20] Cf. *Lay People*, Ch.3.

을 주입하는 일이다. 사제가 정치 분야에 직접 개입한다는 것은 자기 직권을 배신하는 일이다. 그 대신에 교회 안의 평신도의 위치가 평신도로 하여금 자기가 세상에 자리잡고 있다는 사실을 망각하게 해서는 안된다. 평신도는 교회와 세계를 둘 다 건설해야 하는 책임을 지고 있다.[21] 현세 영역에서 그들은 그리스도인이든 아니든간에 다른 인간들과 협력하여 더 정의롭고 더 인간다운 사회를 건설하도록 노력해야 한다. 이렇게 함으로써 궁극에 가서는 인간이 하느님의 소명에 자유로이 응답할 수 있는 그러한 사회를 조성하는 것임을 유념해야 한다.[22] 그렇지만 현세사회의 자율성은 최대한 존중하지 않으면 안된다.

그 대신 평신도 사도직 운동들도 교회와 사제 직능 이상의 것에 간여해서는 안된다.[23] 이런 신학사상에서 생활개선을 도모하는 "특수 대책"을 따지고 연구하면서 세상에 그리스도인의 현존을 천명코자 하였다. 그리스도인들은 어디까지나 그리스도인으로서 자기 신앙을 향유하고 경축할 것이며, 자기네 정치적 견해 — 또는 자기와 다르거나 반대되는 다른 사람의 견해 — 를 신앙에 비추어 반성하고 또 그 반성에서 그치라는 것이다.[24]

이런 신학 사조가 1950년대의 유럽, 특히 프랑스의 사도직 운동을 지배하였고 수년 후에는 라틴아메리카의 사도직 운동에까지 파급되었다. 그러나 라틴아메리카에서는, 유럽의 상황과는 달리, 사도직 운동 회원들이나 몇몇 사목 서클의 회원들에 그 영향이 국한되었다. 라틴아메리카 교회의

---

[21] Y. Congar, A. Chavasse, G. Philips 등이 이 견해를 취한다. 칼 라너는 평신도의 고유한 관심사는 세계를 건설하는 일이라고 했다가 굉장한 반발을 샀다: "L'apostolat des laïcs", *NRT* 78 (1956): 3-32. Charles Baumgartner도 같은 견해를 표명했다: "Formes diverses de l'apostolat des laïcs", *Christus*, 13 (1957), pp.9-33. 프랑스 가톨릭 액션 지도자들의 입장: "A propos de l'apostolat des laïcs", *Masses Ouvrières*, 130 (1957), pp.1-29.

[22] Cf. Chavasse, *Église et apostolat*, p.18. 1962년 칠레 주교단의 사목교서가 이 책자를 바탕으로 한 것이었는데 당시 라틴아메리카에서는 굉장히 진보적이라는 반응을 얻었다(*Recent Church Documents from Latin America* [Cuernavaca, Mexico: CIF, 1962-1963], pp.1-12).

[23] *Lay People*, Ch.8. 여기서 가톨릭 액션과 평신도의 사회 참여 문제를 논하고 있다.

[24] Cf. Jourdain Bonduelle, *La révision de vie* (Paris: du Cerf, 1964). 더 최근 사상: C. Perani, *La revisione di vita strumento de evangelizzazione, alla luce del Vaticano II* (Torino: 1968).

구성원들은 교회와 세계를 구분하는 따위의 사상에 물들지 않았다. 교회와 현존하는 사회질서를 묶어놓은 강력한 결속을 체험하고 있는 그들에게는 이런 사상이 도대체 현실에 어긋난 것으로 비쳤기 때문이다.

    교회와 세계를 양분하는 이 사상이 하느님의 단일한 구원계획과 교회-세계의 차이라는 두 현실의 난감한 평행을 유지시켰고 여러 장애를 해결했음도 사실이다. 그뿐 아니라 제2차 바티칸 공의회 문헌들에도 이 신학사상이 여러 모로 반영되어 있다. 그러나 공의회 문헌 가운데는 그 이상의 것도 있다. 「현대세계의 사목헌장」을 예로 들 수 있다. 콩가르는 이 헌장이 귀납법을 도입하였으므로, 교회의 두 사명이 명석히 구분되어 있지 않다고 논평한 일이 있다. 그의 말로는 복음선포와 사회교화라는 두 사명의 관계를 "당초부터 교의적 명제에 준해서 내세울 수 있었으리라"는 것이다.[25] 그런데 귀납적 방법이 능률적이어서인지는 모르나「교회에 관한 교의헌장」*Lumen gentium*에서도 때때로 교회와 세계라는 두 영역을 엄격히 구분하는 법이 없이 양자를 초월하여 이론을 전개하는 대목이 많다. 재미있는 일이다.[26]

---

[25] "Le rôle de l'Église", p.306.

[26] 그러나 「평신도 사도직 교령」(*Apostolicam actuositatem*) 제5항에는 이 구분이 뚜렷이 표현되어 있다.

제 5 장

교회와 세계를 양분한 데서 초래된 위기

"신그리스도교 세계"의 입장을 받아들이면 물론 이전 사상을 배척하게 된다. 그러나 이 신사상도 교회와 세계를 양분했기 때문에 비판받고 있다.

근자에 이 양분법을 토대로 한 사목과 신학이 문제되기 시작했다. 이 비판은 극히 서서히 움터왔으나 여러 문제점을 똑똑히 지적하고 있다.[1]

사목활동과 신학 연구 두 분야에 이 위기가 각별히 나타나고 있다.

사목 분야의 위기

신앙과 현세 사물, 교회와 세계를 양분한 사고방식에서 교회에 두 사명이 있다고 규정했고, 사제의 직능과 평신도의 직능을 철저히 구별했다. 방금 위에서 고찰한 대로다. 그런데 이 구분법이 얼마 안 있어 활기를 잃기 시작했다. 사목활동에 상당한 지장을 초래했다. 우선 둘로 나누어 살펴보자.

평신도 사도직 운동의 위기

성숙한 평신도 운동의 창설과 발전은 지난 수십년간 교회 안에 일어난 가장 중대한 사건 중의 하나다. 이 운동은 교회론과 영성생활에 상당한 혁신을 초래한 전조까지 담고 있었으나 그 나름대로 심각한 위기를 여러 차례 겪어왔다. 향후 그 위기가 무엇이었던가가 상세히 검토되고 분석되리라고 본다. 여기서 우리가 얻는 교훈이나 반성의 재료도 많을 것이다.

---

[1] André Manaranche는 이러한 양분 사상을 분석·검토하고 비판하였다: "Foi d'aujourd'hui et distinctions d'hier", *Projet* 16 (1967): 641-56.

앞에서 지적한 바와같이 양분 사상은 평신도 사도직 단체의 사명을 현세 질서를 복음화하고 고취하는 데 국한시키고, 현실 문제에 직접 개입하는 일은 삼가게 했다. 그러나 이 운동단체들의 활동은 이러한 협소하고 유야무야한 관념적 테두리를 넘어서기가 일쑤였다.

평신도 사도직 운동, 특히 청년운동을 하는 단체들은 더 분명하고 적극적으로 처신해야겠다는 사명감을 가지기 시작했다.[2] 자기들이 "교회의 현존"을 좌우한다고 확신하는 영역이라면, 그 영역에서 생기는 문제에는 깊숙히 관여하겠다고 다짐한 것이다.

당초에는 평신도 교육이 잘못되어 이런 "탈선"이 생긴다고 보았다. 청년운동이 종교심 함양과 정치적 훈련을 따로 분리시킬 줄 모르기 때문이라고 피상적으로 속단한 것이다.[3] 그러나 문제는 갈수록 심각해졌다. 이 운동단체들의 성격 자체가 문제되었다. 그 투사들이 현세 영역에 개입한다는 것은 교회 ― 특히 주교들 ― 가 자기 소관 밖의 영역에 개입한다는 의미가 된다. 이는 용납될 수 없었다. 그러나 동시에 이 운동들의 생동적인 성격 때문에 성원들은 환경과 상황으로 말미암아 결정적인 문제에까지 개입하지 않을 수가 없다고 결론짓기에 이르렀다. 그 결과 현실 문제에 중립적 태도를 취해 온 교회의 "공식" 입장과 배치해 가면서 정치적 개혁에까지 손을 뻗치게 되었다. 여기서 마찰과 심지어는 분열까지도 불가피하게 되었다.[4]

여러 위기가 연속적으로 발생하고 확대되었다.[5] "양분 사상에 입각한" 평신도 운동들은 모두 다 자취를 감추는 것 같았다.[6]

---

[2] 이 위기의 출현을 살펴보려면 다음 문헌을 참조할 것: *Association catholique de la jeunesse française: Signification d'une crise, Analyse et documents* (Paris: de l'Epi, 1964).

[3] "젊은이들에게 현실 문제와 유리된 영성교육을 베풀 수 있다고 생각한다면 환상이다. 우리 운동에 가담한 투사들이 일상 문제들을 복음정신에 입각해서 구체적으로 해결할 수 있기 위해서는 종교교육과 인간교육이 전제되어야 한다. 그리고 그런 훈련을 받는 길은 청년운동 밖에 없다"(1950년 프랑스 *JEC*〔그리스도교 학생연합회〕 지도자의 보고서, *ibid.*, p.59).

[4] 프랑스 *JEC*의 최근 동향을 보려면 Louis de Vaucelles, "Les mutations de la JEC", *Études* 333 (1970): 278-86을 참조할 것.

[5] Cf. José A. Díaz, *La crisis permanente de la acción católica* (Barcelona: Nova Terra, 1966).

"사회문제"에 대한 각성

"사회문제"라는 것은 예부터 그리스도교계에서 거론되어 왔다. 그러나 인류 대다수가 인간 이하의 비참한 환경, 특히 압제받고 소외된 환경 속에서 살고 있다는 사실을 인간들이 똑똑히 의식하게 된 것은 지난 수년간의 일이다. 이런 상황들은 인간에 대한 배리背理이며, 따라서 하느님에 대한 배리이다. 현대인들은 이런 상황에 대해 개인적 책임을 절감하고 있으며, 이러한 인간 조건들이 착취자와 피착취자를 불문하고, 인간의 자아 완성에 막대한 장해를 초래함을 알고 있다.

더군다나 대부분의 교회가 현세계의 경제 및 정치계의 지배세력과 여러 모로 결탁하고 있음을 예리하게 의식하고 괴로워하고 있다. 이런 상황은 타지역을 지배하는 부유한 압제국가들에서만이 아니라, 라틴아메리카처럼 착취계급에 얽혀 있는 빈곤한 국가에서도 해당된다.

그러면서도 교회가 "현세 영역"에 개입하지 않는다고 정직하게 말할 수 있겠는가? 교회가 독재정권이나 전제정권과 우호 관계를 유지하고 그들의 처사에 침묵하는 것이 과연 교회가 중립적으로 순수하게 종교적 역할을 수행하는 것일까?[7] 그러고 보면 정치문제에 대한 교회의 "불간섭" 정책은 교회당국에 해당되는 모모한 활동에 대해서만 실시하고 다른 문제에는 적용치 않음을 알 수 있다. 다시 말해서 교회가 떠들어대는 정치 불간섭 원칙은 기존 체제를 고수하는 무리에게는 적용시키는 법이 없고, 평신도 운동이나 사제들의 어떤 단체가 기존 질서에 저항하는 태도를 취할 때에만 교회가 들고 나오곤 했다. 구체적 예로서, 교회와 세계를 양분하는 사고방식을 라틴아메리카에서는 편리하게 악용하고 있다. 교회가 실재로 수행하고 있는 정치적 입장을 은폐하는 연막, 즉 기존 체제를 비호하는 교회의 후원

---

[6] Joseph Comblin은 이미 오래 전에 이 현상을 지적했다: *Échec de l'action catholique?* (Paris: Éd. Universitaires, 1961). 그러나 그의 해결책은 위기의 원인과는 배치되었다.

[7] Cf. Hugo Assmann, "La función legitimadora de la religión para la dictadura brasilera", *Perspectivas para el Diálogo* (Montevideo), no.46 (1970), pp.171-81.

을 은폐시키는 교활한 눈가림 노릇을 하는 것이다. 교회의 정치적 기능이 제대로 인식되지 않던 과거에는 교회와 국가를 양분해서 생각하는 것을 국가도 교회도 못마땅하게 생각했다. 그러다가 체제 — 교회제도 역시 핵심적 체제 가운데 하나다 — 가 거부당하기 시작하자, 교회는 재빨리 이 사상을 끌어들였다. 그리고 압제받는 이들과 착취당하는 이들을 옹호하는 대신에 교회제도를 비호하는 데 썼다. 그러면서도 모든 그리스도인들의 정신적 일치를 감상적으로 설교하기 시작했다. 지배계급은 언제나 교회를 앞잡이로 세워 자기 이익을 비호하고 특권적 위치를 유지하는 데 이용해 왔다. 그러던 그들이 오늘에는 교회의 순전히 종교적이고 영적인 직능을 강조하는 것이다. 교활한 그들의 눈은 그리스도교 공동체 심장부에서부터 자기네를 "타도하려는" 움직임이 일고 있음을 발견한 까닭이다. 교회와 세계의 양분 사상을 외치고 이용하는 주인공이 바뀐 것이다. 얼마 전까지만 해도 사회운동을 하는 선구자들이 이 사상을 내세웠는데 지금은 권력집단이 이 주장을 옹호하고 나선다. 그런데 한 가지 재미있는 일은 그들이 대개 그리스도 신앙과는 도대체 거리가 먼 인물들이라는 것이다. 여기서 우리가 기만당하지 않도록 해야 할 것이다. 그들이 품고 있는 목적은 전혀 딴 데 있는만큼, 우리도 모르는 사이에 이적행위를 하는 일이 없어야 할 것이다.

하나 더 묻겠다: 저 엄청난 비참과 불의를 목격하고 교회는 더 직접 그 문제에 개입하고, 신파조의 선언 따위들을 팽개쳐야 마땅하지 않겠는가? 라틴아메리카처럼 교회가 사회적 영향이 강한 지역에서는 더욱 그렇지 않겠는가? 실제로 교회가 때로는 그런 활동을 한 일이 없지 않았으나 항상 교회의 기본 방침과는 거리가 먼 것으로 어쩌다 덧붙여 생긴 파격적 제스처에 불과했다.[8] 교회의 이런 방침이 하도 널리 만연되어 있기 때문에, 필자가 하는 말들이 도리어 시대에 안 맞는 얘기처럼 들릴지도 모르겠다. 메

---

[8] Cf. *Las tareas de la Iglesia en América Latina* (Bogota: FERES, 1964); François Houtart – Emile Pin, *The Church in the Latin American Revolution* (New York: Sheed and Ward, 1965), pp.222-3.

델린 성명서 같은 최근의 문헌들은 이런 한계성을 다소 극복하고 있으며, 신학적 근거도 지금 것과는 다른 것을 요구하고 있다.

지금까지 말한 내용을 간추리면 다음과 같다. 인간들의 정치사상이 그 어느 때보다도 철저해졌고 과격해졌다는 것과, 현재 그리스도인들이 품은 정치적 소산과 투신으로 미루어 교회와 세계를 불가침의 두 영역으로 양분하는 신학 또는 사목 형태는 현실에 맞지 않다는 것이다.

신학의 위기

교회가 사목 분야에서 전에 없던 진통을 겪고 있다고 말했지만 신학계에서도 교회와 세계를 양분한 데 대해 의혹을 표명해 왔다. 그런데 신학계에서 나타난 반응은 언뜻 보기에는 상반되는 것 같다.

순수한 세속

세계와 교회의 관계를 놓고서 교회측에서는 이러저러한 해답을 많이 내놓았으나 어떻든 세계는 점차 독자적으로 존재하는 실재로서 인정되어 왔다. 세계는 교회당국이나 교회의 사명과는 무관한 자율적 실재로서 서서히 그 세속성을 주장해 왔다. 교회가 세계의 자율성을 인정할 당초에는 퍽이나 소심하고 미심쩍어하는 태도를 보였다. 그래서 교회 교도권의 문헌에는 "건전한", "의로운", "합법적" 자율성을 빈번히 운운했다. 그런데 신학계에서 요즈음 "세속화"[9]라고 부르는 추세가 돌이킬 수 없는 현상이며 고유한 가치를 가지는 것이라고 인정하기 시작했다.

---

[9] "세속화"란 이미 오래 전부터 사실상 쓰여왔다. 처음에는 교회 재산처럼 좀 신성시되던 것을 세상에 환원시킬 때 이 용어를 썼다. 용어의 역사적 변천을 연구하려면 Hermann Lübbe, *Säkularisierung. Geschichte eines ideenpolitischen Begriffs* (Freiburg: Alber, 1965)를, 용어의 다양한 의미를 살펴보려면 Thomas E. Clarke, "What is Secular Christianity?" *Proceedings of the Twenty-first Convention of the Catholic Theological Society of America, Providence, Rhode Island, June 20-23, 1966* (Yonkers, New York, 1967), pp.201-21을 참조할 것.

세속화는 종교의 보호감독에서의 탈피와 비신성화로 먼저 나타난다. 하비 콕스의 말이 있다: "우리는 세속화를, 인간이 종교와 형이상학의 후견에서 풀려나는 해방, 저 세상에서 이 세상으로 주의를 돌린 인간 관심의 변화라고 정의해 왔다."[10] 세속화 과정이 역사적으로 어떻게 비쳤는지를 단적으로 말해주는 구절이다. 비록 불완전하나마 우리가 부딪친 문제를 진지하고 솔직하게 대하는 첫 시도였다.

여기에 대해 더 적극적 자세로 나오는 두번째 시도가 있다. 방금 인용한 콕스의 끝 구절에서 이미 시사된 것이다. 세속화는 무엇보다도 인간의 자기이해가 변화한 데서 온 결과이다. 특히 자연과학의 발달로 말미암아 인간이 우주적 관점에서 인간학적 관점으로 관심을 돌린 것이다.[11] 인간이 자기를 창조적 주체로 의식한 것이다.[12] 자기가 역사의 주인공이요, 자기 운명에 대해서는 스스로 책임져야 할 존재임을 각성한 것이다.[13] 인간의 정신은 자연의 법칙을 발견하는 데서 그치지 않고 사회의 법칙, 역사의 법칙, 심리학의 법칙을 통찰하기에 이르렀다. 인간의 자기이해가 새로워짐으로써 필연적으로 하느님께 대한 인간의 관계를 파악하는 방법도 달라졌다.[14]

이런 뜻에서 세속화는 그리스도교 인간관, 역사관, 우주관과 온전히 상합할 뿐 아니라, 더 인간다운 존재가 되고자 노력하는 그리스도교 생활의 완성에도 크게 도움이 된다고 하겠다.[15] 여기서 세속화의 성서적 근거를 찾아내려는 노력, 어떻게 보면 "영합주의"concordism 성격을 띤 노력이 등장했

---

[10] Harvey Cox, *The Secular City* (New York: Macmillan, 1965), p.17.

[11] Cf. Antoine Vergote, "Il realismo della fede di fronte alla desacralizzazione del mondo", in *Il cristianesimo nella società di domani*, ed. Pietro Prini (Roma: Abete, 1968), pp.101-13.

[12] Cf. Carlos Alvarez Calderón, *Pastoral y liberación humana* (Quito: Colección IPLA, 1970).

[13] 앞의 제2장 참조.

[14] Cf. E. Schillebeeckx, "La vie religieuse dans un monde sécularisé", *Approches théologiques IV, La mission de l'Église* (Brussels: du CEP, 1969), pp.285-9. 인간의 새로운 자기이해 또는 인간관이 탁월하게 지적되어 있다.

[15] 세속화의 긍정적 측면을 최초로 주장한 사람은 Friedrich Gogarten이다: *Verhängnis und Hoffnung der Neuzeit. Die Säkularisierung als theologisches Problem* (Stuttgart: Friedrich Vorwerk Verlag, 1953), pp.11ff.

다. 사실 성서에 의하면 피조계가 창조주와는 구분되어 존재하며, 이 피조계는 하느님이 만물의 주인으로 삼으신 인간의 고유한 영역으로 되어 있다. 따라서 세계의 "세속성"은 인간과 자연, 인간과 인간, 궁극에 가면 인간과 하느님 사이의 진정한 관계를 확립하는 데 필요불가결한 조건이다.[16]

여기서 매우 중대한 분기점이 나타난다. 첫째로, 세계를 종교 현상과 상관시켜서 정의할 것이 아니라, 종교를 속계(俗界)와 상관시켜서 재정의해야 한다는 것이다. 속된 세상 그 자체도 항상 견실한 실재임이 분명하다. 본 회퍼가 말하는 "성숙한 세계"mündig가 바로 이것이다. "성인(成人)이 다 된 이 세상에다 우리는 하느님을 어떻게 이야기할 수 있겠는가?"[17] 하는 초조한 본회퍼의 질문이 나온 근거가 이것이다.

둘째 문제는 극히 구체적이며 우리의 관심을 끄는 문제로서 과거에는 교회라는 테두리 안에서 세계를 논했다면, 오늘에 와서는 그 반대로 세계라는 테두리에서 교회를 논하고 있다는 것이다. 과거에는 교회가 자기 목적을 달성하는 데 세계를 이용하였다. 오늘에는 많은 그리스도인들이 — 비그리스도인들 역시 — 사회구조를 변혁시키는 운동을 더욱 촉진하는 데 교회의 영향력을 이용해야 하지 않을까 생각하고 있다.

세속화도 그리스도교 공동체에 심각한 도전을 제기한다. 장래에는 그리스도교 공동체가 비종교적 세상에서 살며 신앙을 실천해야 할 것이다(실제

Cf. Juan Ochagavía, "El proceso de secularización: luces y sombras", *Teología y Vida* (Santiago de Chile), 8 (1967): 275-90; Heinz Robert Schlette, "Valutazione teologica della secolarizzazione", *Processo alla religione* (Roma: IDOC Documenti Nuovi, 1968), pp.39-61; Karl Rahner, "Theological Reflections on the Problem of Secularization", in *Theology of Renewal*, ed. L. K. Shook (New York: Herders, 1968), 1:346-57.

세속화와 제2차 바티칸 공의회 사상을 비교연구한 문헌: Buenaventura Kloppenburg, *El cristiano secularizado* (Bogota: Ed. Paulinas, 1971). 세속화 신학과 공업사회의 규범을 연구한 문헌: Marcel Xhauffiaire, "La théologie après la théologie de la sécularisation", *Les deux visages de la théologie de la secularisation* (Tournai: Casterman, 1970), pp.85-105.

[16] 그런 뜻에서 Gogarten이 세속화(secularization)와 세속주의(secularism)를 구분한 것은 의의가 크다. 전자는 역사적 현상을 말하며, 후자는 이 현상에서 종교적 가치를 배제하여 일정한 틀에 묶으려는 이데올로기다.

[17] Cf. *Letters and Papers from Prison*, ed. Eberhard Bethge (London: SCM Press, 1953).

로 비종교적 세계의 조성을 거들어준 것은 이 공동체의 신앙이었다). 그리스도교 공동체는 신앙의 표현양식을 새로 해야 한다. 생동적 역사 속의 자기 위치와 윤리도덕과 생활방식, 설교 언어와 경신례를 재규정할 필요성이 더욱 긴박해지고 있다. 인류 역사가 단일화하고 범세계화한 이상, 세속화 과정은 라틴아메리카에도 도달했다고 말해야 한다. 라틴아메리카에서 일고 있는 어떤 움직임, 특히 사건을 해설하는 안목을 본다면, 순전히 유럽의 상황을 복사한 데 불과하다. 말하자면 "전시효과"에 불과한 경우가 많다. 그러나 그보다 뿌리깊은 움직임이 있다는 것도 간과해서는 안된다. 이 움직임의 성격은 아직 제대로 연구되어 있지 않다. 그것이 라틴아메리카에 특수한 것이기에 그만큼 현실감이 있다. 라틴아메리카인들은 자기네 지역의 해방운동에 참여하는 가운데 자기네 역사의 고삐를 스스로 쥐게 되고, 자기 운명의 주인공임을 자각해 가고 있다. 그뿐 아니라 라틴아메리카인들은 혁명적 투쟁을 전개하는 가운데 기존 체제를 비호하는 경향이 있는 (현실과는 거리가 먼) 종교의 보호감독을 벗어나고 있다.[18]

그러나 문제는 상당히 복잡하다. 수단이야 어떻든 같은 목적만 달성하면 된다는 이론은 통하지 않는다. 라틴아메리카의 세속화는 유럽에서 이미 지나간, 세속화의 "초보단계"가 아니다. 다른 분야에서 보는 표현을 빌리자면 "파행"跛行(uneven and combined)의 세속화 과정이 이곳에서 진행되고 있다.[19]

---

[18] César Aguiar는 상황을 이렇게 분석했다: "라틴아메리카의 세속화 형태는 혁명 이념과 정치적 과격성이다. 그것은 유럽인이 좋아하는 과학화, 기술발전, 근대화 따위도 아니고, 콕스(Cox)가 세속도시의 구성 요인이라고 규정한 도시화나 사회 이동도 아니다"("Currents and Tendencies in Contemporary Latin American Catholicism", *IDOC-NA*, no.13 [1970], p.61).

[19] Leon Trotsky는 경제구조와 사회적・법적 구조와 성장 정도가 다른 두 주류가 공존하는 복잡한 상황에는 "파행법칙"이 성립한다고 했다. 러시아가 유럽의 다른 국가들처럼 획일적인 자본주의가 성장한 곳도 아닌데 왜 하필 러시아에서 프롤레타리아 혁명이 가능했던가 하는 이유가 이 이론으로 설명되었다는 것이다. 그리고 파행적 발전은 국가들간의 관계에도 커다란 영향을 미친다고 한다. 두 국가의 발전상이 파행을 이루면 양자에게 다 혁명적 여파를 미친다는 말이다. 그러므로 한 국가의 상황과 그 혁명적 소지(素地)는 국제적 관점에서 고찰해야 한다는 것이다. 여기서 "영구(永久)혁명"의 이론이 나온다(cf. Leon Trotsky, *The History of the Russian Revolution* [New York: Simon and Schuster, 1934], 1:5-6; idem, *The Permanent Revolution and Results and Prospects* [London: New Park Pulb., 1962]). 트로츠키의 이 이론은 사회과학에서 정설로 받아들이고 있고 저개발국가에도 적용되고 있다.

유럽과는 율동이 다른 진전 과정이다. 라틴아메리카에는 종교 실천의 방법, 종교와 세계의 관계를 생활하는 방법, 복음과 교회의 역량을 이 대륙의 해방에 구사하는 능력과 자세가 각기 다른 두 부류의 세력이 공존하고 있다. 이런 여건들만 보아도 이 지역의 상황을 간단하게 개념화한다든가, 타지역의 세속화 과정을 그대로 도입하기가 도대체 어렵다는 것을 알고도 남을 것이다. 이곳의 상황을 연구한다면 이곳의 국민들이 겪고 있는 위기와 그들의 처세가 어떤 것인가를 설명하는 데 적잖은 도움이 되리라고 본다. 물론 국민 대다수는 자기네가 겪는 위기의 근본 원인이 무엇인가를 진지하게 인식하지 못하고 있다. 갈수록 성숙해 가는 세계와의 관계를 재확인하고 재정의해야 한다는 요구를 라틴아메리카 교회라고 안 받을 리가 없으나,[20] 그 양상이 특이한 성격을 띠고 있다.

단일한 구원의 소명

신령과 속세, 성聖과 속俗을 대립시키는 반反명제들은 자연과 초자연을 대립시키는 사고방식에서 유래하였다. 그러나 신학도 이원론들을 점차 극복하여 일원성을 강조하는 방향으로 발전해 왔다. 이하에 간략하게나마 그 과정을 살펴보기로 한다.

초자연계가 무상성을 가진다는 사상에서 후일에 순수자연natura pura의 교의가 형성되었다. 이 이론은 인간 본성과 신적 은총을 철저히 구분하고,

---

[20] 어떻게 그 관계가 재정의되어야 하느냐는 것은 아직도 연구의 초점이 되고 있다. 복음화와 대중 종교심의 관계는 여러 양상을 띠고 나타나기 시작했다. 이 문제를 자세히 고찰하려면 다음의 문헌들을 참조하기 바란다. Segundo Galilea, *Introducción a la religiosidad latinoamericana* (Mexico, 1967); idem, "La religiosidad popular latinoamericana", *Para una pastoral latinoamericana* (Mexico: Ed. Paulinas, 1968), pp.91-146; José Comblin, "Reflexões sôbre a Condição Concreta de Evangelização Hoje", *Revista Brasileira* 27 (1967): 590-7; Aldo J. Büntig, "Interpretación motivacional del catolicismo popular", *Víspera* (Montevideo), no.10 (1969): 13-20; Felipe Berryman, "Popular Catholicism in Latin America", *Cross Currents* 21 (1971): 284-301; Lucio Gera – Guiermo R. Melgarejo, "Apuntes para una interpretación de la Iglesia argentina", *Víspera*, no.15 (1970): 59-88. Melgarejo의 글에 대한 비판: M. Kaplún, "Pueblo, fe y alienación", *Perspectivas para el Diálogo*, no.44-5 (1970): 129-35.

인간 본성에는 은총을 향하는 강력한 지향성이 있는 것이 아니고 단지 은총에 "반항하지 않을" 뿐이라고 했다.[21] 하느님과 친교를 나누고 싶은 내적인 열망이 있는 것이 아니라 그것을 받아들일 수용성이 있을 뿐이라는 것이다. 초자연은 근본적으로 인간에게 이질적인 것이며, 인간 위에 덮어씌워지는 "완전"이다. 토마스 아퀴나스의 사상을[22] 어설프게 해석한 가예따노 Cajetanus에서 비롯하는 이 견해가 오랫동안 서구 가톨릭 신학을 지배해 왔다. 그래서 세계를 불신하는 태도와, 교회가 은총을 분배하는 유일한 관리자라고 하는 교회본위주의도 하등 이상할 것이 못 되었다. 둘 다 16세기부터 최근 얼마 전까지 가톨릭 신자들을 지배했다.

그러나 이 사상이 사실과 어긋난 것임이 드러나서 다른 해답을 모색하지 않을 수 없었다. 여기서 자연계와 초자연계를 분리하지 않고 구분하는 사조가 생겨났다. 하느님께 대한 인간 정신의 "무한한 개방성"을 근거로 한 사조였다. 인간에게는 하느님과 친교하는 것을 "반항하지 않는" 속성 그 이상의 것, 본연의 열망이 있다는 견해였다. 그러나 이런 사조로 말미암아 은총의 무상성이 제대로 천명되지 못할까 두려워하는 사람들도 상당히 있었다. 그래서 "우발적이고 우유적偶有的"이라는 단서가 붙은 자연적 열망이 인간 오성의 지향에 힘입어 간접적으로 보편유普遍有(ens in communi)를 향하여 나아간다고 수정했다. 이 견해를 따르면, 자연적 열망이라는 것은 하느님을 보는 직관이 인간에게 가능함을 입증하는 데서 그친다. 우연히 그 열망이 실현되었다고 해서 인간 본성에 별다른 가치를 주는 것도 아니다.[23]

---

[21] "순수자연"의 이론은 현대신학이 철저하게 배격하였다. Cf. Henri de Lubac, *The Mystery of the Supernatural* (New York: Herders, 1967): 1-24.

[22] Juan Alfaro는 토마스 아퀴나스에서 가예따노에 이르는 신학의 변천을 건실하게 연구한 바 있다: *Lo natural y lo sobrenatural: Estudio histórico desde Santo Tomás hasta Cayetano (1274~1534)* (Madrid: CSIC, 1952). de Lubac의 상게서도 참조할 것.

[23] Cf. M.-D. Roland-Gosselin, "Béatitude et désir naturel d'après S. Thomas d'Aquin", *RSPT* 18 (1929): 193-222; A.-R. Motte, "Désir naturel et béatitude surnaturelle", *Bulletin Thomiste* 3 (1932): 651-76 등이 대표적 인물이다.

이상의 두 가지 입장을 놓고 논쟁이 오가는 사이에 토마스 아퀴나스 본래의 사상을 재탐구하는 움직임이 활발해졌다. 인간 안에는 하느님을 뵙고 싶어하는 "타고난 열망"desiderium innatum이 있다는 생각이 움텄다. 은총에 "반항하지 않는" 인간 본성의 이론과는 정반대되는 생각이다. 하느님을 향하는 인간의 향방이 인간 정신의 본질적 요소로 규정되고 있다. 사물을 해득하는 모든 인식에는 하느님을 알고 싶은 열망이 담겨져 있는 것이다. 이 열망이 인간 지성의 활력을 방향지어 준다.[24] 그래서 하느님을 직관하는 은총은 인간 정신의 심원한 동경을 절정에 도달케 한다. 인간은 하느님과의 이 친교 — 물론 하느님 편의 자유로운 이니셔티브에 달린 것이다 — 안에서 비로소 자기를 완성시킬 수 있다. 거기서 인간의 자연계와 초자연계가 긴밀한 합일을 이루는 것이다.

지금 우리가 논하는 이 사상은 자연과 초자연의 모든 구분과 차이를 극복하여 통일성을 강조하고 있다. 그런데 아직까지는 형이상학적·추상적·본질론적 영역에서 이론이 전개되고 있으며, 결국은 복잡하기만 하고 성과 없는 학술논리가 될 우려가 있다. 그러나 일단 이원론을 극복한 이상 문제의 방향이 전혀 달라졌다. "역사적이고 실존적"인 전망이 재발견됨으로써 획기적 단계에 돌입하였다. 구체적으로는 인간에게 오는 소명은 하나뿐이다: 은총에 힘입어 하느님과 상통하는 일이다. "순수자연"이란 실제로 있지도 않으며 있을 수도 없다. 주님과의 상통에 부름받지 못한 사람, 은총의 덕을 입지 않은 사람은 아무도 없다.

이 입장을 처음으로 내세운 인물은 이브 드 몽셰일[25]과 앙리 드 뤼박[26]이었다. 관점이 새롭고 — 실은 "전통적" 사상이었다 — 거기에다 구사하는

---

[24] Cf. Joseph Maréchal, "De Naturali Perfectae Beatitudinis Desiderio", in *Mélanges Joseph Maréchal* (Paris: Desclée de Brouwer, 1950), 1:323-38; J. Alfaro, "Transcendencia e inmanencia de lo sobrenatural", *Gregorianum* 38 (1957): 5-50.

[25] Yves de Montcheuil, "Introduction" in Maurice Blondel, *Pages Religieuses* (Paris: Éd. Montaigne, 1945).

[26] Henri de Lubac, *Surnaturel* (Paris: Aubier, 1946).

언어가 양의적이어서 대단한 반발을 불러일으켰다. 라너는 여전히 이전의 노선을 고집하면서, 위의 두 인물이 부딪친 난점을 회피하기 위해서 "초자연적 실존 범주"라는 것을 고안해 내었다. 하느님의 보편 구원의지가 인간 안에 깊은 친화력을 조성하여 인간 본성의 무상적인 존재론적-실재적 결정 요소가 된다는 것이다. 이것이 "구체적 인간의 핵심적이며 항구적인 실존 여건"[27]이라는 것이다. 드 몽셰일과 드 뤼박도 그 공헌을 인정한 바 있는 블롱델도 같은 시도를 한 바 있었다. 그는 인간의 상태를 "환자연적"換自然的 (transnatural)인 것이라고 규정하였다. 인간은 초자연적 생명이 없어도 필연적으로 초자연적 생명으로 정향되어 있다고 한다. 인간은 "이 소명에 의거해서 고도의 충동을 받는다. 원초의 선물을 상실한 후에는 인간이 차별이 안 선 본성으로 퇴보해 버린 것이 아니다. 오히려 과거에 초자연계에 삽입된 흔적이 여실히 남아 있으며, 이전 상태로 복귀할 가능성이 물론 있을 뿐더러, 인간은 자기가 도달해야 할 그 운명에 꼭 다다르지 않으면 안된다는 충동을 필연적으로 간직하고 있는 것이다".[28]

이 사상은 스콜라 신학의 논법과 표현을 탈피한 것으로, 지금은 학계의 정설로 받아들여지고 있다. 역사적으로 보나 구체적 현실에서 보나 인간이 받은 소명은 적극 활동하여 하느님을 뵈라는 것이다. 따라서 이 소명에서 출발하지 않는 이론은 일체가 공론에 불과하다. 그러나 하느님 선물의 무상성과 더불어 이 선물이 단일하고 모든 것을 포용한다는 성격 두 가지를 다 살리려는 의도에서 내용을 분명히 정립하려는 노력이 있었다.[29]

---

[27] Karl Rahner, "Concerning the Relationship between Nature and Grace", *Theological Investigations*, vol.1 (Baltimore: Helicon, 1961), pp.297-317; idem, "Nature and Grace", *Theological Investigations*, vol.4 (Baltimore: Helicon, 1966), pp.165-88.

[28] Cf. Albert Valensin, "Immanence", in *Dictionnaire d'Apologetique de la Foi Catholique*; Maurice Blondel, "History and Dogma", in *The Letter on Apologetics and History and Dogma*, ed. A. Dru (New York: Holt, Rinehart and Winston, 1955); L. Malevez, "La gratuité du surnaturel", *NRT* 75, no.6 (1953): 561-86, no.7, 673-89.

[29] 제2차 바티칸 공의회 문헌에 이 노선이 여러 모로 비치고 있다: 「사목헌장」 22, 24, 29항 참조.

그런데 이러한 사조가 실은 16세기에 "순수자연"의 이론이 출현하기까지는 그리스도교계에서 신학적 명상의 주류를 이루고 있었던 것이다. 그러니까 오늘날 이 사조가 재등장한 셈이며, 다른 점이 있다면 그때와는 달리 역사적이고 구체적인 실재를 중대시하는 철학과 신학을 배경으로 하고 있는 점이다. 그렇지만 근본 주제는 전과 다름없다. 하느님의 부르심이 단일하다는 것, 인간의 운명, 모든 인간의 운명이 단일하다는 거기에 문제가 있다. 단지 역사적 안목을 얻음으로써 옹졸하고 개인주의적인 시야를 탈피하게 되었고, 성서에 더욱 집착함으로써 인간들이 하나의 공동체, 하나의 백성을 이룸으로써 주님을 만나뵈오라는 부르심을 받았음을 깨닫게 되었다. 구원에의 소명을 "불러모음" convocation 으로 보게 된 것이다.

모든 인간이 단일한 구원으로 소집받았다는 사상이 재발견됨으로써 지금까지 모모한 신학들이 진지하게 쌓아올린 인위적 담벽이 흔들리기 시작했다. 모든 백성 — 당사자들이 의식하든 못하든간에 — 안에 은총의 현존, 즉 주님과의 인격적 관계를 받아들이는 수락이 현존할 수 있다는 가능성이 재확인된 것이다. 여기서 "익명의 그리스도교" anonymous Christianity,[30] 달리 말해서 교회라는 눈에 보이는 경계선을 벗어나 있는 그리스도교[31]가 거론되기 시작했다. "이름없는 그리스도교 세계"의 도래를 선언하기 시작했다.[32] 그런데 이 표현법들이 다의적이고 사용하는 용어들이 몹시 빈약하다.[33] "그리스도 안에서 모든 인간이 하느님과 상통을 이루라는 부름을 실제로 받았

---

[30] Cf. Anita Röper, *The Anonymous Christian* (New York: Sheed and Ward, 1963); Klaus Riesenhuber, "The Anonymous Christian According to Karl Rahner", *ibid*.

[31] Edward Schillebeeckx, *World and Church* (New York: Sheed and Ward, 1971), pp.115-39.

[32] Karl Rahner, *The Christian of the Future* (New York: Herders, 1967).

[33] 이 개념이 남용된다 하여 근자에 상당한 비판을 받고 있다: Michel de Certeau, "Apologie de la différence", *Études* 328 (1968): 99-101; Maurice Bellet, *Les sens actuel du christianisme: Un exercice initial* (Paris: Desclée, 1969), p.59; André Manaranche, *Quel salut?* (Paris: du Seuil, 1969), p.197; P.-A. Liégé, "La foi implicite en procès", *Parole et Mission* 11 (1968): 203-13. 칼 라너는 이 모든 비판에 대해 용어와 그 지칭 내용을 재차 구분하면서, 하느님의 보편적 구원의지를 긍정하려면 논리적으로 이것을 수긍하지 않을 수 없다고 답변한다: Anonymous Christianity and the Missionary Task of the Church", *IDOC-NA*, no.1 (1970), pp.70-96.

다"고 하는, 이론의 여지가 없는 사실을 명확하게 표현하려면 그 용어들을 재정리할 필요가 있다. 인간 실존의 의미가 가지는 역사적 배경을 수긍한다면, 그리스도의 보편주권이라고 하는 바울로의 사상을 재발견할 것이다.[34] 바울로는 만유가 그리스도 안에서 존재하고 그리스도 안에서 구원받았다고 갈파하였다.[35]

"초자연적 목적", "초자연적 소명", "초자연계"[36]와 같은 용어들이 점차 사라지고 그 대신에 "전체적"integral이라는 용어가 널리 유포되는 가운데 위의 진보적 사상들은 더욱 뚜렷이 부각되고 있다. 마르뗄렛은 「현대세계의 사목헌장」을 이렇게 평했다: "'전체적인'integral이라는 용어는 이 헌장의 기조 단어 가운데 하나가 아닌가 싶다. 어떻든 이 용어야말로 공의회가 모든 인간의 소명, 인간 전체(全人)의 소명을 구명하고자 끊임없이 노력한 의중을 표현해 주고 있다."[37] "전체적 소명"(「사목헌장」 57항에 나오며 동 헌장의 10, 11, 59, 61, 63, 64, 75, 91항과 「선교교령」 8항에 나온다)과 "전체적 발전"(「민족들의 발전」 회칙 14항)이라는 표현은 구원에의 부름이 단일함을 거듭 강조하였다고 하겠다.[38]

여기서 나오는 가장 직접적인 결과로는 신앙생활과 현세 업무, 교회와 세계 사이의 경계선이 더 유동성있게 되는 것이다. 쉴레벡스의 말마따나 "교회와 인류간의 경계가 유동성있게 되었다. 교회 편으로만 그런 것이 아니라 인류와 세계 편으로도 그렇다".[39] 심지어는 양자가 정말로 다른 실재

---

[34] Cf. Manuel Ossa, "Cristianismo y sentido de la historia", *Mensaje* 15 (1966): 539-51.

[35] 떼이야르의 저서들은 그리스도를 역사와 우주의 주님으로 재발견하는 사상 노선에 가장 큰 영향을 끼치고 있다.

[36] 후대 신학에서 출현한 *supernatural*이라는 용어를 제2차 바티칸 공의회 문헌들은 거의 사용치 않으며 소(小)문헌에 몇 번 쓰일 따름이다. *Gaudium et spes*와 *Dei verbum*은 전혀 안 쓰고 *Lumen gentium*에 두 차례 언급된다.

[37] Gustave Martelet, *Les idées Maîtresses de Vatican II* (Paris: Desclée, 1966), p.137.

[38] 물론 이 용어 하나가 교회 교도권의 전체적 가르침을 집약했다고 말하려는 것은 아니다. 「사목헌장」에도 양의적인 어법이 없지 않으며 "커다란 난점은 제2차 바티칸 공의회가 이 두 가지 개념을 하나로 통일하지 않고 병립시켰다는 것이다. 하기야 공의회도 어쩔 수 없는 일이었을 것이다"(Manaranche, "Foi d'aujourd'hui", p.654). Juan Luis Segundo도 이 점을 지적했다: "Hacia una exégesis dinámica", *Víspera*, no.3 (1967): 77-84.

냐고 믿는 사람까지 있다. 메츠는 이런 질문까지 제기한다: "교회 역시 세계가 아닐까? … 교회는 세계의 일부다. 어떤 의미로는 교회는 세계이다. 교회는 비非세계가 아니다."[40]

그러나 또 다른 중대한 결론은, 모든 구별을 극복하여 인류가 단일한 부르심을 받았다는 주장은 그리스도인이건 비그리스도인이건간에 인간이 역사 속에서 수행하는 활동에다 전적으로 새로운 종교적 가치를 부여한다는 것이다. 정의의 사회를 건설하는 일은 하느님 나라의 건설로 환산될 수가 있다.[41] 현대적 어법을 쓰자면, 해방운동에 참여하는 일 그 자체가 어떤 의미로는 구원사업이라는 것이다.[42]

한편에서는 자율적 세계, 비종교적인, 성숙한 세계를 거론하고, 다른 한편에서는 구원으로의 단일한 소명을 천명하고 있다. 후자는 과거와는 다르지만 그리스도교 고유의 용어를 사용하여 인간 역사의 가치를 운위한다.[43] 이러한 협공작전에는 물론 오해와 표현상의 허점이 없을 수 없겠으나,[44] 적

---

[39] "The Church and Mankind", *Concilium* 1 (1965), p.90. 그런데 칼 라너는 이미 수년 전에 "하느님의 백성"이라는 개념 속에 인류 전체를 포함시켰던 것이다: "Membership of the Church According to the Teaching of Pius XII's Encyclical 'Mystici Corporis Christi'", *Theological Investigations*, vol.2 (Baltimore: Helicon, 1963), pp.1-88.

[40] *Theology of the World*, p.93. 그런데 종말론적 관점에서 저자는 "교회와 세계의 관계는 공간적인 것이 아니고 시간적인 것이다"고 결론하였다(*ibid.*, p.94).

[41] Chavasse가 문명의 창조가 곧 "교회의 간접적 사도직"이라고 한 말도 이를 지지하는 뜻으로 풀이된다(*Église et Apostolate*, pp.155-7). 과거에 교회와 세계를 양분하던 자들은 이런 사상을 용납치 않았다.

[42] 제9장 참조.

[43] Cf. Karl Rahner, "History of the World and Salvation-History", *Theological Investigations*, vol.5 (Baltimore: Helicon, 1966), pp.97-114; Heinz Robert Schlette, *Epiphanie als Geschichte* (Munich: Kösel, 1966).

[44] Hans Urs von Balthasar의 말을 들어보자: "오늘에 와서 세계는 완전히 비신화화했고, 순수한 세속이 되었다고 자신있게들 말한다. 그뿐 아니라 이 현상을 그리스도의 발전하는 신비체, 총체적인 성체신비에서 보아야 한다고들 한다. 우주를 비신화화하고 "신성화"(divinization)하는 일은 중세기의 실재론자들이 전개하던 우주철학과는 물론 비교할 수 없을 만큼 탁월하다. 그러나 (이 단순소박한 주장대로 한다면) 창조가 곧 바로 신학적이고 성사적인 신비로 파악되고, 비록 비신화화된 것이라지만 모든 세속적이고 지상적인 과정이 즉각 영성적 과정으로 전환된다는 것이다. 어떻든 이 말은 세계의 과정이 오로지 인간의 기술정신과

어도 교회와 세계를 양분시키는 사상이 이미 신학상으로는 일고의 가치도 없는 낡은 사상임을 분명히했다.

세계 안에서의 그리스도인들의 구체적 임무수행에서 보든, 현대 신학사조에서 보든 세계와 교회를 양분하는 사고방식은 적절치가 못하다는 것이다. 당대에는 그래도 이 신학이 그리스도인들로 하여금 세계를 건설하는 일에 참여하게끔 충동하고 성원했을지 모르지만, 오늘날 제기되고 있는 새로운 문제에 당면시켜 놓으면 너무도 경직해졌고 활력이 부족하여 존속해 나갈 수가 없다. 과거의 이 사고방식에 가치있는 무엇이 있었다손치더라도 오늘에 와서도 그것을 인정하고 보존할 수 있으려면 철저한 사상적 변화에 편승시켜야 할 것이다.

이 과정을 파악하는 인간의 역량에 좌우된다는 말이다. 무신론이 되어버리기까지 비신화화한 세계는 신성화될 만큼 신성시되는 것이다. 그러나 이런 말들은 실속없는 미사여구가 되기 심상이다. 세계는 그리스도인들 없이도 잘만 되어가는데, 현대세계에 그리스도인들이 참여하는 문제를 놓고 그리도 왈가왈부가 심하다는 것은 어떻게 보면 그들의 자승자박이 아닌가 한다. 여러분이 내심에서 교회와 세계를 구분짓기를 단념했다면, 억지로 이 양분 사상을 고수할 수 있노라고 떠벌일 필요가 없다. 또 여러분이 속적인 것을 "영적"이라 부르고 영적인 것을 "속적"이라 부른다고 그 말 속에 무슨 그리스도교적인 심원한 의미가 담긴 것으로 생각한다면 우스운 일이 아닐 수 없다" (*Who is a Christian?* [New York: Newman Press, 1968], pp.48-9; Manaranche의 *Quel Salut?*에도 같은 의견이 나타나 있다).

제 3 부

라틴아메리카 교회의 당면 과제

우리는 지금까지 신학이 취할 가장 중대한 기능 하나가, 신앙으로 받아들인 "말씀"과 역사적인 행동규범 사이의 관계를 비판적으로 고찰하는 일이라 하였고 또 본서에서 이 점을 거듭 부각시키고 있다.

역사가 발전할수록 우리는 계시의 생각지 못한 면모를 발견하게 되고 교회의 성격을 더 깊이 이해하는 데 도움을 받는다. 그럴수록 교회 계시의 내용을 적절하게 표현하여 우리 시대에다 알맞게 적응시킬 수 있다(「사목헌장」 44장). 그러므로 그리스도인들이 역사에 투신하는 참여는 정말 "신학의 장"을 구성한다고 하겠다.

그러한 관점에 비추어 라틴아메리카인들이 당면하고 있는 현실과, 그들이 이해하고 있는 "해방"의 이념이 어떻게 새로운 양상을 띠고 있는지 대략이라도 살펴보는 것이 좋겠다. 그리고 그리스도교가 지배적인 이 대륙에서 압제받는 사람들 사이에서 교회 각계 각층이 당면하고 있는 과제가 어떤 것인가도 살펴보겠다. 사실 라틴아메리카 교회는 해방운동에 관한 특수하고 예리한 문제들을 산적해 놓고 있다.

제6장

라틴아메리카의 해방운동

"종속"과 "해방"은 상관관계가 있는 말이다. 현재의 종속 상황을 분석·제시하면, 자연히 거기서 벗어나려는 움직임이 싹트는 법이다. 그러나 동시에 해방운동에 투신하다 보면 지배계급의 압제를 구체적으로 절감하게 되고, 그 압제가 어느 정도 심한가를 느끼며, 그 세력의 기계적 구조가 어떤 것인가를 자세히 알고 싶어진다. 이같은 참여야말로 더 의로운 사회를 건설키 위해서 투쟁하게 만드는 심원한 영감을 불러일으킬 수 있다.

라틴아메리카의 새로운 국면

라틴아메리카는 너무도 오랫동안 자기의 현실을 알지 못했다. 모종의 이권으로 말미암아 잠시 동안은 낙관을 일삼은 시기를 제외하고는 말이다. 그러던 라틴아메리카가 지금은 자기의 상황에 대한 부분적이고 피상적인 이해에서 더 온전하고 조직적인 이해로 진전하고 있다.

   라틴아메리카의 현실 가운데 가장 큰 변화가 있다면 우선 둘을 들 수 있다. 하나는 이 지역의 현황에 관한 자료와 통계가 쌓임에 따라, 상황을 애상조哀傷調로 서술하던 태도를 탈피했다는 점이다. 다른 하나는 기존 세력자들의 수완과 노력에 힘입어 개발국가들로 무난히 성장해 가리라는 허황한 희망을 포기했다는 점이다. 현금에 일어나는 새로운 연구는 이 지역이 지금 처한 상황의 근본 원인을 규명하고 역사적 안목에서 이 원인들을 고찰하는 방향으로 나아가고 있다. 라틴아메리카인들이 극히 곤란하고 상호대립적인 상황의 도전을 받고서 서서히 이 방침을 채택하기 시작한 것이다.

개발정책 10년의 성과

1950년대에는 라틴아메리카가 자급자족의 경제성장을 달성할 수 있으리라는 낙관론이 우세했다. 이 목적을 달성하기 위해서 "대외對外 의존 성장"의 단계를 극복해야 했다(당시에는 원자재를 수출하고 공업제품을 수입하는 경제를 대외 의존 성장으로 생각했다). 그러니까 라틴아메리카는 대외무역에 전적으로 의존했던 것이다. 이 지역의 준準개발국들은 이미 그 단계를 끝내고서 "대내對內 개발 성장"의 경제정책을 시행할 단계였다. 수입을 대체하고 국내 시장을 확장하며 완전 공업화를 추진함으로써 독립적 사회가 가능하다고 생각하였다. 카르도소와 팔레토는 "적어도 1950년대의 처음 몇 해 동안에는 라틴아메리카가 새로운 경제의 단계로 진출하는 데 필요한 필수적 선결요건들이 부분적으로나마 갖춰져 있었음은 부정하지 못할 것이다. 적어도 아르헨티나, 멕시코, 칠레, 콜롬비아 그리고 브라질 같은 나라에는 그 여건이 구비되어 있었다고 봐야 한다"[1]고 했다. 이 시도는 역사적 상황으로 보아 퍽 순탄한 추세를 탔고 신중한 경제학의 연구진을 거쳐서 구체화되었다.[2] 정치 분야로 보자면, 지역에 따라 시기적으로는 차이가 나고, 영향력도 동일하지는 않았으나 라틴아메리카 전역을 풍미한 "인민주의 운동"populist movements에 의해서 이 정책이 채택되었다.

당대에는 국제기구들도 이 개발 위주의 정책을 후원하였다.[3] 구조 및 기능 본위의 카테고리를 따르는 그들의 견해에 의하건대, 어느 지역을 개발한다는 것은 동시대의 선진국가들에서 추출해 낼 수 있는 일정한 모형을 그 지역에다 구현시키는 것으로 해석되었다. "현대사회" 또는 "공업사회"가 그 모형이라고들 생각했다. 그 목표를 달성하자면 저개발국가 — "전통

---

[1] Fernando Henrique Cardoso – Enzo Faletto, *Dependencia y desarrollo en América Latina* (Mexico: Siglo Veintiuno, 1969), p.4.

[2] *ECLA*(남미경제위원단)라는 유엔 산하단체가 주역을 맡았다: cf. *América Latina: El pensamiento de la CEPAL* (Santiago de Chile: Tiempo Latinoamericano, 1969).

[3] 유엔 기구로서 OAS(미주기구), IMF(국제통화기금), IDB(미주개발은행), AID(미국 국제개발처), Alliance for Progress 등이 주역을 담당하였다.

사회" 또는 "과도기의 사회"에도 해당한다 — 에 공통된 인습적 정치구조에서 파생되는 사회적·정치적·문화적 장애물을 제거해야 했다. 그래서 저개발국가는 개발국가보다 뒤떨어지고 수준이 낮은 국가로 간주되었다. 그리고 선진국들이 오늘의 현대사회를 이루기까지 걸어온 역사적 경로를 충실히 답습해야만 한다고 생각했다. 경제제국의 심장부에서 생활하는 사람들의 눈에 비친 "현대사회"의 가장 뚜렷한 특징이란 대량소비였다.[4]

저개발과 개발은 일종의 연속성을 이루고 있다고 했다. 전통사회의 사회체제 내부에서 반작용 집단들이 발생하여 기존 질서와 상반되는 사회세력을 조성할 것이다. 이 압력이 쌓이면 처음에는 국부적 변혁밖에 초래하지 못하지만 후일에는 사회 전체를 개혁하기에 이를 것이다. 이 이론에 의하면 사회체제란 유동적인 것으로서, 반대 세력간에 조성되는 긴장이 누적되면 변혁은 불가피해지는 것이다.[5] 상당한 수정이 있긴 있었지만, 사람들은 이 사회이론을 라틴아메리카의 과도적 현상, 즉 전통주의에서 현대주의로, 저개발에서 개발국가로 변천하는 추이를 설명하는 이데올로기로 삼았다.

이 견해는 더 큰 효과를 얻으려는 소심하고도 실상 피상적인 노력을 권장하였다. 그러나 이러한 정책과 노력은 이전의 경제체제를 철폐하는 데 실패했을 뿐 아니라 오히려 더욱 견고하게 만들었을 따름이다.[6] 개발 위주

---

[4] Cf. Rostow, *Stages of Economic Growth*, Ch.6. 이 견해에 대한 비판: Fernando Henrique Cardoso, *Cuestiones de sociología del desarrollo en América Latina* (Santiago de Chile: Universitaria, 1968), pp.10-6; Antonio García, "La estructura social y el desarrollo latinoamerica: Réplica a la teoría del nuevo contrato social de W. W. Rostow", *El Trimestre Económico* (Mexico), no.129 (1966), pp.3-42.

[5] F. H. Cardoso, "Desarrollo y dependencia: Perspectivas en el análisis sociológico", *Sociología del desarrollo* (Buenos Aires, 1970), pp.19-20. Cf. Cardoso – Francisco Weffort, "Consideraciones generales sobre el desarrollo", in *Ensayos de interpretación sociológico-política* (Santiago de Chile: Tiempo Latinoamericano, 1970), pp.14-33.

[6] Cf. Cardoso – Faletto, *Dependencia y desarrollo*; Theotonio Dos Santos, "La crisis de la teoría del desarrollo y las relaciones de dependencia en América Latina", in *La dependencia político-económica de América Latina* (Mexico: Siglo Veintiuno, 1969); André Gunder Frank, "The Development of Underdevelopment", in *Latin America: Underdevelopment or Revolution* (New York: Monthly Review Press, 1969).

정책은 소정의 성과를 달성하지 못했다. 이 계획의 입안자 가운데 한 사람도 솔직히 이를 시인했다: "1960년대 상반기가 지나자 선진국과 개발도상국 사이의 차이는 점차 좁아지리라던 기대와는 달리 더욱 넓어졌다. … 1960년에서 1970년 사이에 선진국들은 자기네 재화를 50%나 증가시키고 있으나, 세계 인구의 3분의 2를 차지하는 개발도상국들은 여전히 빈곤과 실패 속에서 허덕이고 있다."[7] 이로써 개발주의 정책은 라틴아메리카 대륙의 경제적·정치적 여건을 해설하는 데 알맞지 못할 뿐더러 그럴 능력도 없음이 입증된 것이다. 카르도소와 팔레토의 말대로 "1940년대 말에, 순전히 경제적 요인만을 참작하여 입안된 이 이론과 예측을 가지고 그뒤의 사태 진전을 설명하기에는 부족했던 것이다".[8]

1960년대에는 사람들의 관점이 달라졌다. 사회, 경제, 정치 상황을 진단하여 비관적인 결론이 나오자 이전의 낙관론은 자취를 감추었다.[9] 개발 위주형에 전망이 열리지 않아서 크게 당혹하고 있다. 실제로 이 이론은 정치적 여건을 충분히 고려하지 않았으며,[10] 그보다 나빴던 것은, 순전히 추상적이고 비역사적인 탁상공론의 수준에 머물고 있었던 것이다. 낙후된 저개발사회들이 공전을 거듭하면서 현대화하고 개발된 국가사회들과 나란히 병존하고 있었다. 그런데다가 도스 산토스가 지적한 바와같이 "저개발국가들이 이미 개발된 선진국가와 똑같은 수준에 도달하리라는 역사적 가망성이 전혀 없다. 역사의 시대라는 것은 일률적이 아니다. 현대사회가 기존사회들이 과거에 성취했던 과정으로 진전될 가망은 거의 없는 것이다. 모든 국

---

[7] Felipe Herrera, "Viabilidad de una comunidad latinoamericano", *Estudios Internacionales* (Santiago de Chile), no.1 (1967). Cf. Raúl Prebisch, *Hacia una dinámica del desarrollo latinoamericano* (Mexico: Fondo de Cultura Económica, 1963); Celso Furtado, *Obstacles to Development in Latin America* (Garden City: Anchor Books, 1970).

[8] Cardoso – Faletto, *Dependencia y desarrollo*, p.8.

[9] 이 상황을 훌륭하게 종합하고 관계 문헌을 광범위하게 수록한 연구: Gonzalo Arroyo, "Pensamiento latinoamericano sobre subdesarrollo y dependencia externa", *Mensaje* 17, no.173 (1968): 516-20.

[10] "순전히 경제 부문만을 대상으로 하던 개발 위주의 계획들이 점차 자취를 감추고 정치적 문제로 성격을 바꾸기 시작한다"(Cardoso, "Desarrollo y dependencia", p.22).

민들이 똑같이 움직여 나가고 있고 서로 병존하면서 그 나름의 새로운 사회를 조성하기 때문이다".[11]

개발주의와 현대화 시책은 문제의 복합성과 그 과정에서 불가피하게 발생하는 모순점을 식별하지 못했으며, 그럴 능력도 없음이 판명되었다.

"종속" 이론

최근 얼마 동안 다른 견해가 라틴아메리카 전역에 파급되었다. 저개발이 실상은 선진국가들 탓이라는 사실이 갈수록 뚜렷해졌다. 따라서 저개발 현상은 역사적 관점에서, 즉 자본주의 대국들의 발전과 세력 확장에 연관시켜 고찰해야 한다. 빈곤한 나라들의 저개발 현상의 정체가 나타난 것이다: 저개발은 다른 나라들의 개발의 부산물이었던 것이다.[12] 자본주의 경제의 막강한 추진력은 소수층에 발전과 복지 성장을 가져다주는 반면에 다수 국가에는 사회적 불균형과 정치적 긴장과 빈곤을 초래하는 것이다.

라틴아메리카는 바로 후자의 배경에서 탄생하고 발전해 온 지역이다. "라틴아메리카 사회들은 스페인 식민정책의 속국이라는 불리한 처지에서 독립국들이 전개하는 세계적인 개발 및 근대화 역사에 가담했다. 라틴아메리카 국가들의 역사라면 대개가 종속 지위를 완화시켜 온 역사라고 볼 수 있을 것이다. 이 지역의 여러 국가들은 그 도달한 수준이 제각기 다르기는 하지만 아직까지도 그 일반적 체제를 부수고 나오지 못하고 있다."[13] 처음부터 이 종속이 라틴아메리카의 저개발 상태를 올바로 이해하는 데 관건이

---

[11] Theotonio Dos Santos, "Crisis", p.153.

[12] Osvaldo Sunkel, *El marco histórico del proceso de desarrollo y subdesarrollo* (Santiago de Chile: ILPES, 1967). 이 책자는 이 문제가 발생한 역사적 과정을 연구한 것이다. Cf. O. Sunkel – Pedro Paz, *El Subdesarrollo latinoamericano y la teoría del desarrollo* (Mexico: Siglo Veintiuno, 1970); Jorge Bravo Bresani, *Desarrollo y subdesarrollo* (Lima: Moncloa, 1967); Celso Furtado, *Economic Development of Latin America; A Survey from Colonial Times to the Cuban Revolution* (New York: Cambridge Univ., 1970).

[13] Anibal Quijano, *El proceso de urbanización en Latinoamérica* (Santiago de Chile: CEPAL, 1966).

된다.[14] 라틴아메리카 국가들은 "시초부터 그리고 체제상으로 속국들이다".[15] 이런 이유에서 이 국가들의 사회구조는 개발의 중핵이 된 선진국가들의 사회구조와는 매우 다르다. 그러므로 이 이군異群의 국가들간의 차이를 주의깊게 규명하고, 이 외곽의 후진국가들의 상황과 사회 내부의 구조를 분석해 낼 만한 개념을 재정립할 필요가 있다. 외곽의 후진국가들의 개발 과정을 보면 거기에는 "파행"의 현상이 있다. 이 점은 선진국가의 평탄하고 일방적인 성장 과정과 대조적이다. 따라서 라틴아메리카로서는 종속국가에만 특유한 역학적 관계, 최근의 그 형태, 거기서 초래되는 결과를 연구한다는 것이 사회과학의 가장 큰 과제가 되고 있다.

라틴아메리카의 현실을 해석하는 데 관건이 되는 요인은, 의존 혹은 종속 개념을 정립하는 일이다. 카르도소는 "의존"을 다음과 같이 정의하였다: "의존관계는 특히 불평등한 수개의 구조들의 경합에서 온다. 세계 시장의 확대가 국가들간에 의존(과 지배의 현상)을 조성해 놓았다. 그리하여 국제 자본주의 체제에 장악된 이 통합체 내에 불평등과 차별이 등장한 것이다."[16] 그러나 우리가 취급하는 것은 외적인 요인뿐이 아니다: "한 국가가 다른 국가를 '외적으로' 지배하에 두는 체제는 멀지 않아 그 피지배국

---

[14] André Gunder Frank는 라틴아메리카가 봉건사회라는 전통적 견해를 배척했다. 라틴아메리카는 예부터 자본주의(상업 위주 자본주의) 사회였다는 것이다: *Capitalism and Underdevelopment in Latin America: Historical Studies of Chile and Brazil* (New York: Monthly Review Press, 1967). Sergio Bagú는 1940년대에 벌써 이 이론을 주창했다: *Economía de la sociedad colonial: Ensayo de la historia comparada América Latina* (Buenos Aires: El Ateneo, 1949). Dos Santos ("Capitalismo colonial según A. G. Frank", *Monthly Review*, Nov. 1968, pp.17-27)와 A. G. Frank (*Lumpenburgesía: Lumpendesarrollo* [Bogota: Oveja Negra, 1970]) 사이에 논쟁이 오고갔다. Dos Santos는 "선(先)자본주의"(precapitalist) 생산수단을 논했다.

[15] Francisco C. Weffort, *Clases populares e desenvolvimento social* (Santiago de Chile: ILPES, 1968), p.26.

[16] "Desarrollo y dependencia", p.24. Dos Santos는 "종속"을 다음과 같이 정의했다: "종속이란 어떤 지역 한 집단의 경제가 다른 경제집단의 발전과 확대에 좌우되는 상황을 말한다. 둘 또는 그 이상의 경제집단 사이에, 또는 몇몇 경제집단과 세계무역 사이에 생기는 상호의존 관계는 소수의 (지배) 국가들은 발전을 거듭하지만, 다른 (종속) 국가들은 오직 경제 확장의 현상을 반영할 따름이며 그 경제 확장이 호의적이냐 공격적이냐에 따라 개발과 성공이 직접 좌우되는 그런 형태의 종속을 낳는다. 어느 경우든 종속관계는 종속국가들이 지배국가들에 의해 착취당하고 후퇴되는 세계적 현상을 빚게 마련이다"("Crisis", p.180).

가의 종속 구조를 발견하고 그 속으로 깊이 침투한다. 어느 정도까지 침투하느냐 하면 그 국가의 내외 구조 전부를 장악할 만큼 되는 것이다."[17] 우리가 입증할 수 있는 바로는 지난 수년 동안에 라틴아메리카에서는, 카르도소와 팔레토가 말하는, "국내 시장의 국제화"[18] — 호세 눈은 "종속관계의 내국화"[19]라고 명명한다 — 과정에서 현저하게 진척되었다. 종속경제 — 광산업이나 농지재배에서 — 라든가 본국경제를 단순히 해외에 연장시킨 형태의 제국주의 경제의 낡은 형태도 아직 건재하고 있다.[20] 그러나 최근의 해외 투자는 경제의 근대화 부면에로 집중하고 있다. 말하자면 이제 막 태동하려는 국내 공업에 집중 투자하여 그 나라 경제를 국제 자본주의 체제에다 더욱 철저히 종속시키는 일이다. 이리하여 겉으로는 현저하지 않으나 실로 심각한 새로운 형태의 종속관계가 발생하고 있다.[21]

이 새로운 형태의 종속관계가 반드시 그 지역의 기존 질서를 비호한다는 법은 없다. 라틴아메리카 국가, 특히 가장 낙후된 국가들의 경우에는 사회

---

[17] Cardoso, "Desarrollo y dependencia", p.24. "지금에 와서는 미국의 영향이 외국 무역과 재력의 한도 내에서만 우리 나라의 경제구조를 어느 정도 좌우한다고 생각하면 커다란 오산이다. 우리 나라의 종속 상태는 훨씬 심각하고 복잡미묘하다. 우리 나라의 경제, 사회 구조 전체를 장악하고 있으며 하나의 그물로 이 나라를 덮어씌우고 있다. Bettelheim의 말마따나 후진국가들이 자기 역량을 발휘하기 위해서는 먼저 이 그물을 벗어나야 한다. 우리 나라의 체제와 구조에 경제적 제국주의가 침투하고 있다고 봐야 한다. 이 제국주의는 이 나라의 경제, 기술, 정치, 문화를 더욱 철저히 자기한테 종속시켜 가고 있다.
"이 제국주의가 우리 사회에 얼마나 침투해 있는가를 알려면 그것이 라틴아메리카 국가들의 사회계급들과 어떤 관계를 맺고 있는지 살펴보면 된다. … 제국주의는 종속국가들의 '외부로부터' 작용하는 요인이 아니라 그 국가들의 '내부에서부터', 그 국가 구조를 완전히 장악하는 세력이 되어 있다. 그래서 제국주의가 '국가주의' 성격을 띠고 있고 — 이해관계 때문이 아니라 한 국가를 지역적·사회적으로 그만큼 철저히 장악하고 있다는 뜻에서 — 오히려 그 나라의 집권층이 '국적 없는' 무리들로 변질한다(그들은 자주적 발전을 아예 포기하고서 제국주의적 이해관계에 함께 가담하여 이득을 분배하기 때문이다)" (Juan Pablo Franco, *La influencia de los Estados Unidos en América Latina* [Montevideo: Ed. Tauro, 1967]).

[18] *Dependencia y desarrollo*, pp.130-50.

[19] José Nun, *Misión Rockefeller: Porqué y para qué?* (Mimeo, 1970), p.3.

[20] "종속경제"의 개념 상론: Cardoso and Faletto, *Dependencia y desarrollo*, pp.48-53.

[21] Cf. Theotonio Dos Santos, *El nuevo carácter de la dependencia* (Santiago de Chile: CESO, 1968). 이 책자는 해외 투자에 의해서 장악된 경제계에 관한 자료를 다량으로 수록하고 있다. 특히 브라질의 경제 현황이 게재되어 있다. Cf. Nun, *Misión Rockefeller*.

여건의 괄목할 만한 변화도 없지 않다. 신흥 경제단체들의 이익을 보장하는 데 요구되는 근대화와 합리화가 도입되고 있다.[22] 이 단체들은 어떤 한 국가에 얽매이지 않고 점차 다국적기업의 성격을 갖추어가고 있다.[23]

따라서 우리는 선진국가들의 세력팽창에다 초점을 두고 거기서 발생하는 새 양상들을 가까이서 추적하지 않으면 안된다. 이 문제는 홉슨Hobson 같은 학자들이 이미 다룬 바 있고, 로자 룩셈부르크Rosa Luxemburg, 레닌Lenin, 부하린Bukharin 등도 제국주의 및 식민주의 이론을 정립하면서 다른 각도에서 이 문제를 취급했다.[24] 그러나 우연히 문제의 핵심을 건드리는 일은 있으나 ― 레닌이 특히 그렇다 ― 그들의 견해는 근본부터 자본주의 국가들의 견해를 반영할 따름이다. 힌켈람메르트는 그들을 이렇게 평가한다: "이 사람들은 자본주의 세계의 주축국들 안에 살고 있으면서 그 세계의 입장을 가지고 제국주의의 문제점들을 취급하고 있다. 그들은 이 주축국들 내에서 자본주의의 팽창하는 세력을 경험으로 미루어 알고 있었다. 그들은 주축국들의 경제적 위기와 또 이 주축국들에게 착취당하는 외곽 국가들의 종속상태에서 발생하는 현상들을 알고 있었다. 그러나 저개발국가들에서 일어난 일을 연구함에 있어서 주축국의 착취에 의해서 어떤 결과가 왔는가 하는

---

[22] "해외 자본의 이득에 대한 이미지가 좋지 못한 인상을 주고 있다. 그래서 해외 투자는 농산 부문과 수출 분야의 경제에만 국한되어야 하고 공업화에는 배치되는 것으로들 알고 있다. 공업화를 위한 정책은 자못 반제국주의적이고 혁명적인 것처럼 표명되고 있다. 그러나 이런 관념이 통하고 있는 지역은 소수이고, 개발도상국가들에서는 이런 견해가 시대착오라고 배척당하고 있다. 그런 국가들에서는 공업화와 해외 자본이 긴밀하게 결합되어 있어서 사실상 한덩어리가 되고 있다"(Dos Santos, *Nuevo carácter*, p.9).
"라틴아메리카에서의 제국주의 지배의 양상을 재정의하면" 라틴아메리카의 정치 판도의 변천을 이해할 수 있으리라고 말하는 사람들이 많다: Anibal Quijano, *Carácter y perspectiva del actual régimen militar en el Perú* (Santiago de Chile: CESO, 1970).

[23] Cf. Celso Furtado, *La concentración del poder económico en los Estados Unidos y sus reflejos en América Latina* (Buenos Aires: Centro Editor de América Latina, 1969). 이 책자는 대기업 형태로 경제가 편중되는 현상을 분석하고 있다. 다국적기업에 관한 연구로는 다음 기사들이 무게있다: Harry Magdoff – Paul M. Sweezy, "Notes on the Multinational Corporation", *Monthly Review* 21, no.5 (1969): 1-13, 21; no.6 (1969): 1-13.

[24] 이들 사상의 약술: Piero Santi, "Il dibattito sull'imperialismo nei classici marxismo", *Crítica Marxista* (Roma, no.3 [1965], pp.84-134); Charles Pailloux, "La question de l'imperialisme chez V. I. Lenine et Rose Luxemburg", *L'Homme et la Société*, no.15 (1970), pp.103-8.

문제 이상으로는 더 진지하게 사태를 분석하지 않고 있다."²⁵ 라틴아메리카의 사회학자들은 피지배국의 입장에서 문제를 연구해야 할 처지에 있다. 그러한 연구라야 종속론을 확실히 밝혀주고 내용을 깊게 할 것이다. 이런 사상적 관점을 지금까지는 거의 소홀하게 넘겼다. 이 새로운 관점은 제국주의 이론을 수정하고 재정리할 필요성을 낳는다.²⁶

그리고 선진국과 저개발국간의 차이 — 종속관계로 말미암아 조성된 차이 — 를 문화적 관점까지 포함해서 보면 더욱 선명하게 드러난다. 빈곤한 피지배들은 뒤에 처져 남으며, 갈수록 간격은 커진다. 저개발국들은 주축국들의 문화 수준에서 항상 뒤떨어져 있다. 그 낙후된 거리를 회복한다는 것은 거의 어렵다고까지 말할 수 있다. 사태가 이렇게 계속된다면 멀지 않아 "두 부류의 인류, 두 가지 국민들"이 나타날 것이다: "선진국들과 저개발국들간의 거리가 팽창일로에 있는 현상황은 급기야는 인류가 두 부류로 분리되는 징후를 나타내기 시작했다. 말하자면 삽시간에 인류학적 종차 種差가 출현한 것이다. 이 사실은 단지 사회학자, 경제학자, 정치이론가들만 하는 말이 아니고 심리학자들과 생물학자들까지 지적해 온 바이다. … 개발과 발전의 단계를 하나하나 거칠 때마다 공업화된 국가들은 더욱 성장하고 국력을 축적한다. 그 결과 저개발국들이 성취할 수 있는 목표보다 훨씬 높은 수준으로, 또 수많은 목표를 한꺼번에 달성하게 되는 것이다."²⁷

---

²⁵ Franz Hinkelammert, "La teoría clásica del imperialismo, el subdesarrollo y la acumulación socialista", *Cuadernos de la realidad nacional* (Santiago de Chile), no.4 (1970), pp.137-60.

²⁶ Cf. *Imperialismo y dependencia externa* (Santiago de Chile: CESO, 1968). Franz J. Hinkelammert의 연구논문도 실려 있다. 그의 말에 의하면, 제국주의의 정통이론은 "자본주의 사회가 근본적으로 개발주의적이고 공업화 위주"라는 사실을 전제로 한다는 것이다. 자본주의는 그대로 두면 전적으로 새로운 생산 능력을 조성한다. 만일 그렇게 못 된다면 거기에 모종의 장해가 있기 때문이며, 이때에는 일종의 부르주아 혁명으로써 그 장해를 제거해야 한다. Hinkelammert의 지론으로는, 먼저 개발을 성취한 선진국들에게는 이 법칙이 유효할는지 모르나 저개발국가들 — 이들은 실은 선진국 발전의 이면이라는 것이 옳겠다 — 에 있어서 자본주의란 (어떤 형태를 띤 것이든간에) 필연코 경제 침체를 초래하게 마련이다. 따라서 저개발국가의 해결책은 애당초 오직 사회주의적인 재력 축적뿐이다. Cf. Orlando Caputo and Roberto Pizzarro, *Imperialismo, dependencia y relaciones internacionales* (Santiago de Chile: CESO, 1970).

이같은 사실들을 연구해 냈다지만 종속론이 제대로 정립되려면 먼저 참으로 많은 과제를 해결해야 한다는 사실만은 잊어서는 안된다. 라틴아메리카의 사회과학은 즉각 정치활동에 가담하려는 상당한 유혹을 받으면서 추진되고 있다. 이 압력은 라틴아메리카 사회과학의 힘이자 동시에 약점이기도 하다.[28] 그 압력 덕분에 사회과학의 출발점부터가 확고하고, 끊임없이 연구·검토를 요구하며, 또 자기들이 입안한 이론은 반드시 사회변혁에 구체적인 공헌을 하리라는 소신을 가지게 된다. 그러나 같은 압력이 있어선지 사회과학이 학문으로서의 순수한 성격을 살리지 못하고, 따라서 현실을 재해석하려면 반드시 필요한 확고한 학문적 체계도 소홀히할 우려가 있다. 따라서 날이 갈수록 복잡해지는 사회 현상에 대해서 비학문적인 용어나 범주를 함부로 사용하는 태도를 지양하고 정화하는 일이 급선무이다. 카르도소의 말을 들어보자: "라틴아메리카에서 종속경제가 어떤 형태로 이루어졌느냐를 체계적으로 분석하는 일은 지금까지도 앞으로 남은 과제가 되어 있다. 일면으로는, 라틴아메리카 경제를 세계 시장에 얽매이게 만든 특수한 경위들의 상관관계를 고찰하고, 다른 면으로는, 내외적인 정치권력의 구조를 해명할 수 있는 분석이 있어야 할 것이다. 이러한 분석이 없고 또 이 지역의 종속관계가 어떤 종류의 종속인가를 규정하지 않고서는 '종속'이라는 용어도 새로운 말장난에 그치고 말 것이다. 다시 말해서 의존관계가 조장된 원인으로 간주되는 순전히 '외적인' 변수 — 이 변수는 뚜렷이 식별되는 것이 아니라 어디나 반영되어 있다 — 를 가지고서 종속국가들의 내부적 변천 과정을 '설명'하는 것이 곧 의존 혹은 종속론이라고 속단할 우려

---

[27] Augusto Salazar Bondy, "La cultura de la dominación", *Perú problema* (Lima: Moncloa, 1968), p.75. 그러나 아르헨티나의 J. Sabato와 Natalio Botana는 과학-기술의 혁명만 유발시킨다면 라틴아메리카도 선진 대열에 들어설 소지가 충분하다는 이론을 펴고 있다: "La ciencia y la técnica en el desarrollo futuro de América Latina", (Lima: Instituto de Estudios Peruanos, 1970). 브에노스 아이레스 대학교 이공대학의 Manuel Sadosky는 "국가의 수요에 해당하는, 높은 수준의, 값싼 과학을 동원해야 할 필요성"을 주장하며 이를 통해서 정치적 각성과 참여를 실현할 수 있으리라는 이론을 폈다: "Construir nuestra ciencia", *Víspera*, no.18 (1970), pp.16-7. Cf. Orlando Fals Borda, *Ciencia propia y colonialismo intelectual* (Mexico: Editorial Nuestro Tiempo, 1970).

가 있다. 종속이라는 용어를 우리 나름대로 이해하여 저개발국가들의 문제를 분석한다는 것은 매우 중대한 일이다. 따라서 한 개념의 사실상의 내용을 확인하지도 않은 채 섣불리 문제의 실제 요인으로 전환시키는 구체화reification를 지양해야 한다."[29] 우리가 만드는 내용 풍부한 연구 자료들을 유효적절하게 구사하려면 또 이 지역의 현상들을 가상적으로 해석하거나 안이한 타결책에 빠지지 않기 위해서는 중대한 일이 아닐 수 없다.[30]

그러나 계급에 대한 철저한 분석 없이는 지배국과 피지배국들 사이에 실제로 무엇이 대립되고 있는지 알지 못한다. 국가와 국가를 비교하는 것으로는 부족하다. 전세계에서 암암리에 전개되고 있는 "계급투쟁"의 구조에 맞추어 이 문제를 분석하지 않으면 "종속론"이 방향을 잘못 잡아 일을 그르치고 말 것이다.

"종속"이라는 사실과 그 결과들을 포착함으로써 라틴아메리카가 당면한 현실을 새로운 각도에서 이해할 수 있게 되었다. 경제적 요인만이 아니라, 거기에 덧붙여 정치적 요인도 고려할 필요가 있다. 지금으로서는 개발 이론이 이 종속을 먼저 염두에 두고 어떻게 하면 이 종속을 탈피할 수 있는가의 대책을 강구해야 한다. 종속을 탈피하지 못한다면, 국가의 개발 자체가 무의미할 뿐더러 사실 실현 가능성도 희박한 까닭이다. 이러한 몇 가지 점에 비추어 우리는 다음과 같은 결론을 내릴 수 있다: 국제 자본주의 체제 안에서는 라틴아메리카의 자율적 개발은 불가능하다는 것이다.[31]

---

[28] Cf. Pablo Gónzalez Casanova, "La sociología y la crisis de América Latina", *CIDOC*, no.98 (1968), pp.1-9. "새 사회학은 윤리도덕의 문제를 직시하지 않으면 안된다. 여기서 이중적인 문제가 제기된다: 사회학을 강력한 연장으로 구사하여 라틴아메리카에서 일고 있는 국민운동이 가능한 한 안전하고 실패가 적은 것이 되게 하자는 것이 그 하나다." 이런 목적에서 "우선 해야 할 일은 사회학이 발견한 사실을 명석하고 또 감정적 언어로 표현하여 사람들로 하여금 그 결론이 어떤 것인가를 똑똑히 보게 만들어야 한다". 둘째는 "사회학 연구가 지난 수년간 타지역에서 전개된 패턴을 따를 수 없다는 점이다. 그렇다고 과거의 직관적이고 수사학적인 사회학의 노선을 추구할 수도 없는 것이다"(p.5).

[29] Cardoso, "Desarrollo y dependencia", p.25. 그는 "종속" 또는 "지배"의 개념으로 암시된 구조들의 상호관계를 기술하기 위해서는 먼저 종속의 현상학이라 할 이론이 선행되어야 한다고 본다(p.24).

해 방 운 동

라틴아메리카가 경제적으로 남의 나라의 지배를 받고 압제받는 대륙이라고 해설하고 나면 자연히 "해방"을 논하게 되고, 해방운동에 가담할 것을 생각하게 된다. 사실상 "해방"이라는 말은 라틴아메리카인들의 새로운 자세를 표명하는 구호가 되었다.

소위 개혁론자들의 시도가 실패할수록 이 자세는 더욱 강경해졌다. 사상이 깊은 단체들일수록 라틴아메리카의 현실에 대한 새로운 각성에 앞장서고 있다. 그들은 라틴아메리카가 대자본주의 국가들, 그 중에서도 미국의 지배에서 해방되지 못하는 한 라틴아메리카의 자율적인 개발과 성장은 불가능하다고 확신하고 있다.[32] 그리고 이 해방운동은 필시 국가 권력구조를 장악하고 있는 자기네 동포들과의 대결도 불가피한 것이다. 라틴아메리카 국민들은 현재 자기네가 처해 있는 여건을 "사회혁명"을 수단으로 하여 근

---

[30] 종속 이론에서 반드시 연구되어야 할 요인들이 무엇인가는 Arroyo의 "Pensamiento latinoamericano"와 "Sousdéveloppment"를 참조할 것. 그 요인들 외에도 1930년대에 경제개발을 시작한 국가들과 그보다 20여 년 늦게 경제개발에 착수한 국가들의 현위치도 상세히 분석하여 차이를 규명해야 하리라고 본다. 거기서 오는 차이는 사회 및 정치 여건을 크게 다르게 만들었고, 이것들을 동일한 카테고리에 넣을 수가 없는 것이다.

[31] 그러나 이같은 종속 이론은 기존 체제의 무리들에게 대단히 위험시되고 있다. 그들은 고의적 정책을 세워 이 이론과 그 주창자들을 약화시키고 그 예봉을 둔화시킨다. "최근 수년 동안에 '종속'이라는 말이 모든 단체나 회합 또는 공문서에 등장하고 있다. 공문서에까지 등장하는 데는 교묘한 술수가 들어 있다. 이미 대중 전체에 파고든 사조인만큼 완전히 묵살할 수는 없으므로, 문제를 부분적으로나마 수긍하는 척함으로써 비판의 화살을 피하자는 수작이다. 사실 기존 체제가 말로는 수긍하는 것처럼 하지만 실제로 변하는 것은 아무것도 없다. 기존 체제는 어디까지나 점진적 개혁을 표방하면서, 농산물 수출 시대에 빚었던 외세의 지배를 어느 정도 벗어나고, 동시에 국내에서 자기 세력에 대등한 어떤 세력(혁명세력)이 등장하지 못하게 제동을 걸고 있는 것이다"(Nun, *Misión Rockefeller*, p.7). 또한 이 지역을 장악하고 있는 지배국들도 치밀한 방어체제를 갖추고 일체의 저항과 도전을 불허하고 있음을 알아야 한다: cf. Hélan Jaworski, "The Integrated Structures of Dependence and Domination in the Americas", *Freedom and Unfreedom in the Americas: Toward a Theology of Liberation*, ed. Thomas E. Quigley (New York: IDOC, 1971), pp.16-27.

[32] 이미 140여 년 전 헤겔은 "아메리카는 희망에 찬 대륙이다. 그리고 장차 남아메리카와 북아메리카의 갈등으로 세계사가 좌우될 것이다"고 예견했다: *La raison dans l'histoire* (Paris: Union Générale D'Éditions, 1965), p.242.

본적으로, 질적으로 변혁시키지 않고서는 현상황에서 벗어날 수 없다는 사실을 점차 뚜렷이 깨달아가고 있다. 각 국가에 산재한 피압박계급도, 비록 느리기는 해도, 자기네 이해利害에 눈뜨게 되었고, 기존 질서를 무너뜨리려면 길고도 험한 길을 가지 않으면 안된다는 것을 깨닫게 되었다. 그들은 비록 느리지만 새로운 사회를 건설하기 위해서 무엇을 해야 하는가를 깨달아가고 있는 것이다.

사회가 도시화하고 공업화함에 따라 라틴아메리카에서도 1930년 이래에 자기 국가의 경제생활과 정치생활에 참여하려는 열의가 높아졌다. 민중의 인기를 타는 정당들은 이 도시인들의 움직임에 편승하여 그것을 이용하였다. 그렇지만 위에 언급한 바와같이 개발 위주의 정책이 위기를 당하고, 다국적기업이 등장하여 라틴아메리카 경제를 점차 장악하고, 정치계에 군부가 대거 진출했다. 이 모든 현상이 정치적 영도력을 실추시킨 데 책임을 져야 할 것이다. 이런 현상은 국가마다 시기가 다르고 또 대중적 양상도 제각기 달리하면서 일어났다. 그런 혼잡이 얼마 가다가 정치적 급진주의가 강력히 대두되었다.[33] 쿠바 혁명이 여기에 상당한 촉매작용을 했다. 이 혁명은 몇 가지 점에서 라틴아메리카의 최근의 정치사에 하나의 분기점을 이룬다고 하겠다.[34] 이 혁명이 가져온 가장 뚜렷한 사건은 중소中蘇분쟁이다. 중소분쟁은 다른 여건들과 결부되어 정통파 공산당들의 붕괴를 촉진했고, 그 결과로 훨씬 과격하고 급진적인 혁명단체들이 새로 출현하였다.

게릴라 단체들이 일어나 성급하게 대중을 동원하려고 서둘고 있다. 대개 게릴라 단체들은 대중의 이익을 현재 대변하고 있는 조직의 노선을 따를

---

[33] 광범한 참고 문헌 중 몇 가지만 꼽는다면: James Petras – Maurice Zeitlan, ed., *Latin America: Reform or Revolution?* (New York: Fawcett Publ., 1968); Orlando Fals Borda, *Las revoluciones inconclusas en América Latina, 1809~1968* (Mexico: Siglo Veintiuno, 1968); Theotonio Dos Santos, "Dependencia económica y alternativas de cambio en América Latina", *Lucha de clases y dependencia en América Latina* (Bogota: Oveja Negra, 1970), pp.239-305; Ayton Fausto, "La nueva situación de dependencia y el análisis socio-politico de Theotonio Dos Santos", *Revista Latinoamericana de Ciencias Sociales*, no.1 (1971), pp.198-211.

[34] 지난 수년간의 동향으로 미루어 현재의 쿠바 집권층과 라틴아메리카의 몇몇 혁명단체가 매우 복잡한 관계를 가지고 있다는 것은 거의 상식적 이야기가 되고 있다.

것이 아니라 급진적 노선을 따르도록 대중을 선동하고 있다. 사방에서 무력에 의한 충돌과 정권타도가 잇따랐다. 무릇 정치적 수련이라는 것도 상당히 중요한 법이다.[35] 최근 몇 년간 혁명가들의 정치활동을 보면 양상이 크게 바뀌었다. 처음에는 좌익 국가주의가 대두됐다. 이 운동은 일정한 정권 수임을 목표로 하여, 급진파 세력과 인민 대중의 압력을 양쪽에서 받으면서 전개되었다. 이 운동은 인민 대중과 긴밀하게 결합되어 있었고 또 그 속에 거점을 두고 있었다. 논란의 여지가 많기는 하지만 "선거 과정"electoral path을 거치기도 했다. 그러던 혁명 수행이 무장봉기라는 새로운 형태로 바뀌었다. 그뿐 아니라 이 해방운동은 남미 대륙 전체를 총망라해야만 한다는 중론이 일고 있다. 그 운동이 국가 단위에 한정되고 나면 성공을 거둘 확률이 너무 적은 까닭이다.

혁명운동이 이처럼 과격해지자 기존 질서를 옹호하려는 측에서도 — 국내외에서 — 반발을 보였다. 그러자 자연히 혁명파 세력측에서는 기존 체제의 합법적 규범을 벗어나 행동하게 되고 비밀리에 또 심지어는 폭력적인 정치활동을 벌이기 시작했다. 그에 따라 반동세력의 반발도 한결 격화되어 대개의 경우 철저하고 가혹한 탄압을 자행하게 되었다.[36] 이런 결과를 놓고

---

[35] 문헌 소개: Richard Gott, *Guerrilla Movements in Latin America* (Garden City, N.Y.: Doubleday, 1971), pp.555-69. 또 그는 "La guerrilla en América Latina", *Mensaje* 17, no.174 (1968): 557-66에서 게릴라 운동을 요약하고 있다. Cf. *Primera Conferencia de la Organización Latinoamericana de Solidaridad* (Montevideo: Nativa Libros, 1967); Regis Debray, *Strategy for Revolution*, ed. Robin Blackburn (New York: Monthly Review Press, 1970); Leo Huberman – Paul M. Sweezy, ed., *Regis Debray and the Latin American Revolution* (N.Y.: MRP, 1968). Cf. Alberto Methol Ferré, "La Revolución verde oliva: Debray y la OLAS", *Víspera*, no.3 (1967), pp.17-39; Edgar Rodríguez, "La crise du mouvement revolutionnaire latino-americain et l'experience du Venezuela", *Les Temps Modernes* (Paris), July 1070, pp.74-99; Héctor Béjar, *Perú 1965: Apuntes sobre una experiencia guerrillera* (Lima: Campodónico Ed., 1969); Roque Dalton, *Revolución en la revolución? y la crítica de derecha* (Havana, 1969).

이 운동과 주요 인물들에 관한 평가 해설이 미주에서 상당히 진행되고 있다: cf. Pablo G. Casanova, "La violence latinoamericaine dans les enquétes empiriques nord-americaines", *L'Homme et la Société*, no.15 (1970), pp.159-81.

[36] 브라질 정권의 무자비한 탄압을 최초의 예로 들 수 있겠다. 정치범들에 대한 고문과 박해는 국제적으로 유명해졌다: cf. *Torturas en Brasil* (Lima: CEP, 1970).

까마라 대주교는 "폭력의 악순환"spirale de la violence이라고 지칭하였다.[37]

현재 라틴아메리카는 혁명의 기운이 무르익어 있다. 상황이 하도 복잡하고 유동이 심하기 때문에 도식圖式에 의한 해석은 불가능하며, 항상 새로운 견식을 갖추고 절충하는 수밖에 없다. 그렇다면 라틴아메리카 국민 대다수를 사로잡고 있는 빈곤과 착취와 인간 소외, 인간으로서는 도저히 용납할 수 없는 상황을 목전에 두고서 사람들이 경제적 · 사회적 · 정치적 해방을 시급하게 모색한다고 해서 조금도 이상할 것이 없다. 해방의 길을 모색하는 것이 곧 새 사회를 건설하는 첫걸음이기 때문이다.

라틴아메리카의 해방이라는 기치를 든 인물이나 단체들은 거의가 사회주의 이념을 가지고 있다. 그뿐 아니라 사회주의야말로 실제로 효과가 제일 우수한 방법론이라는 통념이 있다. 그러나 사회주의 노선이 해방운동을 완전히 장악한 것은 아니다. 이 운동은 이념상으로나 실천상으로나 매우 다양하며, 전략과 목표도 가지각색이어서 상반되는 경우도 많다. 현실을 보는 해석이 각기 다르고 또 다른 파벌들의 수단과 방법을 의식, 무의식중에 모방하거나 도입하는 데서 오는 결과라 하겠다. 게다가 어느 문화권에 소속되어 있느냐는 점도 상당히 작용하는 것 같다. 그리고 토착화한 사회주의 노선도 계속해서 추진되고 있다: 이 분야에서는 호세 카를로스 마리아 떼기가 걸출한 인물로 각광을 받고 있다. 그의 저서를 보면 결론을 어떻게 내려야 할 것인지 애매모호한 점이 없지 않으나, 토착화의 노선을 확립하는 데 부심하고 있는 것만은 분명하다. 그의 글 가운데는 곧잘 인용되는 다음과 같은 구절이 나온다: "우리는 라틴아메리카에 통용되는 사회주의가 타지역의 사회주의를 그대로 복사한 것이 되지 않기를 바란다. 라틴아메리카의 사회주의는 영웅적인 창작이 되지 않으면 안된다. 서인도-아메리카에

---

[37] Dom Helder Camara, *Spirale de la violence* (Paris: Desclée, 1970). 돔 헬더 까마라는 라틴아메리카에 만연된 불의한 압제세력을 부수기 위해서 "해방을 위한 도덕적 압력"을 지지하고 있다. 그러나 폭력이 합법화되면 그에 대응하는 폭력이 유발된다는 이론이 지배적이다. 혁명적 폭력에 대해서는 다음 글들을 참조할 것: *Paz e Terra* (Rio de Janeiro), no.7 (1968); Francisco León, "La violencia revolucionaria", *Mensaje* 17, no.175 (1968): 621-9.

고유한 사회주의Indo-American socialism를 일으켜 우리 현실에 맞추고 우리의 언어로 기술되어야 한다. 이것이 곧 새 세대가 짊어진 사명이라 하겠다."[38] 마리아떼기의 말에 의하면 마르크스주의는 "역사적 상황과 사회 여건을 불문하고 어디에든지 그대로 적용할 수 있는 그런 원리원칙의 총체가 아니다. … 마르크스주의는 모든 국가와 민족과 지역과 상황에서 발효하고 작용되지만 그 지역의 특수한 양상을 간과하는 법이 없다".[39] 오늘에 와서 많은 라틴아메리카인들이 같은 생각이지만, 마리아떼기도 사적史的 유물론을 "사회에 대한 하나의 역사적 해석의 방법론"[40]으로 간주하고 있다. 그의 저작이나 사상 및 활동 — 물론 어느 정도 한계성을 드러내고는 있다 — 은 이 개념을 바탕으로 하고 전개된다. 그가 제창하는 사회주의는 어디까지나 충실을 바탕으로 하는만큼 창작적이라고 평해야 할 것이다.[41] 그는 자기 사상의 연원인 마르크스의 근본 사상을 충실하게 고수한다. 그러나 교조주의는 완전히 탈피하고 있다. 그는 마르크스의 사상에도 충실하지만, 동시에 역사적 현실이 가지는 유일무이한 일회성도 충실하게 평가한 것이다.[42]

마리아떼기는 혁명의 실천원리가 폭넓고 내용이 풍부하고 진지하며, 아울러 더 많은 인간이 견해의 차이를 극복하고 참여할 수 있는 것이라야만,

---

[38] José Carlos Mariátegui, "Aniversario y balance", *Ideología y política* (Lima: Empresa Ed., 1969), p.249.

[39] "Mensaje al congreso obrero (1927)", in *ibid.*, p.112.

[40] *Defensa del marxismo* (Lima: Empresa Ed., 1959), p.36. 그는 p.63과 105에서, "마르크스의 규범"(canon of Marx)이라는 표현을 쓴다. Benedeto Croce에게서 이 개념을 빌려온 것이다. B. Croce는 "소위 사적 유물론(유물사관)은 역사철학이라기보다 해석 규범이다"라고 했다(*Materialismo storico ed economia marxista* [1900] [Bari: Laterza, 1968], pp.2, xii).

그러나 Althusser는 마르크스주의에서 이데올로기 요소를 모두 제거하고 사적 유물론을 "역사과학"으로 보려 하며, 이러한 사상은 라틴아메리카에서 널리 호응을 받고 있다: Jose A. Giannotti, "Contra Althusser", *Teoría e Pratica* (Sao Paulo), no.3 (1968), pp.66-82; Saúl Karsz, "Lectura de Althusser", *Lectura de Althusser* (Buenos Aires: Galerna, 1970), pp.13-230.

[41] "진정한 혁명가라면 자기네가 역사를 창시하는 것처럼 행동하지는 않을 것이다"(Mariátegui, *Peruanicemos al Perú*, p.117).

[42] 몇 연구가 있긴 하지만 Mariátegui의 사상에 관한 무게있는 연구서는 아직 없다: cf. Francisco Posada, *Los orígenes del pensamiento marxista en Latinoamérica* (Madrid: Ed. Ciencia Nueva, 1968); A. Salazar Bondy, "El pensamiento de Mariátegui y la filosofía marxista",

거기서 실효를 거두는 이론이 출현하는 소지가 조성된다는 소신을 품고 있었다. 그리고 사실상 그가 말한 소지들이 이미 출현하기 시작했다. 이같은 소지들이 마련됨으로써, 혁명이론이 과감성 내지 투쟁성을 조금도 상실하지 않으면서도 이론 자체에는 상당한 수정을 가하고 있다. 안이한 해결책을 모색하는 무리, 자기들이 입안한 강령과 방침을 수긍하지 않는 자이면 무조건 축출하려는 무리, 역사성을 띤 사회주의의 표현들에 대한 무비판적 맹종을 요구하는 무리들로서는 상상도 못한 대폭 수정이었다. 견실한 이론이 확립되지 않았다는 사실은 라틴아메리카 사회주의 체제를 크게 위협하고 있다. 사회주의는 라틴아메리카의 사회주의로 토착화하지 않으면 안된다. 그것은 단지 독창성을 가지자는 욕구를 만족시키기 위함이 아니라, 원칙적으로 역사적 실재에서 이탈하지 않기 위해서다.[43]

또 한 가지 유의할 점으로, 이 해방운동에는 상당히 세분되는 특성이 있다. 라틴아메리카 대륙의 해방은 경제적 · 사회적 · 정치적 종속을 극복하는 것 이상의 의미를 가진다. 깊은 의미에서 그것은 역사에서 인간을 해방시키는 과정을 곧 인류의 사명으로 본다는 의미가 된다. 질적으로 다른 사회를 추구하는 인간, 모든 종류의 종속에서 벗어나 스스로의 운명을 개척할 수 있는 사회를 추구하는 인간을 상정하는 것이다.[44] "새 인간"a new man의

Historia de las ideas en el Perú contemporáneo (Lima: Moncloa, 1959), 2:311-42; Manfred Kossok, "J. C. Mariátegui y el desarrollo del pensamiento marxista en el Perú", *Documentos políticos* (Bogota), no.37 (1964); Antonio Melis, "Mariátegui: Primo marxista dell'America", *Crítica Marxista* (Roma), 5, no.2 (1967): 732-57; Robert Paris, "El pensamiento de Mariátegui", *Aportes* (1970), pp.6-30; Yerko Moretic, *José Carlos Mariátegui* (Santiago de Chile: Univ. Técnica del Estado, 1970).

[43] 피델 카스트로는 이 노선을 후원하겠다고 공언하였다. 1968년 1월의 연설문을 보면: "우리 나라는 갈수록 혁명 이념을 깊이 침투시키고, 가능한 한 어디에서나 혁명의 기치를 올릴 것이다. 이 지역의 역사와 경험은 다른 곳과 전혀 특이한 성격을 지니고 있다. 이데올로기에서는 '완전 독립'을 표준으로 하지만 그것을 실현하는 과정은 국민과 역사에 따라 좌우된다." "우리는 완전무결한 혁명가들로 자처하지는 않는다. … 오히려 우리 나름으로 해석한 사회주의, 레닌주의, 공산주의를 추진하고 있는 것이다"(Aldo Büntig, "La Iglesia en Cuba, Hacia una nueva frontera", *Revista del CIAS*, [Buenos Aires], no.193 [1970], p.24.).

[44] 위의 제2장 참조.

확립을 꿈꾸는 것이다. 체 게바라의 글에 이런 말이 나온다: "우리 혁명가들은 인습적인 방법 — 이 방법도 실은 그것을 조장한 사회의 병폐를 담고 있다 — 과는 전혀 다른 방법을 써서 새로운 인간 존재를 발전시켜야 한다. 그런데 이같은 중차대한 사명에 대응할 만한 지식과 지적인 과감성이 우리 혁명가들에게 결여되어 있는 경우가 많다."[45]

라틴아메리카인들의 해방운동을 뒷받침하는 궁극 이념이 바로 이것 — 새 인간의 출현 — 이다. 그러나 이 해방운동이 진실하고 완전한 것이 되려면 어디까지나 압제받는 국민들 손으로, 자발적으로 수행되어야 한다. 따라서 그 국민들의 고유한 가치관에서 우러나오는 운동이라야 한다. 이러한 배경에서가 아니면 참다운 문화혁명이란 있을 수 없는 것이다.

그러한 각도에서 파울로 프레이레가 추진한 실험은 라틴아메리카에서 일찍이 보지 못한 매우 독창적이고 유효한 시도라고 하겠다. 그는 소위 "피압박자의 교육학"[46]을 시도해 왔다. 소외감을 없애고 자유로운 "문화활동" — 거기서는 이론과 실제가 상합하니까 — 을 하는 가운데 피압박자들이 전세계 및 다른 국민들과 유대를 가지고 있음을 각성하게 되고 또 그 유대를 적극 조장하게 되는 것이다. 그리하여 "순진한 각성" naive awareness에서

---

[45] "Man and Socialism in Cuba", *Venceremos! The Speeches and Writings of Ernesto Che Guevara*, ed. John Gerassi (New York: Macmillan, 1968), p.369. "좀 우습게 들릴지 모르나, 무릇 혁명가란 강인한 애정에 따라 움직여야 한다. 애정이 없인 진정한 혁명가란 있을 수가 없다. … 이런 조건과 더불어 혁명 지도자들은 크나큰 인간미를 간직하고 또 정의와 진실에 대한 예리한 감각을 지녀야 한다. 그래야만 극단적 교조주의에 떨어지지 않고, 냉혹한 이론에 치우쳐 국민 대중과 격리되는 일이 없다. 혁명가들은 자기네 사랑이 하나의 귀감이 되고 원동력이 되도록 매일같이 노력하지 않으면 안된다"(*ibid*., p.398).
Cf. Nestor Paz: "나는 해방 투쟁이 구세사의 예언자적 노선에 근거를 두고 있다고 믿는다. … 정의의 채찍이 착취자들에게 떨어질 것이다. 자기가 품은 사랑의 힘이 자기를 충동하여 이웃을 죄악에서 해방시켜야 함을 망각한 크리스천에게 채찍이 떨어질 것이다. 사랑이 결여된 곳에 채찍이 떨어질 것이다. 우리는 예수의 피와 부활로 말미암아 모든 속박을 벗어난 '새로운 인간'을 믿는다. 우리는 사랑을 기본법으로 하는 '새로운 땅'이 오리라 믿는다. 그러나 '신인간'과 '신천지'는 오로지 이기주의에 뿌리박은 낡은 체제를 부숴뜨림으로써만 가능하다." "Revolutionary Proclamation of Nestor Paz on Leaving to Join the Guerrilla Band of Teoponte", in "Nestor Paz: Mystic, Christian, Guerrilla", *IDOC-NA*, no.23 (1971), p.45.

[46] Cf. Paulo Freire, *Pedagogy for the Oppressed* (New York: Herders, 1970).

"비판적 각성"critical awareness으로 전환하게 된다. 전자는 문제점을 제대로 취급하지 않고, 과거를 너무 중요시하며, 현실에 대해서는 신화 따위의 가상적 설명을 그대로 받아들이고 탁상공론이나 하는 경향이 있다. 그에 비해 후자는 문제를 있는 그대로 파헤치고 참신한 이념을 받아들일 줄 알며, 허황하고 가상적인 해설을 탈피하여 실제 원인을 규명하고 대화를 존중한다. 프레이레가 말한 "의식화"conscientization 과정을 거치게 되면, 피압제자도 자기를 사로잡은 강박관념을 벗어나고, 자기 처지를 보는 눈이 뜨이며, 자기 나름대로 자기 의사를 표현할 언어를 발견한다. 덜 종속되고 더 자유로운 인간으로 탈바꿈하는 사이에 그 인간도 사회를 변혁하고 사회를 건설하는 활동에 참여하게 된다.[47] 한 가지 조심할 것은, 위에 말한 "비판적 각성"이라는 것이 인간이 단번에 도달할 수 있는 무엇인 양 착각하지 말라는 것이다. "비판적 각성"이란 일종의 부단한 노력, 자기를 시공時空 안에 정립시키고, 타고난 창조 능력을 구사하며, 책임을 받아들이고자 하는 부단한 노력을 가리키는 말이다. 따라서 그 국민의 역사적 단계, 또는 인류 일반의 역사적 단계에 따라 이 "각성"awareness도 상대적일 수밖에 없다.

프레이레의 사상과 방법론은 점차 확대되고 발전하는 중이다. 사람들의 의식을 개발할 모든 여건, 즉 "의식화"의 모든 여건을 점차 규명하는 중이며 아울러 그 한계성도 파악되고 있다. "의식화" 과정은 갈수록 심화하고 조정하고 재정비하여 더욱 확신시킬 수 있는 과정이라고 할 수 있다. 다만 이 과업은 먼저 이 운동의 주창자가 수행할 과업이며, 아울러 갖가지 양식으로 이 운동에 참여하고 있는 투사들이 함께 성취할 과제인 것이다.[48]

---

[47] Cf. Paulo Freire, *La educación como práctica de la libertad* (Montevideo: Tierra Nueva, 1969). 그의 기고들도 참조: *Contribución al proceso de concientización en América Latina; Cristianismo y Sociedad* (Montevideo: JLIS, 1968). Cf. Luis A. G. de Souza, "Problemática de la educación en América Latina", *Educación Latinoamericana* (Bogota), no.2 (1967), pp.54-64; Articles in *Conciencia y Revolución* (Montevideo: Tierra Nueva, 1969); Ernani Fiori, "Education and Conscientization", *Conscientization for Liberation*, ed. Louis M. Colonnese (Washington: Division for Latin America – USCC, 1971), pp.123-44.

[48] Cf. Noel Olaya – Germán Zabala, "En la ruta de Golconda", *Víspera*, nos.13-4 (1969), pp.36-9.

제 7 장

해방운동과 교회

라틴아메리카 교회는 지금까지 게토ghetto 교회로서 살아왔고 오늘에도 대개가 게토 교회로 존속하고 있다. 라틴아메리카 그리스도교 공동체는 반종교개혁 시대에 이식移植해 온 까닭인지 신앙문제에 있어서 항상 자기방어적인 태세를 취해 왔다. 19세기에 일어난 자유주의 및 반反성직주의 운동이 보여준 적대심 때문에 이러한 방어적 태도가 더욱 굳어졌다. 또 교회와 단단히 결합된 기존 사회를 개혁하려는 측에서 강경한 비판을 해왔기 때문에도 그 태도가 경화되고 있다.

그런 적대심에 몰리자 교회는 기존 질서와 경제적으로 세력을 쥔 집단을 비호하는 방향으로 흐르게 되었다. 교회로서는 자기 반대파 세력과 맞설 수 있고 또 안심하고 복음을 전파할 상황을 유지하려면 당연히 그렇게 처신해야 한다고 판단했던 것 같다.

그러나 오늘날은 교회가 이 게토 세력과 사고방식에서 벗어나려는 큰 노력을 보이고 있고 우리 눈으로도 이를 목격하는 바이다. 남미 대륙을 장악하고 있는 불의한 기존 질서가 딴마음을 품고 베푸는 특혜와 보호를 탈피하려는 것이다.[1] 크리스천 개개인, 소규모 공동체들, 전체교회가 정치적으로 각성하게 되고, 라틴아메리카의 현실, 그 근본적 원인을 제대로 파악하기에 이르렀다. 그리스도교 공동체가 라틴아메리카에서의 "시대의 표징"들을 "정치적으로" 해독하기 시작한 것이다. 그리고 지난날의 태도와 비교한

---

[1] Ivan Vallier는 교회의 이 탈피 노력이 시작된 상황을 예리하게 분석한다. 그러나 나는 그 이론에 약간 이의가 있다: Ivan Vallier, "Religious Elites: Differentiations and Developments in Roman Catholicism", *Elites in Latin America*, eds. Seymour Martin Lipset – Aldo Solair (New York: Oxford Univ. Press, 1967), pp.190-232.

다면 퍽 과감하다고까지 할 처신도 없지 않았다. 교회는 해방운동에 관한 공식 태도를 표명해 왔고 그때문에 일부의 반항과 불신도 무릅써야 했다.

그렇게 볼 때 교회의 새로운 태도에서 야기되는 문제들을 이론상으로 규명해 볼 필요가 있다. 솔직히 말하자면 최근에 이르러서 라틴아메리카에서는 새로운 신학사조가 일고 있다. 그것도 정통신학을 가르치는 학원에서가 아니라, 자기 국민을 해방시키는 과업에 종사하는 그리스도 신자 단체들에서 이 사조가 일고 있다. 이 사조에서 얼마만한 결실을 보느냐는 그들이 종사하고 있는 과업이 어떤 성격을 가지느냐에 달려 있다고 본다.

그 과정이 하도 복잡하고 바로 우리 눈앞에서 상황이 변모하는 지경이므로, 우리는 교회가 해방운동에 참여하는 문제만을 논하기로 하고, 교회생활의 다른 측면은 보류하기로 한다. 초점을 한군데 국한시키면 라틴아메리카 교회에 지금 발생하고 있는 새로운 상황과 그 중에서도 가장 특징적인 동향을 한눈에 파악할 수 있을 것이다.[2]

그리스도인들의 사회 참여

하느님의 백성을 이루는 각계각층이 제각기 다른 방식으로 해방운동에 종사해 오고 있다. 그들은 이 해방은 기존 체제를 무너뜨려야만, 즉 사회혁명을 일으켜야만 달성된다는 사실을 점차 각성하기에 이르렀다. 라틴아메

---

[2] 라틴아메리카 교회에 관해 국가별로 연구가 진척되고 있다. 아르헨티나는 Luis Gera – Guillermo Rodríguez, "Apuntes para una interpretación de la Iglesia Argentina", *Víspera*, no.15 (1970), pp.59-88; 페루는 Carlos A. Astiz, "The Catholic Church in Politics: the Peruvian Case" (1970년 뮌헨 국제정치학협회 보고서); 쿠바 교회는 Aldo Büntig, "Iglesia en Cuba"; 브라질은 Henri Fresquet, "L'Église Catholique au Bresil", *Le Monde* (Sap. 8-10, 1970); 볼리비아는 Lorenzo Pérez, "Bolivia: la Iglesia y la política", *Spes*, no.11 (1970), pp.1-9 등의 논문이 있다. 라틴아메리카 교회를 전반적으로 다룬 연구서들: Jordan Bishop, "The Church in Latin America", *Shaping a New World: An Orientation to Latin America*, ed. Edward L. Cleary (Maryknoll, Orbis, 1971); René Laurentin, *L'Amérique latine à l'heure de l'enfantement* (Paris: du Seuil, 1969); Hector Borrat, "Le heurt de l'Église et des pouvoirs publics en Amérique Latine", *Terre Entière*, nos.42-3 (1970), pp.35-67; U.S. State Department ed., *Latin American Institutional Development: The Changing Catholic Church* (Santa Monica Cal.: The Rand Corp., 1969).

리카의 그리스도교 공동체만을 놓고 말한다면 이 운동에 가담하는 사람들의 수는 적다. 그러나 그 숫자는 날로 늘어가고 있으며 더욱 활발해지고 또 매일같이 교회 안팎에서 발언할 기회를 얻고 있는 것이다.

평신도

"신新그리스도교 세계"의 사목 원칙을 논하는 자리에서 이미 언급한 바 있거니와, 그리스도인들로 구성된 수많은 단체들이 더 정의로운 사회를 건설하는 과업에 정치적으로 개입하고 있다. 과거에는 평신도 사도직 운동, 특히 청년운동의 유수한 지도자들이 그리스도교 사회주의 socio-Christian 노선을 따르는 정당에서 많이 배출되었다.[3] 교회와 사회를 "양분"하는 당대의 사상 때문에, 정치적 개입의 동기를 순화시키려는 경향이 있었고, 또 세계 안에서 그리스도인들이 활동하고 또 견해가 다른 사람들과 협력하는 문제에 관해서도 새로운 전망이 발견되는 대로 이를 참작하였다.[4] 그러나 오늘에 와서 사도직을 위한 청년운동들은 그 정치적 노선이 과격해졌다. 라틴아메리카 대부분의 지역에서는 청년 투사들이 소위 온건파 개혁단체들의 노선을 배격하고 있는 실정이다.[5]

학생, 노동자, 농민들로 된 그리스도교 단체들이 주창하는 혁명적 정치강령은 늘 평신도 사도직과 교회당국 사이에 갈등을 일으켰다. 그때문에 그 운동에 종사하는 회원들은 교회 안에서의 자기 위치가 문제시되곤 했으

---

[3] (쿠데타 이전의) 칠레 정치가들이 그 두드러진 선례다: cf. G. Wayland-Smith, *The Christian Democratic Party in Chile* (Cuernavaca [Mexico]: CIDOC Sondeo), no.39.

[4] 이 기풍은 1960~1962년을 전후 남미 각국의 대학운동에서 비롯했다: 이 운동으로 마리땡이 주창한 "역사적 이상" (cf. JUC, *Boletim Nacional*, no.4, 1960, Rio de Janeiro)에서, Henrique de Lima Vaz의 영향을 받아 "역사적 각성"으로 기본 노선을 바꾸었다: cf. Equipo Nacional, "Reflexões sôbre o sentido do movimento" in JUC, *Boletim Nacional*, no.1, 1963.

Cf. G. Gutiérrez, *Misión de la Iglesia y apostolado universitario* (Lima: UNEC, 1960); Patricio Rodó, *Promoción del laicado* (Montevideo, 1963).

[5] 브라질 좌익 혁명분자들 속에 평신도 운동이 미치는 기능을 참작하면 좋을 것이다: cf. Candido Mendes, *Memento dos vivos* (Rio de Janeiro: Tempo Brasileiro, 1966); Marcio M. Alves, *O Cristo do povo* (Rio de Janeiro: Ed. Sabía, 1968).

며 그들 중 상당수가 교회생활에 심각한 위기를 겪어야 했다.[6]

그뿐 아니라 많은 사람들이 이러한 운동이 복음적 요구, 이 착취당하는 대륙의 피압박국민들을 위해서 단호히 개입하라는 복음적 요구를 받고 있음을 발견해 왔다. 최근까지 평신도 운동에 적용해 온 사목신학의 방침들이 적절치 못했다. 우리가 해방운동을 통해서 개혁하려는 기존 질서에 교회가 너무 긴밀하게 결합되어 있다. 정치활동과 평신도 운동의 관계에는 모호한 점이 없지 않으나 여하튼 정치활동에 투신하라는 절박한 요청을 받고 있다. 그리고 일을 "구체적으로" 진척시키는 수단은 혁명투쟁뿐이다 … 하는 통념이 생겼다. 그래서 많은 이들이 하느님 나라를 위해서 일하느니 보다는 사회혁명에 투신하는 데로 전환하였다.[7] 말을 분명히하자면, 하느님 나라(교회)와 사회혁명(정치)간의 경계선이 더욱 모호해진 것이다.

구체적으로는 이 모든 것이 혁명적 정치단체들[8]에 가담하도록 충동한다. 라틴아메리카 정치 상황이 그렇고, 위의 단체들이 기존 질서의 전복을 주창하는 까닭에 자연히 활동을 부분적으로나마 비밀리에 수행하지 않을 수가 없게 된다. 더군다나 현존하는 합법적 폭력이 증가되고 보강되고 있으므로 반反폭력counterviolence 문제가 이제는 추상적 윤리도덕의 대상에 그치지 않는다. 그것이 지금에 와서는 정치적 효과라는 수준에서 대단히 중요해지고 있다. 좀더 정확히 말하면, 인간 자신의 문제를 구체적으로 논하게 되

---

[6] 이 문제에 관해서는 문헌이 많으나 보는 각도가 너무 다르다. 대학교 사도직 운동을 요약한 것으로는 Gilberto Giménez, *Introducción a una pedagogía de la pastoral universitaria* (MIEC-JECI, Servicio de Documentación [Montevideo], ser.1, doc.19, 1968)이 있다. CELAM의 대학 사목계획 위원회가 교황 바오로 6세에게 낸 보고서도 우수하다: "La realidad universitaria y sus implicaciones pastorales" *Educación Latinoamericana* (Bogota), Oct. 1968. 특히 브라질에서는 문제가 더욱 심각하다: Michael Schooyans, *O desafío de secularização* (São Paulo: Ed. Herder, 1968).

[7] Cf. Roqueplo, *Expérience du monde*, pp.41-4; Alfonso A. Bolado, "Compromiso terrestre y crisis de fe", *Vida cristiana y compromiso terrestre* (Bilbao: Ed. Mensajero, 1970), pp.151-218.

[8] Cf. Enrique López Oliva, *Los católicos y la revolución latinoamericana* (Havana: Instituto del Libro, 1969). 마르크스주의 단체들과의 대화 및 협력에 관해서는 A. Gaete, "El largo camino del diálogo cristiano-marxista", *Mensaje* 17, no.169 (1968): 209-19; idem, "Socialismo y comunismo: historia de una problemática condenación", *Mensaje* 20, no.200 (1971): 290-302.

는 것도 바로 이 정치적 효과라는 영역에서인 듯하다.[9] 이러한 여건하에서는 그리스도인들의 정치활동도 자연히 새로운 차원으로 접어든다. 그것이 교회체제뿐 아니라 평신도 사도직 운동의 가장 진보적인 교육방법까지도 무색케 하는 새로운 양상을 띤다는 말이다. 예컨대 프랑스 노동계급에서 활약하는 가톨릭 액션 단체들 — 정치적 견해가 다른 그리스도인들이 모여 신앙의 빛을 받아 생활쇄신을 시도하는 공동체들 — 로 대표되는 사도직 활동이 라틴아메리카에서는 적합치가 않다. 라틴아메리카의 정황이 이러한 데는 다른 이유들도 있다: 정치적 과격화 현상은 자연히 이 단체들이 단결하고 열광적인 입장을 취하지 않을 수 없게 만들며, 따라서 이 단체들이 활동하는 데도 이념을 완전히 자유롭게 표현하는 여유가 허용되지 않기 때문이다. 노동자들의 가톨릭 액션은 그래도 사회가 어느 정도 안정되어 있고 또 정치적 개입이나 활동이 공공연하게 허용되는 지역에서 가능하다. 이러한 유형의 액션은 마르크스주의와의 이론적인 대화를 예상하며, 그뿐 아니라 이 대화를 원활하게 만든다. 그렇지만 라틴아메리카는 이런 대화가 도무지 흥미없는 지역이다. 이 대륙에서는 피압제자들 및 그들과 보조를 같이하려는 사람들이 공통된 역경을 겪게 되며, 따라서 마르크스주의자들과 그리스도인들간의 관계에 있어서도 다른 지역과는 성격이 다르다.[10]

한편, 종파가 다르나 정치적 이념이 같은 그리스도인들간의 모임이 매우 활발하다. 여기서 초교파 단체들이 일어나고, 때로는 교회당국에서 볼 때에는 교회 외변의 단체들도 규합, 조직된다. 이러한 단체에서 그리스도인들은 신앙을 같이 나누고 더 공정한 사회를 건설하는 투쟁도 함께하는 것이다. 정의의 사회를 위하여 공동투쟁을 하는 데서 그들은 지금까지의 "전통적인" 교회일치 운동이 시대에 뒤떨어졌음을 발견하고 — 혹자는 이에

---

[9] Cf. Aguiar, "Currents and Tendencies".

[10] Camilo Torres에 대한 피델 카스트로의 평도 매우 진지한 것이다. "그는 사제로서 자기 국민의 해방을 위해 투쟁하는 이들을 위하여 목숨을 바친 사례를 남겼다. 그가 라틴아메리카 혁명전선에서 상징적 인물이 되어 있는 이유가 바로 이것이다"(1969년 1월 4일의 연설: Büntig, "Iglesia en Cuba", p.40에 인용됨).

큐메니즘을 "상류사회의 혼인"marriage between senior citizens이라고 풍자한다 ─ 새로운 방향에서 일치를 도모해야 한다는 결론을 내리고 있다.[11]

각종 평신도 운동 내부에 이같은 철저한 개혁과 부흥 현상이 나타나고 있다. 그들은 현실 여건들을 철저히 "정치문제화"하고, 그런 각도에서 의식하기 시작했다. 그러면서 자기들이 이 분야에 관해 신학 지식이나 교육과 영성생활에 있어 너무도 미비하며 그야말로 새로운 모색을 시작하고 있다고 각성하게 되었다.[12] 그리고 현존하는 운동단체들간의 유대와 협력도 강화되면서, 아울러 새로운 단체들도 많이 출현하는 중이다.[13] 이 단체들이 어느 특정한 전문 분야에 국한되는 일은 없으나 특수교육을 받아야겠다는 필요를 절실히 느끼며, 사실 사회의 특정 분야를 목표로 하여 노선을 정하고 있다. 이 단체들을 하나로 묶는 접착제가 되는 것은 그들이 교회 안에서 가지는 특수한 위치, 라틴아메리카의 정치운동에서 차지하는 특수한 위치 바로 그것이다. 피압제자들을 편들어 그들을 해방시켜야겠다는 입장을 확고히함으로써 지금까지의 사상과 관점이 근본적으로 달라졌다. 그리스도교의 고유하고 풍요한 내용, 해방운동에 그리스도교 공동체가 감당할 수

---

[11] 개신교들도 불의한 기존 체제와 결합되어 있음을 스스로 개탄하고 있다: "우리 교회들은 압제를 영속화하는 이 체제의 일각을 이루고 있을 뿐만 아니라, 소위 '신권'(神權)을 행사함으로써 이같은 비인간화를 더욱 조장하는 실정이다"(Christian L. D'Épinay, "La Iglesia evangélica y la revolución latinoamericana", *CIDOC*, no.78 [1968], p.6). Cf. Waldo A. Cesar etc., *Protestantismo e imperialismo na América Latina* (Petropolis, Brazil: Vozes, 1968).

ISAL (Iglesia y Sociedad para América Latina: 라틴아메리카 그리스도교 대(對)사회운동)은 각기 다른 종파가 해방과 자유를 위한 투쟁에 공동전선을 편 대표적인 시도였다. Cf. Julio de Santa Ana, "ISAL: un movimiento anti-imperialista y antioligárquico", *NADOC*, no.95 (1969); Rubem Alves, "El protestantismo como una forma de colonialismo", *Perspectivas para el Diálogo*, no.38 (1968), pp.242-8.

[12] 이 문제가 최근에 문헌상으로 나타나기 시작했다. 농민운동에 관해서는 Silvio Sant'Anna, *Una experiencia de concientización: Con MIJARC en el Cono Sur*, MIEC-JECI, ser.2, doc.7, 1969; 노동운동측에서는 1970년 리마에서 개최된 "JOC 라틴아메리카 지역연합회"의 결의문이 있다. 대학운동에 관해서는 Buenaventura Pelegrí, *Introducción a la metodologia de los movimientos apostolicos universitarios*, MIEC-JECI, ser.1, doc.17-8, 1969; *Pedagogía de la explicitación de la fe*, MIEC-JECI, ser.1, doc.20-1, 1970이 있다.

[13] "해방신학"을 주제로 심포지엄이 개최되는 사례 등을 들 수 있겠다: cf. Gustavo P. Ramírez, "Theology of Liberation: Bogota, 1970" *IDOC-NA*, no.14 (1970), pp.66-78.

있는 역량을 새로이 인식하기 시작했다. 이것은 교회가 압제자를 편드느냐 피압제자를 편드느냐는 양자택일 문제만이 아니고, 어떻게 하면 오늘의 라틴아메리카에 복음을 증거하느냐는 구체적 사실의 문제이다. 그러나 아직도 풀리지 않는 문제들이 많다. 새로운 활력은 얼마든지 예기되는데 그 활력을 유도해 나갈 분명한 노선이 확립되어 있지 않은 것이다.

사제와 수도자

우리는 라틴아메리카 대륙의 비극을 갈수록 명백하게 인식하게 되었다. 정치적 양극화는 사람들로 하여금 자세와 입장을 분명히 할 것을 요청한다. 제2차 바티칸 공의회는 교회생활에 더 적극적으로 참여할 것을 권장했고, 메델린에서 열린 라틴아메리카 주교회의는 이를 더욱 분명히 천명했다. 이러한 여건으로 말미암아 오늘날 사제들과 수도자들은 라틴아메리카 교회에서 가장 활발하고 부단하게 활동하는 단체를 이루고 있다.[14] 교회의 사목적 결정을 입안하는 데도 사제와 수도자들이 그만큼 적극적으로 나서서 참여코자 한다. 그러나 사제와 수도자들이 무엇보다 먼저 요구하는 바는 교회가 불의한 기존 질서와의 결탁을 끊고, 비참과 빈곤으로 고통받는 이들과 운명을 같이하자는 것이다. 이것이야말로 교회가 자기를 부르신 주님께 성실해지는 길이요, 자기가 설교하는 복음에 충실하는 길이라는 것이다.

여러 지역에서는 이미 사제들로 결성된 ― 교회법으로는 전혀 생각지 못한 ― 단체가 출현하고 있다. 그들은 이 단체들을 결성하여, 갈수록 증대하는 자기네 관심사를 서로 연락하고 강화하려는 것이다.[15] 이 단체들은 모두가 해방운동에 개입하기로 작정하고 있으며, 라틴아메리카 교회의 현존

---

[14] 상황 전반을 개관하는 논문: Michel de Certeau, "Problèmes actuels du sacerdoce en Amérique Latine", *Recherches de Sciences Religieuses* 56 (1968): 591-601; J. Comblin, "Problèmes sacerdotaux d'Amérique Latine", *La Vie Spirituelle* 118, no.547 (1968): 319-43.

특히 브라질의 상황을 다룬 논문: José Marins, "Pesquisa sobre o clero do Brasil", *Revista Eclesiástica Brasileira* 29 (1969): 121-38.

수도자의 행동 방침은 CLAR(라틴아메리카 수도자 협의회)의 결의서가 따로 있다.

하는 내부구조를 철저히 개혁함은 물론이려니와, 혁명의 소용돌이 속에 있는 이 대륙에서 교회가 활약하고 비전을 제시하는 자세에 있어서도 근본적인 변화가 오기를 열망한다.

다른 이유도 있겠지만, 이런 동향 때문에 이 단체들이 지역 주교들이나 교황대사들과 마찰을 일으키는 경우가 매우 많다.[16] 어떤 큰 변화가 생기지 않는 한, 이 마찰은 갈수록 심해지고 광범위해지리라고 단언할 수 있다.

그뿐 아니다. 사제들 가운데는 개인적으로 정치 분야에서 입장을 분명히 밝히고 처신해야 한다는 관념을 가지는 사람이 많다. 정치활동에 실제로 참여하는 사제가 있는가 하면,[17] 혁명단체들과 연관을 맺고 있는 사제들도 많다. 실상 이런 형태의 현실 참여가 새삼스러운 것은 아니다. 성직자들은

---

[15] "Sacerdotes para el Tercer Mundo"(아르헨티나), "Movimiento Sacerdotal ONIS"(페루) 등은 대표적 단체다. 다른 지역에도 배경은 다르나 성직자 단체들이 있다: "Golconda"(콜롬비아), "Comisión Nacional de Presbíteros"(에콰도르), "Los Ochenta"(칠레), "CODESGUA"(과테말라), "Movimiento de Sacerdotes para el Pueblo"(멕시코).

아르헨티나의 "Sacerdotes para el Tercer Mundo"에 대해서는 그 나라 주교단의 비난이 강경하고 이에 대한 답변도 격렬하다: cf. *NADOC*, no.164 (1970); no.183 (1971); *Nuestra reflexión: Carta a los obispos argentinos* (Buenos Aires, 1970); "Argentina: Priests for the Third World", *IDOC-NA*, no.15 (1970), pp.58-96.

이 단체들을 연구한 일반 논문: Gonzalo Arroyo, "Católicos de izquierda en América Latina", *Mensaje* 19, no.191 (1970): 369-72.

[16] 이같은 갈등과 충돌은 남미 어디서나 볼 수 있다. 특히 브라질, 아르헨티나, 과테말라에서 심하다. 해당 국가에서 발간되는 교회 공문서집들에 잘 나타나고 있다: SEDOC (Petropolis, Brazil), CIDOC (Cuernavaca, Mexico), NADOC (Lima, Peru) 등.

[17] Camilo Torres 신부의 예는 가장 유명하다. 그에 관한 연구서들은 매우 많다: *Camilo Torres, Revolutionary Writings* (New York: Herders, 1969): *Revolutionary Priest: The Complete Writings & Messages of Camilo Torres*, ed. John Gerassi (New York: Vintage Books, 1971); *Camilo Torres: liberacion o muerte* (Havana: Instituto del Libro, 1967); *Camilo Torres, cristianismo y revolucion* (Mexico: Era, 1970).

Germán Guzmán, *Camilo Torres* (New York: Sheed and Ward, 1969)도 좋은 문헌이나 논란이 있다. Cf. José M. González Ruiz, "Camilo Torres o el buen samaritano", *Perspectivas para el Diálogo*, no.25 (1968), pp.139-41; Orlando F. Borda, *Subversion and Social Change in Colombia* (New York: Columbia Univ. Press, 1969): 160-9; Horacio Bogorje etc., *Retrato de Camilo Torres* (Mexico: Grijalbo, 1969); Enrique López Oliva, *El camilismo en la América Latina* (Havana: Casa de las Américas, 1970). 이 마지막 책자에서는 Torres 신부가 끼치고 있는 영향력을 서술하고 있으며 그가 주는 충격은 라틴아메리카 혁명전선의 저력을 입증하는 것으로 풀이된다. 그러나 혁명전선에 뛰어든 사제는 Torres 신부만은 아니다.

여러 방식으로 정치활동에 직접 개입했고 또 개입하고 있다(대개 종교적 처신이라는 그럴듯한 베일로 은폐되어 왔을 뿐이다). 과거와 다른 점이 있다면, 사제는 이같은 문제에 개입할 필요가 있을 뿐 아니라 마땅한 의무라고 공언한다는 사실을 들 수 있겠고, 또 사제들의 이념과 사상이 기존 질서를 전복하는 운동에 직접·간접으로 영향력을 끼치고 있다는 사실이다.

그밖에 다른 요인은 그들의 행동에 대해 교회당국의 방해가 심하여 — 이것은 물론 본인들이 극복해야 한다 — 거기에 일종의 안타까움과 권태를 느끼고 있는 것이다. 그리고 소위 순수한 "종교적" 사업이 무익한 공론으로 끝나는 데서, 그런 사업과 활동이 이 대륙의 현실과 사회적 요청과 얼마나 거리가 먼가를 각성하기에 이른 것이다. 여기서 "정체성의 위기"identity crisis가 발생한다. 어떤 이들은 성직자의 생활방식을 재정비해야 한다고 하고, 다른 이들은 사제직 자체의 의미를 재평가할 필요가 있다고 주장한다. 그런가 하면, 피압제자들을 위해 투신하고 예방운동에 가담함으로써 사제직이나 수도생활의 의미를 새로이 발견한 사람들도 갈수록 많아진다. 그들의 눈에 비친 복음, 주님의 말씀, 곧 사랑의 메시지는 온갖 불의를 근본적으로 공략하고 쳐부수는 "해방시키는 세력"liberating force이다. 따라서 그들에게는 사제생활 또는 수도생활을 놓고 현재 일어나는 문제들 — 세계 다른 지역에서는 급선무가 되어 있다 — 은 이차적인 문제에 불과하다.[18]

---

[18] 사제 단체들은 대개가 유사하겠으나 Jorge Vernazza는 "Sacerdotes para el Tercer Mundo"의 상임위원회 이름으로 다음과 같은 견해를 피력했다: "우리의 초점은 전혀 딴곳에 있다. 우리 목표는 '사제 직분을 그만두자'는 것이 아니라, 사제로서 라틴아메리카 혁명운동에 참여하자는 것이다. 물론 우리네 사회적·교회적 여건은 (프랑스와) 매우 다르다. 라틴아메리카에 요청되는 것은 구원이며, 이 구원은 전역에 만연된 불의와 압제로부터의 해방을 통해서만 진가를 보이게 된다. 이 해방을 주창하고 후원해야 할 자는 교회이며, 국민 대중의 눈에는 교회라고 하면 곧 사제의 이미지와 기능과 직결된다. 우리 사제들의 행동과 발언이 소위 교회 '당국'에서 반대와 혐의를 사왔고 지금도 그런 처지이지만, 우리가 아직도 스스로 교회에서 분리되어 나갔다고 생각지는 않는다. 우리는 우리 활동의 가치를 깎아내릴 뜻도 없으며, 교회는 국민 대중의 의식을 개발해 줄 역량을 갖추었다고 믿는 바이다. … 우리 라틴아메리카인들은 여러 가지 사회적·역사적 여건을 이유로 당신네(프랑스인)들과는 다른 각도에서 '성직 신분'을 본다. 우리가 교회당국과 가지는 관계는 체계가 덜 잡혀 있고 비능률적인지도 모르며, 좀 이완되고 '민주적'인 성격을 가지는지는 모르나 그때문인지 우리는 교회당국의 압력을 그다지 심하게 느끼지 않는다. … 그러므로 인간과 혁명운동에 투신하고

오늘날 라틴아메리카에서는 사제들이 "국가 전복 음모자"subversive로 간주되는 일이 흔하다. 많은 이가 경찰의 감시를 받고 있거나 수사 대상에 올라 있다. 어떤 성직자들은 투옥당하고 자기 나라에서 추방당했으며 — 브라질, 볼리비아, 콜롬비아, 도미니카 공화국이 두드러진 예이다 — 반공테러 분자들의 손에 살해당했다.[19] 기존 사회를 비호하려는 자들에게 있어서 "사제단의 전복활동"priestly subversion이라는 것은 매우 충격적이다. 그들에게는 이런 종류의 활동이 생소한 까닭이다. 일부 좌익단체들의 정치활동은 기존 체제가 어느 정도 감당해 낼 수도 있고 무마시킬 수도 있다고 하겠다. 그리고 그 활동을 자기네가 자행하는 탄압을 정당화하는 데다 이용할 수도 있다. 그렇지만 사제들이나 수도자들이 전통적으로 행사해 온 기능으로 보건대, 그들의 이반離反은 특히 위험스러운 것이다.[20]

참여하는 가운데도 우리는 여전히 성직자라고 자신하는 바이다"(1969년 12월 10일자 편지: "Sacerdotes para el Tercer Mundo"의 기관지 *Enlace* [Buenos Aires], no.10 [1970], pp.22-3).
그리고 사제 독신문제에 관해 네델란드 성직자들에게 보낸 편지에서는 다음과 같은 입장을 표명했다: "독신이든 기혼이든, 중대한 것은 예수 그리스도의 구원을 오늘의 세계에 구현하는 일이다. 그러나 1970년대에 이 구원은 곧 '금전의 제국주의'를 종식시키는 일이다. 네델란드 사제 여러분은 부유한 제국주의적 착취국가에서 예수 그리스도와 그이의 구원을 증거하고 있다. 여러분에게 한마디 감히 할 수 있다면 이것이다: 독신의 처지로 있는 한 여러분은 피착취국가들을 대변할 수는 없을 것이며, 유럽 제국들의 지도자들이 입안하고 단행하는 불편부당한 경제정책에 뒤따르는 곤궁을 알 길이 없을 것이다. 여러분이 만일 결혼생활을 한다면 이 문제를 더 잘 알게 되지 않을까 생각한다. 그러나 결혼이 여러분의 심정을 세계에 더욱 개방하고, 특히 국제 무역의 '법' 때문에 가혹하게 착취당하는 사람들에게 자기를 열어보이는 데 도움이 되지 못한다면, 결혼한댓자 더욱더 부르주아 의식을 가지게 될 따름이라고 생각한다. 한 가지만 알아주기 바란다: 여러분이 가정을 가지겠다고 투쟁하는 이 시간에 제3세계에서는 형제들을 해방시키는 운동에 일신을 바칠 수 있기 위해서 자기 가정을 버리고 떠나는 가난한 사람들이 많다는 것이다"(*Liberación* [Mexico], Mar., 1970).
[19] 그 예의 하나가 브라질 레시페에서 살해된 Henrique Pereira 신부다. Cf. *SEDOC* (Aug. 1969), pp.143-9; "Ante el asesinato del P. Henrique Pereira", *Spes*, no.1 (1969); Buenaventura Pelegrí, "Meditación ante el cadáver del Padre Henrique", *Víspera*, no.12 (1969), pp.3-7.
[20] 이에 관해서 피델 카스트로의 말이 있다: "마르크스주의는 성장·발전해야 하고 경화되지 않아야 하며, 오늘의 현실을 객관적으로, 과학적으로 파악해야 하며, 혁명세력으로 등장해야 하며, 결코 위장된 혁명교회처럼 간주되어서는 안된다." "그런데 이 두 가지 세력은 역사의 패러독스라고 해야 할 것이다. 성직자 일단이 혁명세력으로 등장하고 말았으니, 우리 마르크스주의의 일단이 교회세력으로 전환되지 않을 수 있겠는가?"(1968년 1월 12일, 지성인 대회 폐막연설. Fidel Castro, *Révolution Cubaine* [Paris: Maspero, 1969], 2:253에서 인용).

주교

라틴아메리카 교회가 당면하고 있는 심각한 문제들, 갈수록 압력이 커져 가고 급변하는 현실을 만들어내는 문제들을 놓고 볼 때, 많은 수의 주교들이 당면과제에 대해서 자기 직분을 제대로 행사할 준비가 못 되어 있음을 절감하고 있다. 그러나 그들 중에서는 교회가 현재 처해 있는 사회적 차원을 통찰하고 교회의 예언자적 사명을 재발견하는 인물들도 없지 않다.

가장 빈곤하고 착취가 심한 지역의 주교들은 목격한 불의를 그래도 매우 강경하게 고발해 왔다.[21] 그러나 그 불의의 깊은 원인들을 적발해 내려면 그 지역의 경제적·정치적 세력들과 충돌하지 않으면 안되었다.[22] 그래서 주교들이 자기 영역 밖을 간섭한다느니, 마르크스주의 이념에 호의적이라느니 하는 비난을 사게 되었다. 때로는 이러한 비난이 가톨릭 또는 비가톨릭 보수파 세력에서 매우 격하게 표현되곤 한다. 그런 주교들 가운데 몇은 자기 나라에서 정치적 인물로까지 등장하여 경찰당국의 날카로운 감시를 받고 또한 극우파 단체들에게서 죽이겠다는 협박을 받기도 했다.

그러나 문제는 개별적 인물들의 동태가 아니다. 때로는 주교단 전체가 정치 영역에 관하여 자기네 입장을 천명하고 있는 것이다.[23] 그리고 또 한

---

[21] Dom Helder Camara 대주교의 저작들을 일독하기 바란다: *Pronunciamientos de Dom Helder* (Nordeste II, Secretariado Regional, CNBB: Recife, Brazil); *Revolution Through Peace*, ed. Ruth N. Anshen (New York: Harper and Row, 1971); *Church and Colonialism: The Betrayal of the Third World* (Denville: Dimension Books, 1969); cf. José de Broucker, *Dom Helder Camara: The Violence of a Peacemaker* (Maryknoll, Orbis Books, 1970); A. B. Fragoso, *Évangile et révolution sociale* (Paris: du Cerf, 1969).

[22] 브라질 주교단의 처신에서 그 예를 볼 수 있다. 1968년 제9차 브라질 주교회의 정기총회에 제출된 Dom Cándido Padim의 보고서("La doctrina de la seguridad nacional a la luz de la doctrina de la Iglesia", in *America Latina: La Chiesa si contesta*, ed. R. Magni (Roma: Ed. Riuniti, 1969), pp.240-67을 참조할 것. 당시 브라질 주교단의 난처한 입장을 보려면: Charles Antoine, "L'episcopat brasilien face au pouvoir (1962~1969)", *Études* 333 (1970): 84-103; *L'Église et le pouvoir au Brésil: Naissance du militarisme* (Paris: Desclée, 1971). 브라질 주교단은 1969년에 명확하고 심지어 강경한 주장을 내세우기는 했으나 전체 문맥으로 보아 몹시 유약한 태도를 취했다는 것이 저자의 결론이다.

[23] 파라과이 고급관리 세 명(장관 하나와 경찰간부 둘)이 주교들에게 파문당한 사건이 좋은 예가 된다. 최근에 파문선고를 내린 것도 의외이지만 현재 집권층에 속하여 "서구 및 그

가지 지적할 수 있는 것은, 상당수의 주교들이 — 정도는 각기 다르지만 — 교회구조를 혁신하는 데 노력을 기울이고 있다는 사실이다. 물론 그 혁신의 결과가 사람들의 기대나 필요에 미치지는 못하고 있다. 여하튼 개혁의 첫걸음은 내디딘 듯하나, 거기서 후퇴할 가능성도 아주 없지 않을 뿐더러, 앞으로 해야 할 일이 참으로 많은 것이다.

대부분의 경우, 사회변혁에 대한 주교들의 견해와 입장은 문서로 표명되었으나, 때로는 주교단 선언과 더불어 매우 구체적인 행동도 했다. 즉, 노동 파업에 직접 개입하거나 데모에 공공연히 참여하는 등의 사례도 있다.[24]

이론적 배경

위에서 서술한 대로 교회 인사들의 정치적 개입은 자연히 이를 이론상으로 전개하고 그에 대한 신학적-사목적 고찰을 정리하는 작업을 초래하였다.[25]

지난 3년 동안 평신도 운동단체, 사제단, 주교단 및 국가 주교회의가 내놓은 공식 발언은 매우 많았다. 교의적인 권위로나 영향으로나 가장 중대한 문헌은 1968년 메델린에서 개최된 주교회의의 문헌이다. 그와 병행해서 다른 문헌들을 꼽을 수 있다. 사실상 이전의 다른 문헌들을 빼놓으면 메델린 문헌이 나오기까지의 과정을 제대로 알아들을 수 없을 뿐더러 거기에 뒤따라 나온 반향도 이해 못할 것이다. 이 다른 문헌들은 메델린 문헌보다

리스도교 문명"을 수호하겠다는 인물을 상대로 내리기는 더욱 의외였다: cf. "Los sucesos de octubre en Asunción", *Spes*, no.3 (1969), pp.6-9; *Paraguay: conflicto Iglesia-estado, Informe especial* (Montevideo: MIEC-JECI, 1969).

[24] Cf. Norman Gall, "La reforma católica", *Mundo Nuevo*, June 1970, pp.20-43; idem, "Latin America: The Church Militant", *Commentary*, Apr., 1970, pp.25-37.

[25] 관계 문헌들, 특히 메델린 회의의 문헌들(현재까지는 가장 종합적이고 선구적이다)을 구축할 수 있다: *Between Honesty and Hope: Documents from and about the Church in Latin America, Issued at Lima by the Peruvian Bishops' Commission for Social Action* (Maryknoll Publ., 1970); *Medellín, La Iglesia nueva* (Montevideo: Cuadernos de Marcha, 1968); *Iglesia latinoamericana, protesta o profecía?* (Avellaneda, Argentina: Ed. Búsqueda, 1969); *Los católicos postconciliares en la Argentina* (Buenos Aires: Galerna, 1970).

나은 것들이다. 이 입장이 더 분명하여, 기존 체제에 의해서 쉽사리 중화되지 않게 되어 있다. 그리고 구체적 현실에 매우 근사하게 접근해 있다. 그뿐 아니라 이 문헌들은 하느님 백성의 여러 집단의 의사를 광범위하게 내포하고 있고, 그만큼 공감을 자아내고 있다. 그러나 어떻게 보면, 피압제자들에게서 실제로 터져나오는 부르짖음을 표현하기에는 좀 미약하고 잘 들리지 않는 소리이다. 특히 형을 받고 있는 사람들은 너무도 오랫동안 침묵 속에 묻혀 있으므로 그들의 소리는 어디서도 들리지 않는다. 간간이 이러저러한 루트로 새어나올 따름이다. 어쨌든 교회측의 이런 발언들은 적어도 발설하기 시작했다는 데 의의가 크다고 본다.

우리가 이 책에서 취급하고 있는 주제에 비추어 이상의 문헌들을 두 가지로 분류할 수 있을 것이다. 하나는 라틴아메리카의 현실을 변혁시키는 일을 주제로 하는 것이요, 다른 하나는 현상황에서 교회가 어떻게 처신할 것인가 하는 문제를 다루는 문헌들이다.

라틴아메리카의 변혁에 관한 이론

교회의 문헌들이 한결같이 천명하고 있고 또 교회의 일반적 태도를 반영하고 있는 주제는 교회가 라틴아메리카의 현실과 교회와의 유대를 수긍한다는 점이다. 교회가 이런 현실에 초연하여 존립하겠다는 태도를 청산하고, 사회 불의에 대한 교회의 책임을 수긍하기로 한 것이다. 교회는 기존 질서와 연루되어 있음으로 해서, 그 체제가 만들어내는 악에 대해서 침묵을 지킴으로써, 이러한 불의를 조장해 온 것이다. "우리 그리스도인들은 복음에 충실한다는 명목하에 현금의 불의한 상황에 대해서 말이나 태도로써, 또는 침묵과 수수방관으로 이를 조장해 왔음을 인정하는 바이다." 이는 페루 주교단의 선언이다.[26] 엘살바도르의 2백여 명의 평신도, 사제 및

---

[26] *Between Honesty and Hope*, p.230. 제2차 라틴아메리카 주교회의(CELAM)가 낸 *The Church in the Present-Day Transformation of Latin America in the Light of the Council* (Bogota: CELAM, 1970), 2:39. "라틴아메리카 국민들에게 보내는 메시지"에도 같은 이념이 나타나 있다(본 문헌은 이하에서 *Medellín*으로 약칭하겠다). Cf. Dom Helder Camara의 연설

주교들의 모임은 "우리 교회는 엘살바도르 국민의 해방과 복지 향상에 기여한 바 없음을 인정하는 바이다. 이러한 실패의 원인은, 더러는 인간의 구원과 교회의 사명에 관한 관념이 불완전했기 때문이요, 더러는 교회가 누리는 특혜를 상실하고 박해를 받을까 두려워한 데 있다"[27]고 선언했다.

주교들이 바라보는 현실에 대한 비전에서, 라틴아메리카에서 자행되는 인간에 의한 인간의 비참과 착취를 "'제도화된 폭력'이라 일컬을 수 있는 불의의 상황"[28]이라고 서술하고 있다. 이 불의야말로 무죄하게 희생된 수천 명의 죽음에 책임을 져야 마땅할 것이다.[29] 여기서 자연히 "폭력에 대응하는 폭력"counterviolence이라는 복잡한 문제를 재고하게 되는 것이다. 그렇다고 해서 압제자들이 기존 "질서"를 유지하기 위해서 폭력을 행사하는 것은 정당하고, 피압제자들이 그 "질서"를 변혁시키는 데 폭력을 행사하는 것은 불법이라고 하는 그럴듯한 이중평가의 함정에 빠지는 것은 아니다. "제도화된 폭력"이 공공연하게 인간 기본권을 유린하고 있기 때문에 라틴아메리

(1966년 CELAM 제10분과에서 행함), *Between Honesy and Hope*, pp.30-1; 1968년 아르헨티나의 Santa Fe에서 평신도 및 사제들의 선언서 "Los cristianos y el poder", *Iglesia latinoamericana*, pp.121-2; "Carta de sacerdotes tucumanos al arzobispo de Buenos Aires", 1969, *ibid.*, p.137; 1968년 볼리비아 평신도, 사제, 수도자, 주교들의 성명서 "La Iglesia en el proceso de transformación", *ibid.*, p.154; *Carta pastoral del episcopado mexicano sobre el desarrollo e integración del país* (Mexico, 1968), pp.9, 12.

[27] 첫주간 회합의 결론(*NADOC*, no.174, p.2)은 "교회는 무엇보다도 먼저 자신의 죄상을 공개적으로 고백하지 않으면 안된다"는 것이었다.

[28] "Peace", no.16, in *Medellín*. 제3세계 18인의 주교가 "제3세계 국민들에게 보내는 메시지"(*Between Honesty and Hope*, pp.10-1)를 참조할 것. ILADES가 1970년에 주관한 "라틴아메리카 사제단 제2차 연수회 선언문"(*NADOC*, no.122, p.3)에서도 사회 불의가 법과 질서를 자기 시녀로 전락시켰다고 규탄했다. "우리가 압제받는 사람들의 인권을 일단 인정하고 나서, 현금의 경제나 사회제도가 그 인권을 도무지 인정하지 않음을 본다면, 그때문에 고통받는 사람들을 풀어주기 위해서는 엄청난 폭력에 호소하는 길밖에 없을 것이다"(Carta pastoral de Adviento de Monseñor Parteli y su presbíterio [Montevideo, 1967], p.11). Cf. Gonzalo Arroyo, "Violencia institucionalizada en América Latina", *Mensaje* 17, no.175 (1968): 534-44; Pierre Bigo, "Ensenanza de la Iglesia sobre la violencia", *Mensaje* 17, no174 (1968): 574-8.

[29] San Andrés 주교와 산하 성직자단은 1965년 "브라질 대통령에게 보내는 소장"에서 실업상태가 수천 명의 노동자들에게 생명의 위협을 주고 있다고 밝혔다(*Iglesia latinoamericana*, p.174). 1968년, 라틴아메리카 사제 900여 명이 서명한 "폭력의 대륙 라틴아메리카"(*Between Honesty and Hope*, pp.81-4)와 멕시코 주교단의 성명서(*Carta del episcopado mexicano*, pp.10-21)도 같은 사실을 지적한 바 있다.

카 주교회의는 "국민의 인내심을 악용함으로써, 이 수년간에 인권에 대한 여하한 노력도 용납되지 않는 가혹한 상황을 조성했다"[30]고까지 비난했던 것이다. 라틴아메리카의 성직계에서는 상당수가 "라틴아메리카의 폭력문제를 고찰함에 있어서 압제자들이 그 비열한 체제를 확보하기 위해 행사하는 '불의한 폭력'과, 피압제자들이 자기네 해방을 성취하기 위해 당연히 행사해야겠다고 느끼는 '정당한 폭력'을 똑같이 취급하는 일이 없도록 하자"[31]고 주창하고 있다. 신학상으로 규명할 때 불의와 압제가 지배하는 이런 상황은 "죄악의 상황"이라 불러야 마땅할 것이다. 왜냐하면 "이같이 사회적 평화가 존재하지 않는 곳에는 사회적·정치적·문화적 불평등이 있게 마련이며, 이는 주님의 평화를 거부하고 더 나아가 주님 자신을 거부하는 상황인 것이다".[32] 이를 염두에 두고서 어느 사제단은 이렇게 선언하였다: "우리는 부당한 저임금과 착취와 기아선상의 빈곤이 분명히 죄와 악의 징후라고 단죄할 권리와 아울러 의무가 있음을 느끼는 바이다."[33]

이같은 현실은 날이 갈수록 심각한 양상을 띠고 악화되고 있다. 라틴아메리카가 타자에 종속된 대륙이라는 상황이 갈수록 뚜렷한 결과와 증세를 보이고 있다. 이 대륙의 문제를 결정하는 중심인물들은 이 대륙 바깥에 있다. 그러니까 라틴아메리카 대부분의 국가들은 신식민주의의 종속국들인 셈이다.[34] 학계에서 볼 때 저개발은 "그 저개발을 유발한 선진국 세계와의 '종속관계'에서만 이해가 가능하다. 사실상 라틴아메리카의 저개발은 거의

---

[30] "Peace", no.16, in *Medellín*.

[31] "Continent of Violence", in *Between Honesty and Hope*, p.84.

[32] "Peace", no.14, in *Medellín*. Cf. *Between Honesty and Hope*, p.32 (Dom Helder Camara의 발언); "Opresión social y silencio de los cristianos" (1969년 아르헨티나의 San Juan에서 행한 사제들의 성명서), in *Iglesia latinoamericana*, p.141.

[33] "Brazilian Realities and the Church" (1967년 브라질 사제 300인 성명서), in *Between Honesty and Hope*, p.138. Cf. "Carta de 120 sacerdotes de Bolivia a su conferencia episcopal", 1970, in *NADOC*, no.148, p.2; *Nordeste, Desenvolvimento sem justica* (Recife, Brazil: Ação católica operária, 1967), p.78.

[34] "Peace", nos, 2-10, in *Medellín*.

다 서구사회의 자본주의 개발의 부산물이다".[35] "종속관계"의 이론은 우리로 하여금 라틴아메리카의 현실의 "원인을 설명할 수 있게 하고, 타국에 의한 통치를 거부하게 하며, 새 사회를 건설하는 해방운동에 투신함으로써 이를 극복하는 투쟁에 나서도록 한다".[36] 라틴아메리카 주교회의CELAM 교육국이 주최한 청소년 문제 세미나에서도 이 "종속론"을 채택하였다. 그 세미나에서는 "라틴아메리카의 종속은 정치적·경제적 종속에서 그치지 않고 문화적 종속에까지 이르고 있다"[37]고 선언하였다.

라틴아메리카 교회가 내놓은 문헌들은 출처가 다르고 그 권위에 있어서는 층이 다르지만, 최근 몇 해 동안에 "개발"[38]이라는 주제에 대신해서 "해방"[39]을 다루고 있다는 의미심장한 변화가 있었다. "개발"이나 "해방"이나 둘 다 종속상태로부터 탈피하겠다는 염원을 표현하는 개념이며 용어이다. "제3세계 주교들의 메시지"는 "이 지역 주민들이 자기 위치를 개선하고 압제세력으로부터 해방되려는 억누를 길 없는 충동을 느끼고 있다"[40]고 피력

---

[35] "Presence of the Church in Latin American Development" (1968년 5월 브라질에서 개최된 각국 사회운동 위원회 연합회 문헌), in *Between Honesty and Hope*, p.21. 그밖의 성명서나 코뮤니케를 들자면 수가 많다: "*Populorum progressio* and Latin American Realities" (1967년 칠레에서 개최된 CELAM 사회분과 위원회의 코뮤니케), *ibid.*, p.71; "A Lay Critique of the Medellín Draft" (1968년 라틴아메리카 평신도 단체 지도자들의 성명서), in *Between Honesty and Hope*, p.194; "Underdevelopment in Colombia" (1968년 콜롬비아 사제단 보고서), in *ibid.*, p.85-6; "Los cristianos y el imperialismo" (1969년 볼리비아 가톨릭-프로테스탄트 성명서), in *Iglesia latinoamericana*, p.167; "Il Seminario de ILADES", pp.2-3; "Conclusiones de la Comisión Ecuatoriana de Justicia y Paz", in *NADOC*, no.191.

[36] "Orientaciones del Encuentro Regional Andino de Justicia y Paz" (Peru, 1970), in *NADOC*, no.147, p.2. 쿠바의 정치적 상황은 다른 국가들과는 매우 다르다. 수년간의 침묵을 깨고 그곳 주교들이 행한 발언도 흥미있는 것이다: "국가 개발에 있어서는 인간들의 결함과 죄악에 못지않게 새로 발생되는 문제점과 기술상의 복잡성에서 기인하는 내부적인 난관들이 있다. 그러나 국가간의 관계 구조에서 오는 외적인 난관들도 있다. 국제관계의 구조는 저개발의 약소국들에게는 도대체 불리하게 되어 있다. 이 나라가 처해 있는 경제 장벽 내지 봉쇄 같은 경우를 예로 들 수 있다"(1969년 쿠바 주교단 코뮤니케, in *SEDOC*, Sep. 1969, p.350).

[37] *Juventud y cristianismo en América Latina* (CELAM 교육분과 위원회 보고서, Bogota: Indo-American Press, 1969), p.23.

[38] *Presencia activa de la Iglesia en el desarrollo y la integración de América Latina* (1966년 CELAM 주교회의 문서 [Bogota: CELAM, 1967]).

[39] 여기에 관해서는 Héctor Borrat, "El gran impulso", *Víspara*, no.7 (1968), p.9를 참조.

하고 있다. 볼리비아 사제단 120인이 서명한 성명서에 의하면 "우리는 평화를 쟁취하려는 염원과 정의를 구현하기 위한 투쟁의 움직임이 우리 국민들 사이에 태동하고 있음을 예의주시하는 바이며, 이러한 움직임은 단지 더 나은 생활수준을 획득하는 데만 목적이 있는 것이 아니라 이 나라의 사회-경제적 재원이나 정책 결정 과정에 국민들도 참여하겠다는 데에 있다".[41] 이상과 같은 몇 가지 표현에서 더 깊은 의미를 찾는다면 그것은 라틴아메리카의 압제받는 국민들이 자기네 운명을 스스로 결정해야 한다는 절실한 필요를 강조하는 일이다. 회칙「민족들의 발전」을 인용하면서 메델린 선언문은 "해방교육"을 주창하고 있다. 주교들은 "해방교육이야말로 모든 종류의 종속에서 대중을 해방시키고 그들로 하여금 '덜 인간적인 처지에서 더 인간적인 처지로' 향상하도록 충동하는 열쇠가 되는 것이다. 무릇 인간은 '자기의 성공과 실패의 주인공'이며 그 책임자임을 상기할 때에 교육은 실로 해방의 관건이 된다"[42]고 보았던 것이다. 그뿐이 아니다. 메델린 선언문은 이러한 종속으로부터의 해방이, 곧 그리스도를 힘입어야만 가능한, 죄악으로부터의 해방의 표현으로 간주하고 있다: "바로 그 하느님이 때가 되자 당신 아드님을 인간으로 세상에 보내시어, 아드님으로 하여금 죄악이 인간을 결박해 온 모든 종속, 즉 기아와 비참, 압제와 무지, 다시 말해서 인간 이기심에서 근원한 불의와 증오로부터 모든 인간을 해방시키게 하신 것이다."[43]

---

[40] "제3세계 국민들에게 보내는 메시지", in *Between Honesty and Hope*, p.3.

[41] "이 얼마 동안의 빈곤과 불의의 참상에 새로운 요인이 대두되고 있다. 그것은 피착취 국민 대중들의 자기의식이 급속히 번져나가 자기들 손으로 해방을 쟁취할 수 있다는 가능성을 각성한 것이다. 그리고 대개가 이 대륙의 경제-사회의 구조를 근본적으로 변혁시키지 않는 한 이 해방을 성취할 수 없는 여건이 되어 있다. 순수한 비폭력의 수단으로 이 해방을 성취할 기회는 이미 지났다는 것이 중론이다"("Continent of Violence", *Between Honesty and Hope*, p.83).

[42] "Education", no.8, in *Medellín*.

[43] "Justice", no.3, in *Medellín*. 해방의 개념에 대해서는 Medellín 문헌에 누차 나온다. *Between Honesty and Hope*에서도 pp.228-34; 70-3; 85-92 등에서 이것을 논하고 있다. ONIS의 문서에도 자주 나온다(cf. *IDOC-NA*, no.4, pp.37-41).

그러니까 라틴아메리카 국민들의 이같은 염원을 교회도 함께 나누겠다는 것이다. 메델린에 모인 주교들은 이 국민들이 "자기 본연의 위치를 각성하기에 이르렀고 이 대륙의 공동운명을 책임져야 한다는 사명감을 깨닫기 시작했으며"[44] 주교들도 그 국민에 소속되어 있다는 결론을 내렸다. "우리는 지금 태동하여 요원의 불길처럼 번지는 사회혁명을 눈앞에 보고 있으며, 우리도 그 운동과 보조를 함께할 것이다."[45] 아르헨티나의 사제들과 평신도들도 해방운동에 전적으로 동조할 것을 선언했다: "우리는 압제받는 사람들과 노동계급의 해방을 위해서, 현존하는 사회질서와는 근본적으로 다른 사회질서, 즉 더 평등에 기초한 정의와 복음적 연대성을 구현하는 질서를 창건하기 위해서 노력하는 데 전적으로 동조함을 천명코자 하는 바이다."[46]

라틴아메리카의 긴급한 상황을 앞에 두고서 교회는 부분적이고 한정된 상황 판단으로는 부족하며, 그러한 미온적 태도는 사태를 적당히 무마하여 결국 착취제도를 더욱 공고하게 만드는 구실밖에 하지 못한다고 주장한다. 그래서 일련의 원조 계획들은 너무도 피상적이어서 도리어 상황 판단을 그르치게 하고 사태를 후퇴시킨다는 비난을 사고 있다.[47] 문제점들이 자본주의 사회의 구조 속에 뿌리깊이 박혀 있음과 아울러 이 자본주의 사회가 종속의 상황을 조성하고 있음을 고려할 때, "현체제의 기반 자체를 변혁시켜 놓을 필요가 있다"[48]는 주장이 나오고 있는 것이다. 왜냐하면 "이러한 제반 문제점을 해소하는 진정한 해결은 기존 사회구조의 궁극적인 변혁이라는 테두리에서만 가능한 까닭이다".[49] 그리하여 자본주의를 해결책으로 제시하는 "개발주의"를 비판하면서[50] 철저한 개혁을 호소하기에 이르렀다. 온건한

---

[44] Cardinal Landázuri Ricketts, "Closing Address at Medellín Episcopal Conference", *Between Honesty and Hope*, p.223.

[45] Cardinal Landázuri Ricketts, "Servants to Society"(노트르담 대학교에서의 연설), *ibid*., p.60.

[46] "Cristianos y poder", in *Iglesia latinoamericana*, p.120; "The Socioeconomic Structures of Peru" (1968년 페루 사제단의 선언문), in *Between Honesty and Hope*, p.79.

[47] "Encuentro Regional Andino", p.5.

[48] "El presente de la transformación nacional", in *ONIS Declaraciones*, p.42.

중도파들이 제창하는 사회개혁이란 "결국에는 … 새로운 형태의 자본주의 체제를 굳히는 데 보탬이 될 따름이고, 그 결과 새로운 형태의 종속 — 눈에 띄지 않을지 모르나 사실상 뿌리를 깊이 뻗치는 — 을 초래할 것이다."[51] 그리하여 "사회혁명"이라는 용어가 훨씬 많이 입에 오르내리게 되었고 거기에 대한 반대도 차츰 수그러들고 있다.[52]

혹자들은 이 해방운동에 참여함으로써 "공산주의자"라고 지탄받는 일도 불사하고 있다.[53] 적극적으로는 "사회주의" 노선을 취하는 경우도 있다. 콜롬비아의 한 사제단은 이렇게 주장하였다: "우리는 솔직히 신식민주의적 자본주의를 배척하는 바이다. 왜냐하면 그것이 우리 국민이 당면하고 있는 심각한 문제들을 해결할 능력이 없기 때문이다. 우리는 모종의 사회주의

---

[49] *IDOC-NA*, no.4, p.43의 ONIS 성명서. Cf. "Evangelio y explotación" (1968년 아르헨티나 Chaco 사제 및 평신도 성명서), in *Iglesia latinoamericana*, p.126; "Hacia una sociedad mas justa", *ibid.*, p.116; "ISAL en Bolivia, Pronunciamiento ante las guerrillas de Teoponte", in *NADOC*, no.157, pp.6-7; "Manifesto of the Executive Committee", in *IDOC-NA*, no.17 (1971), pp.27-32.

[50] "지난 15년간의 경제 및 사회 정책이 라틴아메리카의 빈곤문제를 해결하지 못한 것은 개발 개념 자체가 그릇되었기 때문이다. 남미 국가 대부분이 전근대 공업사회에서 현대 자본주의 사회로 전환하는 데 목표를 두었다. 그렇게 되면 기술공학만이 문제가 된다. 인간적 차원들을 무시했고, 그래서 엄청난 사회적 불의를 묵과한 것이다"(P. Muñoz Vega[꾸이또의 대주교], "Hora del cambio de estructuras y justicia social", in *NADOC*, no.171 [1970], p.5).

[51] "Against a Reconstruction of Injustice" (ONIS 성명서), in *IDOC-NA*, no.16 (1970), p.93.

[52] L. Ricketts, in *Between Honesty and Hope*, p.61; "제3세계 국민들에게 보내는 메시지" *ibid.*, p.4; "Socioeconomic Structures of Peru", *ibid.*, p.78; "The Church in Bolivia"(볼리비아 사제 80인이 주교단에게 낸 공한), *ibid.*, p.141. "이 상황을 극복하기 위해서는 반드시 혁명이 필요하다. 외국의 식민세력의 도구 역할을 하고 있는 현재의 지배계급을 제거할 혁명이 필요하다"("Underdevelopment in Colombia", *ibid.*, p.86; cf. *IDOC-NA*, no.4, pp.37-41).

[53] "사람들에게 공산주의란 누명을 씌우는 일이야 얼마든지 할 수 있다. 아무 정당이나 이데올로기를 못 가진 사람일지라도 감히 자본주의 근저에 있는 유물론적 배경을 지적해 낸다면 당장 공산주의자로 몰아붙인다. 우리에게는 획일적인 사회주의나 자본주의는 없고 변조된 형태로 실현되고 있음을 감히 지적해 내는 사람들도 즉각 공산주의자로 몰린다"(Dom Helder Camara, in *Between Honesty and Hope*, p.35). "일부층에서는 '공산주의'에 대한 공포, 혐오 내지 고발이 횡행한다. 지금 페루에서는 공산주의를 두려워할 만한 여유가 없다. 사회의식이나 국가의 주체의식이 소수의 사치품이 되어 있고, 국민 대다수가 경제적 불균형과 문화적 차등과 착취에 허덕이고 있다면, 공산주의를 비난하고 고발한다는 일 자체가 부도덕하고 유치한 소행이다"("El presente de la transformación nacional", in *ONIS Declaraciones*, p.42. 이 문헌 전체가 일독할 가치가 있다).

노선의 사회를 건설하기로 우리의 노력과 활동을 경주하지 않을 수 없다. 사회주의형의 사회만이 동료 인간에 대한 인간의 착취행위를 일체 배제할 수 있으며, 아울러 이 시대의 역사적 조류와도 부합할 뿐더러 콜롬비아인들의 특수한 성격과도 상합한다고 보는 바이다."[54] 아르헨티나 사제단은, 제3세계에서는 이 사회주의가 "라틴아메리카 고유의 사회주의가 되어 '새 인간'의 출현을 촉구하게 될 것이다"[55]고 내다보고 있다.

멕시코 교회의 가장 영향력있는 인물 가운데 한 사람인 돈 아르세오는 어떤 강연 — 이 강연은 극렬한 공격을 받고 물의를 일으켰다 — 에서 자기 소신을 다음과 같이 피력하였다: "오로지 사회주의만이 라틴아메리카로 하여금 진정한 개발을 성취하게 해줄 것이다. … 본인은 사회주의 체제가 진정한 동포애, 정의, 평화 등의 그리스도교 원리들과 더 부합된다고 믿는 바이다. … 어떤 종류의 사회주의를 따라야 할지는 본인도 모르겠으나 여하튼 사회주의야말로 라틴아메리카가 나아갈 노선이다. 본인의 견해로는 '민주적 사회주의'가 바람직하다고 본다."[56] 사회주의라고 할 것 같으면 낡

---

[54] Don Sergio Méndez Arceo, "Underdevelopment in Colombia", in *Between Honesty and Hope*, p.90.

[55] "Coincidencias básicas", in *Sacerdotes para el Tercer Mundo* (Buenos Aires: Ed. del Movimiento, 1970), p.69. ISAL도 같은 견해를 표명했다(cf. *NADOC*, no.147, pp.5-8).
"자본주의 노선으로는 새 인간, 새 사회를 실현하지 못한다. 자본주의의 원동력은 개인의 이득이며, 이득을 위한 사유재산 제도이기 때문이다. 피압제자가 자본주의자가 됨으로써 자유를 얻지는 못한다. 새 사회, 새 인간이 구현되기 위해서는 노동이 유일하게 효율적인 인간적 원리로 인정받아야 하며, 인간 경제활동의 근본 자극이 되는 것이 곧 사회적 이익이라야 하며, 자본이 곧 노동에 귀속되어야 하며, 생산수단들이 사회 공동소유로 귀속되어야 한다" ("Private Property and the New Society" [ONIS의 성명서], in *IDOC-NA*, no.16 [1970], p.96).
"새 인간이란 더 나은 현재와 미래를 창조하기 위해서 나날이 활동하라는 부름을 받았다고 스스로 느끼는 인간이다. 빈곤과 불의, 차별과 착취, 자본주의 사회의 요소에서 파생되게 마련인 온갖 압제와 투쟁하는 인간이다" (쿠바 MEC의 성명서: in *Spes*). Cf. "제3세계 국민들에게 보내는 메시지", in *Between Honesty and Hope*, pp.6-7.

[56] "Proyección y transformación de la Iglesia en Latinoamérica", *CIP Documenta* (Cuernavaca), no.7 (1970), p.4. 이 연설은 Puebla의 대주교의 맹렬한 공격을 받아 논전으로 화했다. Gerardo Valencia 주교가 CENOS(Mexico, 1970년 2월 10일) 지에 기고한 성명서에도 같은 말이 나온다: "Golconda 1차 회의에 모인 동료들과 더불어, 나는 나 자신을 분명히 혁명주의자요 사회주의자라고 선언한 바 있다. 우리는 콜롬비아와 라틴아메리카를 불의와 폐허로 몰고가는 자본주의 체제를 묵과할 수 없기 때문이다."

은 선입견들이 많고 이념상의 요소를 간과할 수 없을 뿐 아니라 그 용어가 양의적이어서 조심해서 사용해야 한다. 또 조심해서 내용을 분석할 필요가 있다. 사회주의를 거론하는 주의주장은 천차만별한 사람들이 각양각색으로 해석할 수 있다는 위험을 무릅쓰지 않으면 안된다.[57] 따라서 이 문제를 논함에 있어서 우리가 본래 의도하는 내용이 무엇인가를 뚜렷이 밝힐 수 있기 위해서 다른 한 가지 문제를 언급해야겠다. 오늘날 사유재산에 관한 논쟁이 점차 격화해 가고 있다. 사유재산권이 사회복지에 귀속된다는 주장은 그전부터 있었다.[58] 그러나 정의라는 것과 사유재산권을 융합시키는 데 많은 어려움이 있기 때문에 사람들은 상당수가 은연중 다음과 같은 결론을 내리고 있다: "자본의 사유권은 자본과 노동의 이원화를 초래하고, 자본가가 노동자보다 우월권을 가지게 만들며 결국 인간에 의한 인간의 착취를 야기한다. … 역사적으로 볼 때 생산수단의 사유화는 사회복지를 위해서 필연적으로 환원되거나 말소되어야 한다. 그러므로 우리는 '생산수단의 사회공유 제도'를 택하지 않으면 안된다."[59]

칠레의 경우는 특히 주의를 끌었다. 사회주의 정권이 선거에서 이기자 칠레 그리스도인들에게는 결정적인, 어떻게 보면 매우 유익한 도전이 발생한 것이다. 여러 가지 반응들이 나타났으나 한 가지 유의할 일은 각계 그

---

[57] La Paz의 대주교 Jorge Manrique의 입장을 참조할 것: "El socialismo y la Iglesia en Bolivia" (1970년 10월 사목교서), in *NADOC*, no.175 (영어본은 *IDOC-NA*, no.16 [1970], pp.54-64. 볼리비아 ISAL의 3차 총회도 사회주의의 개념을 밝히고 이런 결론을 내렸다: "사회주의로 가기 위해서는 국민의 사회주의 정부가 아닌 다른 방도는 없다"(1971년 2월 23일). 교황 바오로 6세는 사회주의에 대한 새로운 이해의 활로를 터놓은 인물로 알려져 있다. 그는 "사회주의의 여러 가지 표현(관대한 봉사, 정의의 사회를 구현하기 위한 염원, 정치적 조직과 목표를 두고 감행하는 역사적인 운동 등)과 인간을 완전히 자기충족의 인간으로 해석하는 이데올로기는 구분되어야 한다"고 했다(*Octogesima adveniens*, no.31).

[58] 예컨대 "제3세계 국민들에게 보내는 메시지"(in *Between Honesty and Hope*, pp.6-7)를 들 수 있겠다. La Paz의 대주교는 그리스도교 새 윤리를 호소하였다: "그 윤리에서는 물질적 재화를 사용하는 소유보다도 노동을 중시해야 한다. … 따라서 여하한 사유재산도 더 인간다운 생활과 노동자의 노력에 비례하여 조정되어야 할 것이다"("Enfoque dela nueva ética cristiana" [사목교서], in *CIDOC*, no.224, 1970, p.4).

[59] "Private Property" (ONIS 성명서), in *IDOC-NA*, no.16, pp.94-5.

리스도교 단체들이 피압제계급을 해방시키는 투쟁에 오래 전부터 참여해 왔다는 점이다. 산티아고의 대학 성당에 소속된 사제들은 아래와 같은 글을 냈다: "자본주의 체제는 인간에 위배되는 무수한 오점을 노출시키고 있다. … 사회주의 역시 인간 개개인의 태도에서 초래되는 불의라든가, 모든 체제에 반드시 오염되어 있는 애매모호한 성격을 피할 길은 없으나, 그래도 기본적인 기회균등은 보장한다. 생산관계에 변화를 가져옴으로써 사회주의는 노동의 품위를 높이어, 노동자가 자연을 인간화함으로써 더 인간다운 사람이 되는 것으로 내세우고 있다. 아울러 사회주의는 국가의 개발도 국민 전부의, 특히 가장 천대받는 사람들의 복지를 위한 것이 되도록 만들 가능성을 제공한다. 또한 사회주의는 윤리도덕의 동기와 사회 연대성을 개인 이익보다 앞세우며 그보다 상위의 가치를 인정하는 것이다." 그러고 보면 인간 개조와 사회 개조는 동시에 수행되어야 할 무엇으로 등장한다: "… 이 모든 것을 이행하려면 경제구조의 개조와 아울러 인간 개조 달성을 그만큼 철저히 추구해야 할 것이다. 우리는 인간이 자동적으로 덜 이기적인 존재가 되리라고 믿지 않는다. 그러나 평등이 실현될 만큼 사회-경제의 기반이 마련되는 사회에서는, 불평등에 시달리는 사회보다 인간 연대성을 위한 노력이 실제로 추진될 수 있다고 확신하는 바이다." 그리고 그리스도인들의 자세를 판가름하는 결정적인 요소는 하느님 나라의 도래와 정의사회의 건설이 상호 연관된다는 사상이다: "빈곤과 비참을 극복하기 위해서 이 나라 전체가 투쟁하는 오늘의 현실일진대, 크리스천들은 그 누구보다도 이 운동에 전적으로 참여해야 하며, 아울러 거기에서 어떤 진전이 이루어질 때마다 그것이 곧 예수께서 선포하신 하느님 나라의 초보적 도래라고 해석해야 한다. 달리 말해서 오늘에 와서는 그리스도의 복음은 정의를 달성하려는 더 많은 노력을 인간에게 요구하고 아울러 그 노력 속에 복음이 구체화되고 있다."[60] MOAC(가톨릭 노동운동)은 칠레의 새로운 정권의 성립(아엔

---

[60] *El presente de Chile y el Evangelio* (Santiago de Chile, 1970).

데 정권을 말함 — 역자 주)에 대해서 이런 선언문을 채택했다: "이 사실은 모든 노동자들과 그들의 조직체에 커다란 희망을 안겨주며 동시에 크나큰 책임을 부여한다. 따라서 노동자 제군은 자본주의 같은 비인간적이고 반그리스도교적 체제에 의해서 압제받는 사람들의 온전한 해방을 가져올 정의로운 사회를 구현하는 데 적극 협력해야 할 것이다."[61]

그뒤로는 상당수의 사제들이 칠레의 사회주의 개혁에 호의를 표하기 시작했다: "생산수단의 사회 점유를 특징으로 하는 사회주의는 새로운 경제구조에의 길을 개척한다. 이러한 경제구조는 자율적이고 더 신속한 경제발전을 초래할 것이며 하나의 사회가 서로 반목하는 계급으로 분할되는 일을 방지해 줄 것이다. 그러나 사회주의는 새로운 경제구조에서 그쳐서는 안된다. 사회주의는 노동자들이 자기네의 직분에서 존엄성을 향유할 수 있는 사회, 더 굳건한 유대와 동포애가 자리잡은 사회를 출현시킬 '새로운 가치체계'를 탄생시켜야 하는 것이다. 우리는 그러한 움직임이 이미 태동하고 있음을 시사하며 아무쪼록 성공을 거두기를 간절히 바라는 바이다." 한걸음 더 나아가 그 사제단은 다음과 같은 주장을 내세운다: "우리가 이 문제에 관여하는 깊은 원인은 예수 그리스도께 대한 우리의 신앙이다. 신앙은 역사적 상황에 의해 깊어지고 새로워지고 구체화되는 것이다. 그리스도인이 되는 것은 타인과 연대성을 가지는 것이다. 오늘날 칠레에서 타인과 연대성을 가지는 길은 국민이 스스로 짊어진 역사적 사명에 함께 참여하는 일이다."[62] 로마에서 개최된 주교 대의원회의에 제출한 문서에서 페루 주교단은 다음과 같이 주장했다: "더 인간답고 정의로운 사회를 건설코자 하는 정권들이 국가에 들어설 때에는, 교회가 나서서 그들을 후원하고 선입견들을 제거해 주며 그들이 내세우는 염원을 인정하고, 아울러 사회주의 사회

---

[61] *CIDOC*, no.254, 1970. 대통령 선거의 결과에 대한 Jorge Hourton 주교의 논쟁(in *CIDOC*, no.251, 1970)과 "가톨릭 농촌 액션"의 코뮤니케(in *CIDOC*, no.255, 1970)도 참조.

[62] "Comunicado a la prensa de los sacerdotes participantes en las jornadas 'Participación de los cristianos en la construcción del socialismo en Chile'", in *El Mercurio* (Santiago de Chile), Apr. 17, 1971.

를 향해서 자기네 노선을 추구해 가도록 격려해야 한다고 생각한다."⁶³

끝으로 해방운동에는 "피압제자의 적극 참여"가 있어야 한다. 라틴아메리카 교회 문헌에서 항상 거론되는 점도 바로 이것이다. 사회의 모든 분야에 절대적 영향을 미치는 정치적 결정에 국민 대중이 참여하려는 염원이 거의 다 허사로 끝나는 경험에 비추어⁶⁴ 빈민들이 자신들을 해방하는 운동의 주역이 되어야 한다는 깨우침이 일어난 것이다: "자기네 처지를 개선하는 과업은 일차적으로 가난한 국가들, 또는 다른 국가의 빈민들에게 있다."⁶⁵ 따라서 보호주의는 일체 허용되어서는 안된다는 것이 ONIS(사회조사 전국 사무국) 사제단의 견해이다: "우리는 사회변혁이란 단순히 국민 대신 수행해 주는 혁명이 아니라고 믿는다. 우리는 국민들 스스로가, 특히 노동자와 농민들, 착취당하고 부당하게 사회 저변으로 밀려나 있는 사람들이 자기들을 해방하는 운동에 자진하여 가담하지 않으면 안된다고 본다."⁶⁶ 피압제자들이 그 운동에 참여하려면, 그들이 자기가 불의한 상황에 처해 있음을 각성해야 한다. 라틴아메리카 주교회의 메델린 선언문은 이렇게 주장한다: "따라서 정의와 평화는 국민 대중을 각성시키고 조직을 결성하는 역동적 활동을 통해서 쟁취되어야 한다. 국민 대중은 국가 관리들에게 압력을 넣을 수 있는 세력을 보유해야 한다. 국가 관리들은 국민 대중의 성원이 없으면 사회문제에 관한 계획을 수행할 능력이나 의사가 없는 법이다."⁶⁷

---

⁶³ *Justicia en el Mundo* (Lima), Aug. 14, 1971, p.9. Cf. Ricardo Antoncich, articles in *Expreso* (Lima), Sep.-Oct. 1971.

⁶⁴ Cf. "Presence of the Church", in *Between Honesty and Hope*, p.28.

⁶⁵ "제3세계 국민들에게 보내는 메시지", *ibid.*, p.9. "그들은 스스로 계획하고 행동해야 할 것이며, 부강국의 원조에 의지할 것이 아니라 자기들의 독창적 수완에 의존해야 한다. … 약소국들은 스스로 단결하여 그들의 생존권을 방어하지 않으면 안된다"(*ibid.*, p.9. 11). Cf. "Statement of Peruvian Episcopal Conference", *ibid.*, p.257; "Declaración de ISAL", in *NA-DOC*, no.147, p.7; "Chile, voluntad de ser" (칠레 주교회의 상임위원회), 1968, p.11c.

⁶⁶ IDOC-NA, no.4, p.38. Cf. *ONIS Declaraciones*, p.24. 농촌개혁에 대한 농민 참여에 대해서는 ONIS 성명서 참조: *IDOC-NA*, no.16, pp.91-4. Cf. *Carta del episcopado mexicano*, pp.22, 37, 49-50.

⁶⁷ "Peace", no.18, in *Medellín*; cf. no.7. Cf. *ONIS Declaraciones*, pp.29-37.

그러나 현사회의 구조는 국민 대중의 참여를 훼방하고, 국민 대다수를 소외시켜 놓으며, 그들의 요구가 전달되는 중간 기구들을 허용치 않는다.[68] 따라서 교회도 압제자들에게만 호소하고 있을 것이 아니라, 피압제자들에게 직접 이야기하여, 그들에게 자기들 운명은 스스로 결정해야 함을 깨우쳐주고, 그들의 요구사항을 성안成案시키며, 그 요구사항을 표현할 기회를 교회가 제공하거나, 교회가 직접 그 요구사항을 명문화시키지 않을 수 없다고 생각한다.[69] 메델린 주교회의는 "국민들이 지하단체를 조직하고 발전시킴으로써 자기 권익을 옹호하고 참다운 정의를 추구하려는 노력"[70]을 격려하고 성원하는 사목적 단안을 내렸다.

라틴아메리카 교회의 처신

그러나 만일 전체교회가 일어나서 라틴아메리카 국민들의 염원을 귀담아 듣고 이 대륙에서 교회가 가지는 위치와 태도를 진지하게 수정하지 않았다면, 압제사회의 체제에 대항하여 투쟁하며 정의의 사회를 건설하라는 교회의 호소도 실속없는 공론이 되었을 것이다.

1) 오늘날 교회의 태도가 수정되고 있다는 증거는 위에서 인용한 교회 문헌에서 발췌할 수 있다. 현실 상황을 앞에 두고 교회가 책임감을 의식함

---

[68] "Statement of Peruvian Episcopal Conference", in *Between Honesty and Hope*, 229-31; "*Populorum progressio* and Latin American Realities", *ibid.*, p.71; "Cristianos y poder", *Iglesia latinoamericana*, p.121. "그들이 자기네 사정을 호소하려면 신문이나 매스미디어를 타는 수밖에 없는데, 이 기구들이 도대체 경제력을 장악하고 있는 사람들의 손아귀에 들어 있어서 오로지 그들의 이익을 위해서만 발언하고 있다. 매스미디어를 관찰하면 대중은 거의 무시되며, 대중의 외침에는 거의 귀를 기울이지 않는다. 참으로 민중의 생활을 반영하는 청원, 노동쟁의, 기타의 사건들은 아예 묵살당하고 만다"(ONIS 성명서, in *IDOC-NA*, no.4, p.42). 그런데 강압주의나 대중의 소외현상은 교회 내에도 실재한다: 아르헨티나 평신도 성명서 (1968), in *Iglesia latinoamericana*, p.109.

[69] "교회가 불의한 체제에 시달리는 희생자들에게나, 그들을 대변하는 조직들과 이야기할 자세가 섰다는 것은 참으로 다행스런 일이다"("The Church's Shortcomings" [페루 평신도 성명서], in *Between Honesty and Hope*, p.157). "우리네 농민과 노동자들에게 말한다: 우리는 국민의 모든 노력을 북돋우고 후원하기 위해서 최선을 다할 것이다"("Statement of Peruvian Episcopal Conference", *ibid.*, p.231).

[70] "Peace", no.27, in *Medellín*.

에 따라 교회, 특히 주교들이 "예언자적 규탄"을 해야 한다는 강력한 요구가 일고 있다. 라틴아메리카 전역에 맹위를 떨치고 있는 이 엄청난 불의들, 이미 "죄악적 상황"에까지 간 그 불의들을 규탄하는 발언을 해야 한다는 것이다. 메델린 회의에 모인 주교들은 "교회의 목자들인 우리는 정의를 유린하고 평화를 파괴하는 일체의 것에 대해서 규탄할 의무를 지고 있다"[71]고 선언하였다. 주교들이 그런 발언을 하지 않을 수 없는 것은 "그것이 곧 사랑에서 오는 의무, 빈곤한 사람들과의 연대성에서 오는 의무 때문이다. 연대성이라 함은 그들의 문제점과 그들의 투쟁을 우리의 것으로 만든다는 것이며, 어떻게 하면 그들과 이야기를 나눌 수 있느냐는 것이다. 그러기 위해서는 불의와 압제를 비판하는 구체적 행동을 보여야 할 것이며, 빈곤한 약자들이 겪어야 하는 저 견딜 수 없는 상황을 쳐부수기 위해서 투쟁해야 할 것이다".[72] 한걸음 더 나아가 주교들은 "현실 상황에 대한 어떤 발언을 하는 일에서 그쳐서는 안되고 … 구체적인 사건들을 예의주시하고 거기에 대한 자기 입장을 분명히해야 한다"[73]는 요청을 받고 있다고 했다.

페루 주교단은 불의를 규탄할 뿐 아니라, 필요한 경우에는 "가난하고 압제받는 사람들과의 연대성을 구체적 행동으로 나타내겠다"[74]고 선언하고 있다. 물론 압제받는 대중들과 연대성을 가지고 행동하려면 크나큰 어려움이 따른다. 그 사실을 감안하여 메델린 주교회의도 이렇게 선언했다: "우리 주교들은, 빈곤하고 무력한 이들과 더불어 헌신적인 사도직을 수행하는 이들과 항상 친근히 있고자 한다는 것을 표명하고자 하는 바이며, 그 투사들이 항상 우리의 성원을 피부로 느끼고, 아울러 그들의 활동을 곡해하는 이들의 말에 우리가 귀를 기울이지 않을 것임을 알아주기 바라는 바이다."[75]

---

[71] *Ibid.*, no.20. Cf. "Lay Critique", in *Between Honesty and Hope*, p.200.

[72] "Poverty of the Church", no.10, in *Medellín*.

[73] "Carta del clero peruano a la Asemblea episcopal", in *Iglesia latinoamericana*, p.321.

[74] "Statement of Peruvian Episcopal Conference", in *Between Honesty and Hope*, p.231.

[75] "Poverty of the Church", no.11, in *Medellín*.

물론 교회의 이런 활동들을 정치적 간섭으로 단정하는 자들이 없지 않으며, 그래서 일부에서는 비난도 없지 않다. 이런 정황을 놓고 멕시코 주교단은 이렇게 답변했다: "우리는 교회의 이러한 간섭을 '정치적'이라고 힐난하는 무리들을 두려워할 필요가 없다. 그들은 표면적으로는 사제직과 종교활동의 '순수성'과 '존엄성'을 보호하는 데 열성을 가진 것으로 보인다. 그러나 실은 정작 불의로 괴로워하는 사람들을 위해서 소리높이 외쳐야 하고, 하느님의 백성이 짊어진 사회적·정치적 책임을 진작시켜야 할 정황을 앞에 둔 교회에다 '침묵의 법'으로 올가미를 씌우려는 속셈에 불과하다."[76]

사회적 불의를 규탄하는 문제는 분명 라틴아메리카 교회가 내놓는 문헌들에 현저히 등장하고 있다. 이런 규탄과 비난은 결국 교회가 불의한 기존 질서와의 야합을 탈피하겠다는 의도를 나타낸 것이다. "어떤 체제가 공동선을 도모하기를 그치고 특수층의 이익만을 추구할 때, 교회는 불의를 규탄만 할 것이 아니라 그 사악한 체제와 손을 끊어야 한다."[77] 그리고 사회 불의에 대한 규탄은 기존 질서를 합법화하는 데 그리스도교를 악용하는 일체의 음모를 거부하는 것이 된다.[78] 그리고 실제로는 교회가 집권층과의 투쟁을 정식으로 개시했다는 말이 된다.[79] 또한 교회와 국가를 분리시켜야 할 필요성을 감지한 것으로도 풀이된다. 왜냐하면 교회와 국가의 분리는 "매우 중대한데, 그 길만이 현세적 속박에서 교회를 해방하는 길이요, 교회가 권력층과 야합한 데서 오는 훼손된 인상을 씻기 때문이다. 이러한 분리는

---

[76] *Carta del episcopado mexicano*, pp.28-9.

[77] "제3세계 국민들에게 보내는 메시지", in *Between Honesty and Hope*, p.5.

[78] 1969년 아르헨티나 대통령 Juan Carlos Onganía가 이 나라를 성모의 원죄 없으신 성심께 봉헌한 일을 두고 아르헨티나 사제단이 제3세계에 보내는 성명서 등이 두드러진 예라 하겠다: *NADOC*, no.115, *IDOC-NA*, no.15, pp.75-8. 국민의 종교 감정을 이용하여 불의한 체제를 합리화하거나, 교회가 기존 체제를 비호하는 듯한 효과를 노리는 연극을 비난했다.

[79] Cf. "Carta de los obispos paraguayos"(국회에 제출된 성명서): "'국가 민주질서 및 정치-사회질서의 수호'라는 미명의 백서로 국가의 도덕적 양심을 무시하고 국가의 존엄성을 먹칠한" 것을 비난했다. Cf. "Carta pastoral de Monseñor de Jerónimo Pechillo, Prelado de Coronel Oviedo" (Paraguay, 1970): "하느님이 인간에게 주신 권리를 끊임없이 유린하는 정황을 파라과이 교회가 좌시할 수 없기에" 교회와 국가간에 알력이 있음을 분명히 선언했다.

교회로 하여금 적당히 타협하려는 태도를 탈피하고 더 자유로이 발언할 수 있게 해줄 것이다. 또한 교회가 자기 사명을 다하는 데 '권력'의 힘보다도 '주님'의 힘에 의존하고 있음을 실제로 보여주게 될 것이다. 그리하여 교회가 보존하는 지상적 유대는 오직 하나, 즉 이 나라의 소외된 인간들과의 유대, 그들의 관심과 투쟁을 함께하는 유대뿐인 것이다".[80]

교회가 지닌 예언자적 사명은 건설적이면서도 비판적이라야 하며, 지금과 같은 변화의 와중에서는 필히 구사되어야 할 사명이다. "정의를 외치는 교회의 예언자적 사명은 두 가지 기능을 해야 한다. 하나는 혁명운동에 내포되어 있는 참다운 인간화의 요인들을 지적해 내어, 교회 성원들로 하여금 이 운동에 단호히, 또 열성을 가지고 창의성있는 참여를 하도록 권장하는 일이다. 그러나 다른 한편으로는 그 운동에서 발견되는 비인간화의 요소들을 지적해 내지 않으면 안된다. 그러나 그리스도교 공동체가 아직 사회 속에 창조적인 참여를 하고 있지 않은 지역에서는 교회가 그런 기능을 발휘하지 못한다. 쿠바 교회는 이 혁명운동에서 이상의 두 가지 사명을 이행하라는 요청을 받고 있다."[81]

2) 라틴아메리카 교회 문헌들이 다루는 둘째 주제는 "의식화하는 복음화"conscienticizing evangelization의 시급한 요청이다. "우리들, 교회 사목자들은 크리스천 양심을 교육할 의무를 진다. 크리스천 양심에 영감을 제시하고 자극하며, 인간 형성에 이바지할 만한 이니셔티브를 식별하고 판단할 의무를 진다."[82] 인간이 복음선포를 바로 알아듣기만 한다면 자기가 압제받는

---

[80] "Clero peruano a la Asamblea episcopal", in *Iglesia latinoamericana*, pp.314-5. "교회가 복음적 자유와 독립을 간직하고 있다는 가장 뚜렷한 표지는 정치세력과의 경제적 유대를 일체 단절하는 것이며, 교회가 법적인 특혜나 보호를 일체 거절하는 것이다. 이 나라의 역사를 통해서 교회가 취득한 모든 권리까지도 포기하는 것이다"(ONIS 성명서, in *IDOC-NA*, no.4, p.39). "제도로서의 교회는 공공 경제계나 정치세력과의 결탁을 모조리 끊어야 한다. 교회가 박해나 비판을 받고 경제적 재원이나 원조가 다 끊어진다 할지라도 그래야만 한다. 그래야만 그리스도께서 하셨듯이 교회가 고통받는 사람, 가장 빈곤하고 어려운 사람들에게 봉사할 수 있을 것이며, 정의와 사랑을 위해서 일하려면 누구나 무릎써야 하는 '가난'을 증언할 수 있을 것이다"("Carta pastoral de Adviento" p.19).

[81] 쿠바 MEC의 성명서, in *Spes*.   [82] "Peace", no.20, in *Medellín*.

처지이고 자기 운명의 주인공이 되지 못하는 사실을 바로 깨달을 것이다: "이미 다 아는 바와같이, 우리가 그리스도교 메시지를 그릇 전달한 데서 종교가 민중의 아편이라는 인상을 주어왔던 것이다. 그리고 복음의 풍부한 교의 속에는 혁명적 충동이 포함되어 있다는 사실을 은폐한다면 우리는 페루의 발전을 저해하는 범죄자가 될 것이다."[83] "우리가 성서에서 뵙는 하느님은 해방시키시는 하느님이시다. 조작된 신화와 발호跋扈하는 세도를 쳐부수시는 하느님이시다. 역사 속에 개입하시어 불의의 체제를 파괴하시는 하느님이시며, 정의와 자비의 길을 가르치라고 예언자들을 불러일으키시는 하느님이시다. 우리가 성서에서 뵙는 하느님은 노예들을 해방Exodus하시는 하느님이시요, 제국들을 거꾸러뜨리시고 압제받는 이들을 들어높이시는 하느님이시다."[84] 가난한 사람들의 권리를 끊임없이 내세우면서, 그들의 하소연에 귀를 기울이고 사회에서 그들이 우선적으로 배려되어야 한다는 요구가 복음 전편에 흐르고 있다. 경제적 관심을 빈궁한 이들의 곤고困苦한 사정에 종속시켜야 한다는 요구가 전편에 가득 차 있다. 그리스도의 첫번째 설교가 "압제받는 이들에게 해방을 선포하라"는 말씀[85]이 아니었던가?

교회가 전하는 메시지의 내용, 라틴아메리카에서 전개되고 있는 해방운동, 국민 대중측에서 이 운동에 참여하라고 하는 요청 … "이 모든 것이

---

[83] "Socioeconomic Structures of Peru", in *Between Honesty and Hope*, p.74. "올바른 복음화가 결여되면 상황을 오도하여, 국민의 종교적 태도가 인격적 창의성과 총체적 발전을 장해하게 만들 우려가 있다. 따라서 우리는 신앙을 제시하되 그 신앙이 변혁을 촉진하고, 정의의 사회를 촉구하는 요인임을 분명히해야 한다"("Underdevelopment in Colombia", in *Between Honesty and Hope*, p.91). Cf. *Carta del episcopado mexicano*, pp.16-7.

[84] "Manifiesto de la Iglesia metodista de Bolivia" (1970), in *IDOC-NA*, no.7, pp.39-48: "볼리비아 국민으로 하여금 상황을 각성케 하는 일은 … 하느님이 우리에게 부여하신 사명이다"(*ibid.*). "우리는 그리스도교 각 종파들이 이 엄숙한 순간에 똑같은 메시지를 전함으로써 교회일치 도모에 커다란 진전을 달성하게 되리라고 믿는다. 우리 모두가 하느님께로부터 모든 인간에게 내리는 사랑을 전파하고, 인간의 존엄성을 외치며, 더 정의로운 페루를 건설하는 투쟁에 그들을 초대하는 데 보조를 함께할 수 있는 것이다"("Llamado a las Iglesias" [리마 교회회의 일치위원회, 1969], in *NADOC*, no.59).

[85] "Evangelio y subversión" (부에노스 아이레스 사제 21인의 선언서, 1967), in *Iglesia latinoamericana*, p.106.

'의식화를 도모하는 복음화'의 가장 긴급한 과제임을 분명히 제시하고 있다. 이 복음화는 인간을 해방하고 인간다운 인간이 되게 하고 더욱 향상시킬 것이며 … 인간사회에 투신하는 신앙의 생기를 되찾음으로써 더욱 풍요한 내용을 가지게 될 것이다".[86] 다른 문헌에도 같은 견해가 나타나고 있다: "오늘날 라틴아메리카에서는, 청년운동에 비추어볼 때, 복음화가 사람들로 하여금 자신의 상황을 각성케 하는 의식화와 긴밀히 결합되어 있다. 여기서 '의식화'라고 할 때에는 그리스도를 중심으로 하여 현실을 분석·파악하는 일을 의미하며, 인간의 해방을 도모하는 움직임을 지칭한다."[87] 메델린 회의에서 주교들은 "우리의 설교와 전례, 교리교육은 그리스도교의 사회적 차원과 공동체적 차원을 명시할 수 있어야 할 것이며, 세계 평화에 기여하는 인간들을 형성해 낼 수 있어야 할 것이다"[88]고 밝혔다. 사람들의 의식을 깨우치는 복음전파는 "가장 빈곤하고 불쌍한 인간들에게 바치는 봉사의 하나이다. 복음전파 활동은 우선 이같은 인간들을 대상으로 삼아야 한다. 이것은 우리측에서 그들의 생활상을 먼저 이해해야 한다는 필요성 때문만이 아니다. 그들의 해방과 발전에 협조함으로써 그들로 하여금 자기들이 짊어진 사명을 각성하도록 돕자는 것이다".[89] 그러므로 교회는 압제받는 사람들을 상대로 설교해야 할 것이며 압제자들을 상대할 것이 아니다. 교회의 이같은 활동은 가난을 내세우는 교회의 증언에 진정한 의미를 부여할 것이다. "교회가 압제받는 이들을 복음화하는 일을 최우선의 임무로서 주력할 때 비로소 교회 안의 가난은 참다운 실현을 보게 된다."[90]

---

[86] 우루과이 Salto 교구의 사목회의 성명서(1968년), in *Iglesia latinoamericana*, p.373. "우리는 하느님의 백성 전체로 하여금 현상황의 심각함과 해방운동의 시급함을 각성케 하고, 교회가 이러한 변혁의 노선을 촉구하면서 그들을 이 운동에 적극 참여하도록 촉구해야 한다" ("Encuentro Regional Andino", in *NADOC*, no.147, p.4).

[87] *Juventud y cristianismo*, p.35. Cf. *Pastoral indigenista en México* (Bogota: Depart. de Misiones del CELAM [1970], pp.40-2).

[88] "Peace", no.24, in *Medellín*.

[89] 우루과이 살토 사목회의, in *Iglesia latinoamericana*, p.374.

[90] *Ibid.*, p.377. Cf. "Poverty", no.9, in *Medellín*.

3) "가난"은 라틴아메리카 교회가 가장 자주 힐난하는 문제이다. 제2차 바티칸 공의회는 교회가 사명을 수행함에 있어서, 그리스도께서 그러하셨듯이, "가난과 박해를 당하면서"(「교회헌장」 8항) 나아가야 한다고 천명했다. 그런데 라틴아메리카 그리스도교 공동체 전체가 "가난과 박해를 당하는" 교회의 모습을 보여주지는 못하고 있는 것이다.[91] 실로 가난이란 상반되는 증언들이 만연되고 있는 영역이다. "가난한 이들의 교회를 이야기하는 대신에 가난한 교회가 되어야 할 것이다. 그러나 우리는 우리의 부동산, 주택과 부속건물, 우리의 생활양식 전체를 통해 오히려 그것을 거부하고 있다."[92] 메델린 주교회의는 교회의 가난은 압제받는 이들과의 유대의 표현이요 압제에 대한 항거라고 분명히 밝혔다. 이같은 가난을 교회 내에 구현하는 길이라면, 가난한 이들에 대한 복음전파, 부정과 불의에 대한 규탄, 검소한 생활, 봉사정신, 세속권력과의 야합과 특혜의 포기 등을 들고 있다.[93]

4) 사람들이 교회측에 예언자적 규탄을 요구해 온다든가, 교회가 압제받는 이들의 의식을 일깨우는 복음전파를 하지 않으면 안된다든가, 교회에 가난을 요구한다는 사실로 미루어, 교회가 당면하고 있는 세계에 대해 "교회구조의 부적당성"이 표출되고 있다고 봐야 할 것이다. 오늘의 세계에서 새롭고 심각한 도전을 목전에 둔 교회는 자기 구조가 너무도 시대에 뒤지고 무기력함을 드러내고 있다. 볼리비아 사제단은 "우리가 활약하는 체제 자체가 우리를 훼방하여 복음정신에 입각하여 행동하는 것을 방해하고 있다. 우리는 이것이 심각한 문제라고 생각한다. 왜냐하면 사람들에게 복음을 전할 여러 가지 기회들을 크게 교란시키는 까닭이다. 교회가 스스로 그리스도께로 향하여 돌아서지 않고서는, 교회가 현대세계에서 예언자적 역

---

[91] 라틴아메리카의 교회 재산에 관한 연구서가 나왔고, 몇몇 주교들은 이 문제를 재고하기 시작했다. Cf. "Statement of Peruvian Episcopal Conference", in *Between Honesty and Hope*, p.232; "Resoluciones de la conferencia episcopal ecuatoriana" (1969년 6월), in *NADOC*, no.73.

[92] "Church in Bolivia", in *Between Honesty and Hope*, p.142. 상품화된 신앙과 교회의 재산 문제는 "Brazilian Realities", *ibid.*, pp.135-6에서도 취급했다. Cf. *Pobreza y vida religiosa en América Latina*, CLAR(라틴아메리카 수도회 연합회), (Bogota, 1970).

[93] "Poverty of the Church", nos. 8-18, in *Medellín*.

할을 할 수는 없다. 교회의 인간관계나 내부구조 자체에 허점과 과오가 있을 경우에 교회는 제3자를 비난할 권리가 없는 것이다".[94] 그리하여 교회의 현체제와 구조를 전적으로 쇄신하는 일도 급선무가 아닐 수 없다. 평신도 운동 지도자들이 내세우는 주장도 바로 그것이다: "현재의 사목구조는 너무도 불충분하고 부적당하다. 교회가 세계의 사회학적 여건에 적합한 체계를 갖추려면 교회의 사목구조 전체를 개편하지 않으면 안된다."[95] 메델린 회의에서도 이 문제가 거론되었다. 그러나 그 결의사항의 시행이 몹시 시급한 것이다.[96]

5) "오늘날 라틴아메리카에서 일어나고 있는 심각한 변혁은 필연적으로 사제의 직무와 생활방식에 영향을 미친다."[97] 이는 라틴아메리카 주교단의 견해이다. 현행 "성직자의 생활양식"[98]을 바꾸어야 한다는 말은 이런 여건을 염두에 두고 하는 이야기이며, 특히 성직자들이 "새로운 사회"를 건설하는 일에 투신할 것을 전제하는 이야기이다. 불의를 규탄하자면 정치적 마찰을 낳지만, 이 일은 복음의 근본 요청이므로 어쩔 도리가 없다. 아르헨티나 사제단이 피력하는 대로이다: "이러한 규탄은 인간의 권리와 자유, 하느님의 아들로서의 존엄성을 인간 스스로 좌우하게 하자는 데 목표를 두고 있기에" 복음의 근본 요청이 된다. "그뿐 아니라 우리가 사회 불의를 규

---

[94] "Church in Bolivia", in *Between Honesty and Hope*, pp.141-2; "Formation of the Clergy", no.1, in *Medellín*; "Joint Pastoral Planning", no.5, *ibid.*, "Presence of the Church in Latin American Development", in *Between Honesty and Hope*, pp.22-3; "Underdevelopment in Colombia", *ibid.*, pp.89-90; "Church's Shortcomings", *ibid.*, pp.156-7; 아르헨티나 평신도 성명서, in *Iglesia latinoamericana*, pp.108-10.

[95] "Lay Critique", in *Between Honesty and Hope*, p.22. "우리의 요구는 교회 구조의 쇄신이다. 교회가 젊어지는 것이 가장 시급한 과제라고 본다. 그래야 교회는 새 인간을 건설한다는 중차대한 사명을 띠고서 사회에 투신할 역량을 지니게 된다"(쿠바 MEC 성명서, in *Spes*).

[96] Cf. "Declaración de Sacerdotes para el Tercer Mundo" (1970, in *NADOC*, no.147, p.9). 특히 교육문제에 있어서 멕시코에서 예수회원들이 경영하는 학교를 폐쇄한 조처도 있었다: "Motivos principales de nuestra decisión sobre el Instituto Patria", in *NADOC*, no.194.

[97] "Priests", no.1, in *Medellín*.

[98] Cf. *La pastoral en las misiones de América Latina* (Bogota: Depart. de Misiones del CELAM [1968], pp.38-9).

탄하지 않을 경우에는 현실에서 자행되는 불의에 대해 우리가 책임을 져야 하고 그 불의를 방조한 죄책을 져야 할 것이다. 우리가 직무를 수행하자면 이 문제에 개입하지 않을 수 없다."[99]

그래서 "생활비를 버는" 방도에는 어떤 변화가 있어야 한다는 이야기가 거론되고 있다: "성직자의 생활을 유지하는 데도 새로운 방책을 모색해야 한다. 성직록聖職祿(stipendium)을 받기 싫거나 종교 과목을 가르치는 일로 생활비를 받고 싶지가 않으면, 자기 나름대로 어떤 방안을 모색할 자유가 있어야 한다. … 그런 면에서 사회의 일반 직장도 좋은 대상이 되겠다. 사회 직장에 있게 되면 성직자들도 자기들이 여느 인간들과 실생활을 함께한다는 의식을 가지게 되리라고 본다(「사제들의 직무와 생활에 관한 교령」 8항 참조). 성직단체에 생활을 전적으로 의존하고 있는 사람들 편에서는 비굴감을 극복할 수 있을 것이며, 동시에 교회로서도 재정적 난문제를 경감시킬 수 있지 않을까 한다. 동시에 교회가 정부나 군부로부터 자유로운 입장을 견지할 수 있는 여건도 만들어주리라고 본다. 끝으로 이런 시도는 우리들이 불건전한 속박에 일체 구애받지 않는 강력한 사도직 소명을 개발하는 데 기여하리라고 본다."[100] 아울러 평신도, 수도자, 일반 사제들이 교회의 사목적 결정에 더 적극 참여할 수 있도록 여건을 개선하는 일도 시급하다.[101]

최근 수년간 라틴아메리카 교회의 여러 계층에서 발표된 방대한 문헌들은 앞으로 더 완전하고 상세한 전문적 분석을 거쳐서 내용이 자세히 드러

---

[99] "Carta de Sacerdotes tucumanos", in *Iglesia*, p.137. Cf. "Sacerdotes bonaerenses responden a su obispo" (1969), *ibid*., pp.130-1; "Underdevelopment in Colombia", in *Between Honesty and Hope*, pp.87-9; "Socioeconomic Structures of Peru", *ibid*., p.79.

[100] "Clero peruano", in *Iglesia*, p.318. 에콰도르 사제단은 자기 생활비를 종교직무에서 받고 있음을 환기시키고 이같이 주장했다: "오늘에 와서는 이런 상황을 계속할 수는 없다. 사회의 눈으로나 사제 본인들의 생각에서나 그것은 곧 착취의 인상을 주며, 사람이 타인의 기부에 의존하여 사는 느낌을 주기 때문이다. 그런 이유에서 사제들은 자기 나름의 직장을 따로 가지고 거기서 생활비를 벌고자 한다"(에콰도르 사제총회의 백서 〔1970년 1월〕, in *NADOC*, no.141, p.13).

[101] Cf. "Por qué los sacerdotes recurrimos a la opinión pública" (1968년 12월 Quito의 사제 57인이 대주교에게 보낸 서한), in *NADOC*, no.30.

나야 할 것이다.[102] 우리가 이 장에서 인용한 기초 문헌들은 그 중에서도 대표적인 문헌들로서 본서의 내용과 부합하는 부분들이다. 거론하는 쟁점들이 얼마 전과 크게 다름을 엿볼 수 있다.[103] 그뿐 아니라, 문제에 접근하는 방식이 "점증적으로 급진화"하고 있음을 외양으로도 엿볼 수 있다. 앞으로 남은 여정은 아직도 요원하지만 최소한도 교회의 입장이 애매모호하고 순박한 테두리를 벗어날 것만은 분명하다. 이 문헌들은 지금과는 질적으로 다른 사회를 시사하며, 아울러 그 사회에서는 교회의 현존과 위치가 지금과는 근본적으로 다른 형태로 이루어져야 한다는 새로운 자세를 암시하고 있다.

---

[102] Cf. Ricardo Cetrulo, "Conclusiones críticas", in *Iglesia latinoamericana*, pp.403-24.

[103] 어조나 노선의 변화를 보려면: *Recent Church Documents from Latin America* (Cuernavaca: CIF, 1963). 1962~1963의 주교단 문헌들을 재판한 책자이다.

제 8 장

교회의 당면 과제

최근까지만 해도 교회는 기존 질서와 긴밀히 결합되어 있으나, 이제는 라틴아메리카 전역에 만연하는 착취와 탄압과 인간 소외에 대해서 전과는 다른 태도를 취하기 시작했다.[1] 이것은 자본주의 사회의 옹호자들과 거기서 이득을 얻는 계층의 우려를 자아내기 시작했다. 그들은 — 의식적이었든 무의식적이었든간에 — 자기네를 떠받쳐 주던 교회라는 밧줄에 더 이상 의존할 수 없게 된 것이다. 예컨대 「록펠러 보고서」에도 이 사실이 반영되어 있다. 그 보고서는 교회가 "개혁 — 필요하다면 혁명적 변혁이라도 — 에 참여하는 세력"이 되었음을 인정하고서 교회의 태도를 은근히 염려해 주는 듯한 어투를 빌려 이렇게 말한다: "교회는 같은 상황을 놓고서 젊은이들처럼 진지한 이상주의를 신봉하고 있다고 보겠다. 경우에 따라서는 현상을 전복시키는 주의主義로 표변할 수도 있다. 교회는 불의를 종식시키기 위해서라면 혁명도 불사할 태세가 되어 있다. 그렇지만 그 혁명의 종국적 성격이 어떤 것이며, 교회가 추구하는 정의를 실현하는 정부 조직이 어떤 것인지는 명확히 파악하고 있지 못하다."[2] 위에서도 잠시 언급한 바 있지만 교

---

[1] Thomas G. Sanders의 견해: "로마 가톨릭 교회는 시대착오적 사회체제와 경제적 저개발을 조장한다는 비난을 오랫동안 받아왔다. … 그러나 오늘날 라틴아메리카에서 가톨릭 교회만큼 급속하게 변혁하고 있는 단체는 없다"("The Church in Latin America", *Foreign Affairs* 48, no.2 [1970], p.285).

[2] *The Rockefeller Report on the Americas* (Chicago: Quadrangle Books, 1969), p.31. "로마 초대 주교의 반석 위에 세워진 가장 역사가 긴 왕국이 오늘날 그 성스러운 가치들이 뒤집힐 위기에 처해 있다. 복음적 봉사를 좁은 영역에서 확산시켜 감히 마르크스주의도 개방적으로 대하려는 움직임이 있으며, 이 움직임은 말썽많고 묵살당하는 평신도들이 주축이 되어 일으키는 것이 아니라 성직자들이 앞장서고 있다. 이 움직임에는 전향자들에게서 볼 수 있던 맹렬성과 조급성도 그대로 엿보인다"(Alberto Lleras Camargo, *Visión* [May 9, 1969], p.17).

회 내의 어떤 단체들은 벌써부터 (정부) 전복주의자들로 간주되어 가혹한 탄압을 받고 있다. 이런 모든 여건은 라틴아메리카 교회로서는 전혀 낯선 새로운 상황을 조성해 내고 있으며, 교회 — 특히 교회당국자들 — 로서는 이에 대처할 태세가 거의 안된 채로 문제에 봉착해야 하는 사태를 빚고 있는 것이다. 세살 아가르César Aguiar의 말을 들어보자: "교회 안에서 매일같이 일어나는 사건들을 보면 평범한 그리스도인들의 기대와는 너무도 판이하다. 5년 전까지만 해도 그 누가 이 대륙에서 사제들이 피살당하고 그리스도 교도들이 박해받고, 사제들이 추방당하고, 가톨릭 언론기관들이 공격받고 폐간당하거나 교회 건물을 수색당하리라고 생각했겠는가? 정말 아무도 그런 생각을 못했을 것이다. 5년 전만 해도 가장 급진파라고 자칭하는 그리스도 교도들도 유토피아라는 안경을 쓰고서 사물을 바라보고 있었고, 자기네가 이 역사에 연루되어 있음을 파악하지 못했던 것이다."³

지난 3년 동안에 문서로 된 주의주장들이 많이 나왔다(물론 이 운동에 직접 가담하고 있는 크리스천들의 구체적 태도와 비교하면 훨씬 온건한 편이다). 그 중에는 교의적 권위가 상당한 문헌도 있다. 그러나 그 문헌의 내용과 라틴아메리카 교회의 전반적 태도를 비교하면 우려를 금치 못할 것이다. "진리를 실천하며"⁴ 살라고 설교하는 교회로서는 매우 심각한 문제가 아닐 수 없다.

그런 가운데도 라틴아메리카 크리스천들의 현실 참여와, 그들의 거취를 설명하는 문서와 문헌들은 은연중에 이곳 교회의 "정치적" 입장을 형성해 가고 있다. 물론 크리스천들의 활동 가운데서도 노선이 모호하고, 약간 낭만적이며 조급한 것들이 없지는 않다. 그러나 모든 활동이 지향하는 근본 목표만은 뚜렷하다. 물론 위에 말한 "정치적 입장"이 라틴아메리카 그리스

---

³ "La Iglesia perseguida: desafío latinoamericano", *Perspectivas para el Diálogo*, no.35 (1969), p.148.

⁴ 이 문제에 관해서 Michel de Certeau의 연구를 참조할 것: "L'articulation du *dire* et du *faire*", *Études Théologiques et Religieuses* (Montpellier), 45 (1970): 25-44.

도교 공동체 절대다수의 것이 아님은 분명하다. 그러나 그것은 차라리 이 공동체 주류의 사상을 대변하고 있다는 말이 옳을 것이다. 하지만 이 주류의 세력권은 갈수록 확대되고 있으며 그만큼 장래성이 있다고 봐야 하겠다. 교회 전반의 입장을 보면, 과거에는 주로 이 대륙의 지배계급의 이데올로기를 대변해 왔다. 지금도 그런 경향이 농후하다. 그러던 상황이 최근에 와서 변화를 보이기 시작한 것이다.

이 부면에서는 메델린 주교회의가 가장 중대한 계기가 되었다. 메델린에서 라틴아메리카 교회는 자기가 처한 상황 그대로 포착하였고, 그 세계에서 교회가 점유할 위치가 어딘가를 파악했다고 하겠다. 그 회의 직전에 개최된 보고타 성체대회의 분위기와는 별개 세계였다. 단시일에 교회는 스스로가 이미 성년에 달했음을 의식하고, 자기 운명의 고삐를 자기 손에 쥐게 된 것이다.[5] 제2차 바티칸 공의회는 많은 국민들의 저개발 상태와 선진국들에 관한 이야기를 하였고, 이 저개발 상태를 두고 그 지역 국민들과 선진국들이 무엇을 할 수 있으며 또 해야 마땅한가를 천명하였다. 메델린 회의는 빈곤한 국가들의 입장에서 문제를 다루었고, 그 나라들이 신식민주의의 대상이 되고 있음을 경고하였다. 바티칸 공의회는 세계 안의 교회를 이야기했고 가능한 대로 알력과 충돌이 없는 방향에서 교회와 세계의 관계를 논했다. 그러나 메델린 회의는 라틴아메리카 교회가 처해야 하는 그 세계는 혁명이 무르익은 세계임을 입증하였다. 바티칸 공의회가 교회쇄신의 일반 요강을 서술하고 있음에 비해, 메델린 회의는 비참하고 불의로 가득 찬 이 대륙에 교회가 처해 있다는 현실을 전제로, 교회혁신의 방침들을 제시한 것이다.

---

[5] 여기에는 CELAM(라틴아메리카 주교회의)이 결정적인 역할을 하고 있다. 1955년 처음 조직될 당시는 전통적 노선을 그대로 붙좇았으나 1963년 칠레 Talca의 주교 Don Manuel Larraín이 의장직을 맡는 동안 획기적 개혁을 단행하고 각각의 사목 분야에 따른 분과위원회가 조직되었다. 각 분과위원회에서는 주교들과 전문가들이 긴밀한 협력하에 활동하고 있다. Dom Avelar Brandão가 의장직을 맡던 1966년초에 본격적 회합들이 추진되고 당시로선 놀라운 성명서들이 발표되었다. 메델린 총회를 준비하는 분과위원회가 각기 열렸다.

메델린 회의는, 불완전하고 빠진 점이 없지 않으나, 라틴아메리카 교회 안에 새로 조장된 현상을 공인하고 그것들을 쇄신하려는 노력을 개시하였다. 그후 사람들로부터 예상 외의 성원을 받고 있다. 무엇보다도 메델린 회의는 현실 참여의 새로운 계기를 많이 조성한 것이다. 그러나 이곳의 교회는 지금 "메델린 후대"를 살고 있다. "공의회 후대"와 마찬가지로 수많은 묵은 문제들이 그대로 남아 있다. 달라진 것이 있다면 그 문제를 의식하는 태도이다. 메델린 회의 이후에 교회 내의 어떤 부류들은, 그 회의가 끝난 이상 이미 망각되거나 타결됐으리라고 간주한 입장들이 여전히 놀라운 결과를 내고 있음을 보고서 경악을 금치 못한다. 그들은 메델린 회의에서 발표한 내용과는 반대되는 말을 할 수 없기 때문에 그같은 입장이나 노선은 실제로 적용하기가 힘들다느니, 특수하고 일정한 상황에만 해당한다느니 하는 구차한 수작을 부린다. 그들의 이같은 노력은 도무지 쓸데없는 수작일 뿐더러, 메델린 주교회의의 권위를 실추시키고 그 회의가 열리지 않으면 안되었던 교회의 정신마저 무시하는 것이다. 그들의 말대로 한다면, 메델린 문헌은 멀지 않아 폐물이 될 위험이 있다는 것인데 사실은 그렇지 않다. 상황은 변화하게 마련이며 언제든지 새로운 상황을 대면할 태세를 갖추고 있어야 한다. 어떻게 하면 메델린의 사상이 잘못 해석되거나 과장되지 않게 할까에 급급할 것이 아니라, 그 사상을 구체적 현실에 주석하고 적용하기에 부심해야 한다. 메델린 문헌이 담고 있는 주의주장은 그리스도교 공동체의 "실천생활"에서 그 가치가 드러나야 한다. 또 그래야만 복음의 참신한 면모를 항상 유지하고 역사적인 가치를 지니게 되는 것이다.

그러면 메델린 회의 이후에 발생한 상황에서 야기되는 신학적·사목적 문제점들을 몇 가지 지적하겠다. 이것은 다음 편에서 전개할 연구의 기초 자료가 될 것이다.

1) 라틴아메리카의 크리스천들이 현실에 대한 안목과 참여를 정립하는 가운데 근본적 의문이 발생하고 있다: 사회 불의와 인간 소외에 대항하여 투신하는 우리의 삶에 "신앙이 주는 의미"가 과연 무엇인가? 정의의 사회

를 건설하겠다는 우리의 노력과, "하느님 나라"라는 절대가치가 어떻게 연관되는가? 해방운동에 가담하고 있는 이들 중 상당수가 자기네 신앙생활과 자기네 혁명과업 사이에 극복할 수 없는 이원성을 보고 있다. 이같은 분리는 인간을 초조하고 피로하게 만들며 매우 감당하기 힘든 것이다. 그러나 그들이 하느님 나라와 혁명을 혼동하고 있다고 비난해서는 안된다. 그들이 전자보다 후자를 더 진지하게 생각한다고 해서, 하느님 나라가 현재의 불의한 상황을 도저히 용납하지 않는 것으로 믿는다고 해서, 라틴아메리카에 하느님 나라가 도래하기 위해서는 먼저 불의와 압제가 횡행하는 이 사태를 무너뜨려야 한다고 믿는다고 해서 그들을 비난해서는 안된다. 대개가 이런 비난을 퍼붓는 자들을 보면 편안한 "종교"생활을 누리는 안이한 무리들이다. 그들을 비난할 것이 아니라 압제받는 이들의 편을 들기로 작정하고서 압제자들을 등진 그리스도인의 실생활에서 야기되는 곤란한 문제에 신학적 해답을 모색해 주어야 한다. 그리고 견해가 다르고 영성의 추구가 다른 사람들과도 긴밀한 협력을 함으로써 신앙에 고유한 기여를 하도록 배려해야 한다. 그리고 이같은 대화에 있어서는 상대방에게 "도움"을 주리라는 옹졸한 오만을 나타내는 일이 없도록 상호 조심해야 할 것이다.

2) 그러나 새로운 신학을 정립한다고 해서 문제가 다 해결되지는 않는다. 해방운동에 가담하는 크리스천들이 개인으로나 단체로서나 "기도생활"에 상당한 위기를 겪고 있다. 이같은 시련을 받기 때문에 유치한 기도생활, 틀에 박힌 기도와 도피적인 자세를 벗어날 수 있을지도 모른다. 그렇게만 된다면 이같은 시련이 기도생활을 정화하는 역할을 한다. 하지만 그렇게 되려면 영성의 새로운 활로가 뚫려야 하고 새로운 영성체험이 생겨야 한다. 예컨대 전통적 용어를 써서 말하자면, "관상생활"이 없이는 올바른 그리스도교 생활이 영위되지 않는다는 것이 사실인데, 이 "관상생활"이라는 것이 어떤 것인지 아직 모르고 있다. 다시 말해서 "해방의 영성"이 시급히 요청되고 있다. 앞에서도 말했지만, 라틴아메리카에서는 해방운동에 투신하고 종사하는 크리스천들의 역사가 한 세대밖에 안된다. 그들의 생활을

보면 여러 면에서 아직도 신학적·영성적 전통을 확립하지 못하고 있다. 그만큼 역사가 짧았다. 지금 그들은 자기 나름대로 그 전통을 창조해 가고 있는 셈이다.

3) 라틴아메리카의 현실. 라틴아메리카가 겪고 있는 "역사적 순간"은 "심각한 갈등을 안고 있다". 메델린 회의가 기여한 가장 큰 공적은 이같은 현실을 깊숙이 탐색하여 파헤쳤고, 또 놀랄 만큼 명확한 용어를 써서 교회 문헌에다 표현했다는 점이다. 메델린 문헌은 이 현실을 표현하는 신학적·사목적 언어와, 이 현실을 해석하는 사회과학간의 새로운 관계를 수립했다.[6] 물론 그때문에 지엽적이고 일시적인 이론과 학설이 난립하기도 했다. 그러나 교회가 사용하는 언어가 참으로 시의에 맞는 것이 되고, 또 (하느님의) 말씀이 "오늘의" 언어로 표현되기 위해서는 이만한 대가는 치러야 하리라고 본다. 그리고 교회가 새로 창안한 이 언어는 기실 이 대륙의 현실 저변에 깔려 있는 움직임과 사상을 제대로 반영했을 따름이다.

우리도 앞의 두 장章에서 라틴아메리카인들의 새로운 체험과, 교회가 새로 취하고 있는 노선이 무엇인가를 보았다. 사실 이것은 일찍이 없었던 새로운 현상이다. 이것은 인간들이 "역사 과정"을 보는 눈, 좀더 정확히 말해서 주께서 역사 속에 현존하시면서 우리를 고무하여 역사를 창건케 하신다는 것을 감지하는 새롭고 대단히 구체적인 방법을 암시해 준다. 그리고 마르크스주의 사관에서 역사를 보는 인사들과 접촉하는 가운데 그리스도교의 종말론적 가치들을 재발견할 수 있었다. 종말론적 가치는 역사적 성취가 어디까지나 잠정적임을 강조할 뿐만 아니라, 역사는 모든 인간이 하느님과 이루는 완전한 통교를 향하여 열려 있고 또 그리로 진행되고 있음을 깨우쳐 준다. 그렇지만 우리 그리스도인들은 투쟁적인 용어나 역사적인 용어를 빌려 사고하는 데는 서툴다. 우리는 대립보다는 평화로운 타협을 더 좋아하며, 잠정적일지라도 어떤 일을 결말짓느니 차라리 도피적인 영속성을 추

---

[6] 메델린 주교회의에 대한 평: Alberto Lleras Camargo, "La Iglesia militante", *Visión* (Sep. 29, 1968).

구한다. 우리는 진정 갈등 속에서 평화를 생각하고 생활하며, 역사적인 것 속에서 영속적인 것을 사고하고 생활해야 마땅하지 않을까 한다. 이 점에서 볼 때 우리와 전혀 다른 사상을 가지고서 피압제자들의 해방운동에 종사하는 사람들과 협력하고 대화를 가진다는 것도 매우 중요한 일이다. 요컨대 문제는 이 해방운동에 참여하는 의의가 어디 있느냐는 것이다.

4) 해방운동을 놓고 라틴아메리카 교회는 날카롭게 "분열"되어 있다. 교회도, 계급과 계급이 서로 대치하는 자본주의 사회 안에 현존하면서 — 더구나 교회의 위치가 더욱 비중이 커지는 이 시기에 — 교회 성원들 사이의 이같은 분열을 모르는 체할 수 없게 되었으며 회피할 수도 없게 되었다. 해방운동에 대한 적극 참여가 라틴아메리카 교회 전체의 입장은 아니다. 교회의 대다수는 여전히 기존 질서와 연관을 맺고 있다. 그보다 더 좋지 않은 현상이 있다: 라틴아메리카 크리스천들 사이에는 (자유로이 이념을 교환하는 가운데 정치적 견해를 달리하는 수도 있긴 하지만) 이 견해가 양극화되어 있고, 심지어는 크리스천들마저 압제받고 박해받는 부류와 압제하고 박해하는 부류, 고문당하는 자들과 타인을 고문하고 여기에 동조하는 자들로 양분되고 있다는 사실이다. 그리하여 착취와 불의에 시달리는 크리스천들과, 그것을 자행하는 기존 질서의 혜택을 누리는 크리스천들로 나뉘어 서로 대치하고 있다. 그들의 대립은 갈수록 심해지고 과격해진다. 그런 여건에서는 그리스도교 공동생활이 매우 곤란하고 갈등에 찬 생활이 아닐 수 없다. 예를 들면, 성찬의 참석도 그리스도교 공동체를 그런대로 유지해가야 한다는 생각에서, 서로 신앙을 가장하고 모이는 일종의 행사로서 그치게 된다.[7]

---

[7] 여기서 개신교들에 관해서 "두 교회"의 출현을 운위하기에 이르렀다: "이 두 교회 사이에는 여하한 개혁의 시도로도 극복 못할 질적인 단절이 있다. 라틴아메리카 개신교의 개혁은 교회의 첫째 형태에 대해 과격한 도전을 유발하고 있다. 석화(石化)된 교회 구조에 균열이 생기면서 그 구조를 괴멸시키고 있다. 그 구조가 부숴져야만 새로운 교회 구조가 가능하다. 라틴아메리카의 정치-사회 풍토에서 볼 때 온건한 개혁론의 노선은 의미가 없으며, 근본적인 변혁만이 새로운 활로를 열어줄 것이다"(Christian L. d'Epinay, *CIDOC*, no.78, p.12).

크리스천들이 이처럼 분열되고 극심한 차별이 있는 이상, 여기서 야기되는 문제는 결코 간과할 수 없게 되었다. 그리스도교적 일치와 단결을 외치는 소리가 아무리 높을지라도, 사태가 여기까지 이른 근본 원인들에 개의하지 않거나 정의의 사회를 건설할 구체적이고 실질적인 방책을 전제하지 않는 외침이라면 그것은 어디까지나 현실도피 그 이상의 것이 못 된다. 교회 내의 일치와 소통을 조성할 새로운 이념이 출현해야 하며, 우리가 모색하는 것도 그것이다. 일치라는 가치는 일단 성취되면 영속하는 성질의 것이 아니라, 항상 생성 과정에 있는 것이다. 일치를 얻자면 용기와 정신적 자유를 바탕으로, 때로는 괴롭고 마음아픈 결단을 대가로 지불하지 않으면 안된다. 라틴아메리카는 그것을 겪어낼 각오를 하고서 마땅히 자신을 가다듬어야 할 것이다.

5) 라틴아메리카 교회는 갖가지 형태로 발효하는 폭력의 와중에서 정정당당하게 혁명운동에 임해야 할 것이다. 따라서 교회의 "사명"을 정의할 때에는 사변적으로나 실천면에서나, 신학적으로나 사목상으로나 반드시 이 혁명운동과 연관시켜 정의하지 않으면 안될 것이다. 다시 말해서, 교회의 사명은 교회 내부의 문제에 의거하여 정의할 것이 아니라, 정치적 상황에 의거하여 정의해야 옳다는 말이다. 교회가 교회 자체를 향하여 돌아서고 말 때 교회는 자기 사명(mission)을 가장 크게 등한히하는 태만(o-mission)을 범하는 것이다.

그리스도교 공동체가 최근에 입안하고 있는 방침 — 거기에는 우리가 위에서 열거한 수정이 가해져야 할 것이다 — 때문에, 교회는 지금 라틴아메리카 전대륙이 당면하고 있는 딜레마를 더 분명히 대하게 되었다: 체제를 편들 것이냐 반대할 것이냐, 좀더 세밀히 논하자면, 단지 개혁을 추구하는 데서 그칠 것이냐 아니면 혁명을 도모할 것이냐는 딜레마에 부딪치게 된다. 많은 크리스천들이 비록 괴롭긴 하지만 후자를 택하기로 단호한 결단을 내린 것 같다. 이처럼 극단적인 결단을 두고서 교회당국은 언제까지나 일반적인 언질만 주고 있을 수 있을까? 또는 교회가 그와 같은 일반적인 언질을 벗어나 그 이상의 주장과 태도를 천명하고, 그러면서도 전통적으로 교회의 특수한 사명이라고 간주하던 노선을 벗어나지 않을 수는 없을까?

라틴아메리카 교회는, 세상 안에 있으면서도 세상의 것이 되지 않는다는 말이, 구체적으로는 어떤 체계 안에 있으면서도 그 체제에 종속되지 않음을 의미한다는 사실을 체득하는 중이다. 그리스도 교회가 전하는 사랑의 메시지를 라틴아메리카인들에게 납득시키기 위해서는 교회가 불의한 기존 질서와의 유대를 과감히 청산하고 새로운 사회를 건설하는 대열에 성실히 참여해야 한다. 그러자면 교회의 "말씀의 설교"나 신앙생활 및 전례에 일대 혁신을 단행해야 할 것이다.

6) 라틴아메리카의 사회 변혁 배후에서 교회가 "사회적 압력"을 행사해야 하느냐는 문제가 또 있다. 혹자들은, 변화 자체는 요긴하고도 긴박하지만, 교회가 나서서 그것을 시도하다가는 일을 그르치지 않을까 염려한다.[8] 그랬다가도 교회가 미래의 "기존 질서" — 그것이 아무리 정의를 구비했다 손치더라도 — 와 결별할 우려가 있다는 것이다. 그런가 하면, 교회가 이같은 노선을 취했다가는 결국 시끄러운 잡음만 일으키고 실패로 끝나지나 않을까 하여 염려하는 사람들도 많다. 그들은 라틴아메리카 주교들이 모두 이념을 함께하고 있는 것도 아니며, 그리스도인들 실체에게 사회개혁의 방향을 설정해 줄 만한 수단도 가지고 있지 못하다고 주장한다.[9]

이러한 우려들도 일리가 있기는 하다. 정말 교회로서는 크나큰 모험이 아닐 수 없다. 그러나 교회의 사회적 영향력은 하나의 기정사실이다. 라틴아메리카의 압제받는 사람들을 위해서 이 영향력을 행사하지 않는다는 것은 그 피압제자들을 핍박하는 데 행사한다는 말이 된다. 그랬다가는 어떤 결과를 초래할는지 실로 난감한 일이 아닐 수 없다. 교회가 발언하지 않는

---

[8] Cf. Juan Luis Segundo, "Hacia una Iglesia de Izquierda?" *Perspectivas para el Diálogo*, no.32 (1969), pp.35-9; Ricardo Cetrulo, "Utilización política de la Iglesia" *ibid.*, pp.40-4.

[9] Hector Borrat는 메델린 회의를 계기로 교회라는 제도가 어떤 역할을 담당할 수 있다는 희망을 일으켰으나 그뒤로 곧 이같은 기대가 곤란하고 또 무모하다는 여론이 일고 있다고 했다("La Iglesia para qué?" p.14).

교회의 당면과제   155

다는 것은 또 하나의 "침묵의 교회"가 된다는 뜻이다. 약자들이 권력자들에게 착취당하고 약탈당함을 보고서도 입을 봉하고 있는 침묵의 교회가 된다는 뜻이다. 그뿐이 아니다. 교회가 기존 질서와의 우호적인 관계를 단절한다면, 또 해방운동에 가담함으로써 애매모호한 교회의 사회적 특권을 박탈당한다면, 이것이야말로 기존 질서가 바탕으로 삼고 있는 원천적 불의를 규탄하는 최선의 방도가 될 것이다. 대개의 경우에, 그래도 공적으로 발언을 하고 저항할 수 있는 것은 교회뿐이다. 교회만이 그런 위치에 있는 것이다. 지방교회 몇몇이 이 일을 시도했다가 집권층에게 시달림을 받았고 또 정치권력에 탄압을 받았다.[10] 라틴아메리카 교회가 취해야 할 행동이 무엇이며 어떤 노선을 따라야 할 것인가를 고찰하려면 교회의 역사적·사회적 좌표를 궁구해야 하며, 교회가 지금 여기서 수행할 수 있는 역사적이고 사회적인 여건이 무엇인가를 모색해 내야 한다. 그렇지 못할 경우에 교회의 입장이 추상적 테두리를 벗어나지 못하고, 역사와는 동떨어진ahistorical 그야말로 신학적 차원에서만 맴돌게 된다. 다시 말해서 교회가 과거와 같은 과오를 범하지 않으려는 데만 급급하여 현실 상황의 근본 원인을 규명하지도 못하고 미래를 향해 자기를 개방할 여유도 못 가지게 된다.

7) 라틴아메리카의 교회가 서 있는 땅은 분명히 빈곤한 대륙이다. 그러나 이 교회가 풍기는 인상은 결코 "가난한 교회"가 아니다. 메델린 회의의 "결론"에서도 이 사실을 정확하게 수긍하고 있지만, 사실 정상적인 남미

---

[10] César Aguiar는 남미에 몇 가지 "지하교회"가 등장하고 있다고 했다. 이들은 선진국에서 보듯이 교회당국과의 관계로 인해 지하교회가 된 것이 아니라 정치권력과 대치하는 지하교회들인 것이다. 여기서 그는 십자가 — "우리가 그간 잊고 있던" — 의 의미를 재발견케 할 "박해의 신학"을 전개할 필요가 있다고까지 피력했다(C. Aguiar, "Currents and Tendencies", *IDOC-NA*, no.13, p.63). 그렇다고 해서 이 말이 단순히 현실 참여의 급진성과 철저함에서만 오는 것은 아닌 듯하다. Hector Borrat는 이런 말을 했다. "교회는 자기 성원들 가운데서 혁명가 수련생들이 등장하여 여기에 상당한 대가를 치르고 있다. … 아마도 1970년대에 들어서서 억압이라는 메커니즘에 가장 큰 상처를 입는 사회단체는 교회가 될 것이다. 교회 내의 전위파처럼 완강한 무리들은 좀처럼 보기 힘들다. 그들은 사전에 자기들의 '전복 음모'를 공공연히 발표한다. 그들은 폭력을 미리 선언하고 나서 그것을 행사한다. 그들은 기꺼이 자신들을 정적(政敵)의 손에 내어주는 것이다"("La Iglesia para qué?" p.12).

사람들의 생각을 타진해 볼 여유가 있는 사람이라면 아무도 부인 못할 사실이다. 물론 교회가 부유하다는 인상을 가지게 된 데는 선입견도 있고 지나친 속단도 없지 않다. 그러나 근본 사실은 틀림없음을 부정할 길이 없다. 대다수의 교회가 이 땅의 국민들이 국내외적으로 종속된 데 대해 알게 모르게 공범자 역할을 해왔다. 교회는 여태까지 지배계급을 편들어 왔고 "효용"效用이라는 구실을 붙여 그자들에게 최선의 노력을 바쳐왔다. 교회당국은 지배계급과 동일시되었으며, 또 그 권력층의 생활양식을 따랐다. 우리는 없어서는 안될 필수품을 소유한다는 것은 곧 안락한 생활을 유지해야 하는 것으로 곧잘 오해한다. 복음을 선포할 자유와 권력층의 비호를 혼동한다. 봉사의 도구를 권력의 수단과 혼동한다. 가난의 증거가 과연 무엇인지 정확하게 규명하는 일이 참으로 중대해졌다.

위에서 교회의 견해를 여러 각도에서 열거하였다. 덕분에 기대가 부풀기도 했지만, 라틴아메리카의 상당수의 크리스쳔들은 회의의 눈으로 바라보고 있다. 그들이 생각하기에는 교회의 이같은 결단과 발언이 너무 늦었다는 것이다. 그들의 말대로는 지금 전대륙에서 일고 있는 사회적 변혁이 이루어진 연후에야 어쩔 수 없이 교회 내부에서도 실제적 변화가 오리라는 것이다. 많은 사람들, 특히 비크리스쳔들은 라틴아메리카 교회의 이같은 노력들이 디 람뻬두사di Lampedusa의 『표범』Leopard의 라틴아메리카판, 즉 "살롱 혁명가"가 되지나 않을까 두려워하고 있다.

이 위험은 실제로 있고 따라서 우리도 경계를 게을리해서는 안된다. 어떻든 라틴아메리카 교회는 당면하게 되는 여러 문제 및 그 특수성과 부딪치는 가운데 교회의 "고유한 개성"을 점차 내세워야 할 것이다. 남미 대륙 전체에 만연되어 있는 "종속"의 상태는 교회당국 안에도 존재한다. 라틴아메리카 교회는 식민지 시대에 출현하였고 지금도 교회의 특수한 카리스마들을 발전시키는 데 장애가 많은 그런 환경에 놓여 있다.[11] 사회, 경제 또

---

[11] Cf. G. Gutiérrez, "De la Iglesia colonial a Medellín", *Víspera*, no.16 (1970), pp.3-8.

는 정치 분야가 그렇듯이 이 종속도 외부적인 요인으로 그치지 않고 교회의 구조와 생활과 사고방식을 좌우하고 있다. 사실 라틴아메리카 교회는 (서구의 것을 본떠 만든) "모조교회Igreja-refelexo였지 (라틴아메리카 토양에서 생장한) "본원교회"Igreja-fonte가 아니었다.[12]

바로 이 점이 라틴아메리카의 평신도, 사제, 수도자, 주교 들이 품고 있는 또 하나의 불만이다.[13] 신민주의 사고방식을 탈피하는 일은 이곳 그리스도교 공동체의 중차대한 과제이다. 그렇게 함으로써 라틴아메리카 교회가 보편교회에 순수한 공헌을 할 수 있겠고, 아울러 자기의 문제점들을 당면하여 해결하고 또 혁명이 일고 있는 이 대륙에 깊숙이 뿌리를 내릴 수 있을 것이다.[14]

---

[12] Cf. Henrique de Lima Vaz, "Igreja-reflexo vs. Igreja-fonte", *Cadernos Brasileiros* (Mar.-Apr., 1968). 과거 헤겔이 지적한 바가 지금에 와서도 그대로 적중될 줄이야 … "지금 아메리카에서 일어나고 있는 사태는 일찍이 서방세계에서 일어난 사건의 고루한 답습에 불과하다. 아메리카는 지금까지 세계사가 성장해 온 토양에서부터 따로 이식되어 발전해야만 할 것이다"(*Raison dans l'histoire*, p.242).

[13] 라틴아메리카 교계는 신학자들을 동원하여 지역의 필요에 대응할 신학을 시급히 확립할 필요가 있다. 역사적 여건이 다르고 지역이 다른 곳에서 성장해 온 신학만으로는 부족하다" ("Presence of the Church in Latin American Development", in *Between Honesty and Hope*, p.22). Cf. *ibid.*, pp.191-2. "지금은 중대한 시기이다. 종교적 종속의 단계를 청산하고, 다른 지역의 이데올로기와 자세를 그대로 모방하는 짓을 그만둬야 할 시기이다. 바로 우리네 상황과 우리네 역량을 가지고서 해결책을 모색해야 할 시기가 온 것이다"(Landázuri Ricketts 추기경의 메델린 회의 폐회연설에서, in *Between Honesty and Hope*, p.224).

[14] 라틴아메리카 특유의 "사상"을 생성시키는 데 보편적인 "그리스도교 사상"이 어떤 기여를 하고 있느냐는 Enrique Düssel, *América latina y conciencia cristiana* (Quito: IPLA, 1970)를 참조할 것.

제 4 부

해방의 신학

이제 앞에서 거론해 온 문제점들을 요약하여 신학적으로 정립할 단계이다. 그럼으로써 이 분야에서 추진되고 있는 운동에 방향을 설정해 주고 아울러 사상적 기틀을 확립할 수 있을 것이다.

제1부에서 시사한 바 있지만, 우리는 해방운동이라는 사회적 실천행동에서 제기되는 문제, 라틴아메리카의 특수한 여건에 입각하여 그리스도교 공동체가 이 운동에 개입함으로써 야기되는 문제를 출발점으로 할 것이다. 우리로서는 라틴아메리카가 겪고 있는 독특한 경험과 과정에 흥미를 가지지 않을 수 없다. 그러나 다른 대륙에서도 해방운동은 전개되고 있으며, 형태와 정도는 다르지만 교회들이 그 운동에 여러 모로 개입하고 있다. 우리가 주님의 말씀에 비추어 해방운동을 고찰하고, 현대신학을 도입하여 해설하지만, 이것은 어디까지나 사실상 전개되고 있는 "실천행동"에 가져다 붙이는 각주에 불과하다고 본다.[1]

가장 중대한 점은 이것이다: 해방운동의 목표와 전망, 그리고 중요성을 연구한다는 것은 그리스도교의 의미를 검토하고, 세계에 대한 교회의 선교와 사명을 구명하는 것이다. 세계 안에서 그리스도교와 그 사명의 의의를 추구하는 문제는 크리스천들이 불의와 압제가 횡행하는 사회를 대항하여 투쟁에 참여하는 가운데 자연히 제기되게 마련이다. 그리고 이같은 교회의 자기반성은 바로 교회 내부에서부터 비롯하고 있는 것이다. 그런 뜻에서

---

[1] 반복을 피하기 위해서 제3부에서 언급했던 상황이나 문헌은 가급적 재론하지 않겠다. 한 가지 분명히해 둘 점은 어떤 사상적 고찰이 이 해방운동을 유발하는 것이 아니라, 그 운동 자체가 사상적 고찰을 유발하고 또 정당화의 근거를 제시한다는 것이다.

메츠의 언질은 상당히 정확한 듯하다: "오늘의 교회가 부심해야 할 일은 교회 밖에 사는 사람들에게 신앙을 증거하는 일이 아니라, 교회 안에 살고 있는 신앙인들에게 신앙을 증거하는 일이다."[2] 대 레오 교황이 외치던 "크리스천이여, 그대의 품위를 생각하라!"는 충고가 오늘의 크리스천들에게는 거의 감당하기 어려운 일로 여겨진다.

우리가 일단 이같은 자세를 정립하고서 문제에 접근해야만 해방운동의 새로운 의미를 신앙에 입각하여 풀이할 수 있을 것이다.

---

[2] J. B. Metz, *Risposta dei teologi*, p.68.

전 편

신앙과 신新인간

이 거창한 제목이 시사하는 내용을 여기서 다 논할 수는 없다. 단지 우리가 이 책에서 취급하는 문제에 연관된 면만 대략 살피는 데서 그치겠다.

신앙의 관점에서 볼 때 크리스천들이 압제받는 국민과 착취당하는 사회계급을 해방하고자 투쟁에 참여케 되는 궁극적 동기가 어디에 있느냐가 문제된다. 그 동기는 불의하고 불평등한 사회가 복음의 요구와 도저히 양립할 수 없다는 소신이다. 그들로서는 해방운동에 투신하지 않고서는 스스로를 크리스천이라고 공언할 수 없다는 것이다. 하지만 정의가 군림하는 세계를 구현하려는 그 활동을 신앙생활과 어떻게 결부시키느냐 하는 문제는 아직도 암중모색하고 있는 단계이다.

전에 말한 대로 신학이란 역사적 실천과 크리스천의 세상에서의 현존을 "말씀"의 빛에 비추어 사색하는 비판적 고찰일진대, 이 세계활동과 신앙생활의 관계를 정립시키는 일은 신학의 과제가 아닐 수 없다. 크리스천이 세계에 현존하는 문제를 놓고서 신학은 적극적 가치와 부정적 면모를 식별해내야 한다. 그 현존에서 유추되는 신앙과 희망과 사랑의 가치를 명시할 수 있어야 한다. 아울러 그같은 사회활동으로 말미암아 신앙생활의 다른 부면을 소홀히한다든가, 직접 정치활동에 뛰어들고 싶은 유혹을 받는다든가, 때로는 무자비한 행동을 감행할 수도 있다는 따위의 과오를 범하지 않도록 교정하는 일 역시 신학의 과제이다. 무릇 신학이 어떤 사태를 정당화하기

---

[1] 칼 라너는 교회가 일정한 사상적 동향이나 그리스도교에 관한 해설에 대해 지나치게 "일률적인 부정"(univocal no)을 제시할 위험이 있다고 말한 바 있다(*Risposta dei teologi*, p.71).

위해서 그리스도교 진리를 끌어다붙이는 a posteriori 일이 있어서는 안된다.[1] 신학에 의한 비판적 고찰은 해방운동의 참여와 투신이 더 복음적이고 더 정도正道를 따르며, 더 구체적이고 효율적으로 이루어지도록 기여할 수 있어야 한다.

우리가 투쟁하는 대상은 빈곤과 불의와 착취이지만, 그같은 대상을 "넘어서" — "통해서"라는 표현이 낫겠다 — 우리의 목표가 되는 것은 "새 인간의 창조"임을 망각해서는 안된다. 제2차 바티칸 공의회는 "우리는, 무엇보다도 형제와 역사에 대한 책임 수행에 입각해서 인간을 규정지을 새로운 휴머니즘의 증인들이 되는 것이다"(「사목헌장」 55항)고 천명하였다. 새 인간을 출현시키겠다는 이같은 염원이 오늘날 라틴아메리카에서 사람들이 수행하고 있는 투쟁의 궁극적 동기가 되고 있다.[2] 물론 이같은 이상이 성취되리라는 것 자체가 이 세대의 인간들에게는 도무지 망연茫然하기만 하겠지만, 하여튼 투사들의 정신적 지주가 되고 있는 것이다.[3]

여기서 그리스도교 신앙에 문제가 제기되고 도전이 발생한다. 신앙의 내용에 비추어보건대, 타인들과 자신의 해방을 성취하고자 노력하는 사람들이 바라보는 목표와 신앙이 어떻게 결부될 수 있는가를 답변할 수 있으리라고 본다. 그 대신 해방운동을 올바로 알아듣자면 "자아해방"의 필요성을 각성하는 일이 가장 급선무이다. "타인을 위한 투쟁"의 문제가 아니다: 이것이 걸핏하면 보호주의 paternalism에 떨어지거나 개혁론의 선에서 그칠 우려가 있다. 인간의 자아가 충족되지 않은 채 분열된 사회에서 살아가고 있음을 생생하게 의식할 수 있어야 한다. 그래야만 압제에 시달리는 사람들 — 국민 또는 사회계급 — 과 동질의식을 가지고 함께 투쟁할 자세가 서는 법이다.

---

[2] 제6장 참조.

[3] 마르크스는 이미 백여 년 전에 다음과 같은 뜻깊은 말을 남겼다: "오늘의 세대는 모세의 영도하에 황야를 지나가던 유대인들에 비할 수 있다. 그들은 먼저 새 세계를 정복해야 할 뿐만 아니라, 그 신세계에서 살 세대를 위해서 자기들은 사라져야 하는 것이다"(*The Class Struggles in France* [1848~1850], [New York: International Publ., 1934]).

신앙과 희망과 사랑에 비추어볼 때 이같은 투쟁(노력) 또는 (새 인간의) "창조"가 무슨 의미를 가지는 것일까? 그 길을 선택하는 일이 "인간"에게 무슨 의의를 주는 것일까? 역사의 "새로움"novelty 내지 미래를 향한 정향은 또 무슨 뜻을 가지는 것일까? 이 세 가지 질문은 현대신학이 풀어야 하는 세 가지 당면과제이다.[4]

---

[4] 이 대목은 칸트의 유명한 질의를 연상시킨다: "나는 무엇을 '알' 수 있는가? 무엇을 '해야' 하는가? 무엇을 '바라도' 좋은가?" "The Critique of Pure Reason", *Kant*, Great Books of the Western World, vol.42, p.236; 이 질의가 담은 의미와 전개를 연구한 글로는 Jean Louis Bruch, *La philosophie religieuse de Kant* (Paris: Aubier, 1968), pp.21-30 참조.
프리드리히 데싸우어, 『인간이란 무엇인가?』(임마누엘 칸트의 네 가지 물음과 관련하여), 왜관 분도출판사 발행(황원영 옮김), 1976.

제 9 장

구원과 해방

역사의 도정에서 전개되는 인간의 해방운동과 구원은 무슨 함수관계를 가질까? 더 정확히 말해서 불의한 사회를 대항해서 투쟁하고 신新인간의 창조를 목표로 하는 이같은 노력이 하느님의 "말씀"에 비추어 무슨 의미를 가질까? 이같은 질문에 답변할 수 있으려면 그리스도교 신비의 핵심 개념인 "구원"의 의미를 정의할 필요가 있다. 그러자면 역사 속에서 수행하시는 주님의 구원역사를 반성하는 어렵고도 복잡한 과제가 따른다. 해방자 그리스도는 전인全人의 구원을 당신의 중심과업으로 하셨던 것이다.

그리스도교 구원관

현대신학의 가장 큰 허점을 든다면 "구원"에 관한 심원하고 확연한 사상이 없다는 것을 들 수 있다.[1] 언뜻 들으면 이같은 말이 이상하게 여겨질는지 모른다. 그러나 사람들이 구원이라는 문제를 신학적으로 연구하고 고찰하기를 꺼리고 있다. 그들은 구원문제는 이미 다 알고 있는 것으로 단정한다. 구원에 관한 과거의 막연한 사상과 가정 위에다 척척 새 건물을 쌓아 올려 가고 있으나, 최근에 이르러 건물 전체가 흔들리기 시작하였고, 따라

---

[1] Piet Smulders가 이 점을 명백히 지적했다: "La Iglesia como sacramento de la salvación", in *La Iglesia del Vaticano II*, ed. G. Baraúna (Madrid: Juan Flors, 1966), 1: 379. 최근에 콩가르는 "거의 관심을 끌지 못하고 문헌도 적은 문제가 하나 있다. 그것은 구원받는다는 것이 인간과 세계에 무슨 의미를 가지느냐는 문제이다. 구원의 본질이 어디 있느냐는 문제이다" (*Situation et tâches*, p.80, 68). "우리의 구원 관념을 진지하게 검토해 볼 필요가 있다. 구원관만큼 현재 불분명하고 모호한 개념이 없고 또 그만큼 해결이 시급한 문제도 없다" ("Christianisme et libération de l'homme", *Masses Ouvrières*, no.258 [1969], p.8)라고 천명했다.

서 건물의 기초를 재검사하지 않을 수 없게 되었다. 구원의 개념을 재검토할 때가 온 것이다.[2] 근자에 구원의 개념을 재생하고 그 심원한 비의秘義를 궁구하는 노력이 일고 있지만,[3] 어디까지나 시작에 불과하다.

우리가 이 자리에서 구원의 신학적 개념을 세세히 비판·분석할 생각은 없다. 다만 두 가지 사조를 간결하게 요약하는 데서 그치겠다.

양적인 구원 개념

구원의 개념이 문제될 때, 지금까지 그 오랜 세월 동안, 항상 "외교인外敎人의 구원"만을 대상으로 하였고 또 거기에 국한시켰다. 이것은 구원을 양적量的으로 생각한 소이所以이며, 구원이 누구에게까지 연장되느냐는 데서 반성을 그친 증좌이다. 구원받을 사람의 숫자, 구원의 가망성 여부, 구원에 있어서 교회가 담당하는 역할을 따지는 데서 그친 것이다. 구원의 보편성, 구원의 중개자로서의 가견적可見的 교회, 이 두 가지 문제에서 맴돌고 있었다.

이같은 토론이 전개되어 온 역사적 과정은 복잡다단하고 지루하기까지 하다.[4] 여하튼 오늘에 와서는 이 문제가 일단락된 것으로 볼 수 있다. 사실 하느님의 "보편적 구원의지" 사상은 바울로가 디모테오에게 보낸 서간에 이미 확립되어 있었다. 그 사상은 교회의 선교와 사명을 각기 판이하게 이해한 데서 초래된 여러 장애를 극복하고 지금은 전적으로 인정을 받고 있

---

[2] "구원"(salvation)이라는 용어마저 문제의 내용을 표현하기에는 부적당하다는 사실이 갈수록 거론되고 있다.

[3] Cf. Juan Luis Segundo, "Intelecto y salvación", *Salvación y construcción del mundo*, pp.47-91; Manaranche, *Quel salut?*; Ch. Duquoc, "Qu'est-ce que le salut?" in *L'Église vers l'avenir*, ed. M. D. Chenu (Paris: du Cerf, 1969), pp.99-102; Jean-Pierre Jossua, "L'enjeu de la recherche théologique actuelle sur le salut", *RSPT* 54 (1970): 24-5. Congar의 *The Wide World My Parish: Salvation and its Problems*는 구원 개념을 분석, 연구하고 새로운 활로를 개척한 책이다. Teilhard de Chardin이 이 분야에 끼친 공헌 또한 간과해서는 안될 것이다.

[4] 문제의 역사적 고찰을 집성한 다음 두 책자를 참조하기 바란다: L. Capéran, *Le problème du salut des infidèles*, 2 vols. (Toulouse: Grand Séminaire, 1934); Angel Santos Hernández, *Salvación y paganismo* (Santander: Sal Terrae, 1960).

다.[5] 남은 문제는 지엽적인 것들뿐이다.[6]

한 가지 중요한 점만 살피고, 이 사상이 교회론에 끼치는 반사작용은 다음에 거론키로 하겠다. 양적인 구원 개념은 두 가지 사실로 요약할 수 있다: 구원은 이승에서 죄를 치유받는 일이요, 이 치유가 곧 후세에서 구원을 얻는 능력이 된다는 점이다. 그래서 중요한 문제는 은총의 정상적 테두리 — 이것은 제도적 교회에 머물면 되었다 — 밖에서 구원을 얻는 길이 무엇이냐였다. 그리하여 구원을 얻는 비상 방도를 설명하는 여러 가지 이론이 시도되었다. 그리고 구원은 어디까지나 후세의 문제였고, 현세는 오로지 시험장일 뿐이며, 인간의 행동은 초자연적 목적에 의한 행동이냐 아니냐에 따라 심판받고 평가받는다고 하였다. 여기서 사상적 배경을 이루는 것은 윤리도덕의 입장이었으며, 영성은 곧 현세에서의 은둔을 의미했다. 후세의 생명을 얻는 데 장애가 되는 것은 죄뿐이었고, 이 죄를 없애려면 하느님이 설정하신 은총의 수로水路에 가까이 가는 도리밖에 없었다. 때가 때인만큼 타종교에 속한 데다가 교회가 전통적으로 뿌리박은 세계와는 전혀 다른 환경에서 생활하고 있던 국민들과 교류하기 시작하면서 "외교인의 구원"의 문제가 제기되었다고 생각하면 이해가 가지 않는 바도 아니다.

질적인 구원 개념

보편구원 사상이 그리스도교에 두루 퍼짐으로써 구원의 양적 개념이 와해되고 관심을 잃게 되었으며, 그 대신 구원 개념이 질적 각도에서 거론되기 시작하면서 과거와는 전혀 다른 사상이 등장했다. 보편구원이라고 할 때는 교회라는 테두리 밖에서도 구원을 얻는 가능성 이상의 것을 생각하게 된다. 구원의 가능성의 범위를 넓히려는 노력에서 문제의 핵심이 거론되었고,

---

[5] Cf. Hendrik Nys, *Le salut sans l'Évangile* (Paris: du Cerf, 1966); Joseph Ratzinger, "Salus extra ecclesiam nulla est", in *Naturaleza salvífica de la Iglesia* (Barcelona: do-c, 1964).

[6] 교회의 신학, 선교활동의 신학 등이다. Cf. Boniface Willems, "Who Belongs to the Church?" in *Concilium* 1, pp.131-51.

결국 본인이 스스로 의식하지 못하더라도 하느님과 타인들을 향해서 자신을 개방한다면 그 인간은 구원받는다는 결론을 이끌어냈다. 이같은 결론은 크리스천이건 비크리스천이건 모든 인간에게 해당된다. 은총을 받아들이건 거부하건간에 모든 인간에게 은총이 현존한다는 사상은 인간활동을 근본적으로 존중하게 만들었다. 우리로서는 이제 "속된 세상"profane world[7]이라는 말을 입밖에 내지 못하게 되었다. 구원의 개념이 양적·확산적 개념에서 질적·집약적 개념으로 변화했다. 궁극적으로 인간 실존은 주님께 "예" 또는 "아니오"라고 내리는 결단인 것이다: "인간은 그리스도를 자기 주님이라고 명확하게 고백하지 않는다 할지라도, 때로는 비밀리에(「사목헌장」 3. 22항), 은총에 따라 움직이고(「사목헌장」 16항), 이기심을 끊으며 인간들 사이에 참다운 형제애를 구현코자 노력한다면, 그는 이미 부분적으로나마 하느님과의 상통을 얻고 있는 것이다. 그리고 인간이 현세계를 건설하는 일을 포기하거나 타인을 향하여 자기를 개방하지 않고 제탓으로 자기 자신 안에 틀어박힌다면 이는 곧 하느님과의 합일을 거절하는 소행이다(마태 25,31-46 참조)".[8]

이같은 관점에서 보면 구원이 과거와는 전혀 다른 양태로 나타나게 된다. 구원이 "저 세상"의 일이요, 따라서 이승은 어디까지나 그 시험장이라는 생각을 탈피하게 된다. 구원은 인간과 하느님의 친교요 인간과 인간의 상통이다. 따라서 구원은 인간 실재를 전부 내포하며, 그것을 변혁시키고 그리스도 안에서 완성시킨다: "그러므로 예수 그리스도는 하느님의 구원

---

[7] "정통사상에 비추어볼 때 '속계'라는 것은 존재하지 않는다. 속화된 사물(사람)만이 있을 수 있다"(Olivier Clement, "Un ensayo de lectura ortodoxa de la constitución", in *La Iglesia en el mundo de hoy* [Madrid: Studium, 1967], p.673). Charles Moeller의 견해도 같다: "Renewal of the Doctrine of Man", *Theology of Renewal* (Montreal: Palm, 1968), p.458.

[8] *La pastoral en las misiones de América Latina* (CELAM의 선교부에서 개최한 Melgar 회의 결의문 [Bogota, 1968], pp.16-7). "인간들은 그리스도 안에서 자기들 앞에 제시되는 이 구원에 자유의지를 가지고 응답하게 되어 있다. 예수 그리스도를 명시적으로 알지 못할 때에도 인간들은 어느 정도 이 응답을 행할 수가 있다. 그들이 은총의 영향을 입어 자기들의 이기심에서 탈피하고, 세계를 건설하는 과업에 가담하며, 이웃 인간들과 친교를 맺고자 노력한다면 이미 구원에 응답하고 있는 것이다. … 그 대신에 세계를 건설하고 타인들에게 봉사하기를 거부할 때는 그 응답에 실패하는 것이며 따라서 범죄가 된다"("Working Draft of the Medellín Conference", in *Between Honesty and Hope*, p.189).

경륜의 중심이 되신다. 그분은 당신 죽음과 부활을 통해서 우주를 변모시키셨으며, 인간이 인간답게 완성에 이를 수 있게 만드셨다. 이러한 인간 완성은 인간성의 모든 면모를 총괄하는 것으로, 영과 육, 개인과 사회, 인간과 우주, 시간과 영원을 다 포함한다. 성부의 모상이시며 완전한 신인神人이신 그리스도는 인간 실존의 모든 영역을 당신 안에 취하시는 것이다."[9]

그러므로 죄라는 것도 후세에서 구원을 얻는 데 장애가 되는 것만은 아니다. 하느님과의 상통을 단절하는 것이 죄일진대, 죄는 곧 역사적 실재가 아닐 수 없다. 인간과 인간의 상통을 파괴하는 것이 죄이며, 인간이 여러 모로 타인을 거부하고 자기 자신 안에 틀어박히는 것이 곧 죄이다. 그리고 죄가 개인적이고 사회적인 "역사 내 실재"intrahistorical reality요 인생의 일상사를 이루는 이상, 그것은 또한 인간 완성 — 우리는 이것을 구원이라고 지칭한다 — 에 장애가 됨도 사실이다.

보편구원 사상을 받아들이기까지는 어려움도 많았으며, 오로지 구원 성취의 가능성을 확대해 보려는 뜻에서 추진되어 온 이념이기도 하다. 그런데 보편구원 사상에서는 "주님의 현존"의 강약이 문제시되며, 따라서 역사상 인간 활동의 종교적 의미를 묻게 된다. 그래서 인간은 현세를 볼 때 구태여 이승 저편의 "참다운 삶"을 생각하고자 부심하지 않고, 현세생활의 변혁과 완성에 전념하게 된다. 구원의 절대가치가 현세를 경시하기는커녕 현세의 참된 의미와 독자성을 부여한다. 구원은 이미 현세 속에 잠재하는 까닭이다. 우리가 성서신학의 관점에서 이를 확립하기 위해서는 (내세를 주로 운위하는) 지혜문학의 계열을 따를 것이 아니라 (현세에 군림하고 현세를 변혁시키는 하느님 나라를 외치는) 예언사상에 착안해야 할 것이다.[10]

---

[9] *Ibid.*, pp.187-8.

[10] 본서 13장은 루가의 "진복팔단"을 이 견해에서 해석해 보았다. Juan Luis Segundo는 바울로와 신약의 다른 저자들의 구원 개념을 대조했다. 세군도의 결론은 다음과 같다: "그리스도교는 절대구원을 표방하기 때문에 '피안의 구원' (extraterrestrial salvation)의 종교들과 같아 보이지만 사실은 전혀 다르다. 그리스도교는 구원이라는 절대가치를 인간 실존의 역사적이고, 표면적으로는 속되게 보이는 실재에다 도입하기 때문이다"(*op. cit.*, p.87).

질적이고 집약적인 이 구원 개념에의 접근에 큰 영향을 끼친 요인이 하나 있다. 그것은 보편구원은 인정하면서도 그 구원이 동일한 것은 아니라는 주장을 무너뜨린 사건, 곧 무신론의 등장이다. 더구나 이 무신론이 바로 그리스도교 세계에서 출현했다. 비신자들은, 타종교의 신자들과도 달라서, 내세의 구원 같은 것에는 흥미가 없다. 그따위는 현실에 대한 기피라고 간주하며 오로지 현세적 실존의 가치만을 문제시하고자 한다. 구원의 질적 개념을 운위한다면 이 문제에 관해서도 해답을 모색해야 마땅하다.[11]

과거에도 구원 성취의 가능성이 누구에게까지 해당되느냐는 문제에 고심하느라고 구원의 내용에 관해서는 관심이 적었다. 우리는 드디어 구원은 "역사 내 실재"라는 사상을 재발견하였다. 그뿐 아니라 우리는 구원 — 인간과 하느님의 친교요, 인간과 인간의 상통 — 이 역사를 올바른 방향으로 향하게 하고 변혁하며 완성시킨다는 사상에 도달하였다.

역사의 단일성

앞에서 우리는 성스러운 역사와 속된 역사가 "병행"하거나 "밀착"되어 있다는 이론을 수긍할 수 없다는 결론을 내렸다. 세계의 역사는 오직 하나다. 역사의 주 그리스도께서 취하신 단 하나의 인간 운명이 있을 따름이다. 그리스도의 구속사업은 인간 실존의 전 영역에 걸친 것이며, 그 모든 것을 완성시키는 것이다. 구세사는 인간사의 핵심이다. 구원의 개념이 확대되고 발전된 덕분에 그리스도교 역사관도 이같은 통일을 보았다. 과거 추상적이고 본질론적 입장에서 구원을 보던 관점을 돌려 실존적이고 역사적인 관점을 확립한 것이다. 역사적이고 구체적인 구원관에 비추어본다면 인간은 누구나 하느님과 은혜로운 친교를 이루라는 부름을 받고 있다.

---

[11] 뒤쿡은 수년 전에 이 두 입장을 다른 각도에서 비교한 바 있다: "과거에는 신학자들이 인간이 그의 초자연적 목적을 생각해서 어떻게 행동해야 하느냐를 추구했다. 그러나 오늘의 신학자들은 인간이 무엇을 하고 있느냐를 추구해야 한다"(Ch. Duquoc, "Eschatologie et réalités terrestres", *Lumière et Vie* 9, no.50 [1960]: 5).

따라서 우리가 전개하는 신학적 고찰은, 하느님의 구원행위는 인간 실존의 전 영역을 총괄한 것이라는 사상을 기점으로 한 것이라야 한다.[12] 인류의 역사적 운명은 오로지 구원의 지평에 놓고서 봐야만 한다. 그래야만 역사의 진면목이 드러나고 역사의 참다운 의미가 밝혀질 것이다. 그러나 우리가 알기로는 현대신학이 이같은 단일한 역사관을 적절히 표현하고 학리적學理的으로 전개할 범주들을 확립하지 못한 듯하다.[13] 그래서 우리는 일면으로는 과거의 이원론으로 후퇴하지 않을까 조심하면서 또 다른 일면으로는 구원의 무상성과 그리스도교의 유일무이한 특성을 손상시키지 않기 위해서 부심해야 한다. 그같은 목적을 달성하는 방법은 여러 가지 있겠으나 한 가지 점은 분명히해야 한다: 세계의 역사는 오직 하나가 있을 따름이다.[14] 즉, "그리스도를 목표로 하는" 역사가 있을 따름이다. 성서의 가장 큰 주제, 즉 창조와 구원의 함수관계와 종말론적 희망을 연구한다면 이 사상을 더 선명하게 파악할 수 있을 것이다.

---

[12] 제5장 참조.   [13] Cf. J.-P. Jossua, *op. cit.*

[14] 비교적 온건한 두 신학자를 소개하겠다: Pierre Grelot와 Emile Rideau이다. P. Grelot는 성서신학의 입장에서 다음과 같이 주장한다: "속된 역사와 성스러운 역사가 별개의 두 실재는 아니다. … 이 둘은 상호작용을 한다. 구체적으로 말해서 이 두 가지 차원에서 '동시에' 발전하는 '오직 하나의' 인간 역사가 있을 따름이다. 구원의 은총이 그 신비로운 여정에 있어서 성스러운 역사를 이루지만, 이 은총이 작용하는 것은 속된 역사 한가운데서이다. … 성스러운 역사는 속된 역사 전부를 통합하고 거기에다 의미를 부여한다." "세기를 흘러가는 속된 역사 한가운데에 성스러운 역사의 출현의 기점들이 있으며, 그것의 실재를 파악하고 본질적 면모를 이해하게 해준다"(*Sens chrétien de l'Ancien Testament* [Tournai: Desclée & Cie, 1962], p.111). 여기서 "출현의 기점들"이 무엇인지는 명확치 못하다. 일반적인 인류 역사 한가운데에 자기 나름의 역사가 흐른다는 말인가? 성스러운 역사의 실재를 구성하는 데에 이 기점들이 필요하다는 말인가? 또는 이 기점들이란 하느님의 말씀에 비추어 역사를 해석하는 것 외에 다른 것이 아니란 말인가?

E. Rideau의 소신은 이렇다: "세계와 인간의 소명이 초자연적인 것일진대, 사실 그리고 가장 깊은 의미에 있어서, 초자연적 실재만이 존재한다. 속된 세계란 신앙의 초자연적 세계와 관련된 추상 외에 다른 것이 아니다" ("Y a-t-il un monde profane?" *NRT* 88 [1966]: 1080). 그렇다고 해서 현세 영역의 견실성이 무시되는 것은 아니다. "우리 앞에서는 세계와 초자연적 실재가 생동하는 변증법적 관계를 이루고 있다. 세계를 신성한 것으로 파악하지 않는다고 해서 그것을 속되다고 말할 수는 없다. 그리고 초자연적 실재는 세계를 포용하고 구제하고 축성하며 신화(神化)한다"(*ibid.*, p.1082). K. Rahner의 입장은 훨씬 모호하다. "History of the World and Salvation-history", in *Theological Investigations*, 5:97-114. Cf. Ovidio Pérez Morales, *Fe y desarrollo* (Caracas: Paulinas, 1971), p.49.

창조와 구원

성서는 창조와 구원을 긴밀하게 연결시키고 있다. 그러나 그같은 사상이 출현한 근거는 출애굽이라는 역사적 사건, 해방의 사건이다. 출애굽 사건이라는 사상적 배경을 망각할 경우에는 창조와 구원이라는 두 개념을 그냥 병치하는 데서 그칠 우려가 있고 따라서 그리스도의 총괄 경신을 이해하게 만드는 그 심원한 의의를 상실하게 된다.

창조: 최초의 구원사건

성서가 창조설화를 제시하는 것은 세계의 시원을 궁구하는 철학적 관심에 해답을 주기 위함이 아니다. 전혀 다른 목적에서이다.

성서의 신앙은 역사사건을 통해 당신을 계시하시고 역사 안에서 구원하시는 하느님께 대한 신앙이다. 성서는 창조사건을 제시할 때 창조를 구원 이전의 단계로 제시하지 않고 구원 과정의 일부분으로 제시한다: "우리 주님 예수 그리스도의 아버지 하느님은 찬양받으소서. … 창세 전에 그리스도 안에서 우리를 뽑아 당신 앞에서 사랑으로 거룩하고 나무랄 데 없도록 하셨으며, 당신 선하신 뜻에 따라 예수 그리스도를 통해 우리가 당신 아들 자격을 얻도록 예정하셨습니다"(에페 1,3-5).[15] 하느님은 태초에 창조만 하신 것이 아니라 그 종국도 마음에 두고 계셨다 그분은 모든 인간을 당신의 자녀로 삼으시기로 정하고서 그들을 창조하셨다.[16]

그뿐 아니라 창조는 최초의 구원사건으로 등장한다. 폰 라트G. von Rad의 말이 있다: "창조는 야훼께서 역사 속에서 행하신 업적, 시간 속에 이루신 업적으로 간주된다. 이것은 참다운 의미의 역사적 전망이 열림을 뜻한다. 물론 천지창조는 야훼께서 행하신 최초의 업적이기에 우리에게서 가장 멀리 떨어진 시원始原임에는 틀림없다. 다만 그 사건이 따로 독립해 있는 것

---

[15] Cf. Heinrich Schlier, *Der Briefe an die Epheser* (Dusseldorf: Patmos-Verlag, 1958), pp.37-48.

[16] Cf. Piet Schoonenberg, *Covenant and Creation* (London: Sheed and Ward, 1968), pp.141-9.

이 아니라 야훼의 다른 업적이 거기에 뒤따라 발생하는 것이다."[17] 천지창조는 역사를 시발시키며,[18] 인간의 노력과 투쟁을 가동시키며, 야훼의 구원사업이 시작되는 사건이다. 창조에 대한 신앙의 신화적·초자연적 성격을 허용치 않는다. 천지창조는 역사 한가운데서 구원하시고 역사하시는 하느님의 업적이다. 그리고 인간은 창조계의 중심 위치를 차지하고 있으므로 인간 노력으로 성취된 것도 모두 역사 안으로 흡입된다.

"구약성서 작가 중에서 가장 위대한 신학자"[19]라 일컬어지는 제2 이사야는 이같은 사상을 투철하게 견지하였다. 그의 글은 이스라엘의 창조신앙을 가장 풍부하고 명확하게 반영하고 있다. 그러나 문제의 초점은 야훼의 구원행위이다. 천지창조의 업적을 운위하는 것도 어디까지나 이 구원행위의 맥락에서다: "그러나 이제 야훼께서 말씀하신다. 야곱아, 너를 창조하신 야훼의 말씀이시다. 이스라엘아, 너를 빚어 만드신 야훼의 말씀이시다. '두려워 말라, 내가 너를 건져주지 않았느냐? 내가 너를 지명하여 불렀으니, 너는 내 사람이다'"(이사 43,1; 참조: 42,5-6). 그러니까 구속 — 또는 계약 — 에다 주안점을 두고서 창조를 논한 것이다. 야훼는 창조주이시자 동시에 구속자救贖者이시다: "너의 창조주께서 너의 남편이 아니시냐? 그 이름 만군의 야훼시다. 이스라엘의 거룩하신 이가 너의 구세주 아니시냐? 그분은 전세계의 하느님이라 불리신다"(이사 54,5). 시편을 보면 창조주요 구세주 야훼를 아울러 찬미하는 시편이 무수히 나온다(74; 89; 93; 95; 135; 136 참조). 그 까닭은 천지창조가 곧 구원행위였기 때문이다: "너를 모태에 생기게 하신

---

[17] Gerhard von Rad, *Old Testament Theology* (New York: Harper and Brothers, 1962), 1:139; *Genesis* (London: SCM Press Ltd, 1961).

[18] "세계의 창조(6일 창조의 도식)로 역사의 차원이 열린다. 역사를 세계창조에 연결시킬 때 비로소 이스라엘에서 행하신 구원활동이 본연의 신학적 구도를 잡게 된다. 왜냐하면 창조는 이스라엘의 기원을 이루는 사건의 일부이기 때문이다" (G. von Rad, *Old Testament Theology* [New York: Harper & Row, 1965], 2:341-2).

[19] A. Jacob, *Théologie de l'Ancien Testament* (Neuchatel: Delachaux et Niestlé, 1953), p.43. 제2 이사야의 메시지에 관해서는 다음 글을 보라: A. Gamper, "Der Verkündigungsauftrag Israels nach Deutero-Jesaja", *Zeitschrift für Katholische Theologie* 91 (1969): 411-29.

하느님, 너를 구해 내신 야훼께서 말씀하신다. '나 야훼가 만물을 창조하였다. 나는 혼자서 하늘을 펼치고 땅을 밟아 늘였다. 그때 누가 나를 도왔느냐?'"(이사 44,24; 참조: 아모 4,12 이하; 5,8 이하; 예례 33,25 이하; 10,16; 27,5; 32,17; 말라 2,10). 그러니까 창조는 곧 구세주의 행업인 것이다. 렌토르프의 말대로 "창조에 관한 신앙과 구원에 관한 신앙을 이보다 더 철두철미하게 혼합할 수는 없을 것이다".[20]

정치적 해방: 인간의 자기창조

실제 있었던 역사적 사건이요 성서상으로도 가장 획기적이고 크나큰 주제가 되는 "에집트 탈출"은 이같은 신학사상을 풍부히 내포하고 있을 뿐더러 사실 이같은 사상의 연원을 이루고 있다.[21] 하느님의 창조행위와 에집트의 노예살이에서 이스라엘을 해방하신 행위를 긴밀히 연결시킬 뿐 아니라 거의 동일시한다. 유배 기간에 출현한 제2 이사야의 글은 이 사상을 더할 나위 없이 잘 표현하였다: "야훼여, 당신의 팔을 벌떡 일으키십시오. 그 팔에 힘을 내십시오. 옛날 옛적에 하셨듯이 팔을 일으키십시오. 라합을 찢던 그 팔을, 용을 찔러 죽이던 그 팔을 일으키십시오. 바다 깊은 물구렁을 말리던 그 팔을, 깊은 바다에 길을 내어 구원받은 백성을 건너게 하던 그 팔을 일으키십시오"(이사 51,9-10). 천지창조와 에집트 탈출이라는 두 사건을 같은 형용과 어법으로 묘사한 것이다. 이사야가 에집트를 상징하는 존재로 등장시킨 라합(이사 30,7; 시편 87,4 참조)이, 야훼께서 천지를 창조하셨을 때 없애신 혼돈(카오스)도 상징하고 있다(시편 74,14; 89,11 참조).[22] "심연의 물"은 세상을 덮고 있던 것이며, 거기서 만물의 창조가 출현하지만, 여기서는 출애굽 당시에 이스라엘이 건넜던 홍해를 가리키기도 한다. 다시 말해서 천지창조

---

[20] R. Rendtorff, "Die theologische Stellung des Schöpfungsglaubens bei Deuterojesaias", *ZThK* 51 (1954): 10.

[21] 출애굽과 계약의 체험에서는 창조사건이 거듭 부각된다. 특히 야훼스트계 문서(창세 2,4-16 이하)가 그렇다. 천지창조에서 계약사상이 등장한다.

[22] Cf. Jean Steinmann, *Le prophète Isaïe* (Paris: du Cerf, 1950), p.221.

와 에집트 탈출은 동일한 구원사건인 것이다. 한 가지 뜻깊은 것은 성서에서 천지창조를 형언할 때에만 사용하는 동사 *bara*(창조하다)가 제2 이사야에 의해서 이스라엘의 창조에 해당시켜 처음으로 사용되었다는 점이다(이사 43,1.15: 참조: 신명 32,6). 당신 백성을 상대로 행하신 야훼의 역사적 활동을 "창조"라고 단정한 소치이다(이사 41,20: 43,7: 45,8: 48,7).[23] 이스라엘을 해방하신 하느님은 곧 천지의 창조주이시다.

이스라엘의 해방은 "정치적" 사건이었다. 그 사건은 착취와 비참의 상황을 깨뜨리고 공정하고 형제애가 넘친 한 사회를 건설하는 시발점이었다. 혼란이 제거되고 새 질서가 창조되는 출발이었다. 출애굽기 처음 몇 장章은 에집트에서 살던 유대인들이 겪은 압제를 묘사하고 있다. 저 "종살이하는 땅"(13,3: 20,2: 신명 5,6)에서 당하던 압제(1,10-11)와 강제노동(5,6-14), 인권유린(1,13-14)과 강제 산아제한 정책(1,15-22)이 생생하게 묘사되어 있다. 그리고 야훼께서 해방자 모세의 소명을 일깨우신다: "나는 내 백성이 에집트에서 고생하는 것을 똑똑히 보았고 억압을 받으며 괴로워 울부짖는 소리를 들었다. 그들이 얼마나 고생하는지 나는 잘 알고 있다. 나 이제 내려가서 그들을 에집트인들의 손아귀에서 빼내어 … 지금도 이스라엘 백성의 아우성 소리가 들려온다. 또한 에집트인들이 그들을 못살게 구는 모습도 보인다. 내가 이제 너를 파라오에게 보낼 터이니 너는 가서 내 백성 이스라엘 자손을 에집트에서 건져 내어라"(3,7-10).

야훼의 파견을 받고서 모세는 드디어 자기 백성을 해방하고자 오래고 힘든 투쟁을 전개한다. 이스라엘 후손들의 정신상태는 몹시 헝클어져 있었다: "무서운 고역에 시달려 지칠 대로 지친 그들은 모세의 말을 들으려고도 하지 않았다"(6,9). 에집트를 벗어난 후에도 파라오 군대의 추격을 받자 모세를 원망하는 이스라엘인들이었다: "에집트에는 묻힐 데가 없어서 우리를 광야로 끌어내어 여기에서 죽이려는 것이냐? 왜 우리를 에집트에서 끌

---

[23] Cf. Kern, "Creación como presupuesto".

어내어 이렇게 만드느냐? 우리가 이럴 줄 알고 에집트에서 에집트인들을 섬기게 그대로 내버려두라고 하지 않더냐? 에집트인들을 섬기는 편이 광야에서 죽는 것보다 낫다고 하지 않았느냐?"(14.11-12). 광야에서 최초의 시련에 부딪치자마자 장차 올 불확실한 해방보다도 노예 신분의 안일한 처지를 아쉬워하는 말들이 튀어나온다. 노예의 잔혹한 참상을 벌써 잊어먹기 시작한 것이다: "차라리 에집트 땅에서 야훼의 손에 맞아죽느니만 못하다. 너희는 거기에서 고기 가마 곁에 앉아 빵을 배불리 먹던 우리를 이 광야로 데리고 나와 모조리 굶겨죽일 작정이냐?"(16.3). 유대인들이 자기네가 받는 압제의 근본 요인들을 자각하고 거기에 대해 항거하며 해방의 심원한 뜻을 파악하기까지는, 성공과 실패로 점철된 하느님의 점진적 교육을 받아야 했다. 세상의 창조주는 곧 이스라엘의 창조주요 해방자이시다. 하느님은 이스라엘에게 정의를 구현하는 사명을 부여하신다: "하늘을 창조하여 펼치시고 땅을 밟아 늘이시고 온갖 싹이 돋게 하신 하느님, 그 위에 사는 백성에게 입김을 넣어주시고 거기 움직이는 것들에게 숨결을 주시는 하느님 야훼께서 이렇게 말씀신다. '나, 야훼가 너를 부른다. 정의를 세우라고 너를 부른다. 내가 너의 손을 잡아 지켜주고 너를 세워 인류와 계약을 맺으니 너는 만국의 빛이 되어라. 소경들의 눈을 열어주고 감옥에 묶여 있는 이들을 풀어주고 캄캄한 영창 속에 갇혀 있는 이들을 놓아주어라'"(이사 42.5-7).

앞에서도 상기시킨 바 있지만, 여기서도 역사적 구원사건 — 이스라엘의 신앙은 이것에 의지하고 있다 — 인 출애굽에 입각하여 천지창조를 논하고 있는 것이다.[24] 그리고 또한 출애굽 사건은 하나의 "정치적" 사건이었으며 그 사건을 통해서 야훼께서는 당신 백성에게 쏟으시는 당신 사랑을 드러내셨고, 완전한 해방의 선물이 이스라엘에게 부여되었던 것이다.

---

[24] Cf. Rubem Alves, *A Theology of Human Hope* (Washington: Corpus Books, 1969), p.129; Arnaldo Zenteno, *Liberación social y Cristo* (Mexico: Secretariado Social Mexicano, 1971).

구원: 재창조이자 창조의 완성

야훼께서 이스라엘을 불러일으키신 것은 단지 에집트 땅을 떠나게 하기 위함이 아니고 "젖과 꿀이 흐르는 아름답고 넓은 땅으로 데려가기 위함"(출애 3,8)이었다. 출애굽은 이스라엘이 압제와 비참이 없는 사회를 건설할 수 있는 약속의 땅을 향하는 기나긴 행진이었다. 그 전체 과정 속에서 종교적 사건들이 발생한다. 종교적 사건들이 그같은 정치적 과정 한가운데서 발생하고 그 과정의 심원한 의미를 부여하고 있다. 그 근저를 이룬다는 말이다. 마지막 순간에 가서, 과거 죄악으로 말미암아 초래되었던 혼란과 무질서가 바로잡히고, 정의와 불의, 압제와 해방의 정체가 드러나는 것도 이 사건에서였다. 야훼께서 이스라엘 백성을 정치적으로 해방하신 것은 그들을 "거룩한 백성"으로 만드시기 위함이었다: "너희는 내가 에집트인들을 어떻게 다루었는지, … 보지 않았느냐? 이제 너희가 나의 말을 듣고 내게 세워준 계약을 지킨다면, 너희야말로 뭇 민족 가운데서 내 것이 되리라. 온 세계가 나의 것이 아니냐? 너희야말로 사제의 직책을 맡은 내 나라, 거룩한 내 백성이 되리라"(출애 19,4-6). 출애굽의 하느님은 대자연의 하느님이시라기보다 역사의 하느님이시요 정치적 해방의 하느님이시다. 야훼는 해방자이시요, 이스라엘의 고엘goel(구속자)이시다(이사 43,14; 47,4; 예레 50,34).

계약은 에집트 탈출사건에 완전한 의미를 제공한다. 에집트에서의 해방과 계약은 상호 긴밀한 관계가 있어서 따로 분리시켜 이해할 수가 없다. 젤랭의 지론에 의하면 "계약은 하나의 역사적 사건이었다. 붕괴와 파열의 순간에, 해방의 분위기 속에서 벌어진 사건이었다. 혁명적 분위기가 감돌고 있었다. 물론 역사의 도정에서 흔히 일어났듯이 진지한 영성의 충동이 거기서 발생하게끔 되어 있었다".[25] 계약과 에집트 탈출은 하느님과 만나게 만드는, 동일한 움직임의 두 가지 각도였다.[26] 출애굽의 중심에는 종말론적 차원이 내다보인다. 카살리스G. Casalis의 말이 옳다: "구약성서의 핵심은 에

---

[25] Albert Gelin, "Moïse dans l'Ancien Testament", in *Moïse, L'homme de l'Alliance* (Paris: Desclée & Cie, 1955), p.39.

집트 종살이에서부터의 탈출과 약속의 땅으로 가는 여정이다. … 하느님의 백성이 품은 희망은 신화적인 최초의 낙원, 잃어버린 낙원으로 돌아가는 데 있지가 않다. 새로운 세계, 그리스도를 가운데 모시는 인간답고 형제애에 찬 사회를 향하여 진군하는 데 있다."[27]

야훼는 이 업적으로 말미암아 이스라엘 역사에서 길이길이 기억되신다. 이 업적(사건)은 이스라엘 역사의 막을 열었고, 이스라엘의 역사는 곧 하느님의 재창조가 되는 것이다. 혼돈에서 우주를 만들어내신 하느님은 압제에서 이스라엘을 해방하신 그 하느님이시기도 하다. 유대인 파스카 축일(유월절)에 경축하는 내용도 바로 이것이다. 앙드레 네르의 말을 들어보자: "유대인 파스카 축일에 가장 먼저 표현되는 내용은 자유의 확립이다. 출애굽 사건으로 인류에게는 새로운 시대가 도래하였다. 곧 비참과 곤궁으로부터의 구속(救贖)이 도래한 것이다. 출애굽은 인류에게 무조건 개입해 오시는 하느님의 의지와 그에 대한 인간들의 자유롭고 의식적인 동의가 겹쳐져 있음을 특징으로 한다. 따라서 이같은 출애굽 사건이 일어나지 않았던들 인류의 역사적 운명은 지금과는 다른 제도로 흘러갔을 것이다. 에집트로부터의 탈출이라는 게울라geulah, 즉 구원을 토대로 하는 역사와는 전혀 다른 역사가 전개됐을 것이다. … (결정적 해방이 이루어진 이상) 일체의 압제는 우연적인 것이며, 일체의 참상은 오로지 잠정적일 따름이다. 출애굽 이래로 세상에 불어온 자유의 숨결이 이 압제와 참상을 그날로 걷어 없앨 수 있는 것이다."[28] 출애굽에 대한 추억은 성서의 페이지마다 스며 있으며, 신약성서 못지않게 구약성서를 재독하도록 우리에게 영감을 주는 것도 바로 출애굽의 추억이다.

---

[26] 계약사상의 핵심적 성격을 간결하게 묘사한 것은 Beltrán Villegas ("El tema de la Alianza y el vocabulario teológico del A.T.", *Teología y Vida* 2 [1961]: 178-82)와 Paul Beauchamp ("Propositions sur l'Alliance de l'Ancien Testament comme structure centrale", *Recherches de Science Religieuse* 58 [1970]: 161-93)을 참조하라.

[27] Y. Congar의 인용: "Christianisme et liberation", p.8.

[28] André Neher, *Moses and the Vocation of the Jewish People* (New York: Harper Torchbooks, 1959), pp.136-7.

그리스도의 행업은 바로 이 노선의 일익을 이루는 동시에 그것을 완성시킨다. 존재하는 모든 것의 토대인 그리스도의 구속행위 역시 재창조로 이해되고 창조와 관련해서 제시된다(골로 1,15-20; 1고린 8,6; 히브 1,2; 에페 1,1-22).[29] 특히 요한 복음 서두에 이 사상이 명백하게 부각되어 있다.[30] 몇몇 주석자들의 지론에 의하면 이 서두는 요한 복음 전체의 기조를 형성하고 있다.[31]

그리스도의 행업은 새로운 창조이다. 그리스도 안에서의 "새 창조"를 운위하는 바울로의 말도 이런 뜻에서이다(갈라 6,15; 2고린 5,17). 그뿐 아니라 천지창조의 본 의도가 완전히 드러나는 것도 이 "새로운 창조", 곧 그리스도께서 성취하신 구원에서이다(로마 8장 참조). 하지만 동시에 그리스도의 업적은 죄악으로부터의 해방, 죄악의 모든 결과 ― 착취, 불의, 증오 등 ― 로부터의 해방이라고도 설명한다. 그리스도께서 이루신 이 해방은 예언자들이 발설한 약속들을 전혀 뜻밖의 방도로 실현하였으며, 새로운 선민 ― 이번에는 온 인류를 다 포함한다 ― 을 출현시켰다. 그러므로 창조와 구원은 무엇보다도 우선 그리스도론적 의미를 가진다: 만물이 그리스도 안에서 창조되어 왔고 만유가 그분 안에서 구원받고 있는 것이다(골로 1,15-20 참조).[32]

인간은 창조사업의 정점이자 주인공이다. 그리고 스스로 노동하여 그같은 위치를 지속시키라는 소명을 받고 있다(창세 1,28 참조). 그렇지만 노동만으

---

[29] Cf. Franz Mussner, "Creación en Cristo", in *Mysterium Salutis*, 1:506-11.

[30] Cf. Charles Harold Dodd, *The Interpretation of the Fourth Gospel* (Cambridge: Univ. Press, 1953), p.269; Charles Kingsley Barrett, *The Gospel According to St. John* (London: S.P.C.K., 1955), pp.125-32; A. Feuillet, "Prologue du quatrième Évangile", *Supplément au Dictionnaire de la Bible*, fasc.44 (1969), col.623-88.

[31] "성 요한은 그리스도의 생애를 각각 일곱 날과 일곱 주간으로 구성된 일곱 시기로 나누고 있다고 보겠다. 물론 이것이 복음사가의 유치한 장난이거나 그리스도의 생애를 편리하게 인위적으로 몇 시기로 구분한 것은 아니다. 서문에 이미 지적된 구성과도 부합한다. 서문은 창조사업과 메시아의 사업, 즉 7일 창조에 메시아 사명의 7일 과업과 일곱 시기를 대조시키고 있다"(M. E. Boismard, *St. John's Prologue* [Westminster: Newman Press, 1957], p.107).

[32] Cf. Severino Croatto, "La creación en la Kerygmática actual", in *Salvación y construcción del mundo*, pp.95-104; A. Feuillet, *Le Christ sagesse de Dieu d'après les Épitres pauliennes* (Paris: J. Gabalda et Cie, 1966); Juan Alfaro, *Hacia una teología del progreso humano* (Barcelona: Herder, 1969), p.22, no.22.

로 그리하라는 것은 아니다. 천지창조와 직결되는 출애굽 사건에서는 또 다른 중대한 요인이 부가되었다. 인간이 사회를 건설하는 일에 적극 "참여"할 필요가 있고 또 마땅히 그래야 할 위치에 있다는 점이다. 무릇 신앙은 창조계를 "비신성화"하여 인간의 고유한 활동 무대로 만드는 것이라고 할 수 있겠다. 그렇다면 신성神聖왕국의 본원이라고 할 에집트로부터의 해방이라는 사건은 신앙의 이같은 부면을 재확인시킨 것인지도 모른다. 출애굽 사건은 곧 사회적 행동규범을 "비신성화"한 계기이며, 그 순간부터 사회라는 영역이 인간의 고유한 활동 무대가 됐다는 이야기이다.[33] 인간은 노동하고, 세계를 변혁시키고, 노예제도를 철폐하며, 정의의 사회를 건설하고, 역사 안에서의 자기 운명을 스스로 결정함으로써 인간은 자신을 창조한다. 에집트에서는 그들의 노동과 활동이 정의의 사회를 건설하는 일과는 거리가 멀었고 도리어 불의를 조장하고 착취자와 피착취자의 간격을 크게 하는 데 동원될 따름이었다.

창세기에 서술된 대로 인간이 땅을 다스리고 창조사업을 계속한다는 것도, 인간의 선익에 보탬이 되지 못하거나, 인간이 다른 모든 인간과 연대성을 가지고 역사 한가운데서 자신의 해방을 쟁취하는 데 기여하지 못한다면 전혀 무가치할 수밖에 없다. 이스라엘을 해방하기로 하신 야훼의 제안은 이같은 요구에 상응한다: 그분은 인간 모세를 일으키셨기 때문이다. 사실 오로지 "자기창조를 거칠 때" 비로소 — 에집트에서의 해방이라는 사건에서 인간의 자기창조라는 사상이 최초로 계시되었다 — 우리는 성서에 나오는 창조와 구원간의 긴밀한 관계를 시적으로 표현하고 일반 범주에 넣어 생각하게 되며, 아울러 그 심원한 의미를 종합적으로 파악하게 된다.

출애굽이라는 경험은 인류사에 하나의 모범이 되었다. 그뒤로 하느님의 백성이 역사의 도정을 밟아가면서 체험하는 역사적 사건들의 생생하고도

---

[33] H. Cox의 『세속도시』는 이 사실을 명시한다. 그런데 이 "비신성화"가 "신성한 것"과는 다른 무엇을 대상으로 하고 있음도 구명되어야 한다고 본다. 그것은 손으로 만질 수 없는, 속된 생활과 분리된 무엇이 아니고 인간 역사 한가운데 현존하고 작용하는 것이라고 본다.

친근한 표본이 된 것이다. 앞서 네르가 말한 대로 "출애굽은 인류에게 무조건 개입해 오시는 하느님의 의지와 그에 대한 인간들의 자유롭고 의식적인 동의가 겹쳐져 있다". 그리고 이 사건은 아버지 하느님께서 내리시는 선물을 믿는 우리의 신앙을 구성한다. 그리스도 안에서 그리고 성령을 통하여 인간들은 역사 한가운데에서 하나로 뭉치게 된다. 인간들을 분리시키고 일치를 방해하는 온갖 장해 요인들에 대항하여 투쟁하는 가운데서 그같은 일치가 도모되는 것이다. 그러나 이 일치를 추구하여 활동하는 진실한 행동자들이 누구냐 할 것 같으면 (경제적으로, 정치적으로, 문화적으로) 압제를 받으면서 거기서 벗어나고자 투쟁하는 사람들이다.[34] 무릇 구원이란 전적으로 하느님 편에서 선물로 내리시는 것이며, 내용을 말할 것 같으면 인간이 하느님과 이루는 친교이며, 또 인간과 인간이 이루는 친교라고 하였다. 그런데 이 구원은 일종의 내면적 힘이며, 창조사업으로 시작된 인간의 자기성취의 움직임을 완성시키는 힘이다.

따라서 인간은 자기 노동으로 창조사업을 계속함으로써 자기실현을 성취한다고 주장하는 경우, 이것은 바로 그 사실로 인하여 인간이 총체적인 구원 과정 속에 서 있다는 말이 된다. 일한다는 것, 이 세계를 변혁시킨다는 것은 곧 인간이 된다는 것, 인간다운 사회를 건설한다는 것이며, 다시 말해서 구원받는다는 것이다. 마찬가지로 비참과 착취에 대항하여 투쟁하고 정의의 사회를 건설한다는 것 자체가 벌써 구원활동의 일부가 된다(물론 일부이지 전체는 아니며, 따라서 완전한 구원 성취를 향해서 나아가는 움직임이라 해야 옳을 것이다). 여기서 우리는 다음과 같은 결론을 내릴 수 있다: 수년 전까지만 해도 신학계의 정설이 되어왔듯이, 현세사회를 건설하는 일을 단지 "인간화" 혹은 "전前복음화" pre-evangelization의 한 단계로만 볼

---

[34] Frantz Fanon의 말을 들어보자: "대중에게 정치적 교육을 시킴이란 … 모든 것이 사실상 대중의 손에 직접 달려 있다는 사실을 철저하게 가르침을 뜻한다. 그것이 곧 자기들의 책임이라고, 그것이 자기들이 할 일이라고, 역사를 창조하는 위인이 따로 없고 모든 일을 홀로 책임지는 지도자가 따로 없다고, 위인은 곧 대중 자신들이며 국민의 손이 곧 역사를 창조하는 마술의 손이라고 가르침을 뜻한다"(Frantz Fanon, *The Wretched of the Earth*, pp.157-8).

수는 없다. 오히려 현세사회를 건설하는 일도 — 전인全人과 전체 인간사를 포괄하는 — 구원 과정의 일부로 인정해야 한다. 인간의 활동과 사회적 행동원리를 고찰하는 신학사상은 모두 이같은 원리에서 출발해야 한다.

종말론적 약속

성서의 또 하나의 큰 주제도 같은 결론으로 이끌어간다. 그것은 "종말론적 약속"이다. 이것 역시 성서의 일정한 텍스트에 소개되는 개념이 아니고 성서 전편에 나타나는 개념이다. 이스라엘 역사에서는 항상 이 약속이 실재했고 오늘날 하느님의 백성도 이 약속을 물려받아 보존하고 있다.

약속에 의한 상속인

성서는 "약속"의 책이다. 하느님이 인간들에게 세우신 약속을 담은 책이다. 성서는 하느님의 사랑과 그분의 친교를 계시하며, 동시에 인간이 무엇인가를 인간에게 알려주고 있다. 신약성서에서 "약속"이라는 말을 표현하는 그리스어는 *epangelía*이다. 그런데 이 말은 "맹세한 말", "알림" 그리고 "통지" 등의 의미도 나타내고 있어서 *evangelion*이라는 단어와 연관이 있는 듯하다.[35] 그러니까 "계시"이자 "복음"이기도 한 이 "약속"이 성서의 중심사상을 이루고 있다고 해야 할 것이다. 알베르 절랭은 "약속은 성서 전편에 깔려 있는 사상이며, 바로 이 약속 때문에 성서가 희망의 책이 되고 있다. 페기의 말마따나, 미미하지만 실제의 체험보다 더 강렬한 희망이 모든 역경에도 불구하고 한결같이 이어지며, 좌절이 있을 때마다 더욱 강하게 되살아나곤 했다".[36] 이 약속은 계시되었고, 인간의 마음을 사로잡았으며, 역사를 통해서 실현되어 왔다. 약속은 역사를 미래로 향하게 만들고,

---

[35] 히브리어에는 "약속"을 가리키는 특별한 단어가 없다. "축복", "맹세", "유산", "약속의 땅" 등의 용어와 표현들이 복합적으로 그런 내용을 지칭했다: Cf. Julius Schniewind – Gerhard Friedrich, "Epangelia", in *Theological Dictionary of the New Testament*, 2: 576ff.

[36] Charles Péguy, *The Key Concepts of the Old Testament* (New York: Sheed and Ward, 1955), pp.36-7.

계시를 종말론적 전망에다 맞추어넣는다.[37] 사실 인간 역사는 이 약속의 느리고도 불확실하며 또한 놀라운 실현의 역사 외에 다른 것이 아니다.

약속은 신앙을 가지고서 받아들여야 하는 선물이다. 이 약속은 아브라함을 믿는 이들의 조상으로 만들었다. 최초의 약속이 주어진 것이 아브라함에게였기 때문이다(창세 12,1-3; 15,1-16 참조). 바울로의 표현을 빌리자면, 아브라함은 자기와 자기 후손들이 "세상의 상속자"(로마 4,13)가 되리라는 언약을 받았다.[38] 바로 이때문에 예수나 세례자 요한(루가 3,8; 13,16; 16,22; 19,9), 그리고 바울로(갈라 3,16-29; 로마 4장; 히브 11장)가 구원사업의 시발점에다 아브라함을 두고 있는 것이다.[39] 이 약속으로 예수 그리스도는 "믿는 이들에게"(갈라 3,22) 주어진 선물이다. 이 약속은 역사의 주님이시요 우주의 주님이신 그리스도에게서 실현된다. 우리가 그리스도에게 속했다면 우리는 "아브라함의 후손이요 약속에 근거한 상속자들"(갈라 3,29)이다. 이것이 "때가 차기까지" 감추인 채 드러나지 않았던 신비이기도 하다.

그러나 이 "약속"은 하느님이 역사를 통해 거듭하시는 "약속들"로 내용이 밝혀지고 풍부해지며 한계가 뚜렷해진다. "약속이 최초로 표현되고 실현된 것은 계약에서였다."[40] 그리고 이스라엘 나라는 이 약속의 구체적 출현이었다. 유대 백성의 불충과 배신으로 구약이 파기되자 이 약속은 신약으로 예언되었다. "남은 자"들은 이 약속을 보존하면서 그 실현을 기다렸고, 신약의 도래를 준비하는 다른 많은 약속도 나타났다. 신약이 "하느님 나라"를 선포하면서부터 이 "약속"은 드디어 "마지막 때"에 접어든다.[41]

---

[37] Jürgen Moltmann, *Theology of Hope*, pp.139ff.

[38] "약속의 대상이 '세상을 물려받을' 상속이라고 바울로가 말했으나 창세기(15,1-7)에 이런 표현으로 나와 있지는 않다. 하느님이 아브라함에게 약속하신 '땅'은 가나안 땅이었다. 그러나 다른 본문(창세 12,3; 22,17-18)을 보건대, 땅의 모든 나라와 민족에게 축복이 내리리라는 말씀으로 말미암아 이 약속의 한계가 넓어졌다. 그래서 유대인들의 사상으로는 아브라함에게 언약된 땅의 경계가 곧 온 세상의 경계가 될 만큼 시야가 넓어졌다"(Joseph Huby, *Saint paul, Épître aux Romains* [Paris: Beauchesne, 1957], p.173).

[39] 이것 역시 새로운 사상이 아니다. 구약에서도 하느님이 성조(족장)들에게 하신 맹세를 거듭 환기시킨다: 신명 1,8; 6,10.18; 7,8; 집회 44,19-23; 예레 11,5; 미가 7,20; 시편 105,6-9.

[40] A. Gelin, *op. cit.*, p.37.

하느님의 "약속"에 수반되는 다른 약속들이 시효를 넘기거나 실현된다고 해서 본本 "약속"이 말소되지는 않는다. 본 "약속"은 그것들을 초월하며, 그같은 약속들을 해설하고 거기에 궁극적 의미를 부여한다. 동시에 이 약속들을 통해서 본 "약속"이 알려지고 부분적으로 또 점진적으로 실현을 본다고도 할 수 있다. 하느님의 본 약속과 그것의 부분적 실현간에는 일종의 변증법적 관계가 있다. 그리스도의 부활은 약속된 무엇의 실현이었으며 동시에 미래의 선참先參이었다(사도 13,23 참조). 부활과 더불어 그리스도의 사업은 "아직 완성된 것도, 종결된 것도 아니며", 부활하신 그리스도는 "당신 자신에게는 아직 하나의 미래로 남는다".[42] 약속은 점차적으로 그 보편성이 계시되고, 또 구체적 표현도 단계적으로 노출된다: 약속은 "이미" 실현되었으나 "아직" 완결을 보지 못했다. 약속은 끊임없이 미래로 투영되며, 영속하는 역사적 원동력을 조성하고 있다. 약속은 고갈됨이 없이 무궁무진하게 이어져가며 역사를 지배한다. 왜냐하면 역사는 곧 하느님의 "자기전달"이기 때문이다. 성자께서 육화하시고 "약속의 성령"께서 파견되심으로써 하느님의 이 자기전달은 결정적인 단계에 들어갔다(갈라 3,14; 에페 1,13; 사도 2,38-39; 루가 24,29). 그러나 바로 그같은 현현에 의해서 이 "약속"은 인류의 미래를 밝히고 이끌어가며, 지금 시작된 약속의 실현을 통해서 그 미래를 완성시키는 것이다.[43] 하느님의 "약속"과 역사의 상관관계를 올바로 추적하려면 이 약속의 현재와 미래라는 두 가지 측면을 다 고찰해야 한다.

---

[41] "'신약'이란 약속의 실현이며, 유산을 실제로 소유하는 것이다"(L. Cerfaux, *The Church in the Theology of St. Paul* [New York: Herders, 1959], p.35). 상당히 정확한 말이다. 그러나 약속이 역사적으로 실현된다 해서 출애굽의 교훈을 망각해서는 안된다: 인간은 정치적 투쟁의 역사 속에서 자기를 생성시킨다는 의미다. Rubem Alves (*Theology of Human Hope*, pp.55-68)도 비판한 바 있지만, 이 점에서 우리는 몰트만의 입장을 받아들이지 못한다. 몰트만은 인간이 자신의 해방에 참여하는 문제를 그다지 중대시하지 않는 느낌을 주고 있다.

[42] Karl Barth, *Kirchliche Dogmatik* 4/3, pp.385. 387 (J. Moltmann, *Theology of Hope*, p.87에 인용됨).

[43] "약속이 무궁무진하고 끊임없이 역사를 통일시키는 이유는 약속의 하느님의 무량하심에 있다. 하느님은 어떤 역사적 실재에 의해서 소진됨이 없으시며, 오직 그 실재가 오로지 당신과 일치할 때 '안식'하실 뿐이다"(J. Moltmann, *Theology of Hope*, p.106).

종말론: 미래와 역사적 현재

최근에 와서 계시 — 따라서 그리스도교적 실존 — 의 종말론적 차원이 재발견되었다. 과거의 교의신학에서는 "종말" — 죽음, 심판, 천당, 지옥, 세계의 종말 및 죽은 이들의 부활 — 을 신학의 부록 정도로 취급했고 본 제本題들과도 별로 연관이 없는 것처럼 생각했다. 그러던 것이 점차 "종말론"eschatology이라는 별개의 단원으로 등장하였다.[44] 어원으로 본다면 *éscatos*(종말)와 *logos*(론)의 합성어이다.[45]

19세기 말엽 개신교 자유주의 신학(요한네스 바이스, 알베르트 슈바이쳐)에서 예수의 메시지와 초대 그리스도교 공동체의 신앙을 연구하는 가운데 종말론 주제들이 대두되기 시작했다. 몰트만은 어떻게 이 사조가 일어났던가를 설명하고 초기에는 정확한 노선이 없었음을 아울러 지적한다.[46] "변증신학"은 또 다른 각도에서 종말론을 거론하였고 급기야는 이를 그 사상의 주축으로 삼았다. 바르트의 초기 사상이 그 대표적인 예가 된다. 바르트의 종말론은 칸트의 영향을 받아, 우르스 폰 발타사르Urs von Balthasar의 표현대로, "선험적 종말론"transcendental eschatology이 되었다: 영원은 참된 존재의 형식이요, 시간은 영원의 현상이자 그림자에 불과하며, 궁극 실재들은 만유의 제일원리이며[47] 따라서 모든 시간의 극한이 된다.[48] 몰트만의 말에 의하면, 이같은

---

[44] 용어 자체도 그다지 오래되지 않았다. 1924년 E. Mangenot는 "'종말론'이라는 용어가 최근 수년 동안 독일과 영국에서 쓰이고 있는데 '사말'(四末)을 논하는 조직신학의 일부를 지칭하고 있다. 그리고 프랑스 신학계에서는 아직 일반화되고 있지 않다"고 하였다(E. Mangenot, *Dictionnaire de Théologie Catholique*, s.v., "Eschatologie").

[45] 집회서(7,36; 28,6; 38,20)는 *escata*를 죽음, 심판, 후세 생명을 가리키는 데 쓰고 있다.

[46] *Op. cit.*, pp.37-9.

[47] "성서상의 의미로는 사말을 이야기한다는 것은 종국, 즉 만유를 초월하는 실재를 이야기하는 것이다. 만유의 존재가 오로지 이 실재에 근거를 두고 있다. 진리에 원천을 둔 종국을 이야기하는 것이다"(K. Barth, *Die Auferstehung der Toten* [Zürich: Evangelischer Verlag, 1953], p.61; Eng. *The Resurrection of the Dead* [New York: Fleming H. Revell, 1933]).

[48] "최종 역사 또는 종말을 이야기하자면 절대적 종국, 모든 사건과 시간을 초월하는 실재를 운위하게 된다. 역사와 시간의 종말을 말하자면 실제로는 모든 시간과 시간 속에 일어나는 모든 것을 제정하는 무엇을 이야기하게 된다. 최종 역사란 시원(始原)의 역사와 같은 말이다. 시간의 한계는 곧 모든 시간의 한계이며 따라서 시간의 시원을 가리킨다"(*ibid.*, p.59).

사상은 "교의신학에서 종말론적 차원의 돌파구를 막아버렸다".[49]

그러는 중에도 종말론은 더욱 중대한 위치를 점유해 갔다.[50] 사용되는 용어에 관해서도,[51] 그 개념에 대해서도[52] 논란이 심했다. 그렇지만 한 가지 뚜렷한 사상이 확립되었다: 성서는 ― 근본적으로 미래로 정향된 ― 구세사의 추진력으로서 종말론을 제시하고 있다는 것이다. 그리하여 종말사상은 그리스도교의 중대 요소 가운데 하나가 아니라, 바로 그리스도교 신앙을 이해하는 열쇠가 된 것이다.

폰 라트는 구약성서의 주석에 관한 연구를 토대로 이 방면에 획기적인 업적을 쌓았다. 그의 소신에 의할 것 같으면, 종말사상을 "예언자들이 자기 설교의 소재를 얻어낸, 미래에 관한 우주론적이고 신화적인 대망(待望)들로 이루어진 이념들의 체계"[53]로 본다는 것은 적확치가 못하다. "종말론적"이라는 용어로 시간의 종국, 역사의 완성, 달리 말해서 역사의 테두리를 벗어난extrahistorical 사건을 지칭하는 것으로는 무엇인가 부족하다.[54] 폰 라트의 견해로는, 예언자들은 이스라엘의 시간관과 역사관을 "종말론화"하였다고 한다. 그러나 예언자들의 사상적 특징은 일면으로는 "미래"를 바라보는 그들의 지향이며, 다른 일면에서는 "현재"를 중시하는 점이다.

예언자들이 야훼 신앙의 전형적 대표자들이라는 점은 "미래"에 대한 그들의 태도로 미루어 알 수 있다. 예언자들의 메시지에 담긴 독특한 사상은 자기네가 선포하는 (미래의) 상황은 "과거에 있었던 상황의 연속으로 생각할 수 없다"는 것이다.[55] 그들은 과거와의 단절에서부터 출발하였다: 이스라엘의 죄악 때문에 과거라는 것은 도저히 용납될 수 없는 것이며 야훼께

---

[49] J. Moltmann, *op. cit.*, p.40.

[50] 라너는 "종말론"이란 용어의 발전을 잘 서술했다: *Sacramentum Mundi* 2: 242-6. Cf. K. Rahner, "The Hermeneutics of Eschatological Assertions", in *Theological Investigations*, 4: 323-46.

[51] "'eschato-*logy*'라는 용어는 틀렸다. 인간들의 끊임없는 체험에서 얻어진 명제들을 집성한 것이 '이론'일진대, 종말에 관한 무슨 이론은 있을 수 없다"(J. Moltmann, *op. cit.*, p.17).

[52] Cf. G. von Rad, *Old Testament Theology*, 2: 112ff.

[53] *Ibid.*, p.113.   [54] *Ibid.*, p.114.   [55] *Ibid.*, p.115.

서 내리신 보증은 이제 아무런 힘이 없다. 이제 와서는 오로지 야훼의 새로운 역사적 활동이 있어야만 구원이 올 수 있다. 야훼의 새로운 역사적 활동은 당신 백성을 편드셔서 행하신 그분의 개입을 전혀 색다른 방법으로 경신하실 것이다. 그런데 예언자들은 과거의 사건들을 음미해 보면 야훼의 새로운 활동이 도래했다는 표징들을 희미하게나마 알아볼 수 있다고 한다.

출애굽은 예언자들이 즐겨 사용하던 주제이다. 그런데 그들이 출애굽 사건에서 거듭 부각시키는 바는 그 사건이 과거와의 근본적 단절이었고 미래를 향한 도약이었다는 사실이다.[56] 여기서 폰 라트는 다음과 같은 결론을 내린다: "예언자들의 메시지는, 더욱 그것이 과거의 역사적인 구원 토대를 깡그리 부인하고 무효화시키는 경우에는, 반드시 종말론적 배경에서 알아들어야 한다. … 그러나 그같은 배경에서 별도로 분리하여 알아들을 대목도 있다. 이스라엘이 미래, … 특히 이스라엘의 성스러운 제도의 미래에 관해서 신앙을 드러내는 전반적인 표현을 할 경우에, 거기에다 종말론 사상을 해당시켜서는 안된다. … 예언자들의 설교는, 그것이 이스라엘이 과거의 구원사건을 내세워 안일하게 머물려는 태도를 규탄하거나, 돌연히 미래에 하느님이 하실 행위에다 구원의 토대를 설정할 경우에 한해서 종말론적으로 파악할 것이다."[57] 종말 사상의 골자는 바로 장차 도래할 것에 대한 긴박감, 하느님의 새로운 활동에 대한 긴박감에 있다고 하겠다. 하느님이 새로운 활동을 벌이시리라는 희망은 야훼의 "성실하심"에 근거한 것이다. 과거에 당신 백성을 위하여 친히 나서신 그분의 강력한 사랑으로 미루어 품게 되는 희망이다. 이같은 새로운 활동은 역사의 종말에 일어날 하느님의 역사役事를 행하고 있고 또 그것에 의해서 육성된다고 하겠다.[58]

---

[56] 불트만은 "미래를 위한 근본적 개방"은 성서에 준한 실존의 독특하고 결정적인 특징이라고 하였다(R. Bultmann, *Primitive Christianity in its Contemporary Setting* [New York: Meridian Books, 1956], pp.180ff).

[57] G. von Rad, *op. cit.*, 2: 118. Cf. Norbert Lohfink "Escatología en el Antiguo Testamento", *Exégesis bíblica y teología* (Salamanca: Ed. Sígueme, 1969), pp.163-87.

[58] John A. T. Robinson은 *parousia*가 복수형 없는 단어임을 지적했다. 그리스도의 현존은 유일한 사건이며 반복이 없다(*Jesus and His Coming* [New York: Abingdon Press, 1957], p.185).

예언자들의 메시지에는 또 다른 일면이 있다. 이것은 앞에서 이미 언급한 바 있는 것으로, 언뜻 보기에는 미래지향적 사상과는 반대되는 것 같지만 실은 종말론 개념을 정확히 파악하는 데 매우 도움이 되는 면이다. 그것은 현실에 대한 예언자들의 관심과 배려이다. 자기네가 증언하는 그 시대의 역사적 변동과 상황에 그만큼 주의를 쏟은 것이다. 이같은 관심 때문인지, 예언자들의 희망의 대상은 매우 가까운 데 있는 것으로 나타난다. 그러나 희망의 대상이 가깝다고 해서, 역사의 종말에 행하실 야훼의 활동을 배제하는 것은 아니다. 예언자의 메시지는 가까운 역사적 사건을 예고하고 또 거기서 실현을 보지만, 이같은 사건을 초월하여 멀리까지 투영된다. 슈타인만은 이 사상을 명확히 포착하여 뚜렷한 설명을 제시하였다. 이사야의 "혼"魂의 신탁들을 주석하면서 메시아 사상과 결부시켜 상세히 해설하고 있다. 그는 이 예언에서 두 가지 의미를 구분한다. 하나는 예언자의 동시대인들이 이해할 수 있는 의미이다: "시리아-에프라임 연합군의 공략으로 예루살렘에서 벌어진 비극적인 상황을 회복하기 위해 야훼께서 베푸실 즉각적인"[59] 무엇을 가리킨다. 이것은 곧 왕좌를 계승할 새 인물이 출생하리라는 예언이다. 두번째 의미는 예언자 이사야가 희미하게 포착한 내용이다: "한 아기를 주심으로써 야훼께서 세상을 구원하시리라"[60]는 예언이다. 그러므로 종말론적 예언은 구체적 사건을 가리키면서, 그 사건 "속에서" 더 포괄적이고 더 충만한 다른 사건 ― 그것을 향해서 역사가 줄달음치는 사건 ― 을 시사하고 있다.[61] 그래서 종말사상을 정확하게 알아듣고자

---

[59] Jean Steinmann, *Le prophète Isaïe*, p.89.

[60] *Ibid.*, p.92. 그런데 이 해석에는 "엠마누엘은 메시아인가, 아니면 에제키아인가?" 하는 딜레마가 풀리지 않아 반대가 많다. 슈타인만은 "엠마누엘은 에제키아 안에 비친 메시아"라는 명답을 내놓았다. "엠마누엘은 이사야 시대에 강생한다. 그러나 그를 대상으로 하는 약속은 (아브라함에게 내린 약속들처럼) 그 인물을 초월하며 기름부음받은 결정적 인물 그리스도에게 해당한다. 에제키아는 이 구세자 역할을 남김없이 수행하지 못한다" (*ibid.*, p.337).

[61] A. Gelin이 구약성서의 종말론 개념이 "양면적 가치"를 가진다고 말한 것도 이때문이다: "종말론은 세상의 종말을 말하거나 아니면 역사의 중대 사건을 새 시대의 시작처럼 말한다" (*Supplément au Dictionnaire de la Bible*, s.v. "Messianisme").

한다면 구체적이고 역사적인 사건과, 그 사건을 통해서 투영되는 종국적 사건 사이에 무슨 관계가 성립되는가를 파악해야 한다. 현재의 사건 속에 내포되어 있는 미래를 향하는 투사에서 바로 이 관계를 엿볼 수 있다.

폰 라트는 이와 유사한 노선에서 신명기를 해석한다: "신명기는 호렙 산에서의 이스라엘 백성에 관한 이야기를 담고 있는 사실로 미루어 가나안 정복 이후에서 유래함에 틀림없다. 그러니까 가나안 땅에 오랫동안 살아온 사람들에게는 신명기가 일종의 꾸며낸 이야기로 보였을 것이다. 그러나 우리는 신명기 전편에 흐르는 종말론적 사상을 뚜렷하게 볼 수 있다. '남은 자'들의 생명 구원까지 포함해서, 신명기가 이야기하는 일체의 구원사건들이 당대의 이스라엘 공동체에게 또다시 제시되면서, 이제는 야훼께로 향하는 결단을 내리라고 촉구한다. 여기서 우리는 구약성서 신학에서 가장 흥미로운 과제에 부딪치게 된다. 역사상으로 이미 실현을 본 약속들도 아직 무효화하지 않고, 새로운 배경에서 여전히 존속하고 있으며 일종의 다른 형태로 지속한다는 것이다. '약속의 땅'에 대한 언약이, 그 땅을 정복한 후에도, 미래의 어떤 선익에 관한 약속으로 여전히 설교되고 있었다."[62] 이를 토대로 폰 라트는 신명기의 종말론적 전망을 논한다. 그 안목은 미래를 향하여 열려 있으며, 현재에 실현을 본다고 해서 말소되지 않고 오히려 그같은 실현에 의해서 재확인되고 더욱 역동성을 가지게 된다.

어떤 약속이 "현재"에서 역사적으로 실현될 때는 — 그 약속이 장차 올 것을 향하고 있는 약속인 이상 — 그 실현 자체가 "미래"를 향해서 열리는 종말론적 성격을 띠게 된다. 더 확실한 설명을 하자면, 미래를 향하는 이같은 긴장이 현재에다 의미를 부여하고 또 현재에 표출되고 동시에 현재에서 자양분을 얻는다. 그래서 "장차 올 것"에 대한 인력引力이 곧 역사의 추진력이 되고 있다. 역사歷史의 도정에서 행하시는 야훼의 역사役事와 역사의 종국에서 행하실 그분의 역사는 불가분의 관계를 가진다.

---

[62] Lohfink, *op. cit.*, pp.169-70에 인용됨.

출애굽기 3,14에 나오는 표현('Ehyeh asher 'ehyeh)을 해석하는 문제를 놓고 근자에 여러 논란이 있었다. 우리 시대의 범주에다 맞춰서 하느님의 초월성을 정적靜的으로 표현하는 의미로 해석하여, "나는 있는 자 그로다"(I am who am)라고 번역할 것이 아니라 "나는 장차 될 자가 되리라"(I will be who will be)로 번역해야 한다는 것이다. 새로운 각도에서 하느님의 초월을 본 것이다: 하느님은 당신을 비역사적 존재로 계시하신 것이 아니라, 우리의 미래에 계시는 "힘"으로 계시하셨다는 말이다.[63] 문법적으로 따지면 어느 번역이나 옳다. 그러나 이 둘보다 나은 번역을 해본다면, 하느님의 영속성을 강조하는 표현을 빌려, "나는 끊임없이 있는 자 그로다"(I am he who is being)가 어떨지 모르겠다. 그러나 비슷한 표현이 쓰인 경우들을 보거나(성서에 31번 나온다), 위의 구절이 나오는 계약의 사상에 비추어본다면 이 용어의 능동적 의미를 살려야 옳지 않을까 한다. "있다"라는 히브리어는 "되다", "현재 있다", "자리잡다"는 뜻을 가진다. 그러니까 "내가 있다"는 "내가 너와 함께 있다" 또는 "나는 행동할 태세가 되어 여기 있다"는 의미가 된다["내가 손을 들어 에집트를 치고 이스라엘 백성을 그들 가운데서 이끌어 내는 것을 보고서야 에집트인들은 내가 야훼임을 알리라"(출애 7.5)]. "나는 야훼다. 내가 너희를 … 빼내고 … 건져내리라. … 너희를 나의 백성으로 삼고 … 내가 … 너희를 이끌어 그곳을 차지하게 하리라"(출애 6.6-8: 참조: 3.10.17: 8.18).[64]

역사에서 행하신 하느님의 활동을 온전히 이해하려면 종말론적 전망에 비추어봐야 한다. 마찬가지로 역사의 최종적 의미를 열어보이는 계시는 바로 지금 일어나는 현재에 그 나름의 가치를 부여한다. 하느님의 자기전달은 인간에게 미래를 지적해 준다. 그리고 동시에 같은 그 약속과 복음은

---

[63] Cf. W. Pannenberg, "The God of Hope", in *Basic Questions in Theology* (Philadelphia: Fortress Press, 1971), 2: 235-49.

[64] Cf. George T. Montague, *The Biblical Theology of the Secular* (Milwaukee: Bruce, 1968); Georges Auzou, *De la servidumbre al servicio* (Madrid: FAX, 1969), pp.114-26: French ed., *De la servitude au service* (Paris: de l'Orante, 1961); Michel Allard, "Note sur la formule ''*Ehyeh asher 'ehyeh*'" *Recherches de Science Religieuse* 45 (1957): 79-86. "''ehyeh 동사에는 존재의 음영은 적다. 현존 또는 타자를 향한 개방으로 알아듣는 것이 좋겠다"(*ibid*., p.85).

인간이 무엇인가를 인간에게 깨우쳐주고 아울러 인간이 지금 여기서 행하는 역사적 과업에 폭넓은 시야를 제공한다.

종말론적 약속: 역사적 약속

위에서 지금까지 논술한 내용을 종합하면 구약성서를 해석하는 데서 생기는 전형적인 문제를 제대로 파악할 수 있게 된다. 여기서 말하는 것은 신약성서가 구약성서 본문을 소위 "영성화시켜 해석하는 경향"이다.[65]

이 지론을 따른다면, 구약성서가 "현세적"·"지상적" 차원에서 서술하고 약속하는 내용을 "영성적" 차원에서 이해한다는 것이다. 유대인들은 "육적"(肉)인 사고방식을 가지고 있었기 때문에 구약성서의 약속이나 예고에 숨겨진 상징적 의미를 파악하지 못했다. 신약성서에 이르러 비로소 그같은 의미가 확연하게 드러났다. 그리스도교계에서는 이 해석 원칙을 크게 환영했다. 그렇다고 지금 와서 새로 생긴 원칙은 아니다. 파스칼의 유명한 문구를 보더라도 매우 오래된 전통임을 알 것이다: "예언에는 영성적 의미가 은폐되어 있었다. 그 백성은 현세적 의미로 해석하기를 좋아했으므로 영성적 의미에 대해서 일종의 적의를 품고 있었다. 그러니까 설령 예언의 영성적 의미가 드러났다 하더라도 그들은 그 의미를 반기지 않았을 것이다."[66]

이러한 해석의 노선을 따르는 최근의 대표적인 주석가의 견해를 살펴보자. 그럴로는 그의 독특한 정확성을 과시하면서 예언 약속의 대상에 관해

---

[65] 그러나 신구약을 연결시켜 넓은 안목에서 문제를 풀어야 할 것이다. 불트만이 신구약 사이에 일종의 균열이 있다고 한 주장은 구약 본문의 가치를 상당히 실추시켰음을 잘 알 것이다. 오늘날은 형세가 달라지고 있다. 크리스천 생활과 신학을 보는 오늘의 눈은 구약의 가치를 재발견하게 만든다. 폰 라트는 이 문제에 상당한 면수를 할애하면서 "아직 토론중인 문제"라고 결론했다. 두 가지 면에서 그러한데 하나는 "구약은 그리스도의 빛에 의해서 이해되어야 한다"는 면이고, 또 하나는 "그리스도를 이해하는 데는 구약이 있어야 한다"는 면이다. 첫째 점에는 우리도 일반적으로는 동의할 수 있으나 둘째 점에는 그대로 동의할 수 없다고 한다(G. von Rad, op. cit., 2: 386). 둘째 명제의 해석학적 기준을 밝힌다면 과거에도 빈번히 대두됐던 "기회주의"(적당주의)의 인상을 피하게 되리라고 본다. 그러자면 시간과 역사, 정신과 물질에 대한 우리의 "서구식" 범주를 비판적으로 재고하는 자세가 먼저 요청된다.

[66] Pensées, no.571.

서 근본적 오해가 있었다고 주장한다: "일면에서 볼 때 예언 약속은 이스라엘의 '현세적' 구속救贖을 가리키는 것처럼 보인다. 이스라엘이 세속적 압제에서 벗어나고 과거의 처지로 복귀함으로써 세계 만국이 이스라엘의 특권에 참여하고, 최초의 계약 때 언약받은 지상적 선익을 함께 누리리라는 것이다. 그러나 달리 보면 만민의 '영성적' 구원을 말하는 것으로도 보인다. 가장 선명하고 명쾌한 장구章句 — 이것은 그 장황함을 두고 하는 말이 아니고 그 순수성을 가리키는 말이다 — 에서 그같은 시사를 발견할 수 있다."[67] 예언이 풍기는 이러한 모호성을 밝히려면, 먼저 예언 약속의 본래의 대상들이 예언자들이 사용하는 언어로 말미암아 가려졌다는 원칙을 일단 수긍해야 할 것이다. 그러니까 문제는 "자구字句에 따라서 받아들여야 하는 것은 무엇이며, 상징적으로 이해해야 하는 내용은 무엇인가"[68]를 식별하는 일이다. 대답은 분명하다: 예언 약속의 대상은 "인류의 영속하는 '영성적' 드라마, 죄와 고통과 구원의 신비 — 인류의 운명을 이루는 신비 — 를 직접 총괄하면서 전개되는 드라마이다". 다만 그같은 약속을 우리한테까지 전달해 주는 본문들이 "'정치적' 역사와 가지는 관계는 우연적인 관계에 불과하다".[69] 그러므로 예언 약속의 본래 의미는 "영성적"인 것이다. 신약성서를 보면 이 의미가 거의 완전하게 밝혀지고 있다.[70]

그렇지만 영성적 구원이냐 현세적 구원이냐를 따지는 것은 실로 하나의 딜레마가 아닐 수 없다. 구태여 영성적 의미를 추구하는 그러한 태도에는 콩가르가 경고하듯이 "지나친 영성화"의 기미가 숨어 있지 않을까?[71] 어느 모로나 이 말이 옳은 것으로 보인다. 그러나 여기에는 훨씬 심각하고 어려

---

[67] P. Grelot, *Le sens chrétien de l'Ancien Testament*, p.392.
[68] *Ibid.*, p.395. [69] *Ibid.*, p.396.
[70] *Ibid.*, p.397-8. "현세 재물의 약속은 순전히 정신적 재물로 대치된다"(M. García Cordero, "Promesas", in *Enciclopedia de la Biblia* [Barcelona: Ed. Garriga, 1963], 5: 1291). Leon Roy ("Libération, Liberté", *Vocabulaire de théologie biblique* [Paris: du Cerf, 1970], p.661)도 같은 견해다.
[71] *Christianisme et libération*, p.7.

운 난관이 있으며, 우리는 우선 그것을 극복하지 않으면 안된다. "영성적 의미"를 운위하는 논리 속에는 서구의 이원론적 사고방식이 은연중에 침투해 있다. 성서의 사상은 이원론을 모른다.[72] 더구나 현대의 사고방식은 이원론을 더욱 철저하게 배격한다.[73] 이렇게 이해된 "영성적"인 것은 활기도 없고 지상적 존재들을 경멸하며 초연한 체하는 것이다.

그러므로 예언 약속을 해석함에 있어서 그것이 "현세적 약속이냐 영성적 약속이냐" 하고 따지는 것은 문제제기를 올바로 하지 못한 소치이다. 오히려 "해방을 가져오는 역사적 사건을 통해서 약속이 부분적으로 실현을 보고 그같은 실현 자체가 약속의 완전한 실현으로의 길을 여는 새로운 약속으로 변형된다"고 하는 편이 옳을 것이다. 그리스도는 종말론적 약속을 "영성화"하지 않으신다. 그리스도는 종말론적 약속들에 의미를 부여하고, 오늘이라는 시점에서 실현시키신다(루가 4,21 참조).[74] 그러면서 동시에 역사를 앞으로 발진시킴으로써, 즉 총괄 갱신을 향하여 앞으로 발진시킴으로써 거기에 새로운 전망을 열어놓으신다.[75] 그러니까 예언 약속에 숨겨져 있는 의미는 현세적이고 지상적인 사물들을 일종의 장애물로 격하시키는 "영성적" 의미가 아니라, 도리어 (역사적 실재를 흡수하여 포괄하고 변모시키는) "완전"이라는 의미이다.[76] 또 하나 유의할 점은, 우리 인간들이 그 약속의 완전한 실현을 볼 미래를 향하여 자신을 열 수 있는 것은 오로지 현세적이고 지상적이고 역사적인 사건 "속에서"라는 사실이다.

---

[72] 성서의 "정신적 사물"은 육체적・물질적 사물에 상반된 개념이 아니고 이기적으로 자신에게 집착하는 "육욕적 사물"과 대당되는 개념이다. 바울로가 "영신적 몸"(1고린 15,44)과 "육욕적 정신"(골로 2,18)을 이야기할 수 있었던 것도 이같은 배경에서이다. Cf. Beltrán Villegas, "El Evangelio: una noticia siempre increíble", *Mensaje* 20, no.196 (1971): 27, no.7; John A. T. Robinson, *The Body: A Study in Pauline Theology* (London: SCM, 1952).

[73] Cf. Lohfink, *Exégesis bíblica*, p.184.

[74] Y. Congar, "Mystère de Jésus et Église des pauvres", in *L'Église aujourd'hui* (Paris: Desclée & Cie., 1967), p.55.

[75] "그리스도는 인간의 해방, 인간의 총체적 해방을 바라신다. … 이 해방은 인간의 정신적 해방에 국한된 것이 아니다: (Antonio Fragoso, *Évangile et révolution sociale* [Paris: du Cerf, 1969], p.15).

그러므로 종말사상은 현재나 미래에 다 해당함을 인정하는 것만으로는 불충분하다. 현재와 미래의 "영성적" 실재의 문제에 대해서도 같은 주장을 할 수 있다. 종말사상이 현재생활의 가치를 격하시키는 일은 없다. 단 이 말이 걸핏하면 오해를 살 염려가 있다. "현재생활"이라는 말을 "현재의 영성적 생활"로 알아듣는다면 그것은 종말사상을 정확히 파악하지 못한 소치이다. 종말의 "현재성"이란, 여기서 역사 내의 실재를 가리키는 말이다. 따라서 은총과 죄의 기묘한 투쟁, 하느님 나라의 도래, 재림*parousia*에 대한 기대 등도 필연적으로 역사적이고 현세적이고 지상적인 실재, 사회적이고 물질적인 실재가 아닐 수 없다.

예언자들은 평화의 왕국의 도래를 예고한다. 그러나 평화는 정의의 실현을 전제로 한다: "정의는 평화를 가져오고 법은 영원한 태평성대를 이루리라"(이사 32,17; 참조: 시편 85).[77] 무릇 평화란 약자들의 권리 옹호, 압제자들에 대한 징벌, 타인들에게 노예로 속박당하지나 않을까 하는 공포에서 벗어난 생활, 피압박자들의 해방 등을 전제한다. 평화, 정의, 사랑, 자유 등은 사사로운 실재가 아니다. 인간의 내면적 자세를 일컫는 무엇이 아니다. 그것들은 사회적 실재이며, 역사적 해방과 관련된 것들이다. 소위 "영성화"라는 빈약한 사고방식 때문에 우리는 종말론적 약속이 인간에게 어떤 임무를 짊어지우고, 동시에 불의한 사회구조를 변혁시킬 능력도 암시한다는 것을 흔히 잊어왔다. 비참과 착취의 제거는 하느님 나라의 도래를 예고하는 표지가 된다. 이사야 예언서의 사상에 의하면 백성들 사이에 행복과 기쁨이 충만할 때 하느님 나라가 실현된다. 왜냐하면 "사람들이 제 손으로 지은

---

[76] 그럴로는 자기 주장을 입증하기 위해 "예언의 '자구' (字句) 밑에는 '영신적' 의미가 숨어 있다"고 했다. 그는 문자와 정신을 구별하는 바울로의 논리가 "율법"을 대상으로 함을 인정하면서도 "이것을 예언문제에 전이시킨다고 해서 합법적이 아니라고는 못할 것이다"고 부언했다(*op. cit.*, p.394, no.1). 그러나 그것이 단지 율법에서 예언으로 가는 전이뿐일까? 거기에 수반되어 구분의 의미부터가 전이되고 있지 않을까? "문자"와 정신의 대치는 "현세적인 것"과 영신적인 것의 대치만큼 심각하지는 않다. 바울로의 사상은 전혀 별개의 개념에서 출발하고 있다. "문자는 쓰여진 무엇 — 인간 외부에 있는 것 — 을 가리킨다. 복음에 포함된 윤리계명의 경우에도 같은 말을 할 수 있다"(Thomas Aquinas, *S.Th.* I-II, q.106, a.2).

[77] 「현대세계의 사목헌장」(78항)이 이 구절을 사회정의에 해당시켜 인용한 것은 옳았다.

집에 들어가 살겠고 제 손으로 가꾼 포도를 따 먹으리라. 제가 지은 집에 남이 들어와 사는 것을 보지 않겠고 제가 가꾼 과일을 남이 따 먹는 것도 보지 아니하리라. … 내가 뽑은 자들은 제 손으로 만든 것을 닳도록 쓸"(이사 65,21-22) 것이며, 그들이 노동하여 얻은 것을 그들의 손에서 빼앗기는 일이 없겠기 때문이다. 압제와 노예제도가 없고 인간의 노력과 수고가 소외당하는 일이 없는 정의로운 세계를 건설하려는 노력은 곧 하느님 나라의 도래를 표상한다. 하느님 나라와 사회적 불의는 공존할 수 없다(이사 29,18-19; 마태 11,5; 레위 25,10 이하; 루가 4,16-21 참조). 돔 안토니오 프라고소Dom Antonio Fragoso의 말대로 "정의를 위한 노력은 곧 하느님 나라를 위한 노력이다".[78]

종말론적 약속들은 역사를 통해서 실현된다. 그렇다고 해서 그것을 이러 저러한 사회적 실재와 완전히 동일시할 수 있다는 말은 아니다. 종말론적 약속이 담고 있는 해방의 능력은 인간의 예측을 훨씬 벗어난 것이며, 전혀 새롭고 예기치 못한 가능성을 열어보인다. 주님과의 완전한 상봉은 곧 역사의 종말을 뜻한다. 하지만 그같은 상봉이 이루어지는 것은 어디까지나 역사 속에서이다. 그러므로 우리는 역사에서 일어나는 사건들을 정확히 관찰하여 사건의 구체성과 그 표상적 의미를 파악할 것이나, 항상 그 사건에서 얼마간의 거리를 유지하고 이탈하는 태도를 배워야 한다. 역사의 주님과의 상봉은 이미 지금부터 이루어지고 있으며, 그것이 인류의 성장·발달의 동력이 되면서 또 인간이 품는 희망을 초월하는 세계로 이끌어간다(1고린 2,6-9). 그렇기 때문에 인류의 역사와 성장이 어느 한계에까지 발전할 것인가를 미리 설정하고 계획할 수는 없다.[79] 이와같이 "모르기" 때문에 그 미래의 선물(하느님 나라)에 대해 능동적이고 투신적인 희망을 가지는 것이다: 그리스도는 "하느님의 모든 약속, 즉 그 약속 하나하나에 대해서 (우리가 드리는) '예, 그렇습니다' 라는 응답이시다"(2고린 1,20).

---

[78] *Évangile et révolution social*, p.15. "복음이 크리스천들의 양심을 일깨우지 않고, 선의의 모든 사람에게 만민, 특히 가난하고 버림받은 인간들의 해방에 대한 의식을 고취시키지 않는다는 것은 생각지도 못할 일이다"(*ibid.*). "인간들간에 정의를 확립하기 위한 투쟁은 주님 앞에서 의롭게 되는 첫걸음이다"("Justice in the World", in *IDOC-NA*, no.37 [1971], p.5).

그리스도와 해방의 완성

지금까지 논한 바를 마무리지으면 다음과 같은 결론이 될 것이다. 구원은 만민을, 전인全人을 포괄한다. 그리스도의 구원행위는 — 인간으로 하여금 현재의 역사 속에 자기 위치를 정립하며 인간 본연의 생활과 동떨어진 역사를 가상하지 못하도록 — 바로 인류 역사의 한가운데서 이루어진다. 그리고 정의 사회 구현의 노력은 곧 구세사의 일익을 이루고 있다.

그렇다면 이 사상을 여러 각도에서 재검토하는 것도 매우 타당한 일이다. 그럼으로써 이 장에서 제기된 사상들을 요약할 수도 있다.

현세적 진보와 하느님 나라의 발전

「현대세계의 사목헌장」은 인간활동의 의미와 가치를 논하는 데서 시작하여(33항), "따라서 현세적 진보를 그리스도 왕국의 발전과 분명히 구별해야겠지만 그것이 인간사회의 질서를 개선하는 데 이바지하고 있는 한 하느님 나라를 위해서도 중대한 의의를 가진다"(39항)는 말로 끝맺는다. 여기서 한 가지 유의할 것은 헌장이 의도적으로 일반적인 용어를 사용했다는 점이다. 그렇게 함으로써 헌장의 내용을 여러 각도에서 해석할 여지를 남겼던 것이다. 이 텍스트가 어떻게 입안, 상정되어 통과되었는가를 살펴보면 우리가 이 문헌을 해석하는 데 상당한 도움이 될 것이다.

공의회 제1회기가 끝날 무렵 몬티니 추기경(뒤의 교황 바오로 6세)과 수에넨스 추기경이 적극 개입함으로써 소위「제13 초안」은 공의회의 비상

---

[79] "종말이 '언제' '어디서' 이뤄지느냐는 신비는 하느님의 지식과 결정에 유보되어 있다. … 이 사실은 미래에 관한 예수의 설교를 이해하는 열쇠이다. 종말은 하느님의 지혜와 명령에 유보되어 있다. … 그래서 예수의 말씀들은 교의가 아니고 도전이며 권유이다. 미래에 관한 예수의 설교에 나타나는 예언자적 형식과 스타일은 예수가 당신의 가르침이 종말론적 입장에서 나옴을 의식하고 있었다는 강력한 시사가 된다"(R. Schnackenburg, *Present and Future* [Notre Dame: Univ. Press, 1966], pp.10, 16-7). "나의 소견으로는, 신학자가 이 (종말론) 미래에 관해서 말할 때에는 이 미래가 사실상 알 수 없으며 또 알 권리도 없음을 분명히해야 한다"(K. Rahner, "L'avenir de la théologie", *NRT* 93, no.1 [January 1971]: 4).

한 기대를 모았다. 이 초안은 교회가 현대세계에 대해 어떤 태도를 가져야 하는지를 밝히는 데 사명이 있었다.[80] 제3회기 때 소위「취리히안案」이 처음 상정되었으나 공의회 안팎에서 대단한 비난과 공격을 받았다. 소위 자연계와 초자연계에 관한 이원론적 사상 때문이었다.[81] 그리하여「아리치아안」이라고 부르는 수정안이 꾸며졌다. 헌장의 토대가 된 것은 이 수정안이다.

아리치아 초안은 취리히 초안과 어조부터 달랐다. 이 초안은 인간이 받은 소명의 단일성을 철저히 강조하였고(제1부 제4장 참조), 초안 작성자의 말대로 "구원은 창조의 전全실재를 총괄한다는, 기초적이면서도 지금까지 망각해 온 진리"를 재등장시켰다. "인간, 창조계, 하느님 나라를 위한 하느님 경륜의 심원한 통일성이「제13 초안」의 중심사상을 이루고 있다."[82] 그 초안은 다음과 같이 주장한다: "인간의 역사와 구원의 역사는 상호 긴밀한 연관을 가진다. 현금에 있어서는 구원의 결정적인 경륜, 다시 말해서 구원의 질서는 창조의 질서를 내포하고 있다"(50항).[83] 이 주장에서 두 가지 결과가 나온다. 하나는 교회의 사명문제다: "구원이 창조의 질서까지 내포하고 있는 이상, 교회의 봉사직은 — 그 독특한 견지에서 — 인간의 현실과 인간의 문제 전체를 대상으로 하지 않으면 안된다"(51항). "그 독특한 견지에서"라는 말을 덧붙인 것은 교회의 사명을 어느 각도에서 보아야 할 것인가를 시사하는 뜻에서이다. 그러나 이같은 유보留保가 있긴 있으나 텍스트 전체의 강경한 어조를 무너뜨리지는 않는 것 같다. "구원의 질서에 천지만물이 포괄되어 있다"는 사실에서 오는 두번째 결과는 그리스도교 생활의 일

---

[80] Cf. Philippe Delhaye, "Histoire des textes de la Constitution pastorale", *L'Église dans le monde de ce temps*, 1: 215-77.

[81] 토론의 경위를 보려면 *Relationes particulares*, "Schema of Ariccia", p.98 참조. E. Schillebeeckx, *Le monde et l'Église* (Brussels: du CEP, 1967), pp.149-67.

[82] Pierre Hauptmann, "La schema de la Constitution Pastorale, De ecclesia in mundo huius temporis", *Études et documents*(프랑스 주교단 공의회 분과위원. 1965년 8월 25일), p.9.

[83] 주장의 근거는 "강생"(육화)이다. "성부의 말씀은 육화를 통해서 온전한 사람, 곧 육과 영이 되셨다. 그 인간 안에서 말씀은 하느님께 지음받은 자연을 성화하셨으며, 그 성화의 대상에서 물질을 제외하지 않으셨다. 그리하여 존재하는 모든 것이 각기 자기 나름으로 구세주를 찬미한다"(*ibid.*).

원성이다: "모든 인간적 활동은, 제아무리 비천한 것이라도, 크리스천들에게는 하느님의 성령에 힘입어 활기를 띠어야 하며, 하느님 나라를 향해 정립되지 않으면 안된다"(52항).[84] 이 텍스트는 예언자들의 태도에서 근거를 발견하고 있다. 초안 작성자들의 말에 의하면, 예언자들은 "어떤 불의를 발견할 때 거기서 사회적 무질서나 가난한 자들에 대한 유린을 보는 것이 아니라 신법神法의 유린과 하느님의 성성에 대한 모독을 보았다". 그리고 그리스도는 이같은 태도를 "완화시키지 않았을 뿐만 아니라 오히려 철저하게 하셨음"(52항)을 초안 텍스트는 강조하였다. 이와 관련해서 요한 1서 3,14와 마태오 25,31-46, 곧 인간이 하느님께 가지는 태도와 이웃 사람에게 가지는 태도는 동일한 것임을 강조하고 있는 성서 구절들을 인용하였다. 이 구절들은 헌장을 마지막으로 손질할 때 삭제되었다.

이런 인용으로 미루어「아리치아 초안」은 "단일 역사"의 사상을 채택했음에 틀림없다. 그럼으로써「사목헌장」제39항의 전제를 이루는 사상 ― 하느님 나라와 현세 질서를 구분하는 사상 ― 을 분명히했고 어느 정도 수정까지 했다. 초안의 43항은 다음과 같다: "국가 사회의 완성은 하느님 나라의 성장과는 전혀 다른 질서이다. 양자를 동일시해서는 안된다. 그렇지만 사회가 채택하는 통치와 조직의 형태는 그 사회 시민들의 인간적·도덕적 행태를 크게 좌우하며 시민들이 하느님 나라에 들어가는 것을 더 용이하게 만들거나 어렵게 만든다." 텍스트를 작성한 의도야 그렇지 않았겠지만, 여기서 선택된 단어가 적당하지 못해서 문제를 고정적이고 외향적으로, 심지어는 도학적道學的인 입장에서 다룬 듯한 인상을 주었다. 그것에 비하면 현재의 헌장은 그 본문이 일반론적이긴 하지만 더 낫다. 흠이 있다면「아리치아 초안」이 제시한 것과 같은 통일된 관점을 갖추고 있지 못하다.

공의회 제4회기 벽두에「아리치아 초안」이 상정되었다. 이번에는 자연적 질서와 초자연적 질서가 명확히 구분되었는가와, 현세적 진보와 구원과의

---

[84] 이 항이「사목헌장」제43항의 기초가 되었다.

혼동을 피했는가를 주로 따졌다. 공의회 "소수파"와 또 "다수파"의 대표적 인물들(되프너 추기경과 프링스 추기경)이 나서서 그 점을 보충했다. 지나친 낙관론에는 쐐기를 박았다. 그리고 죄의 의미를 더 부각시킬 것을 요청하고, 아울러 현세 사물의 자율성이 제대로 표명되지 않은 데 대한 우려도 나왔다. 결국 「아리치아 초안」은 애매모호한 텍스트로 뜯어고쳐진 셈이다. 현재의 「사목헌장」 제1부 제4장은 자연적 질서와 초자연적 질서의 구체적이고 역사적인 단일성을 표현하는 데는 「아리치아 초안」에 미치지 못한다.[85] 이상과 같은 배경을 안다면 「사목헌장」 39항에서 현세적 진보와 그리스도의 왕국을 구별한 본의를 또 다른 각도에서 이해할 수 있을 것이다.[86]

공의회는 아직 논의의 여지가 많은 신학문제에 깊이 파고들어가기를 피했다. 「아리치아 초안」이 내놓은 입장들을 정면으로 반대하지는 않고 이미 광범위하게 동의를 얻고 있는 주의주장만을 채택한 것이다. 사실 「아리치아 초안」을 내놓은 사람들도 그 이상을 바라지는 않았다. "이러한 문제들은 우리 동시대인들의 정신에 깊은 영향을 줄 뿐 아니라 그리스도교 계시에도 곤란하고 모호한 문제점들을 야기시키는 매우 심각한 문제들이기 때문에" 교부 및 신학자 합동위원회는 "특수한 주의주장을 지지하는 일은 지

---

[85] 「아리치아안(案)」이 창조와 구원간에 설정한 관계를 다음과 같이 수정하였다: "주어진 현실에서는 구원의 질서는 그 자체가 창조의 질서를 내포하며, 인간의 역사는 구원의 역사 속에 깊이 삼투한다. 그리고 이러한 내포가 창조의 질서를 훼손하는 것이 아니라 도리어 그것을 고양하고 품위를 부여한다." 이 초안 본문은 몇 차례 수정을 거쳐 다음과 같이 확정되었다: "동일한 하느님이 구세주이시며 동시에 창조주이시고 또한 인류사와 구세사의 주인이시면서도 당신이 정하신 이 질서에 있어서는 피조물의 정당한 자율성과 특히 인간의 자율성만은 박탈하지 않으셨을 뿐더러 오히려 그 존엄성을 회복시키고 더욱 견고케 하셨기 때문이다"(「사목헌장」 41항). 그리고 교회의 사명에 관한 「아리치아 초안」 51항도 같은 수정을 거쳐서 다음과 같이 변형되었다: "인류 가족의 일치는 그리스도 안에 기반을 둔 하느님의 자녀들의 가족적 일치로써 더욱 튼튼해지고 완성된다"(동 헌장 42항).

[86] 39항의 최종안에 반대한 주교는 37명이었다. 그들의 주장에 의하면, 현세적 진보와 하느님 나라의 발전은, 사랑이 둘을 통일시키는 까닭에, 구체적으로는 제대로 구분할 수 없다는 것이다. 전자가 후자를 위해서도 "중대한" 의의를 가진다는 말은 사실상 하나마나한 애매한 말이라고 했다("Expensio modorum" in Ch.3, Part 1, pp.225-6). Schillebeeckx도 이 반론은 근거가 견실한 주장이라고 본다("Foi chrétienne et attente terrestre", *L'Église dans le monde de ce temps* [Tours: Mame, 1967], p.135, no.5).

양하기로 하고, 교회의 공통적 교의를 전수하는 데서 그치기로 하였다".[87] 그렇지만 많은 인사들은 「아리치아 초안」이 온건하고 현명한 노선을 벗어났다고 판단하고서 그 표현을 완곡하게 수정해야 한다고 주장했다. 최종적으로 수정을 본 텍스트는 극히 일반적인 두 가지 사상, 즉 현세적 진보와 그리스도 왕국의 발전은 긴밀한 관계를 가지고 있지만 동시에 양자를 분명히 구별해야 한다는 사상을 피력하는 데서 그치기로 하였다. 그리스도 왕국의 성장은 현세적 진보와 무관한 것이 아니라 후자에 깊이 관여하고 거기에 가치를 부여한다. 그러나 그리스도 왕국의 발전은 현세적 진보 그 이상의 것이다. 간단히 말해서, 양자는 긴밀한 관계를 가지기는 하지만 동일하지는 않다. 공의회 문헌은 그 이상 거론하지 않았다. 그러니까 문호를 개방하여 위의 두 가지 근본사상만 인정한다면 여러 가지 신학적 입장을 취할 수 있다고 시사한 것이다.[88] 여러 입장간의 대화가 오감으로써 이 문제가 더욱 구명될 것이고 점차 새로운 합치점이 발견되리라는 기대를 가져볼 만하다. 교회사에서 흔히 있었던 일이다.

회칙 「민족들의 발전」은 이보다 한걸음 더 앞섰다. 전체적 발달을 인간답지 못한 생활조건에서 더 인간다운 생활조건으로 혁신하는 것으로 생각하고 있다: "인간답지 못한 생활조건에 처해 있는 사람들을 들어보면, 우선 생명 유지에 필요한 최저생활비도 보장받지 못하는 빈곤한 사람들이 있고 … 다음은 사유권과 권력의 남용, 노동자들의 착취, 부정한 상거래로써 구성된 불합리한 사회구조 밑에서 신음하는 사람들이 있다." 이같은 비인간적 생활조건은 죄악과 불의를 안고 있다. 이러한 처지에서 점차 제기하여 더 인간다운 처지로 향상할 필요가 있다: "여기에 대하여 더 인간다운

---

[87] 제1부 제3장에 대한 1965년 9월 21일자 G. Garrone의 성명이다("Relationes circa schema Constitutionis Pastoralis de Ecclesia in mundo huius temporis", p.8).

[88] J. L. Segundo는 「사목헌장」 제39항을 해석하는 세 가지 가능성을 제시하였다. "현세적 진보의 목적과 하느님 나라의 목적은 다르다." "현세적 진보의 목적과 하느님 나라의 발전의 목적은 동일하다"(다른 점이 있다면 크리스천들이 "아는" 그것뿐이다). 셋째는 "교회는 계시의 내용을 가지고서 역사에 기여한다"는 사실만 빼놓고 제2의 해석과 동일한 것이다("Evangelización y humanización", *Perspectivas para el Diálogo*, no.41 [March 1970], pp.9-17).

조건들을 말해본다면, 먼저 빈곤에서 생활필수품의 획득으로의 향상, 사회악의 제거, 지식의 증대, 정신문화의 획득이라 하겠다. 다음은 타인의 인권에 대한 존중, 청빈정신을 지향하는 노력, 공동선을 위한 협력, 평화의 소망 같은 것을 들 수 있다. 또한 인간으로서 최고의 선과 그 선의 원천이요 극치인 하느님을 인정하는 일도 중대하다." 이어서 참신한 표현을 담은, 우리로서는 가장 중대한 텍스트가 나온다: "마지막으로 더욱 인간다운 조건은 선의의 사람들이 하느님의 선물로 받아들이는 신앙과, 만인의 아버지시며 생명의 근원이신 하느님의 자녀로서 그 생명에 참여하도록 우리를 불러주신 그리스도의 사랑을 받는 사람들의 정신적 일치라 하겠다"(21항). "마지막으로 … 더 인간다운 …" 것이 초인간적이고 초자연적인 것을 뜻하지는 않는다. 이것은 인간적인 것의 충일을 표현하는 개념이며 하느님과 친교하도록 불린 소명이 단일한 것임을 재인정하는 개념이다. 그렇기 때문에 "자연계"와 은총의 연속성을 근거로 문제를 해결하고자 하지 않고, 전체성integration을 절대적으로 보존하면서, 하느님이 당신을 열어보이시는 친교의 선물에 힘입어 인간적인 것 전부를 개화시키는 방향으로 추진한다. 회칙의 이 본문은 내용이 풍부하며, 후편에서 사회 및 경제 문제를 거론하는 부분에 결여되어 있는 참신한 기풍을 담고 있다. 그렇지만 이처럼 훌륭한 이념들을 세밀히 다루지 않았거나 깊이 탐구하지 않은 것이 회칙의 결점이다. 앞으로 여러 모로 연구해야 할 과제이다.

정치적 해방의 차원

우리가 방금 거론한 교회 교도권의 문헌들을 보면, 회칙 「민족들의 발전」의 몇 가지 점을 빼놓고는, 현대신학이 문제를 다루는 과정과 방식을 그대로 답습하고 있다. 그 노선을 살펴보면 역사 한가운데서 이루어지는 인간의 활동이 가지는 궁극적 의미가 무엇이냐는 잠시 보류해 두고, 「사목헌장」에서 사용한 용어들을 구사하여 현세적 진보와 그리스도 왕국의 발전 간의 관계를 구명하는 데 치중하는 느낌을 준다. 현세적 진보도 자연과학과 기술공학에 의한 자연의 지배를 주로 돋보이게 하고, 인간사회의 발전을 저해하는 몇 가지 요소를 지적하는 데서 그친다. 다시 말해서, 그같은 저해의 근원이 되는 "불의한 체제"에 대해서 철저한 도전은 회피하고 정치영역의 대립적 양상은 언급을 않고 있다. 오히려 의도적으로 회피해 왔다.

그러므로 우리는 신학적 입장에서 현세적 진보를 창조사업의 연장으로 고찰할 것이며, 현세적 진보와 구원사업의 상관관계를 추구할 작정이다. 구원은 죄와 직접 관련이 있으며, (하느님 및 타인들과의 친교의 단절인) 죄는 인간적이고 사회적이며 역사적인 실재이다. 죄는 사회적으로, 역사적으로 일정한 상황에 처해 있는 자유 그 자체에서 유래한다.

창조계, 즉 우주는 죄의 결과로 말미암아 진통을 겪고 있다. 그런 뜻에서 로마서 8장을 인용하면 흥미도 있고 우리의 시야도 넓어질 것이다. 그러나 이 장은 당면문제에 직접 해당되지는 않는다. 창조와 구원을 직접 연결시키려고 하면 흔히 양자를 나란히 놓거나 억지로 창조를 구원에로 포함시키는 경향이 있다. 그래도 창조는 구원 속에서 여전히 독자성을 고수하며 거기에 함몰되지 않으려고 버티는 것이다. 따라서 창조와 구원의 관계를 단일한 것으로, 단일한 원리로 보기 위해서는 상당한 거리를 두고서 문제를 살피는 것이 좋겠다. 과거에는 이 문제를 거론할 때 창조계의 해방자, 주인공으로서의 인간의 역할을 거의 묵살하였다. 인간이 창조계의 주인이며, 자기 구원을 성취하는 일에도 기여한다는 사실을 무시한 것이다.[89] 이 장에 와서도 지적했지만, 인간이 역사 속에서 자기를 창조한다는 개념이 없으면 창조와 구원의 관계를 정확히 파악하지 못한다. "출애굽"이라는 획기적인 사건에 이 사상이 풍부하게 암시되어 있다. 출애굽 사건으로 말미암아 창조는 "최초의 구원행위"로 나타나고, 구원이 "새로운 창조"로 등장한다. 그리고 정치적 해방이라는 안목을 가지지 않으면 구원과 창조라는

---

[89] "너 없이 너를 창조하신 주, 너 없이 너를 구원하지 않으신다. 네가 알지 못하는 가운데 너를 만드신 주, 네가 원하지 않으면 너를 구원하지 않으신다." 아우구스티누스의 이 명언이 「아리치아 텍스트」에 인용되었으나 최종 문안에서는 없어졌다.

두 개의 다른 "질서들"의 관계의 범위를 벗어나지 못하게 된다.[90] 해방의 개념이야말로 문제의 그 "질서"까지 전복시키고 말 것이다.

인간의 노동과 대자연의 변환이 창조사업의 연속이 되기 위해서는 인간적이어야 한다. 다시 말해서 불의한 사회-경제 구조에 의해 소외당하지 않아야 한다. 인간의 노동에 관한 신학은, 제아무리 확연한 통찰력을 나타내는 것이라 할지라도, 정치적 견지에서 보면 매우 소박하고 유치해 보일 따름이다. 떼이야르 드 샤르댕은 신앙과 "세계종교"의 일치·조화에 크게 기여한 인물 가운데 한 사람이지만 그는 자연과학의 입장에서 그것을 추구하였다. 샤르댕은 인간이 성취한 자연의 정복을 크게 평가하였고, 그것을 일컬어 "진화의 침투점"이라고 하였다. 이제 인간이 진화를 좌우할 수 있기 때문이다. 그러나 그의 비전은 정치적으로는 중립적이라고 할 수 있다.[91] 그의 이같은 비전은 선진국 세계의 신학자들에게 결정적 영향을 미쳤다. 신앙과 과학의 갈등, 세계의 변환에 자연과학을 도입하는 문제 때문에 이들 신학자들의 정력은 거의 다 소모된 셈이다. 인간사회에 관한 관심이 "개발"과 "진보"라는 두 마디로 전환된 이유도 거기에 있었다.[92]

다른 지역에서는 문제가 다르다. 제3세계의 관심사는 사회정의와 사회불의, 더 구체적으로 말하자면 압제-해방의 축을 중심으로 하고 있다.[93] 그러므로 이 지역에서는 크리스천들의 신앙이 큰 도전을 받고 있다. 전통적인 크리스천 그룹들이 비관적으로 도피주의 경향을 드러내는 것과 대조적으로, 낙관주의도 대두하여 신앙과 세계를 융화시키는 일에 부심하고 현실참

---

[90] 「아리치아 텍스트」 역시 이런 태도를 극복하지 못했다. 창조의 "질서"를 자연질서와 동일시하고 구원을 초자연적 질서와 동일시하여 문제를 지나치게 단순화한 경향이 있다.

[91] P. L. Mathieu (*La pensée politique et économique de Teilhard de Chardin* [Paris: du Seuil, 1969])는 이 방면에 관한 샤르댕의 사상을 수집·종합하였다. 사회정의, 인간에 의한 인간의 착취 등이 샤르댕의 눈에는 크게 부각되지 못한 듯하다.

[92] "개발의 신학", "진보의 신학" 등의 논거가 여기에 있다. 그 신학자들의 문제제기에는 샤르댕의 영향이 두드러지게 나타난다.

[93] André Gunder Frank는 "종속"이라는 용어가 압제, 불의, 소외의 완곡어법 외에 다른 것이 아니라고 했다(*Lumpenburgesía*, p.18).

여를 모색하고 있다. 그러나 이 낙관주의는 어디까지나 사실에 근거해야 한다. 그렇지 못하면 사람들을 기만하고 기대를 무너뜨려 결국은 기존 질서를 다시 정당화하는 방향으로 귀착될 우려가 있다. 저개발국가들에서는 일단 기존 질서를 거부하는 데서 출발한다. 기존 질서는 근본적으로 불의와 비인간화를 안고 있다고 간주된다. 분명히 이 견해는 소극적인 견해지만, 우리가 문제의 근본을 포착하거나 정의와 인간애가 군림하는 새 사회를 건설하려면 이 견해를 추종할 길밖에 없다. 기존 질서의 거절은 도피주의로 기울지는 않고 오히려 혁명을 도모하는 의지로 나타난다.

 정치적 해방 — 경제적 기초구조도 포함된다 — 이라는 개념은 인류 역사의 투쟁적 측면, 갈등과 대립이라는 측면을 상기시킨다. 인류의 역사에는 자연을 파악하고 정복하려는 움직임만 있었던 것이 아니다. 역사는 인간 노동의 결실을 약탈하는 불의와, 인간에 의한 인간의 착취와 비참으로 점철되어 있다. 이러한 상황은 역사적 조류에 영향을 주기도 하고 또 그 영향을 받기도 한다. 역사는 사회적 계급들간의 투쟁으로 일관되어 왔고, 인간이 인간답게 살며 스스로 자기 운명을 개척하는 것을 방해하는 압제로부터 벗어나려는 해방의 노력이 줄기차게 흐르고 있다. 이러한 투쟁과 노력은 다 인간활동의 일부이다. 물론 이런 인간활동의 궁극 목표가 어떤 것이어야 하느냐는 우선 신앙이 밝혀줄 것이다. 일단 이 활동의 목표가 달성되면 또 다른 문제가 대두될 것은 물론이다. 정치적 해방이라는 목표는 우리에게 문제 해결의 새로운 방도를 모색케 한다. 새로운 빛을 던져주고, 지금까지 모호하게밖에 깨달아지지 않던 부면을 보게 해주며, 정치적 성격이 전혀 없는 과학에서 잠시 눈을 돌릴 여유를 주며, 인간의 역사적 행동 원리를 파악하는 과학적 지식의 역할을 과거와는 다른 맥락에서 보게 된다. 다른 종교들은 한결같이 우주와 자연이라는 테두리에서 문제를 운위하지만, 그리스도교는 성서에 근거해서 역사라는 노선에서 사상을 전개한다. 그 역사에는 불의와 압제, 분열과 대립이 항시 존재한다. 그러나 동시에 해방에 대한 염원과 희망도 줄기차게 흐르고 있다.

해방자 그리스도

여기서 우리는 죄라는 문제에 관해 일찍이 없던 새로운 고찰을 할 필요가 있다. 불의한 상황은 우발적으로 일어나는 것도 아니요 운명의 소산도 아니다. 죄의 배후에는 인간의 책임이 있다. 예언자들이 극구 강조한 것도 이것이다. 우리는 오늘에 이르러서야 그들의 말뜻을 알아듣기 시작했다. "메델린 회의"가 라틴아메리카의 상황을 일컬어 "죄악의 상황"이라 하고, "주님께 대한 배역背逆"[94]이라고 부른 이유도 여기에 있다. 이러한 비난은 사회계층에서 권력을 장악하고 있는 사람들의 개인적인 만행을 지탄하는 데서 그치는 것이 결코 아니다. 그들의 모든 책략과 정책을 힐난하는 것이다. 달리 말하자면 교회를 포함하는 기존 체제 전체를 거부하는 것이다.

그러므로 우리는 인류 역사 발전에 죄악이 끼친 세력을 부인하는 따위의 천진한 낙관주의와는 거리가 멀다. 「아리치아 초안」이 받은 비난이 바로 이것이었다. 초안은 떼이야르 드 샤르댕을 자주 내세우고 인간의 진보에 호의를 표하는 신학들을 동원하고 있다. 그러나 해방신학은 죄를 개인 내면에만 해당하는 사사로운 것으로 보지 않는다. "영성적" 구원에 필요한 — 따라서 우리가 사는 현세 질서와 시비할 필요는 없는 — 전제조건으로 보지 않는다. 죄는 사회적이고 역사적인 사실이며, 인간들간의 사랑과 형제애의 부재요, 하느님 및 타인들과의 친교를 단절하는 것이며, 따라서 내면적이고 인격적인 균열이다. 죄를 이렇게 생각한다면, 죄악의 집단적 차원을 재발견할 수 있을 것이다. 이것이 성서의 죄의 개념이며, 곤잘레즈 루이즈는 이것을 "hamartiosphere"(죄악의 상황)라고 명명했다: "인류 역사 자체의 진전을 객관적으로 결정하는 구조 또는 매개 변수"[95]라는 것이다. 죄론이란 무슨 부연敷衍 같은 것이 아니다. 자기 나름의 신학을 다 서술하고 나서 정통에서 이탈하지 않기 위해서 또 남의 비난을 사지 않기 위해서 한마디 덧붙이는 것이 아니다. 그리고 육체를 무시하는 영성주의로 도피하라

---
[94] "Peace", nos.1, 14, in *Medellín*.
[95] José María González Ruiz, *Pobreza evangélica y promoción humana*, p.29.

는 구실도 아니다. 압제적 구조, 인간에 의한 인간의 착취, 민족들과 인종들 사이에 또 사회계급 사이의 지배와 노예제도 속에 죄는 엄연히 현존한다. 그러므로 죄는 근본적 인간 소외이며, 불의와 착취라는 상충의 근본 원인이 되고 있다.[96] 죄가 그 자체로 포착되는 일은 없으며 반드시 구체적 순간에, 특정한 소외에서 포착된다.[97] 그리고 죄의 구체적 노정을 이해하기 위해서는 그같은 현상의 근저를 이해해야 한다. 현상의 근저를 파악하려면 죄의 구체적인 노정을 체험해야 한다는 역(逆)도 성립한다. 죄는 결국 근본적인 해방을 요구하며 이 해방은 필히 정치적 해방으로 나타나게 마련이다.[98] 해방이라는 역사적 과업에 참여하는 사람만이, 개개의 부분적 인간 소외 안에 자리잡고 있는 근본적인 소외와 이탈을 발견할 수 있다.

완전무결한 해방은 그리스도께서 내리시는 선물이다. 당신의 죽음과 부활로 그리스도는 죄와 죄의 모든 결과에서 인간을 구원하셨다. 앞서도 인용한 메델린 문헌의 사상이 바로 이것이었다: "같은 그 하느님은 때가 되자 당신의 아드님을 보내셔서 사람이 되게 하셨다. 그러므로 성자는 죄가 인간을 굴복시킨 '모든' 예속 상태에서 만인을 구원하러 오신 것이다. 그 예속이란 기아와 비참, 압제와 무지, 불의와 증오 등을 말하며, 이 모든 것은 인간의 이기심에 근원을 두고 있다."[99] 크리스천 생활을 일컬어 파스카, 곧 "넘어감"이라고 하는 것도 여기에 이유가 있다. 크리스천 생활은 실로 죄에서 은총으로, 죽음에서 생명으로, 불의에서 정의로, 비인간적인 것에

---

[96] 헤겔이 "소외"라는 용어를 종교적 운치를 넣어 사용한 수법(*Entäusserung et Entfremdong*)은 잘 알려져 있다. Cf. George Cottier, *L'athéisme du jeune Marx* (Paris: Lib. Philosophique J. Vrin, 1959), pp.34-43; Albert Chapelle, *Hegel et la religion, Annexes, Les textes théologiques de Hegel* (Paris: Éd. Universitaires, 1967), pp.99-125.

[97] Cf. Ch. Duquoc, "Qu'est-ce que le salut?", pp.101-2.

[98] 여기서 마르크스가 생산수단의 사유화와 죄 사이에 설정했던 관계를 살펴보면 유익할 것이다. 이 사유화 때문에 노동자들이 자기 노동의 결과에서 분리되고 소외된다: "정치경제학의 분야에서 작용하는 초기 이윤의 축적 과정을 보면 신학에서 논하는 원리를 방불케 한다. 아담이 사과를 베어물었기 때문에 죄가 인류 안에 침투했다"("Capital", Part 8, Ch.26).

[99] "Justice", no.3, in *Medellín*. Cf. Eduardo Pironio, *La Iglesia que nace entre nosotros* (Bogota: Indo-American Press Service, 1970).

서 인간적인 것으로 옮겨가는 전이이다. 그리스도는 당신 성령을 선물로 주심으로써 우리를 하느님과의 친교와 타인들과의 친교로 진입시키셨다. 더 정확하게 말한다면, 그리스도가 우리를 이 친교로 진입시키고 끊임없이 그 친교의 완성을 추구하게 만드셨기 "때문에" 그분은 — 사랑의 거절인 — 죄와 죄의 모든 결과를 정복하실 수 있었다는 것이다.

제2장에서 해방의 개념을 논하면서 해방의 의미를 세 가지 단계로 보았다: 정치적 해방, 역사를 통해서 달성되는 인간의 해방, 죄로부터의 해방과 하느님과 친교의 개시이다. 본장의 사상에 비추어 이 문제를 다시 거론해야겠다. 세 가지 단계의 해방은 상호 영향을 끼치지만 동일한 것은 결코 아니다. 다른 둘이 없으면 나머지 하나의 해방도 있을 수 없으나, 구분은 있다. 셋 다 만유를 포괄하는 구원의 부분들이지만 그 정도가 각기 다르다.[100] 그리스도 왕국의 성장을 현세적 진보로 환원시켜서는 안된다: 그러나 신앙으로 받아들인 말씀에 비추어볼 때 하느님 나라의 도래를 근본적으로 저해하는 죄가 사회불의와 비참의 근원이 되고 있으며, 하느님 나라의 성장이 품고 있는 의미가 곧 사회정의와 새로운 인간의 궁극적 필수조건이 되고 있다. 인간적 기대를 일체 초월하는 그리스도의 해방의 선물을 받아들이는 인간만이 사회불의의 궁극적 원인과 사회정의의 전제조건을 해득할 수 있다. 또 다른 각도에서 보건대, 역사 한가운데서 — 역사는 오직 하나, 구원의 역사밖에 없다고 거듭 말했거니와 — 착취와 인간 소외에 대항하여 전개하는 투쟁과 노력은 결국 이기심과 사랑의 거부를 쳐부수기 위한 것이다. 정의의 사회를 건설하기 위한 일체의 노력을 곧 해방의 노력이라고 일컫는 이유도 여기에 있다. 이 노력은 본원적인 인간 소외에 대한 간접적이지만 유효적절한 충격과 영향을 준다. 그 노력이 전체적 구원을 가져오지 못함은 물론이지만 그 자체가 구원활동임도 또한 부인하지 못한다. 그것이 인간적 활동인 이상, 좁은 의미에서의 "종교적" 활동보다는 다소 모호한

---

[100] 「민족들의 발전」에 좀 다른 용어로 간략하게 비친다.

점이 없지 않다. 그렇다고 그 모호함이 이 활동의 기본 방향과 객관적 결과를 약화시키거나 왜곡하지는 않는다.

현세적 진보 — 부정적 의미를 피하는 뜻에서 "인간해방"이라고 부르자 — 와 그리스도 왕국의 성장은 둘 다 하느님과 인간의 친교, 인간과 인간의 친교를 목표로 한다. 그런데 목적은 같지만 양자가 어떤 평행노선을 달리거나 제각기 다른 길이 그 목표 지점에서 서로 만나는 것으로 성장해서는 안된다. 인간해방이 결국 인간의 더 충만한 자기실현일진대, 그리스도 왕국의 성장 과정은 역사적으로 인간해방 "한가운데서" 일어나는 것이다. 인간해방은 새 사회의 필수조건이지만 거기서 그치지 않는다. 인간해방은 자유를 가져오는 역사적 사건들 속에서 이행되지만, 동시에 그 사건들의 한계성과 모호성을 표출하며, 그 사건들의 궁극적 실현 목표가 어디까지인가를 지적하고, 총체적 상통 total communion을 달성하도록 자극한다. 그러니까 양자가 동일한 실재는 아니나, 해방을 가져오는 역사적 사건들이 없다면 그리스도 왕국의 성장도 없을 것이다. 그러나 그리스도 왕국이 도래하지 않는 한, 해방운동이 인간에 의한 인간의 압제와 착취를 근절하지는 못한다. 그 왕국은 무엇보다도 하나의 선물이다. 우리는 여기서 다음과 같이 단언할 수 있다: 역사적·정치적 해방사건이 곧 그리스도 왕국의 성장이며 구원사건임에는 분명하지만, 그것이 그리스도 왕국의 도래 "자체"는 아니며 구원의 "전부"도 아니다. 그것은 그리스도 왕국의 역사적 실현이며 따라서 그 완전상을 선포하는 역할을 한다. 이상에서 말한 것이 현세적 진보와 그리스도 왕국의 성장 사이에 있는 차이이다. 이것은 역동적인 관점에서 양자를 구분한 것이다. 현세와 구원이라는 두 개의 "질서들" — 양자가 아무리 긴밀히 결합되고 교차한다더라도 — 이 병존한다는 사상과는 전혀 무관한 견해이다.

구원 과정의 총체성과 철저성으로 미루어 양자의 이같은 관계는 필히 요구된다. 구원 과정에서 제외되는 것은 아무것도 없다. 그리스도의 활동과 성령의 선물의 표적이 되지 않는 것은 아무것도 없다. 여기서 인간 역사의 단일성이 드러난다. 구원사업을 단지 "종교적" 영역에다만 국한시키고 그 보편성을 파악하지 못하는 사람들이야말로 구원을 유야무야로 환원시키고 격하시키는 자들이다. 그리스도의 사업은 우리가 살고 있는 사회질서에 대해 간접적이고 함축적으로밖에 연관되지 않으며, 사회의 근본 구조와 핵심에는 연관되지 않는 것이라고 생각하는 자들이다. 구원의 내용을 순수하게 수호하려면, 인간과 사회계급이 다른 인간과 인간과 사회계급을 착취하고 노예화하는 상황을 극복하기 위해서 투쟁을 벌이는 인간 역사에서 구원을 따로 격리시켜야 한다고 믿는 자들이다. 그리스도의 구원은 모든 형태의 비참과 모든 형태의 착취와 모든 형태의 소외에서 인간을 풀어주는 철두철미한 해방임을 인정하지 않으려는 자들이다. 그리스도의 업적을 "보전"한다고 하면서 실은 그것을 "상실"하는 자들이다.

만유를 총괄하는 해방운동의 완전한 의미가 발견되는 것은 그리스도에게서다. 그리스도의 활동은 우리가 앞서 지적한 해방의 세 가지 차원을 다 포괄한다. 선교에 관한 라틴아메리카 교회의 다음 텍스트는 우리의 논지를 적확하게 요약하고 있다고 하겠다: "우주와 인간 역사의 동력, 정의와 인간애가 군림하는 세계를 창조하려는 움직임, 물리적이고 도덕적인 비참과 무지와 굶주림 등 인간을 비인간화하는 모든 것에서 인간을 해방하고자 하는 노력 — 우리 대륙에서는 무엇보다도 시급한 과제가 아닐 수 없다 — 인간 존엄성에 대한 각성(「사목헌장」 22항) 등은 모두가 그리스도의 구속사업에서 유래하고 변혁되며 완성에 도달한다. 그리스도 안에서, 그리스도를 통해서 구원은 바로 인간 역사 한가운데 현재화하며, 궁극적으로 그리스도의 구원에 의해서 정의되지 않는 인간행동이란 아무것도 없다."[101]

---

[101] *La pastoral en las misiones de América Latina*, p.16.

제10장

역사의 하느님

앞서 말했지만 해방운동에 참여하는 이들의 목적은 "새 인간"의 창조에 있다. 우리는 신앙으로 받아들인 말씀의 빛에 비추어 과연 이같은 노력과 창조의 본뜻이 무엇이냐는 질문에 해답을 모색했다. 이제는 이같은 선택이 "인간"에게 과연 어떤 의미를 주느냐는 문제를 놓고 고찰할 차례이다.

정치적 참여를 깊이할수록 현대인은 인류 대다수가 생활필수품도 채우지 못하는 상황을 특히 민감하게 느끼게 된다. 그리고 그들의 생활을 좌우하고 있는 불의와 압제에 시달리는 대중에게 봉사할 방도를 모색한다. 그뿐이 아니다. 크리스천들마저도 "종교적" 사물이 과연 "인간"에게 무슨 의미를 가지느냐에 관해서 많이 부심하고 있다. 이같은 사조는 모호한 측면이 없지 않으나, 많은 이들은 곤잘레즈 루이즈José María González Ruiz의 말마따나, "설사 잘못되더라도 인간을 편드는 것이 낫다"는 태도를 취하고 있다.

앞에서 우리는 신학이 점차 계시의 인간학적 측면에 큰 비중을 두는 추세라고 했다.[1] 사실 "말씀"은 하느님께 관한 말씀만이 아니고 **인간에 관한** 말씀이기도 하다. 말씀이 "사람이 되셨다". 인간적인 것 전부가 말씀의 대상이 되고 그 테두리에 들어온다는 것은, 말씀이 인간 역사를 통해 우리에게 도달하시기 때문일 것이다. 폰 라트도 "하느님이 당신 비밀을 열어보이시는 것은 역사 한가운데서다"[2]라고 했다. 그러므로 역사는 인간이 그리스

---

[1] 제1장 참조. Cf. Ch. Duquoc, "Eschatologie et réalités terrestres", *Lumière et Vie* 9, no.50 (1960): 4-22.

[2] G. von Rad, *Old Testament Theology*, 2: 338. "성서가 증언하는 하느님의 자기계시는 신현(神顯) 같은 직접적 형식으로가 아니고 하느님의 역사적 행위를 통해서 나타나는 간접적인 것이다"(W. Pannenberg, *Revelation as History* [New York: Macmillan, 1968], p.125).

도 안에서 하느님을 만나뵙는 장이다.³ 성서를 보면 하느님이 당신 백성 가운데 현존하신다는 진리가 단계적 과정을 거쳐 계시된다. 그같은 계시의 진전을 보면, 역사에서 하느님을 만나뵙는 형태를 잘 알게 될 것이다. 하느님의 "현존"과 그분을 뵙는 우리의 "만남"이 인류를 이끌어간다. 그러나 우리는 현재에서 이 두 사실을 종말론적 기쁨으로써 칭송하는 것이다.

인류는 하느님의 성전

성서의 하느님은 인간과 친근하시다. 인간과 친교를 나누는 하느님, 인간을 상대하시는 하느님이다. 하느님이 당신 백성 속에 계시겠다는 약속은 성서에서 가장 오래되고 가장 많이 반복되는 약속이다. 첫번째 계약과 결부시켜 하느님은 다음과 같이 말씀하신다: "내가 이스라엘 백성 가운데 내려와 머물며 그들의 하느님이 되리라. 그리하면 그들은 야훼가 저희의 하느님임을 알리라. 내가 저희 가운데 내려와 머물려고 저희를 에집트 땅에서 데리고 나온 저희 하느님임을 알리라. 나 야훼가 그들의 하느님이다"(출애 29,45-46; 참조: 26,11-12). 그리고 새 계약의 언질을 주실 때는 이렇게 말씀하신다: "나는 나의 집을 그들 가운데 둘 것이다. 나는 그들의 하느님이 되고 그들은 나의 백성이 되리라. 내가 이스라엘 가운데 영원히 나의 성소를 두면 그제야 이스라엘을 세상에서 구별해 낸 것이 나 야훼임을 뭇 민족은 알게 되리라"(에제 37,27-28). 하느님의 이 현존, 어떤 일정한 자리에 현존하심(Shekinah)⁴을 표현하는 "처소"라는 개념은 하느님과 인간 사이에 발생한 관

---

³ André Dumas는 본회퍼를 따라 다음과 같이 주장한다: "하느님이 역사하시는 공간은 세계이다. 세계의 비밀은 곧 하느님의 숨은 현존이다. 예수 그리스도는 이 공간의 구성작업이시며 이 비밀의 이름이시다"(*Une théologie de la réalité* [Geneva: Éd. Labor et Fides, 1968], p.182; Eng. ed. *Dietrich Bonhoeffer: Theologian of Reality* [New York: Macmillan, 1971]).

⁴ "*Shekinah*라는 히브리어는 '현존' 보다는 '거처' 라고 번역해야 옳을 것이다. 하느님이 일정한 장소를 처소로 정하시고 그곳에 거처하심을 뜻한다. '현존' 이라 하면 어느 구체적 장소를 선택하고 거기에 애착함을 시사하지 않지만 '거처' 는 일정한 장소를 선택하는 뜻이 들어 있다"(M.-J. Lagrange, *Le judaïsme avant Jésus-Christ* [Paris, 1931], p.446).

계를 표현하는 대표적인 개념이다. 콩가르의 말대로 "하느님이 당신 피조계, 특히 인간과 관계를 맺으시는 이야기는 곧 당신 피조물 한가운데 더없이 자비롭고 더없이 심원한 모습으로 임재하시는 이야기가 된다".[5]

그같은 현존의 약속은 역사상 여러 방식으로 실현되었으며, 결국은 하느님이 사람이 되신다는 기상천외한 형태로 완성을 보았다. 그러므로 역사를 살펴보면 하느님의 현존은 갈수록 보편화하고 갈수록 완전해졌다.

선민 이스라엘의 역사를 훑어볼 때 하느님이 "산"에서 계시를 내리시는 일이 많다. 시나이 산은 하느님을 만나뵙는 특정 지역이었고 거기서 그분의 현현이 자주 있었다(출애 19장). 야훼는 모세에게 "내가 있는 이 산으로 올라와 머물러 있으라"(출애 24,12; 신명 10,1)고 명하신다. 야훼의 영광이 산 위에 머물고 계셨기 때문이다(출애 24,16-17). 오랜 후대까지도 이스라엘의 하느님은 "산신이고 벌판의 신이 아닌"(1열왕 20,28) 분으로 알려져 있었다. 이스라엘 후손들이 광야를 여행하던 때 항시 옮겨다니던 "천막"과 결부되면서 야훼의 현존은 더욱 가까이 느껴지기 시작했다. 모세가 진지 밖에다 지어놓은 "천막"은 야훼를 만나뵙는 장소였고, 이스라엘에 상세한 가르침을 내려야 할 때마다 그곳에 들러 야훼께 문의하였다(출애 33,7-11; 민수 11,16.24-26; 신명 31,14).[6] "결약의 궤" 역시 야훼의 처소로 인식되었고[7] 궤 앞에서 모세는 야훼와 이야기를 주고받았다(민수 1,1). 야훼께서 거기에 거처하신다는 사상을 극력 강조하다가 급기야는 야훼와 결약의 궤를 동일시하는 어조마저 쓰였다: "법궤가 떠날 때마다 모세가 외쳤다. '야훼여, 일어나십시오. 당신의 원수들을 쫓으십시오. 당신의 적수들을 면전에서 쫓으십시오.' 법궤가 머무를 때마다 모세가 외쳤다. '야훼여, 돌아오십시오. 이스라엘 군대에 복을 내리십시오.'"(민수 10,35-36; 참조: 여호 4,5.13; 1사무 4,17).

---

[5] Yves Congar, *Mystery of the Temple* (Westminster, Md.: Newmann Press, 1962), p.ix.

[6] 폰 라트는 "천막"과 "결약의 궤"와 "성전"의 차이를 논했다(Von Rad, *op. cit.*, 1: 234-9).

[7] 주석가들은 결약의 궤는 일종의 어좌라고 풀이했다: Frank Michaeli, *Dieu a l'image de l'homme* (Neuchatel: Delachaux & Niestlé, 1950), p.59.

"천막", "궤" — "산"까지도 — 는 야훼의 현존이 가동적(可動的)임을 시사한다. 야훼는 당신 백성의 역사적 운명을 함께하시기 때문에 옮겨다니실 수 있다는 것이다(2사무 7,6-7). 어떤 면에서 궤나 천막은 하느님의 현존을 어느 특정한 장소에다 고정하는 것을 배제하는 것이라고도 생각할 수 있다. 그러나 성전이 서면서 상황이 달라졌다.[8] 당초에는 가나안 땅 자체가 야훼께서 거처하시는 자리로 정해져 있었다. 그 땅은 야훼께서 약속하신 땅이며, 그 지경을 벗어나면 당신을 뵈올 수 없다는 것이다. 다윗이 귀양가기를 두려워한 것도 야훼께로부터 멀리 떨어지기가 싫어서였다(1사무 26,19-20). 나아만은 예언자 엘리사에게 문둥병을 치료받고서 가나안의 흙을 한줌 가져갔다. 가나안 국경 밖에 가서도 야훼께 제사를 올리기 위함이었다(2열왕 5,15-19). 가나안 땅에서도 몇 군데 특정 지역이 있었다: 소위 성소들로 대개가 지대가 높은 곳(高所)에 위치해 있었다. 그러나 그뒤 얼마 안 있어, 특히 신명기적 개혁이 있은 다음에는 예루살렘의 성소, 곧 솔로몬 성전만이 공식으로 인정을 받았다. 여러 가지 다른 전승들을 이 성전에다 병합시켜 놓았다: 지성소를 어둡게 만들어 모세가 시나이 산을 올라간 그 어둠을 표상했고, 결약의 궤를 성전에 안치하였다. 성전은 예루살렘의 중심이요, 예루살렘은 가나안 땅의 중심이 되었다. 성전이 이스라엘인들에게 얼마나 중요했던가를 알 수 있다.[9] 하느님의 "집" 또는 "처소"라는 개념이 전보다 부각되었다(2사무 7,5; 1열왕 3,1-3; 아모 1,2; 이사 2,2; 37,14; 시편 27,4).

그러나 여기에 균형을 잃지 않기 위해서 어떠한 성전도 야훼를 포용할 수 없다는 사상이 대두되었다. 야훼께 성전을 지어드리겠다는 다윗의 소망을 듣고 예언자 나단이 극력 강조한 것이 곧 이 사상이었다(2사무 7장).[10] 그

---

[8] 마르틴 부버는 결약의 궤나 성전에 하느님이 처소를 정하신다는 개념을 반대한다. 이런 개념은 "자유자재하시는 역사의 하느님과 자연사물에서 추론한 신성 사이의 긴장관계를 나타낸 전형적인 표현"이라고 논박한다(Martin Buber, *The Prophetic Faith* [New York: Harper & Row, 1960], p.83).

[9] "성전이 모든 전승을 결정(結晶)시킬 정도로 매력적인 기능을 했기 때문에, 이스라엘의 신심도 성전에 의해 규정되고 성전을 중심으로 영위된 사실을 이해하고도 남을 것이다"(Edmond Jacob, *Theology of the Old Testament* [London: Hodder & Stoughton, 1958], p.259).

뿐 아니라, 성전을 헌당(獻堂)하는 자리에서 솔로몬은 하늘이야말로 참으로 야훼의 처소임을 고백한다: "소인과 당신의 백성 이스라엘이 이곳을 바라보며 간절히 기도할 때 부디 들어주십시오. 당신께서 계시는 곳, 하늘에서 들어주십시오. 들으시고 용서해 주십시오"(1열왕 8.30). 하느님의 처소가 하늘에 있다는 생각은 예부터 있었으나(창세 11.5; 18.21; 28.12; 출애 19.11; 신명 4.36; 시편 2.4 참조), 그 사상이 확연히 드러나고 하느님 현존의 초월성과 보편성이 강력하게 부각된 것은 바로 인간들이 야훼께 거처할 처소를 지어드리고 그 곳을 야훼를 만나뵙는 장소로 삼던 시각이었다. 하느님이 천상에 거하신다는 사상은 점차 강화되었고, 특히 바빌론 포로기 이후에 그러했다. 성전과 지성소는 빈 공간에 불과했다: 하느님은 어디에나 계시다.[11]

하느님 현존의 초월성과 보편성이 확립될수록 순전히 외적인 경신례에 대한 예언자들의 비판은 날카로워졌다. 비난의 대상은 경신례 장소에까지 미쳤다: 하느님의 현존이 돌과 금으로 지어진 건물에 국한될 수가 없다는 비난이었다. 예레미야는 "그때 다시는 야훼의 계약궤를 말할 필요도 없을 것이며, 마음에 두고 생각할 필요도 없게 되리라. 아쉬워 찾거나 새로 만들 필요도 없으리라"(예레 3.16)고 했다. 성전에 관해서는 "야훼께서 말씀하신다. '하늘은 나의 보좌요 땅은 나의 발판이다. 너희가 나에게 무슨 집을 지어 바치겠다는 말이냐? 내가 머물러 쉴 곳을 어디에다 마련하겠다는 말이냐? 모두 내가 이 손으로 지은 것이 아니냐? 다 나의 것이 아니냐?' … '그러나 내가 굽어보는 사람은 억눌려 그 마음이 찢어지고 나의 말을 송구스럽게 받는 사람이다'"(이사 66.1-2)는 말씀이 있다. 이사야서의 이 마지막 구절은 예언자들의 비판의 진상을 표현하고 있다: 야훼께서는 인간의 내심의 태도를 중히 보신다는 것이다. 야훼께서는 말씀하셨다: "너희 몸에서 돌처럼 굳은 마음을 도려내고 살처럼 부드러운 마음을 넣어주리라. 나의 기운을 너희 속에 넣어주리니, 그리 되면 너희는 내가 세워준 규정을 따라

---

[10] 콩가르의 해설을 참조할 것: Y. Congar, *op. cit.*, pp.20-53.

[11] Cf. Montague, *Biblical Theology of the Secular*, p.15.

살 수 있고 나에게서 받은 법도를 실천할 수 있게 되리라"(에제 36,26-27; 참조: 예레 31,33). 하느님은 모든 인간의 마음속에 현존하신다는 것이다.

하느님 아들의 "육화"로 말미암아 위의 예언은 실현되었다: "정녕 말씀이 육신이 되시어 우리 가운데 거처하셨다〔우리들 사이에 천막을 치셨다〕"(요한 1,14). 나단의 예언이 정말 놀라운 방식으로 실현을 본 것이다. 그리스도는 "영과 진리를" 바치는 기도를 말씀하시고 손으로 지은 성전이 필요치 않다고 하셨을 뿐 아니라(요한 4,21-23), 당신이 곧 하느님의 성전이라고 단언하셨다: "이 성전을 허무시오. 내가 사흘 안에 다시 세우겠소." 요한은 거기에 토를 달았다: "그러나 실상 예수께서는 당신 몸이 곧 성전임을 가리켜 말씀하셨다"(요한 2,19.21). 바울로도 "신성의 온갖 충만함이 몸으로 되어 그분 안에 머물러 있다"(골로 2,9; 참조: 에페 2,20-22; 1베드 2,4-8)고 하였다. 그리스도의 인성 안에서 하느님은 당신을 남김없이 드러내보이셨다는 말이다. 그리스도는 인간 역사에 철두철미하게 개입해 들어오신 신인(神人)이시다.

그리스도는 하느님의 성전이시다. 바울로에 따르면 그리스도교 공동체는 산 돌로 지은 성전이며, 그 공동체의 일원인 크리스천마다 "성령의 성전"이다: "여러분은 하느님의 성전이요 하느님의 영이 여러분 안에 계시다는 것을 모릅니까? 누구든지 하느님의 성전을 파괴하면 하느님도 그 사람을 파멸시키실 것입니다. 하느님의 성전은 거룩하며, 그것은 바로 여러분 자신입니다"(1고린 3,16-17). "여러분의 몸은 하느님께로부터 받아모신 성령의 성전이며 따라서 여러분 자신의 것이 아니라는 사실을 모릅니까?"(1고린 6,19).[12] 성부와 성자께서 구원사업을 성취하기 위해 보내신 성령은 모든 인간 안에 처소를 두고 계시다. 모든 인간, 그러니까 인간관계의 특정한 조직 속에 있는 인간들, 구체적 역사 상황에 사는 인간들 안에 거처하신다.

---

[12] "몸"(soma)이란 유대 묵시문학에서는 한 인간 전체를 가리킨다. 인간관계의 역사적 세계 속에 사는 육체적 현존도 그 안에 포함된다. 그 시대 이후로는 참다운 경신례는 이 세상에서 거행되게끔 되었다(로마 12,1 참조). Cf. Anton Grabner-Haider, "Zur Kultkritik im Neuen Testament," *Diakonia* 4 (1969): 138-46; Heribert Mühlen, *L'Ésprit dans l'Église* (Paris: Les Éditions du Cerf, 1969), 1: 169-73.

그리고 크리스천만도 아니고 인간이면 누구나 하느님의 성전이다. 로마인 백부장 고르넬리오 일화에서 유대인들은 "성령이 이방인들에게까지 내리시는 것을 보고 깜짝 놀랐다"고 한다. 베드로는 거기서 다음과 같은 결론을 내렸다: "우리처럼 성령을 받은 이 사람들에게 어느 누가 세례받을 물을 거절할 수 있겠습니까?"(사도 10,45.47; 참조: 11,16-18; 15,8). 따라서 "누구든지 나를 사랑하면 내 말을 지킬 것입니다. 그러면 내 아버지께서도 그를 사랑하시고 우리가 그에게 가서 함께 살 것입니다"(요한 14,23) 하신 말씀도 인간이면 누구에게나 해당한다고 하겠다. 아우구스티누스의 저 유명한 글귀에 주를 달아 콩가르는 이런 말을 하였다: "많은 이가 그 성전을 이루고 있다. 그러나 그들이 누구누구인지는 알 수 없다. 실제로는 그 성전에 들어 있지 못하지만 성전에 들어 있는 것처럼 보이는 자들도 많으며, 성전에 들어 있지 않은 것처럼 보이지만 실제는 그 안에 들어 있는 사람들도 많다."[13] 결국 주님 홀로 누가 "당신 사람들"(2디모 2,19)인지 알고 계시다.

여기서 우리는 하느님 현존 사상의 두 가지 진전을 볼 수 있다. 하나는 하느님 현존의 보편화이다: 일정한 장소와 특정한 민족에게서 지상의 만민들에게로 그 현존이 넓어진다(아모 9,7; 이사 41,1-7; 45,20-25; 51,4; 요나서 전체). 또 하나는 하느님 현존의 내면화 또는 총체화이다: 경신례 장소에 국한되던 하느님의 처소가 인류 역사 한가운데로 옮겨지면 인간 전부를 포용하게 된다. 그리스도는 이 두 현상이 만나는 합치점이시다. 그리스도 안에서, 그리스도의 유일무이한 인격 안에서, "특정한 것"이 초극되며 "보편적인 것"이 구체적인 것으로 나타난다. 그리스도 안에서, 그리스도의 육화에서 인격적이고 내면적인 것이 눈에 보이는 가견적인 것으로 변한다. 그리고 그리스도뿐만 아니라 다른 모든 인간에게서도 같은 현상이 일어난다.

끝으로 한 가지 강조하고 싶은 것은 성서는 하느님의 현존을 "영성화"하지 않는다는 점이다. 사람(肉)이 되신 하느님, 인간 하나하나 안에 현존하시

---

[13] Y. Congar, *op. cit.*, pp.197-8.

는 하느님이 산악이나 성전에 계시는 하느님보다 "신령한" 분은 아니다. 오히려 훨씬 "물리적"이시다. 사람이 되신 하느님, 각 인간 안에 현존하시는 하느님이라고 해서 인류 역사에 덜 관여하시는 것이 아니다. 도리어 인간들 가운데 당신 평화와 정의를 실현하는 일에 더욱 크게 개입하시게 되었다. 하느님이 더 "신령한" 분이 되신 것이 아니라 더 가깝고 더 보편적인 분이 되셨고, 눈으로 보기가 더 쉬우면서도 더 내면적인 분이 되셨다.

하느님이 사람이 되신 이상, 인류와 개인과 역사는 하느님의 살아 있는 성전이다. 성전에 들어올 수 없던 "속적俗的인 것"은 이제 존재하지 않는다.

이웃을 향하는 전향

하느님의 현존양식은 인간이 그분을 뵙는 양식을 결정한다. 인류가, 인간이 하느님의 살아 있는 성전일진대 우리는 타인들과의 만남에서 그분을 뵙게 된다. 인류의 역사적 도정 속에서 하느님을 만나뵙게 된다.

정의의 실천은 하느님을 아는 길

대신對神관계와 대인對人관계가 어떻게 상관되는지는 구약성서에도 잘 나와 있다. 아마 이것은 성서의 하느님의 특징이라고도 부를 수 있다. 이웃을 멸시하고(잠언 14,21), 비천하고 가난한 일꾼을 혹사하거나 품삯을 미루는 것은 하느님께 배역하는 행위가 된다: "너희 나라, 너희 성문 안에 사는 사람이면 같은 동족이나 외국인이나 구별없이 날을 넘기지 않고 해지기 전에 품삯을 주어야 한다. 그는 가난한 자라 그 품삯을 목마르게 바라고 있는 것이다. 너희를 원망하며 외치는 소리가 야훼께 들려 너희에게 죄가 돌아오지 않도록 해야 한다"(신명 24,14-15; 참조: 출애 22,21-23). "가난한 사람을 조롱함은 그를 지으신 이를 모욕함이다"(잠언 17,5)는 말씀이 그런 뜻이다.

바꾸어 말한다면, 야훼를 안다는 것 — 야훼를 사랑한다는 것 — 은 가난한 이들과 압제받는 이들에게 정의를 행한다는 것이다. 새 계약을 예언하면서 예레미야는 야훼께서 인간들의 속마음에 당신 법을 새기시리라고 선언한다: "다시는 이웃이나 동기끼리 서로 깨우쳐주며 야훼의 심정을 알아드리자고 하지 않아도 될 것이며, 높은 사람이나 낮은 사람이나 내 마음을 모르는 사람이 없으리라"(예레 31.34). 그 대신 야훼를 알아모신다는 것이 무엇을 뜻하는지도 분명히 말한다: "부정한 수법으로 제 집을 짓고 사취한 돈으로 제 누각을 짓는 이 몹쓸 놈아! 동족에게 일을 시키고, 품값을 주지 않다니! '집을 널찍이 지어야지, 누각을 시원하게 꾸며야지' 하며, 창살문은 최고급 송백나무로 내고 요란하게 단청까지 칠하였다만, 누구에게 질세라 송백나무를 쓰면 그것으로 왕 노릇 다하는 것 같으냐? 너의 아비는 법과 정의를 펴면서도 먹고 마실 것 아쉽지 않게 잘 살지 않았느냐? 가난한 자의 인권을 세워주면서도 잘 살기만 하지 않았느냐? 그것이 바로 나를 안다는 것이다. 내가 똑똑히 말한다"(예레 22.13-16). 정의와 의리가 있는 곳에 야훼께 대한 "앎"이 있다. 정의와 의리가 결여된 곳에는 야훼께 대한 지식도 없다: "이 땅에는 사랑하는 자도, 신실한 자도 없고 이 하느님을 알아주는 자 또한 없어 맹세하고도 지키지 않고 살인과 강도질은 꼬리를 물고 가는 데마다 간음과 강간이요, 유혈 참극이 그치지 않는다"(호세 4.2; 참조: 이사 1장). 성서의 용어를 보건대 야훼를 안다는 것은 곧 야훼를 사랑하여 모심을 뜻한다. 그러므로 야훼를 안다 함은 인간들 사이에 정의의 관계를 확립함이며, 가난한 자들의 권리를 인정함이다. 성서의 하느님은 인간 상호간의 정의를 통해서 알 수 있는 분이시다. 정의가 없는 곳에는 하느님은 알려지지 않으며, 하느님은 계시지 않는다. 호세 마리아 아르게다스José María Arguedas의 소설 『피의 대가』Todas las sangres에 다음과 같은 장면이 나온다. 사제가 제의방지기에게 "하느님은 어디에나 계시는 법이야" 하고 한마디 한다. 그러자 형이상학은 모르지만 인간 불의와 압제를 철저하게 목격한 제의방지기는 이렇게 되묻는다: "죄없는 베이도 선생의 몸뚱이를 으스러뜨려 죽인 자들의 맘속에도 하느님이 계셨을까요? 라 에스메랄다La Esmeralda라면 마구 잡아 죽이는 자들의 몸속에도 하느님이 계실까요? 또 옥수수밭을 수탈해

간 그 관리에게도 하느님이 계실까요?" 메델린 회의에서도 같은 말이 나왔다: "이같은 사회적 평화가 깃들이지 못한 곳에는 사회적·정치적·경제적·문화적 불평등을 볼 수 있고, 주님의 평화를 뿌리치는 거부, 주님께 대한 거부를 볼 수 있다"(「평화」14항).

그 대신 정의가 실현되고, 뜨내기와 고아와 과부가 시달림받지 않을 때 "너희 조상에게 길이 살라고 준 이 땅에서 너희를 살게 하리라"(예레 7.7). 야훼의 이 현존은 적극적이고 능동적이다: "억눌린 자들의 권익을 보호하시며, 굶주린 자들에게 먹을 것을 주시고 야훼는, 묶인 자들을 풀어주신다. 야훼, 앞 못 보는 자들을 눈뜨게 하시고 야훼, 거꾸러진 자들을 일으켜 주시며 야훼, 의인을 사랑하신다. 야훼, 나그네를 보살피시고, 고아와 과부들을 붙들어 주시나 악인들의 길은 멸망으로 이끄신다. 야훼, 영원히 다스리시니 시온아, 네 하느님이 영원히 다스리신다"(시편 146.7-10).[14]

타인에 대한, 특별히 가난한 자들에 대한 구체적 행동에서 하느님을 만나뵙게 된다는 이 진리야말로 외모에만 그치는 일체의 경신례를 비판·공격한 예언자들의 근본 이념이었다. 그러나 이같은 비판은 야훼의 초월성과 보편성을 주장하는 것이기도 했다. "야훼께서 말씀하신다. '무엇하러 이 많은 제물들을 나에게 바치느냐? 나 이제 숫양의 번제물에는 … 지쳤다. … 더 이상 헛된 제물을 가져오지 말아라. 이제 제물 타는 냄새에는 구역질이 난다. … 두 손 모아 아무리 빌어 보아라. 내가 보지 아니하리라. 빌고 또 빌어 보아라. 내가 듣지 아니하리라. 너희의 손은 피투성이, … 내 앞에서 악한 행실을 버려라. 깨끗이 악에서 손을 떼어라. 착한 길을 익히고 바른 삶을 찾아라. 억눌린 자를 풀어주고, 고아의 인권을 찾아주며 과부를 두둔해 주어라'"(이사 1.11-17). 우리는 이웃을 사랑함으로써 하느님을 사랑하는 것이다: "'내가 기뻐하는 단식은 바로 이런 것이다.' 주 야훼께서 말씀하셨다. '억울하게 묶인 이를 끌러주고 멍에를 풀어주는 것, 압제받는

---

[14] Cf. Sigmund Mowinckel, *Die Erkenntnis Gottes bei den alttestamentlichen Propheten* (Oslo, 1941).

이들을 석방하고 모든 멍에를 부수어버리는 것이다. 네가 먹을 것을 굶주린 이에게 나눠주는 것, 떠돌며 고생하는 사람을 집에 맞아들이고 헐벗은 사람을 입혀주며 제 골육을 모르는 체하지 않는 것이다"(이사 58,6-7). 그때 비로소 하느님이 우리와 함께 계시고, 비로소 우리의 기도에 귀기울이시며, 비로소 우리가 그분 눈에 들 것이다(이사 58,9-11). 하느님은 희생제물을 바라시는 것이 아니라 정의의 구현을 바라신다. 야훼를 알아모신다는 것과 인간 상호간의 정의구현이 어떻게 연결되는가를 강조하면서 호세아는 야훼께서 봉헌제물보다 당신을 깊이 알기를 더 바라신다고 하였다: "그러나 에브라임아, 너를 어떻게 하면 좋겠느냐. 유다야, 너를 어떻게 하면 좋겠느냐. 너희 사랑은 아침 안개 같구나. 덧없이 사라지는 이슬 같구나. 그래서 나는 예언자들을 시켜 너희를 찍어 쓰러뜨리고 내 입에서 나오는 말로 너희를 죽이리라. 내가 반기는 것은 제물이 아니라 사랑이다. 제물을 바치기 전에 이 하느님의 마음을 먼저 알아다오"(호세 6,4-6).

물론 위에 인용한 본문에서 "이웃"이라고 할 때는 유대인 공동체의 성원들을 말하지만, 뜨내기들도 과부와 고아와 더불어 나란히 열거한 점으로 미루어, 그같은 한계를 탈피하려는 노력을 보여주는 것이 아닌가 한다.[15] 그리고 말씀의 육화로 말미암아 이웃과 하느님 사이의 결속이 변질되고 심화되고 보편화되었다. 최근에 성서에서 가장 많이 인용되는 마태오 25,31-45가 그 점을 잘 가르쳐준다.

이웃 사람 안에 계시는 그리스도

마태오의 종말설교를 맞는 "최후심판에 관한 비유"[16]에 복음 메시지의 본질이 요약되어 있다고 보는 사람들이 많다.[17] 성서 주석가들은 신학자들이

---

[15] Cf. K. Hruby, "L'amour du prochain dans la pensée juive", NRT 91 (1969): 493-516.

[16] 관례대로 "비유"라는 말을 썼지만 과연 그 문학유형상의 분류는 매우 어려운 문제이다: Cf. Théo Preiss, Life in Christ (Naperville, Ill.: Alec R. Allenson, 1957), p.46.

[17] Roger Mehl의 말에 의하면 "복음의 요약은 마태 25,31-46이다"고 믿는 신학자들이 많다("La catholicité de l'Église", Revue d'Histoire et de Philosophie Religieuses 48 [1968]: 369).

이 본문을 인용하는 수법이라든가 크리스천 생활을 위해 연역하는 논조에 상당한 경악을 나타내고 있다. 이 새로운 문제를 두고 최근에 여러 가지 연구가 시도됐으나 근본 문제를 깊이 파헤치지 못한 것 같다.[18] 마태오 복음의 이 본문을 재평가하고 중대시한 데는 여러 요인이 작용하고 있다. 이 본문이야말로 성서 주석가들과 신학자들의 풍부한 연구 과제가 되고 있다.

이 본문을 연구한 사람들 가운데서도 장-클로드 앵절레르는 가장 광범위하고 치밀한 연구서를 내놓았다. 그의 말에 의하면 이 대목에서 두 가지 근본 문제가 제기된다고 한다: 사람의 아들에게 심판받는 백성들은 누구이며, 사람의 아들의 "지극히 작은 이 형제들"은 누구를 말하느냐는 것이다. 이 두 문제와 연관시키며 저자는 이 본문을 해석하는 세 가지 노선을 소개하고 있다. 하나는 이 본문은 크리스천과 비크리스천을 총망라하는 만민의 심판을 이야기하며 자기 이웃, 특히 남의 손길이 필요한 사람들에게 행한 선악에 따라 심판이 내린다는 해석이다. 다른 이들은 이 심판은 크리스천들에게 내리는 심판을 말하는 것으로, 크리스천 공동체 내의 어려운 이웃들에게 행한 대로 판단받는다고 해석한다(오리게네스와 루터도 같은 노선이었다). 세번째로 이 본문은 이교도들이 크리스천에게 행한 바를 판단받는 심판이라고 해석하는 소수파가 있다. 앵절레르는 셋째 노선을 따른다. 그런데 그 저서는 훌륭하고 참고자료를 많이 인용하고는 있으나 별로 설득력이 없는 것 같다. 이 셋째 해석은 (비록 "주님께서 언제 굶주리셨는데 저희가 알고도 돌보아드리지 않았습니까?" 하는 질문에서 "그리스도를 알아뵙는" 문제 등 사소한 의문점은 쉽사리 해결되지만) 성서의 그 본문과 문

실상 Wolfgang Trilling 같은 주석가의 견해가 그렇다: "이 본문은 … 복음의 모든 가르침의 요약이며, 복음의 가르침을 심판의 견지에서 재천명한 것이다"(*The Gospel According to St. Matthew* [New York: Herders, 1969], 2: 216). John A. T. Robinson의 중심 사상도 바로 이 본문에 기반을 두고 있다: *Honest to God* (Philadelphia: Westminster, 1963), 특히 p.61 참조.

[18] Cf. J. Winandy, "La scène du Jugément dernier", *Sciences Ecclésiastiques* (1966), pp.170-86; Lamar Cope, "Matthew 25,31-46, 'The Sheep and the Goats' Reinterpreted", *Novum Testamentum* 11 (1969): 32-44; Jean-Claude Ingelaere, "La 'parabole' du Jugément Dernier (Matthieu 25,31-46)", *Revue d'Histoire et de Philosophie Religieuses* 50 (1970): 23-60.

맥의 뜻과는 어긋나고 있다. 그 본문은 분명히 심판의 보편성과 더불어 사랑의 덕이 가장 중요하고 보편적임을 가르친다.[19] 이같은 해석은 사실상 홀츠만[20]의 명제를 부활시킨 것으로(앵절레르 본인은 그 사실을 몰랐다), 라그랑즈M. J. Lagrange가 롸시Loisy, 비스Wiss, 벨하우젠Wellhausen의 설을 근거로 하여 "이상할 만큼 비논리적"[21]이라고 꼬집은 해석이다. 성서 주석가들 대다수는 앵절레르가 첫째 노선이라고 명명한 해석을 따르고 있다. 32절의 "모든 민족"이라고 하는 단일신교의 색채를 띤 표현은 "어느 모로 보나 보편적 의미를 담고 있는 것"으로 보아야 할 것이다.[22] 뮐런의 설에 의하면 이 표현은 "유대인이나 그리스도인들과 구별되는 이교도들을 가리키는 것이 아니고 실제로는 유대인, 그리스도인, 이교도를 총망라한 만민을 가리킨다".[23] 그리고 "지극히 작은 내 형제"(40절)라는 구절도 일반적인 의미를 가진다는 데 의견의 일치를 보고 있다. 이 구절은 "크리스천만이 아니라, 남의 손길이 필요한 사람이라면 누구나 다"[24] 해당된다는 것이다.

---

[19] 앵절레르의 해석이 정확하다면, 마태오가 말하는 사랑을 실천할 수 있는 자들은 크리스천과 인접해서 사는 이교도들뿐이라는 결론이 된다.

[20] H. J. Holtzmann, *Die Synoptiker* (Tübingen, 1901³).

[21] *Évangile selon Saint Matthieu* (Paris: J. Gabalda et Cie, 1948⁷), p.485. 라그랑즈의 입장은 상당히 복합적이다: 심판은 공심판이지만 그 가르침은 일차적으로 크리스천들을 대상으로 하고 있다는 것이다. "모두가 심판 대전에 설 것이다. 그러나 일단 그들이 서고 나면 그리스도로서는 당신 제자들만을 생각하게 된다"(*ibid.*).

[22] W. Trilling, *Das wahre Israel: Studien zur Theologie des Matthäus evangeliums* (Munich, 1964), p.26; *Gospel According to St. Matthew*, 2: 216.

[23] H. Mühlen, *Ésprit dans l'Église*, 1: 149. Cf. Josef Schmid, *Das Evangelium des Matthäus* (Ratisbona, 1952), pp.352ff; Georg Strecker, *Der Weg der Gerechtigkeit: Untersuchung zur Theologie des Matthäus* (Göttingen: Vandenhoeck & Ruprecht, 1962), pp.218-9.

[24] Pierre Bonnard, *L'Évangile selon Saint Matthieu* (Neuchatel: Delachaux & Niestlé, 1963), p.367. "사람의 아들은, 사람들의 주관적인 입장이 여하튼간에, 객관적으로 도움이 필요한 사람들과 하나가 되었다. 이 굶주리고 나그네되고 옥살이하는 자들이 모두 크리스천이라는 말은 아니다. 사람의 아들은 보잘것없는 사람에게서 반드시 당신의 형제를 발견하는 것이며 … 이스라엘 목자로서의 당신의 사랑이 온갖 종류의 인간의 비참과 유대를 가지도록 요구하는 것이다"(T. Preiss, *Life in Christ*, p.52). Cf. J. Jeremias, *The Parables of Jesus* (London: SCM, 1954), p.143; W. Trilling, *Gospel According to St. Matthew*, 2: 219; Jacques Dupont, "La iglesia y la pobreza", *La Iglesia del Vaticano II*, p.427.

우리도 이 해석을 따르기로 한다. 성서의 이 대목은 정말 풍부한 가르침을 담고 있다. 우리는 여기서 세 가지 점을 특히 강조하고자 한다: 인간의 친교와 형제애는 인생의 궁극적 목적이다. 중요한 것은 "지"知가 아니고 "행"行이요 구체적 행동에서 나타나는 사랑이다. 인간이 주님께 도달하는 데는 타인과의 인간관계가 필요하다.[25]

인간은 하느님과 완전한 친교를 이루고 만민과 충만한 형제애를 이룩하라는 운명을 타고났다. "사랑하는 여러분, 서로 사랑합시다. 실상 사랑은 하느님에게서 오고 사랑하는 모든 이는 하느님에게서 났으며 하느님을 압니다. 하느님은 사랑이시므로 사랑하지 않는 자는 하느님을 모릅니다"(1요한 4,7-8). 이것이 바로 그리스도의 계시이다. 구원받는다는 것은 곧 완전한 사랑에 도달한다는 것이다. 성삼위를 하나로 묶는 사랑의 궤도 속으로 진입한다는 것이다. 하느님이 사랑하심과 같이 사랑한다는 것이다. 그리고 이 완전한 사랑에 도달하는 길은 사랑뿐이다. 하느님의 사랑에 동참하는 것뿐이다. 성령과 더불어 "아빠 아버지!"(갈라 4,6)라고 부르기로 작정하는 것뿐이다. 하느님을 "아버지"라고 부르기로 작정하는 그것이 곧 인간 사이의 형제애를 가능케 하는 토대이다. 사랑하기를 거부하는 것, 친교와 형제애를 거절하는 것, 인간 실존의 의미를 부정하는 것이 곧 죄이다. 마태오 복음은 이 점을 분명히 밝힌다: "진실히 말하거니와, 너희가 이 지극히 작은 이들 가운데 하나에게 해주지 않았을 때마다 그것은 바로 나에게 해주지 않은 것이다"(마태 25,45). 남을 위해 봉사하지 않음은 곧 사랑하기를 거부함이다. 타인을 위해 할 수 있는 일을 그만둠은 명시적으로 그것을 거부하는 것과 똑같은 과오가 된다. 요한의 후기 저술에서도 같은 사상이 나타난다: "사랑하지 않는 자는 죽음에 머물러 있습니다"(1요한 3,14). 착한 사마리아 사람 이야기는 그리스도께서 당초에 던졌던 질문을 다시 제기시키고 매듭짓는다: 그들은 "그러면 누가 저의 이웃입니까?" 하고 물어왔고, 피투성이가

---

[25] T. Preiss는 "… 행하다"(to do: 40절 및 44절)는 동사로 예수께서는 *abad*라는 아라메아어를 쓰셨으리라고 주장했다. 이 동사는 "하다"(to do)도 되고 "섬기다"(to serve)도 된다.

되어 길가에 쓰러진 사람에게로 모두의 관심이 쏠렸을 때 그리스도는 "이 세 사람 가운데 누가 강도 맞은 사람의 이웃이 되어주었다고 생각합니까?" 하고 되물으셨다(루가 10.29.36). 참된 이웃은 상처입은 사람에게 "가까이 가서" 그를 "자기 이웃으로 만든" 사마리아 사람이었다. 그러므로 나의 이웃은 나의 길을 가다가 만나게 되는 사람을 일컫는 것이 아니고, 그의 길로 내가 찾아 들어가는 사람, 내가 가까이 가고 능동적으로 찾아내는 사람을 일컫는다. 크리스천 생활의 다른 모든 부면들 역시 이 사랑의 덕에서 생기를 얻을 때 비로소 뜻이 있다. 사랑의 덕에 힘입지 못한 것들은, 바울로의 말대로 속이 빈 공허한 행동들이다(1고린 13장 참조). 사람들에 대한 우리들의 사랑, 인생을 더 인간애에 찬 것으로 창조하는 우리의 능력에 따라 심판받으리라고 한 마태오 복음의 가르침도 바로 이것이다. 예언자적 견지에서 볼 때 사랑의 이 보편적 원리에서 오는 새로운 윤리도덕에 따라 "심판"(위기: crisis)이 내려진다는 것이다. 이것이 마태오 복음의 가르침이다.[26]

그렇지만 이같은 사랑의 덕은 굶주린 이를 먹여주고 목마른 이에게 마실 것을 주는 등의 구체적인 행동으로써만 존립한다.[27] 사랑의 덕은 필연적으로 인간간의 관계에서 발생한다. "행함이 없으면 믿음이 쓸모없다는 것을 알고 싶은가?"(야고 2.20). 하느님을 안다는 것은 정의를 실천한다는 것이다: "그분이 의로우신 줄을 안다면 의로운 일을 행하는 사람들도 하느님에게서 태어났다는 것을 알아두시오"(1요한 2.29). 그러나 "사랑의 덕"charity이 인간적 사랑을 떠나서, 또는 그 위에 있는 것은 아니다. 은총이 인간적 사랑 위에 첨가됨과 같이 사랑의 덕이야말로 인간이 성취하는 "가장 숭고한" 업적이

---

[26] 여기서 "윤리도덕상의 예언"(Bonnard, *op. cit.*, p.366)이라는 표현이 나왔다. 이 "윤리적 은총의 우위성"에서 Strecker의 교회론이 나온다: "천하 만국의 선택받은 자들이 한자리에 모인다. 그들이 어느 공동체에 소속됐느냐는 거론되지 않는다. 오로지 그들의 선행에 따라 심판받는다. 따라서 교회도 세계도 똑같은 처지에 선다. 이 시점에서는 교회나 사회는 선과 악을 포함하고, 자기 행동에 대한 인간의 책임을 전제로 하는 복합적 차원들을 가지고 있다. … 그렇다고 해서 주님의 공동체가 세상에서의 종말론적 도전을 대표하는 공동체임을 부정하는 것은 아니다"(*Der Weg der Gerechtigkeit*, pp.218-9).

[27] 이사 58,7; 욥기 31,17.19.21; 에제 18,7.16 참조.

라고 생각하면 잘못이다. 사랑의 덕은 우리에게 쏟으시는 하느님의 사랑이다. 따라서 그것이 사랑하고 정의와 인간애에 찬 세계를 건설하는 우리의 인간적 능력, 생텍쥐페리의 말대로 "인연을 맺어가는" 인간들의 능력을 벗어나는 것이 아니다. "누가 세상의 재물을 가지고 있으면서도 형제가 궁핍한 것을 보고 불쌍히 여기는 마음을 닫는다면 어떻게 하느님의 사랑이 그 사람 안에 머물 수 있겠습니까? 어린 자녀 여러분, 말과 혀로 사랑할 것이 아니라 행위와 진실로 사랑합시다"(1요한 3,17-18). 그리스도는 인간으로서 우리를 사랑하심으로써, 우리에게 쏟으시는 아버지 하느님의 사랑을 계시하셨다. 사랑의 덕 — 인간들을 위하시는 하느님의 사랑 — 은 인간적 사랑(모성애, 부부애, 효애, 우애 등) 속에 화신化身되고 인간적 사랑을 완전케 만든다. 사마리아 사람이 길가에 쓰러진 사람에게 가까이 간 것은 냉철한 종교적 본분에서가 아니라 "그의 마음이 움직였기"(루가 10,33; 1,7.8; 7,13; 15,20 등에 나오는 splankhnizein이라는 동사는 "(마음이) 움직이다", "연민의 정이 일어나다"로 번역된다) 때문이다. 그 사람에 대한 자기 사랑이 그에게서 실현된 것이다.[28]

루이스 부뉴엘Luis Buñuel의 영화 「나자린」Nazarín은 이 사상을 탁월한 수법으로 처리한 작품이다. 처음 보면 나자린은 복음을 따라 살려고 하나 교회의 체제에 싫증을 느낀 가난한 사제로 생각하게 된다. 하느님께 대한 사랑을 위해서 선업을 하기를 전적으로 몰두하고 있는 나자린은 점차 사랑의 덕의 실패와 무모함을 발견한다. 그러자 그는 하느님을 사랑한다는 것은 하나의 환상이요, 인간에 대한 사랑이 중요함을 깨닫는다. 수수께끼와도 같은 마지막 장면은 인간을 기만하는 종교적 속박에서 벗어난 한 사나이의 깨달음을 크게 부각시키고 있다. 이 영화의 줄거리는 확연한 내용을 담은 것으로, 일부에서는 사랑의 횡적 차원horizontalism을 묘사한 좋은 예라고 평하고 있다.[29] 그러나 이 작품을 다시 한번 본다면, 나자린에게는 사랑의 덕이 결코 없었음을 발견하게 된다. 그는 무엇이나 "의무감에서" 행했다. 그

---

[28] Cf. UNEC, *Caridad y amor humano* (Lima: Tierra Entera, 1966).

[29] Y. Congar, *Situation et tâches*, p.67.

는 살이 있고 피가 흐르는 한 인간으로서, 즉 인간적 사랑으로 누구를 사랑한 일이 결코 없었다. 일찍이 그의 마음이 누구에게 연민을 품어본 적이 없었다. 자기가 선업을 행하는 상대방 "사람"보다도 자기가 행하는 자선행동에다 관심을 두고 있었다. 부뉴엘은 그와 같은 자선행동의 파멸적인 결과를 처절하게 묘사하고, 또 그같은 결과에 대한 나자린의 무감각을 그리고 있다. 나자린은 이 세계에 속하지 않은 존재인 듯이 담담히 세계를 통과해 간다(주연배우는 자기 대사를 아무런 감정도 없이 기계적으로 외움으로써 나자린의 그러한 태도를 잘 살렸다). 부뉴엘은 나자린의 소위 "사랑의 덕"에 대해서 철두철미하게 냉소하면서, 이와는 성질이 다른 생생한 인간적 사랑과 대조한다. 그는 나자린이 ("하느님께 대한 사랑"을 위해서) 할 수 있는 것이라면, 다른 사람들도 (인간에 대한 사랑을 위해서) 해낼 수 있다고 본 것이다(콜레라가 휩쓴 마을에서 일어난 사건들을 보면 알 것이다). 나자린의 그같은 무감각은 결국 그에게는 사랑의 덕이 인간적 사랑과 전혀 맞지 않는 것이었음을 드러내고 있다. 그러니까 살과 피가 없는 사랑의 덕이란 존재하지 않는 것이다. 그렇다면 "소박한" 인간적 사랑이 하느님의 사랑을 대신한다는 말인가? 그렇지 않다. 여기서 배척하는 것은 인간에 대한 진정한 사랑과는 아무 상관없는 소위 "사랑의 덕"이다. 따라서 나자린이 사실적이고 구체적인 방법으로 인간들에게 가까이 감으로써 거기서 하느님께 대한 참다운 사랑을 발견한다는 논리는 옳았다.[30] 세자르 바예호 César Vallejo의 시에 나오는 고통에 찬 항의도 나자린 같은 "크리스천들의 하느님"을 표적으로 하고 있다: "나의 하느님, 당신이 인간이셨더라면 어떻게 하느님 노릇을 할지 아실 것이외다만 …."[31] 부뉴엘 — 자기는 "하느님의 은총으로 무신론자가 되었노라"고 말한 일이 있다 — 이 가르치고자 한

---

[30] 마지막 장면의 사상적 배경은 이것이 아니었을까? 사심없는 인간적 사랑의 증거물을 손에 들고 길을 떠나는 나자린은 과연 인생을 새로 출발하는 것일까? 펠리니 감독의 「카비리아의 밤」(Nights of Cabiria)의 마지막 장면이 연상된다.

[31] "Los dados eternos" in *Heraldos negros*.

역사의 하느님   225

바는 역설적이기는 하나 배울 점이 많다: 인간적 색채나 향기가 없는 사랑의 덕이야말로 "철두철미하게" "횡적 차원"에만 편중된 것이라는 말이다.

그러면 마태오 복음의 이 본문에서 역설코자 하는 셋째 항목, 즉 인간들을 거쳐 하느님께 당도한다는 점을 이야기해 보자.[32] 하느님에 대한 사랑과 이웃에 대한 사랑은 불가분하다는 정도로는 안된다. 거기다가 하느님에 대한 사랑은 불가피하게 이웃에 대한 사랑을 "통해서" 표현된다는 말을 덧붙여야 할 것이다.[33] 한걸음 더 나아가서, 하느님은 이웃 사람 안에서 사랑을 받으신다: "누가 하느님을 사랑한다고 말하면서도 형제를 미워하면 거짓말쟁이입니다. 눈에 보이는 형제를 사랑하지 않는 자가 보이지 않는 하느님을 사랑할 수 없습니다"(1요한 4,20). 자기 형제를 사랑하고 모든 인간을 사랑한다는 것은 하느님을 사랑하는 필요불가결한 매개체이다. 인간을 사랑함이 곧 하느님을 사랑함이다: "… 지극히 작은 내 형제 가운데 하나에게 해주었을 때마다 그것은 바로 나에게 해준 것이다. … 이 지극히 작은 이들 가운데 하나에게 해주지 않았을 때마다 그것은 바로 나에게 해주지 않은 것이다." 제2차 바티칸 공의회의 폐막연설에서 바오로 6세는 마태오 복음의 이 본문을 풀어 다음과 같이 말하였다: "인간에 대한 지식은 하느님께 대한 지식을 얻기 위한 필수조건입니다. … (공의회의 주목적은) 오늘의 인류로 하여금 형제들에 대한 사랑에서 하느님을 다시 찾아뵙도록 친근하게 그들을 초대하는 데에 있습니다. '하느님께 등을 돌리는 것은 멸망이요, 하느님께로 돌아서는 것은 부활이며, 하느님께 머물러 있는 것은 안전이요, 그분께로 되돌아가는 것은 다시 태어나는 것이며, 그분 안에 거한다는 것은 생명을 건진다는 것입니다'"(아우구스티누스, 『독백』 I, i, 3; [P.L. 32, 870]).[34]

앵절레르는 그리스도와 이웃을 동일시하는 문제에 관한 여러 가지 설명들을 하나하나 검토한다. 혹자는 이것이 신비적 차원에 해당하는 것으로

---

[32] "이 인류 역사는 (인간이 하느님께 이르는) 유일한 길이다"(E. Schillebeeckx, "L'immagine de Dio", *Ricerca*, [March 31, 1968], p.11).

[33] Cf. J. Alfaro, *Teología del progreso humano*, p.114.

"그리스도와 불쌍한 사람들간의 신비로운 유대를 설정하고 관조하는 데에 국한된다"고 보고 있다(A. Durand, T. H. Robinson). 그런가 하면 "사람의 아들"에게서 이상적인 인간을 보고서, 사람의 아들이 새 인류의 원형이며 "모든 개인 안에 그 원형이 이미 실재하고 있다"고 해석한다(J. Héring). 제3의 해석은 "대속代贖의 행위로 말미암아" 사람의 아들이 모든 인간과 동일하다는 주장이다(T. Preiss). 사람의 아들에게서 "집단 인격"을 생각하는 사람도 있다(T. W. Manson). 끝으로 그것은 별다른 무엇이 아니고 그저 이웃 사랑의 "그리스도론적 의미"를 극적으로 표현한 것일 따름이라는 주장이 있다(G. Gross). 앵절레르는 이러한 해석을 하나하나 검토하고서 배격하며, "가장 보잘것없는 자들"은 곧 크리스천들을 지칭한다는 자기의 지론을 고수하여, 주님의 제자들이 지상에서 주님을 대표한다는 해석을 창안한다(마태 18.20 참조). 그의 결론은 이러하다: "(그리스도와 제자들간의) 이 관계는 하도 긴밀하기 때문에 그의 제자들에게 한 것은 바로 그들 가운데 현존하시는 사람의 아들에게 한 것이 된다. 이것은 강력한 의미의 '동정'同情을 말한다."[35]

그러나 실제로 앵절레르의 이 결론은 크리스천들에게만이 아니라 심중에서 주님의 "말씀"을 받아들이는 모든 인간에게 해당된다. 인류 안의 하느님의 현존, 인간 개개인 안의 하느님의 현존 — 그 예로서 성전의 유비가 있다 — 의 사상이 우리에게 매우 유리한 도움이 된다고 하겠다.[36] 우리는

---

[34] 1965년 12월 7일자 교황 바오로 6세 연설문에서. Cf. Xavier Rynne, *The Fourth Session* (New York: Straus and Giroux, 1965), p.325. 미가 6,8을 두고 절랭은 다음과 같이 말했다: "이 표현이 형제적 사랑을 시사함은 의심할 나위도 없다. 구약성서에 이미 갈라 5,14 — 형제들을 사랑하는 가운데 하느님께 도달한다는 — 의 신조가 마련되어 있었다"(A. Gelin, "La sainteté de l'homme selon l'Ancien Testament", *Bible et Vie Chrétienne*, no.19 [1957], p.45).

[35] *Op. cit.*, pp.56-9.

[36] 뮐런은 "대아"(大我: Grand Moi)라는 자기 고유한 개념으로, 그리스도와 불쌍한 사람들을 동일시하는 관념을 해설한다. 다른 이들이 "집단 인격"(corporate personality)이라고 지칭하는 표현을 "대아"라고 한 것이다. 이 개념은 구약성서에서 연역한 것이다. 뮐런이 "성서의 핵심 개념"(*op. cit.*, I: 118)이라고까지 말한 이 개념은 개인과 공동체의 특수한 관계를 표현한 것으로 세 요소가 있다: "① 원시아(原始我) — 공동체의 원천, ② 공동체 자체, ③ 양자간의 실제상의 일치"(*ibid.*, I: 122). "공동체는 개별아(個別我) 속에 실재로 총괄되고, 한편 공동체는 이 개별아들의 "광휘"이자 역사적 "확산"이다(*ibid.*, I: 134). 이 "대아"를 가장 탁월

성전에서 하느님을 만나뵙게 된다. 그러나 살아 있는 돌로 된 성전, 긴밀히 결속된 인간들로 만들어진 성전에서 뵙는 것이다. 인간들이 뭉쳐 역사를 창조하고 자아를 형성한다. 역사 속에서 하느님이 계시된다. 아울러 인간들이 사람이 되신 "말씀"을 만나는 것도 역사 한가운데서이다. 그리스도는 사사로운 한 개인(私人)이 아니었다. 그리스도를 모든 인간에게 묶는 그 유대로 말미암아 그의 역할이 역사에서 유일무이한 것이 되었다.[37] 하느님의 성전은 인간의 역사이다. "성"聖은 경신례 장소의 비좁은 테두리를 초월한다.[38] 우리는 타인들과의 만남, 특히 가난하고 소외되고 착취당하는 사람들과의 만남에서 그리스도를 뵙는다. 그들을 향한 사랑의 행동은 곧 하느님을 향한 사랑의 행동이다. 콩가르가 이웃을 "성사"聖事라고 한 것도 이때문이다. 이웃은 우리가 주님을 뵙고 모시는 가견적 실재이다. "하느님의 (역설적) 표징이라 할 것이 하나 있으니 곧 우리의 '이웃'이다. 인간의 가장 깊이 접근할 수 있는 표징, 이것이 곧 '우리 이웃의 성사'이다."[39]

바예호의 시구에 이런 말이 나온다: "'행운'을 팔러 다니는 복권장사를 보면 문득 머리에 하느님이 떠오른다."[40] 그러나 인간은 누구나 우리에게 "행운"을 사라고 외치는 복권장사 같다: 인간을 만날 때 우리는 그 인간의 마음속 깊이 자리잡고 계시는 하느님을 만나뵙는 것이다.[41]

하게 표현한 용어가 "사람의 아들"(다니 7,13)이다. 마태 25,31-45는 사람의 아들을 두고 말하는 본문이다: 그리스도가 불쌍한 사람들과 동일시되고 그들과 "구약성서의 '대아'의 개념이 아니고는 도저히 이해하기 힘든 그런 일치"를 이루고 있다(*ibid.*, I: 143). 그러므로 그리스도와 불쌍한 사람들의 관계는 "대치"도 "대신"도 아닌 "동일"이다.

[37] Cf. Ch. Duquoc, *Christologie: Essai dogmatique, L'homme Jesus* (Paris: du Cerf, 1968), pp.213-61.

[38] Cf. J. L. Segundo, "Desarrollo y subdesarrollo: polos teológicos", *Perspectivas para el Diálogo*, no.43 (1970), pp.76-80.

[39] *The Wide World My Parish*, p.124. 콩가르는 이 개념에서 보편구원의 가능성을 본다: "우리는 이것을 '변장하신 하느님'이라 불러도 괜찮을 것이다. 실제로 그분을 만나고 그분과 이야기를 나누지만, 그분은 당신을 하느님이라고 말하지도 않으시고 우리도 그분이 하느님이신 줄을 알지 못한다"(*ibid.*, p.120). Javier Alonso Hernández는 "역사의 성서적 가치"를 연구한 바 있다(*Teología y desarrollo* [Lima: de Pastoral, 1969], pp.184-91).

[40] "La de a mil" in *Heraldos negros*.

그러나 이웃을 하느님께 다가갈 기회 또는 도구로만 생각한다면 큰 잘못이다.[42] 우리가 말하는 것은 인간 자신을 위한 인간의 참다운 사랑이지, 선의에서라도 모호하게 남용되는 상투어대로 이른바 "하느님을 사랑하기 위한" 사랑은 아니다. "모호하게 남용되는 상투어"라고 한 까닭은, 그것이 인간 자체에 대한 진정한 사랑에서 하느님께 대한 사랑이 표현됨을 망각하고 있기 때문이다. 인간에 대한 진정한 사랑, 이것은 우리가 하느님을 만나뵙는 단 한 가닥의 길이다. 이웃을 향한 내 행동이 곧 하느님을 향한 행동이라고 해서, 그 행동이 본격적이 아니고 구체성이 결여되는 것이 아니라, 도리어 더욱 의미가 깊어지고 더욱 중대해지는 것이다.

또 한 가지 우리가 피해야 할 것은 개인주의 관점에서 사랑의 덕을 논하는 일이다. 근년에 거듭 강조되어 온 바와같이, 이웃을 개인으로만 보아서는 안된다. "이웃"이란 사회적 관계를 바탕으로, 그의 경제적·사회적·문화적·인종적 요소를 포괄하는 인간을 가리킨다. 착취당하는 사회계급, 지배당하는 국민, 변두리로 밀려난 인종을 가리킨다. 셰뉘의 주장대로 대중 역시 우리의 "이웃"이다.[43] 따라서 "너와 나 관계"라는 개인주의적 차원을 훨씬 넘어선다. 비오 12세의 표현을 따른다면, 오늘날의 사랑의 덕은 "정치적 사랑"이라야 한다. 그런데 굶주린 자들에게 먹을 것을 주고 목마른 자들에게 마실 것을 주는 일도 지금에 와서는 정치적 활동이 되었다: 다시 말해서 타인의 노동에서 얻은 이윤과 가치를 자기 몫으로 점유하는 소수의 복지만을 노리고 조직된 사회를 변혁시키지 않을 수 없게 된 것이다. 이같은 변혁은 사회의 토대로부터 근본적으로 개혁하는 데, 달리 말해서 생산수단의 사유제도를 개혁하는 데 목표를 두어야 한다.

---

[41] Cf. Emmanuel Levinas, *Totality and Infinity* (Pittsburgh: Duquesne Univ., 1969), pp.194-219.

[42] "이웃 사랑은 … 하나의 수단이 아니라, 모든 사랑의 초석이자 원인인 최종적·초월적 목적을 향하는 첫걸음이다"(1965년 12월 7일, 바오로 6세의 폐막연설).

[43] Cf. Jean Cardonnel, "Dieu et l'urgence des masses", *Esprit* 36, no.370 (1968): 661-76. "점차 사회화하는 세계에서 우리는 개인보다 국민을 우선적으로 생각한 성서의 사상을 재발견할 필요가 있다"(Hugo Assmann, "Fe y promoción humana", *Perspectivas para el Diálogo*, no.36 [1969], p.181).

우리의 주님과의 만남은 인간들과의 만남, 특히 압제와 착취와 소외로 그 형상이 일그러진 인간들, "볼품도 없이" "사람들이 얼굴을 돌리고 마는" (이사 53.2-3) 그런 인간들과의 만남에서 이루어진다. 이런 사람들은 변두리로 밀려난 무리들인데, 그들 나름의 진짜 문화를 이루고 있다. 그들에게 가까이 가려면 반드시 그들의 가치를 이해하지 않으면 안된다.[44] 인류의 구원은 그들을 통해서 전달되고 있으며, 그들이야말로 역사의 의미를 전수하고 또한 "하느님 나라를 상속한다"(야고 2.5). 우리가 그들에게 취하는 태도, 더 정확히 말하면 그들을 위한 우리의 현실 참여가 곧 우리가 아버지 하느님의 뜻에 우리의 실존을 부합시키고 있느냐 않느냐를 드러낸다. 마태오 복음에서 그리스도께서 당신과 불쌍한 사람들을 동일시한 그 본문이 계시하는 내용도 바로 이것이다.[45] 아직도 더 연구되어야 하는 "이웃 신학"은 여기에 토대를 두고 정립되어야 하리라고 본다.[46]

---

[44] 멕시코와 푸에르토리코에서 일어나고 있는 상황을 참조하면 좋을 것이다: Oscar Lewis, *Five Families: Mexican Case Studies in the Culture of Poverty* (New York: John Wiley, 1962); *La Vida* (New York: Random, 1966).

[45] Che Guevara가 애송하던 León Felipe의 시 한 구절을 소개한다. 게바라의 비망록에 베껴져 있었다:
> 그리스도, 제가 당신을 좋아하는 연고는
> 당신이 별나라에서 내려오셨기 때문이 아니외다.
> 당신이 내게 가르치시기를
> 인간은
> 피와
> 눈물과
> 불안과
> 광명을 막고 닫혀진 문들을 여는
> 열쇠와
> 연장을 가졌노라고 하셨기 때문이외다.
> 그러하외다. 당신은 인간이 하느님이라고 …
> 당신처럼 십자가에 달린 가련한 하느님이라고.
> 골고타에서 당신 왼편에 섰던 못된 도적도
> 역시 하느님이라고
> 우리에게 가르치신 때문이외다.

[46] José María González Ruiz, *Pobreza evangélica y promoción humana* (Barcelona: Nova Terra, 1966), p.87.

해방의 영성

그리스도 왕국의 전망에서 세계를 바라본다는 것은 타인들에게 압제받는 사람들의 해방을 위한 노력에 참여함을 의미한다. 최근 라틴아메리카의 혁명운동에 투신하고 있는 수많은 크리스천들이 체험하기 시작한 것도 바로 이것이다. 만약에 그같은 사상을 가진 사람들을 그리스도교 공동체에서 이탈된 자들로 본다면, 이는 많은 크리스천들이 "복음"을 순전히 교회 공동체 내부의 문제로 국한시키려 하고 또 그들을 제멋대로 행동하는 고집쟁이로, 심지어는 위험스럽기도 한 무리로 보는 편견이 있기 때문이다. 압제받는 이들을 위해서 생을 바쳐 투신하는 그들이 자기 행동의 깊은 이유를 제대로 설명하지 못한다면 이는 신학이 그들의 사상을 표현하는 데 적합한 범주들을 정립시켜 주지 못하고 있는 까닭이다. 신학이 복음의 새로운 요청과 이 대륙에서 착취당하고 압제받는 국민들의 요구에 독창적인 응답을 모색하면서도 아직 적절한 범주들을 발견하지 못하고 있는 까닭이다. 그러나 그들의 투신과 이같은 투신을 설명하려는 노력에는 신앙에 관한 더 깊은 이해가 깃들여 있다. 이같은 투신은 일정한 서클을 형성하고 있는 영명_{슈名}높은 크리스천 사상가들의 이른바 "정통"교리보다도 주님께 더 충실한 것 같다.[47] 물론 이 "정통"교리는 교회당국의 성원을 받고 있는 데다가 사회 대중전달의 수단을 가까이하고 있어서 널리 보급되고 있기는 하다. 그러나 너무도 정적_{靜的}이고 생기를 잃고 있다. 그렇다고 복음을 저버릴 만큼 과감하지는 못하다. 오히려 복음이 그것을 배척하는 형편이다.

그러나 신학적 카테고리만으로는 부족하다. 우리는 근본 태도를 정립할 필요가 있다. 모든 것을 포괄하고 종합하고 우리 생_生의 총체적인 면과 세부적인 면을 아울러 활기차게 할 무엇이 필요하다. 다시 말해서 우리에게

---

[47] Camilo Torres와 Nestor Paz Zamora 두 사람이 남긴 글만으로도 충분히 납득이 가리라. 그들의 표현에 결함이 있다고 해서 배척하는 신학자들이 있다면 그들이야말로 주님이 라틴 아메리카에 하시는 말씀을 해득하려는 노력을 무시하는 자들이라고 비난받아야 할 것이다.

는 "영성"이 필요하다.[48] 가장 엄밀하고 깊은 의미에서 영성이란 곧 성령의 지배dominion of the Spirit이다. "진리가 여러분을 자유롭게 한다면"(요한 8.32), 성령이 "그대들을 모든 진리 안에 인도하실 것입니다"(요한 16.13). 성령이 우리를 이끌어 완전한 자유, 인간으로서 그리고 하느님의 자녀로서 자기를 완성하는 데 방해되는 모든 장애로부터의 자유, 하느님 및 이웃들을 사랑하고 사귀게 만드는 자유에 도달하게 할 것이다. 영성은 우리를 해방의 길로 이끌어갈 것이다: "주님의 영이 계신 곳에는 자유가 있습니다"(2고린 3.17).

영성은 성령의 영감을 받아 복음을 생활에 옮기는 구체적 방도이다. 영성은 만인과 연대하여 "주님의 눈앞에서" 사는 길이며, "주님을 모시고" 인간들의 눈앞에서 사는 길이다. 그것은 진지한 영신적 체험에서 우러나온다. 일단 체험을 했으면 그것을 설명하고 증언해야 한다. 어떤 크리스천들은 해방운동에 투신하는 가운데 이미 이같은 경험을 체득하기 시작했다. 과거의 세대들이 얻은 체험도 거기에 보탬이 안되는 것은 아니나, 무엇보다도 우선 이런 종류의 체험은 그 나름의 고유한 방도를 모색해야 함을 깨우치는 역할을 한다. 현대사가 있고 현대의 복음이 있듯이, 현대적 영성체험이 있음도 간과해서는 안된다. 무릇 영성이란 크리스천 생활의 주축을 현대의 영성체험에 따라 재정리하는 것이다. 거기에 어떤 새로운 것이 있다면 그런 재정리에서 초래되는 종합이다: 다양한 이념들을 깊이 이해하도록 자극하고, 크리스천 생활의 알려지지 않거나 망각된 측면을 되살려내어, 크리스천 생활과 기도와 사회 참여와 행동에다 옮기는 일이다.

해방운동에 참여하는 그리스도교 생활도 그 나름의 문제점이 있음은 무시할 수 없으며, 극복해야 할 장애들이 있음도 사실이다. 어떤 사람들은

---

[48] Arturo Gaete는 "해방의 영성"이 필요하다고 했다("Definición e indefinición de la Iglesia en política", *Mensaje* 19, no.191 [1970]: 375). Arturo Paoli의 노력도 크게 평가해야 한다(*Dialogo della liberazione* [Brescia: Morcelliana, 1970]). 시인 Ernesto Cardenal은 인간에 의한 인간의 억압과 착취가 자행되는 현대에 해방을 찾고자 노래한 시집을 내놓았다(*Psalms of Struggle and Liberation* [New York: Herders, 1971]). "저항 공동체"들에 관한 Gonzalo Arroyo의 이념도 흥미있다("Rebeldía cristiana y compromiso comunitario", *Mensaje* 17, no.167 [1968]: 78-83).

이같은 여건에서 주님을 만나뵙는 일이 어려워진다고 한다. 인간에 대한 사랑을 추구하고 몰두하다 보니 그렇다는 것이다. 그러나 이런 사랑은 그 잠재세력을 어디까지 키워나가야 할지를 모른다. 이것은 사실 어려운 노릇이다. 그러나 문제 자체에서 해결을 모색하지 않으면 안된다. 그렇지 않으면 단견적短見的인 처방밖에 안되어 연달아 새로운 문제점이 발생하게 된다. 이것이 곧 "해방의 영성"이 당면하고 있는 과제이다. 인간의 압제와 해방이 하느님께 무관하지 않으며, 우리가 오랫동안 이 문제에 대해 무관심함으로써 하느님께 득죄했다면, 불의를 뿌리째 뽑아내고 전반적 해방을 성취하고자 노력하는 인간에게는 마땅히 신앙과 희망이 가득 차 있지 않으면 안된다. 압제-해방의 대지에 뿌리를 갓 내린 것이 바로 이 영성이다.

해방의 영성은 이웃을 향한 회심을 골자로 한다. 압제받는 사람들, 착취당하는 계급, 차별받는 민족, 피지배국가를 향하는 회심 말이다. 주님을 향하는 우리의 회심은 이웃을 향하는 이 회심을 함축하고 있다. 복음적 회심은 모든 영성의 시금석이다. 회심은 우리 자신의 철저한 근본적 변혁을 뜻한다. 그리스도와 똑같이 생각하고 느끼고 살아감을 뜻한다. 착취당하고 소외당한 인간 안에 현존하시는 그리스도와 똑같이 살고 느끼고 생각한다는 뜻이다. 회개한다는 것은 가난하고 압제받는 사람들의 해방운동에 투신하는 것이다. 단호하고 현실적이고 구체적으로 처신하는 것이다. 그저 관대한 아량만을 가지고 처신하는 것이 아니라 상황을 주도면밀하게 분석하고 전략적인 행동을 구사하여 투신하는 것이다. 회개란 과연 무엇인가? 그것은 물리학의 법칙과는 정반대로 우리의 중심을 우리 바깥에 둘 때 비로소 우리가 직립할 수 있음을 깨닫고 체험하는 일이다.

회개는 하나의 항속적인 과정이다. 거기서는 우리가 만나는 장애로 말미암아 우리가 지금까지 손에 넣었던 것을 송두리째 잃고 아예 새로 출발해야 하는 경우가 적지 않다. 우리의 회개가 어떤 결실을 내느냐는 우리가 이같은 모험에 얼마나 자기를 개방하고 있느냐에 달려 있다. 우리의 어린 아이와도 같은 영성적 천진난만성에 달려 있다. 모든 회심에는 반드시 어떤 파열이 있다. 아무런 갈등과 균열이 없이 회심을 성취하겠다는 것은 자기와 남들을 기만하는 소치이다: "나보다 아버지나 어머니를 더 위하는 사람은 내 사람이 될 자격이 없습니다." 그러나 회심은 순전히 내향적이고 경건한 태도에 관한 문제가 아니다. 우리의 회심은 회심이 일어나는 상황, 즉 경제-사회적·정치적·문화적·인간적 환경에 좌우되게 마련이다. 그러므로 그같은 구조와 상황을 변경시켜 놓지 않고는 우리의 진정한 회심은 불가능하다. 회심하겠다면 우리네 사고방식과 결별해야 한다. 타인을 대하는 태도를 바꿔야 하고, 주님과 일치하는 방법도 달리해야 한다. 우리네 문화, 우리가 속한 사회계급과 결별해야 한다. 한마디로 말해서 고통받는 사람들, 특히 불의와 비참으로 괴로워하는 사람들과의 유대를 맺는 데 지장이 되는 모든 것을 청산하고 결별하지 않으면 안된다. 그러니까 순수 내면적이고 영신적인 태도가 어떤가에 의해서가 아니고 이같은 철저한 실제적 변혁이 일어날 때 비로소, 이미 없어진 "옛 인간"의 잿더미에서 "새 인간"이 일어날 것이다.

그러나 크리스천은 이웃을 향하는 회심, 사회정의와 역사를 향하는 회심만으로 할 바를 다했다고 하지 못한다. 그것만으로는 아직도 하느님을 안다는 것이 곧 정의를 실행하는 것임을 분명히 깨달았다고 할 수 없다. 그것만으로는 아직도 하느님과 그리고 모든 인간과 전적으로 하나가 되어 살고 있다고 할 수 없고, 또 구체적인 인간 역사를 외면하려 하지 않고 그리스도 안에서 자기 실존을 발견했다고 할 수 없다. 크리스천은 아직도 할 일이 하나 더 있다. 사회적 투쟁과 노력 한가운데에서 주님의 평화를 찾아내는 방도를 강구하는 일이 곧 그것이다.

해방의 영성은 은혜의 "무상성"無償性을 생생하게 파악하고 느끼는 것이라야 한다. 주님과의 친교, 만인들과의 교제는 무엇보다도 하나의 선물이다. 바로 여기서 해방의 보편성과 철저성이 생긴다. 이 선물은 결코 수동적으로 받아들이기만 하라는 것이 아니고 정신차리고 깨어 있을 것을 요구한다. 이 깨어서 지키는 태도야말로 성서의 일관된 주제의 하나이다: 주님을 만나뵙기 위해서는 그분의 말씀에 귀기울이고 적극적인 자세를 갖추어야 하며, 또한 그분의 뜻에 충실하고 선업을 행해야 하며, 받은 바 능력을 선용해야 한다. 그러나 우리들 개인 및 공동체의 실존 근저에는 하느님의 자기전달이라는 선물, 당신 친교의 은혜가 있다는 것을 알면, 우리 생은 감사의 정으로 넘치게 된다. 그렇다면 타인들과의 만남, 우리의 사랑, 생활에서 일어나는 온갖 사건이 오로지 선물이요 은혜임을 깨달아야 한다. 아무런 조건과 부담이 없이 자유로이 주는 사랑만이 참다운 사랑이다. (하느님이나 타인으로부터 오는) 무상의 사랑만이 우리 존재를 속속들이 꿰뚫고 진정한 사랑을 우리 안에 일으킨다.

　기도는 무상의 은혜를 체험하는 것이다. 이 "여가" 활동, 이 시간의 "낭비"는 우리로 하여금 주님은 유익과 무익의 범주를 초월하신 분임을 깨닫게 만든다.[49] 하느님은 이 세상에 속한 분이 아니시다. 당신 은혜의 무상성은 깊은 욕구를 불러일으키며 우리를 모든 종교적 소외에서 벗어나게 하고 결국은 모든 소외에서 벗어나게 만든다. 라틴아메리카의 해방운동에 참여하는 크리스챤은 참답게 기도하는 방도를 모색해야 한다. 자기 활동을 구실로 기도를 회피하면 안된다. 여기에는 상당한 위기가 존재하고 있으며 걸핏하면 불행한 파국으로 종말을 맞게 되리라는 것도 부인하지 못한다.[50] 해방운동에 투신하고 있으면서도 망향의 정에 젖어 자기의 과거를 되돌아보는 사람들도 없지 않다. 그들은 시편 작가처럼 "축제의 모임, 환희와 찬미소리 드높던 그 행렬, 무리들 앞장서서 성전으로 들어가던 일, 생각만 하여도 가슴이 미어집니다"(42.4)고 한탄한다. 그러나 문제는 회고懷古의 정에 잠겨 후회하자는 것이 아니다. 우리가 얻는 새로운 체험과 당면하고 있는 새로운 과제가 우리로 하여금 과거의 친숙하고 안이한 길을 견디지 못하게 만들었다. 우리로 하여금 새로운 여정을 감행하게 만들었다. 욥처럼

---

[49] Cf. J. M. González Ruiz, *Dios es gratuito, pero no superfluo* (Madrid: Ediciones Marova, 1970).

[50] 메델린 문헌의 「엘리트 사목」(13항)이 이 점을 분명히 지적했다.

주님께 "당신께서 어떤 분이시라는 것을 소문으로 겨우 들었는데, 이제 저는 이 눈으로 당신을 뵈었습니다"(42,5)고 아뢸 수 있기를 바라며 낯선 길을 가는 것이다. 그런 면에서 신비가들의 하느님만이 정말 믿을 수 있는 하느님이라고 한 본회퍼의 말이 옳다. 그렇다고 신비가들의 하느님이 인간사와 무관하신 분은 아니다. 오히려 인간을 통해서 하느님께 도달해야 한다는 말이 옳다면, 저 은혜롭기만 하신 하느님께로 가는 "통로"는 결국 내가 걸친 것을 갈기갈기 찢고 나를 벌거벗겨 놓으며, 타인을 향하는 나의 사랑을 광범위하게 툭 털어놓아 무상無償의 사랑이 되게 만든다. 내가 인간을 통해서 하느님께로 가는 움직임과 그분에 힘입어 인간들을 향하는 움직임은 상호 변증법적 작용을 하면서 하나의 종합을 향해서 나아간다. 이 종합을 볼 수 있는 곳이 예수 그리스도이다. 신인神人에게서 우리는 하느님과 인간을 만나는 것이다. 그리스도 안에서는 인간이 하느님을 편들고 하느님이 인간을 편든다.[51] 여기서 우리는 다음과 같은 사실을 이해하게 될 것이다. 모든 영성이 한결같이 주창하는 "주님과의 일치"가 그를 인간에게서 유리시키지 않으며, 이 일치에 도달하려면 인간을 통해서 가야 하며, 그리하여 획득한 일치는 인간과의 만남을 더욱 온전하게 만든다. 우리가 여기서 영성을 논하는 까닭은 앞에 말한 내용의 "균형"을 맞추자는 것이 아니고 그 내용을 더 깊게 하고 모든 의미를 다 밝혀보자는 것이다.

이웃을 향하는 회심, 이웃 안에서 주님께로 나아가는 회심, 타인들과의 만남을 풍부하게 하는 무상無償, 인간들의 친교와 인간과 하느님의 친교의 토대가 되는 유일무이한 그 만남 … 이것들이 바로 그리스도교적 "기쁨"의 원천을 이룬다. 우리가 이미 받았으나 아직도 기다려지는 그 선물에서 이 기쁨이 생겨난다. 그리고 그같은 기쁨은 우리가 정의의 사회를 건설하기 위해서 투쟁하는 가운데 봉착하게 되는 모든 난관과 긴장 속에서도 끊임없

---

[51] "하느님, 당신은 사람이 되셨던 분인지라, 오늘날 어떻게 하면 하느님이 될 수 있는지 아실 것입니다"고 한 Vallejo의 말이 괜찮다면, "당신이 하느님이셨더라면, 오늘날 어떻게 하면 사람이 될 수 있는지 아실 것입니다"는 말도 성립되리라고 본다.

이 피어오르는 것이다. 완전한 해방을 외치는 예언선포에는 종말론적 기쁨에 참여하라는 초대가 반드시 첨가되어 있다: "예루살렘은 나의 기쁨이요, 그 시민은 나의 즐거움이다"(이사 65,19). 이 기쁨이 우리의 전초존재를 가득 채워야 할 것이다. 이 기쁨을 가지고서 인간과 역사의 전체적 해방을 가져오는 선물을 받아들이고 아울러 우리 인생과 타인의 생활의 세세한 부면에도 주의를 기울여야 할 것이다. 이 기쁨에 취한답시고, 불의한 세계에 사는 인간들을 해방하려는 노력에서 발뺌을 하거나 안이하고 값싼 타협에 말려들어서도 안된다. 우리의 기쁨은 파스카 신비를 경축하는 기쁨이며 성령의 보장을 받는 기쁨이다(갈라 5,22; 1디모 1,6; 로마 14,17). 생명에 들어가기 위해서는 이 세상의 강자들과 투쟁하고 십자가를 져야 하는 기쁨이다. 우리가 현재에서 이 기쁨을 경축할 때 주님의 파스카를 상기하는 것도 이때문이다. 그리스도를 상기하는 것은 곧 그분을 믿는 것이다. 그리고 이러한 기쁨의 경축은 하나의 축제이며(묵시 19,7),[52] 그리스도를 역사의 주主요 압제받는 이의 해방자로 고백하는 그리스도교 공동체의 축제이다. 이 공동체는 반대의 표적이 되는 조그마한 성전에서부터 인류 역사의 대大성전에까지 다 해당된다.[53] 공동체의 성원聲援이 없으면 새로운 영성이 출현하지도 못하고 존속하지도 못한다.

성모의 찬가 마니피캇Magnificat은 이러한 해방의 영성을 잘 표현하고 있다. 주님께 바치는 사은가謝恩歌로서, 주님께 총애받은 기쁨을 겸허하게 나타내고 있다: "내 영이 구원하시는 하느님을 반겨 신명났거니 정녕 당신 종의 비천함을 굽어보셨도다. … 권능을 떨치시는 분이 내게 큰 일을 하셨도다"(루가 1,47-49). 그러면서도 이 찬미가는 해방과 정치 분야에 관해서 상당한 내용을 함축하고 있는 신약성서 본문 중의 하나이다. 감사와 기쁨이 하느님의 활동과 긴밀하게 결부되어 있다. 압제받는 이들을 해방하시고 권세있는 자들을 내리치시는 하느님의 활동과 연관되는 기쁨이요 감사이다.

---

[52] Cf. H. Cox, *The Feast of Fools* (Cambridge: Harvard Univ., 1969).

[53] Conrad Eggers Lan, *Cristianismo y nueva ideología* (Buenos Aires, 1968), pp.47-8.

"굶주린 이들은 좋은 것으로 채워주시고 부요한 자들은 빈손으로 떠나보내셨도다"(1.53). 역사의 미래는 가난한 사람들과 착취당하는 사람들의 것이 될 것이다. 참다운 해방은 압제받는 사람들 스스로가 이루는 업적이 될 것이다. 주님은 그들 안에서 역사를 구원하실 것이다. 해방의 영성은 아나빔 *anawim*(야훼의 가난한 이들)의 영성을 기반으로 살게 될 것이다.[54]

이미 지적했지만 해방의 영성의 진로는 신학적 사변보다도 생생한 체험으로 인하여 길이 열려지는 것으로 본다. 라틴아메리카에서 "제1세대 크리스천"으로 불리는 사람들이 짊어지고 추진해 온 사명이 바로 이것이다.

---

[54] 이하 13장 참조. "크리스천들과 그 사목자들은, 권세있는 자들을 내치시고 비천한 이들을 들어올리시며, 부유한 자들을 빈손으로 내보내시고 빈곤한 이들을 채워주시는 사건이 일어날 때 그 사건들 속에서 전능하신 분의 손길을 알아보는 지혜를 가져야 한다"("Letter to Peoples of the Third World", in *Between Honesty and Hope*, p.6).

제11장

종말론과 정치

인간이 정의의 사회를 건설하고, 궁극에 가서 새 인간을 창조하는 과업에 참여하고 투신하기 위해서는 미래에 대한 확신이 서 있어야 한다. 미래에다 어떤 신뢰를 두고 있어야 한다. 인간의 현실 참여는 장차 올 미래를 향하는 행위이다. 그러면 장차 올 "새로운" 실재의 의미를 신앙의 빛에 비추어 고찰해 보기로 한다.

누차 언급했거니와, 현대인의 특징 하나가 "내일"에다 과녁을 두고 산다는 점이다. 현대인은 미래를 향하고 있고, 아직 존재하지 않는 것에 매혹당하고 있다. 오늘의 인간의 정신적 조건이 미래의 인간상에 의해서 결정되는 정도가 갈수록 심해지고 있다. 현재의 조건을 탈피하여 새 시대로,[1] 인간 자신의 손으로 만들어진 세계인, "제2의 힘을 지향하는" 세계로[2] 진입하고 있다는 의식이 현대인의 자아의식에 강력한 영향을 끼치고 있다. 우리는 바야흐로 "인간 현현"anthropophany의 시대를 살고 있다. 이제 역사는 그리스인들이 말하던 anamnesis, 즉 기념이 아니다. 역사는 미래에 대한 신뢰이다. 현대세계는 새로운 가능성과 기대에 차 있다. 역사는 돌연 속도를 빨리하기 시작했다. 미래를 눈앞에 둔 현재는 인간을 초조하게 만든다.

그러나 우리가 지금 서술하고 있는 것은 어디까지나 상상화일 따름이며, 세계의 다른 지역에는 모르겠으나 라틴아메리카에서는 도저히 가망없는 무

---

[1] Cf. K. Rahner, "Unterwegs zum neuen Menschen", *Wort und Wahrheit* 16 (1961): 807-19: Eng. text "Christianity and the 'New Man'" in *Theological Investigations*, 5: 135-53; H. Cox, *On Not Leaving it to the Snake*, pp.91-150.

[2] K. Rahner, "La nouvelle terre", *Écrits théologiques* (Bruges: Desclée de Brouwer, 1970), 10: 113.

엇이 아닐까? 물론 이 대륙의 현대 생활체험과는 다소 거리가 먼 것도 사실이다. 라틴아메리카인 대부분은 고정관념에 시달리며 그때문에 회고조懷古調에 빠지게 된다. 파울로 프레이레가 이같은 사태를 예리하게 통찰하고 해설했다고 본다. 프레이레는 이것을 "비판 이전의 의식"precritical consciousness 이라 명명하고서 자기 운명의 고삐를 손에 쥐지 못한 인간의 의식이라고 설명하였다. 그렇다면 지금 이 대륙에서 일고 있는 혁명운동은 현재를 비판·분석하고 자기의 운명을 스스로 좌우하며 미래를 향하여 자기를 정립하는 인간들을 출현시키고 있다고 말해야 할 것이다. 아직 건설되지 않은 새로운 사회를 목표로 활동하는 인간상은 라틴아메리카로서는 태동중인 하나의 이상형이지 이미 일반화되어 있는 것은 아니다. 그러나 대세는 이편으로 기울고 있다. 새로운 인간을 출현시키려는 진지한 염원이 이 대륙에서 일고 있는 해방운동에 박차를 가하고 있다.[3] 물론 새로운 인간의 출현은 갖가지 역경과 갈등과 반대를 극복한 연후에야 이루어질 것이다. 그런 점에서 메델린 문헌의 시사가 옳았다: "우리는 바야흐로 이 대륙의 역사의 새로운 시대를 맞이하고 있다. 완전한 자유, 모든 형태의 예속으로부터의 해방, 개인적 성숙과 집단적 통합을 추구하는 열성이 충만한 시대가 도래하고 있다. 이러한 표징들에서 우리는 새로운 문명이 탄생하려는 첫 진통을 감지하는 것이다."[4]

　라틴아메리카의 상황은 매우 복잡미묘하다. 따라서 현대인의 특성이라고 지적한 "미래에의 정향"을 단순히 배척하거나 수용할 처지가 아니다. 다만 현금의 이곳 상황에는 무엇인가 다른 실재들, 과도기적인 상황이 혼합되어 있다가 이제 막 정체를 드러내기 시작했음을 깨닫게 한다. 그리고 이곳 상황으로서는, 지금 존재하는 사회와는 질적으로 다른 사회, 정의의 사회를 건설하는 투쟁에 참여할 때 "비로소" 미래에 대한 확신과 신뢰가 얻어진다는 것이다. 어떻게 보면 선진국들은 현대인의 이같은 염원을 정치 영역에

[3] 제6장 참조.　　　　[4] "Introduction", no.4, in *Medellín*.

서 심각하게 체험하고 있지 못한 듯하다. 그것은 동서양을 막론하고 그들 선진국들이 과거에 집착하기 때문이 아니라 현재의 풍요에 자족하고 있기 때문이다. 그들은 어떻게 해서든지 이 풍요를 유지하고자 하며 그 목적을 위해서는 무슨 수단이든지 쓸 태세를 가지고 있다.

여기서 우리는 앞서 고찰한 두 가지 다른 태도를 보게 된다. 혹자들은, 특히 선진국에서는 미래를 향한 개방이라 하면 자연과학과 기술공학에 의한 자연의 지배를 생각하며, 자기네가 사는 사회질서는 문제시하지 않는다. 그리고 다른 이들, 특히 피압제·피지배 영역의 인간들은 미래라고 할 때 대립과 갈등과 투쟁을 연상하며, 인간을 노예화하고 사회계급을 착취하는 권력가들에게서 해방되는 미래를 생각하게 된다. 압제와 착취에 시달리는 대중들에게 자연과학과 기술공학의 진보를 주축으로 하는 생산 능력의 발전이라는 것은 자연히 기존 질서를 문제시하는 변증법적 작용을 한다. 그래서 기존 질서에 대한 도전이 없이는 미래에 관한 진정한 신뢰가 불가능하게 되어 있다.

사세가 이렇기 때문에 현대세계 도처에서 "혁명 효소"들이 발효하고 있어서 장차 올 것에 대한 신뢰와 소신을 더욱 가열시키고 가속화하고 있다.[5] 이와 같은 여건들이 복합적으로 그리스도교 신앙에 문제를 제시하고 위협한다. 종말론적 이념은 미래지향적 역사의 추진력으로서, 그에 상합한 응답을 모색하게 한다.[6] 그러나 앞에서도 지적한 바 있지만, 종말론의 이 미래를 향한 개방은 그 역사적 동시대성 및 긴급성과 불가분하게 연결되어 있다. 종말론을 이렇게 파악하고 나면, 20여 년 전에 "종말론" 신학자들이 "육화론"[7] 신학자들을 반대하여 내세우던 주장과는 완전히 반대됨을 곧 알 것이다. 그들이 말하는 종말론적 사상은 그리스도교 신앙이 이 세상의 권

---

[5] J. Moltmann, "God in Revolution", *Religion, Revolution and the Future* (New York: Charles Scribner's Sons, 1969).

[6] Cf. E. Schillebeeckx, "The Interpretation of Eschatology", in *Concilium* 41 (1969), pp.42-56.

[7] Cf. Léopold Malevez, "Deux théologies catholiques de l'histoire", in *Bijdragen* (1949), pp. 225-40; Gustave Thils, *Christian Attitudes* (Dublin: Scepter, 1959).

력과 야합해서는 안된다는 염원에서 나온 것으로 그 학적인 근거는 지상 사물에 대한 초연과 역사적 비관론이었다. 이 학파는 갖가지 영합주의의 희생물이 되고 말았다.[8]

최근의 종말론은 이 허점을 극복했다. 이 종말론은 역사로부터의 도피가 아닐 뿐더러, 오히려 정치 영역과 사회 행습에 대한 관여를 분명히 천명한다.[9] 그래서 최근에는 희망을 많이 고찰하고, 복음 메시지의 정치적 영향을 거론하며, 신앙과 역사적 유토피아의 관계를 이야기하게 되었다.

희망의 신학

종말문제에 관한 새로운 사조는 "희망의 신학"을 혁신했다. 이전에는 희망이라는 것이 거의 망각되다시피 했고 "대신덕"對神德을 논할 때 "믿음"(信德)에 뒤이어서 잠깐 취급하는 것이 고작이었다. "희망을 향해 구원받은"(로마 8,24) 우리는 성령의 약속을 우리 안에 간직하고 있으며(갈라 3,14), 성령을 통해서 희망이 우리에게 넘쳐흐른다(로마 15,13; 사도 26,6).

가브리엘 마르셀은 크리스천 생활과 모든 인간의 실존을 반성·숙고하는 데 있어서 희망의 중요한 역할을 재발견하는 일에 크게 공헌했다. 그러나

---

[8] 1942~1945년에 간행된 *Dieu Vivant* 지의 노선이 바로 그것이었다. 창간호 특집이 "그리스도교의 종말론 사상"이었다. 여기에 관한 연구로는 Bernard Besret (*Incarnation ou eschatologie, Contribution à l'histoire du vocabulaire religieux contemporain 1935~1955* [Paris: du Cerf, 1964], pp.122-44)를 참고하기 바란다. Roger Aubert는 다음과 같은 힐난조의 글을 썼다: "유화론이냐 종말론이냐? 내재론이냐 초월론이냐? 내재론 '과' 초월론에는 해답이 제시된 것 같고 또 상당히 올바른 해답으로 알고 있다. 그러나 그런 해답은 접속사의 위치를 바꾸고 물음들 자체에다 신경을 쓰고 있지 모든 요인이 적재적소에 배치된 균형잡힌 체계를 수립하는 일과는 거리가 먼 것 같다. 오늘날도 신학자들은 이러한 체계를 수립하는 데에 부심하고 있긴 하지만 … 논쟁은 여전히 미해결로 남아 있다"(*La théologie catholique au milieu du XXe siècle* [Tournai-Paris: Casterman, 1954], pp.69-70). 여건은 지금도 마찬가지다.

[9] 제9장 참조. Cf. C. Dumont, "De trois dimensions retrouvées en théologie: eschatologie-orthopraxie-hermeneutique", *NRT* 92, no.6 (1970): 570. 종말문제와 정치문제를 최초로 연결시켜 보려고 시도한 인물은 Georges Didier였다: "Eschatologie et engagement chrétien", *NRT* 75, no.1 (1953): 3-14. 그러나 그가 채택한 범주들이 지금은 거의 아무런 내용도 없는 것으로 간주되고 있다.

그의 사상은 개인적이고 대화적인 측면에 집중되어 있어서, 희망이 역사적이고 정치적 실재에 끼치는 역할을 부각시키지 못했다.[10]

에른스트 블로흐의 입장은 다르다. 그의 주저主著는 『희망 원리』이다. 블로흐는 인간을 희망을 가진 존재, 미래를 꿈꾸는 존재로 보았다. 그러나 그 희망은 어디까지나 기존 질서를 혁신하는 능동적 희망이다. 마르크스는 일찍이 "철학자들은 세계를 여러 모양으로 '해석'하는 데서 그쳤다. 그러나 문제는 '변화'시키는 일이다"라고 하였다. 블로흐는 마르크스의 이 말을 그대로 받아들인다. 마르크스는 「포이에르바하에 관한 제1명제」에서 기존의 유물론들을 일거에 비난·배척하였다: "포이에르바하를 포함한 기존 유물론의 주요 결점은 사물Gegenstand, 실재, 감각 등을 단순히 객체Objekt 또는 정관靜觀(Anschauung)의 형태로만 개념화하고, 인간의 감각활동과 실천으로서, 그러니까 주체로서 생각지 않았다는 것이다."[11] 블로흐는 마르크스의 이 명제를 기점으로 하여 혁명적 활동, 다시 말해서 실천적·비판적 활동을 여러 면에서 상세히 고찰한다.[12]

블로흐는 감정을 둘로 나눈다: 사회 감정(질투, 인색)과 기대 감정(불안, 공포, 희망)이 그것이다. 후자가 곧 미래에 대한 감정이다. 그중에서도 희망이 제일 중대한 것으로 가장 적극적이고 해방의 능력이 가장 강한 것이다. 희망은 "모든 감정 가운데 가장 인간적인 것이며, 인간만이 가질 수 있는 것이다. 희망은 가장 원대하고 가장 빛나는 지평을 가지고 있다".[13] 희망은 미래를 향해 투영되는 "백일몽"이요, "상미의식尙未意識 Noch-Nicht-Bewußt, "상미

---

[10] Cf. Gabriel Marcel, "Sketch of a Phenomenology and a Metaphysic of Hope", in *Homo Viator* (New York: Harper and Row, 1962), pp.29-67.

[11] "Theses on Feuerbach", nos.11. 1, in K. Marx and F. Engels, *On Religion* (New York: Schocken Books, 1964), pp.72, 69.

[12] Lukacs, Korsch, Bloch 등을 소위 "비교적(秘敎的) 마르크스주의"(esoteric Marxism)에 속하는 것으로 본다. 블로흐 본인은 "마르크스주의의 열렬한 조류"라고 칭한다. 현재로는 하나의 "가능태"에 불과한 그것을 통해서 "현실"을 성취하려는 사조라는 것이다. 블로흐의 마르크스주의에 관해서는 Werner Maihofer ("Ernst Bolchs Evolution des Marxismus", in *Über Ernst Bloch* [Frankfurt: Suhrkamp, 1968], pp.112-29) 참조.

[13] Ernst Bolch, *Das Prinzip Hoffnung*, p.82.

존재"Noch-Nicht-Sein의 심적 표상이다. 그러나 이 희망은 확연해지고 의식되며 "일깨워진 희망"docta spes이 되려고 한다. 아직 의식되지 않은 "아직도 아니라는 의식의 존재"가 일단 의식행위로 되면 더 이상 정신의 상태로만 머물지 않는다. 그것이 구체적인 유토피아적 기능을 취하여, 역사에서 인간활동을 가동시킨다. 그러므로 희망은 미래를 지향하는 인간 실존의 열쇠가 된다. 희망이 현재를 변혁시키는 까닭이다. 이래서 "상미의 존재"의 존재론은 사물을 정물靜物로 보는 존재론과 비교할 때 훨씬 역동적이다. 사실 후자는 역사를 계획하기에 부적당하고 그럴 능력도 없다.[14] 블로흐는 실재적인 것은 반드시 (상미의 것을 향해) "열려 있는 과정"이라고 단언하였다. "S(주어)는 아직 P(술어)가 아니다"는 명제야말로 블로흐의 모든 사상을 집약하고 있음을 자신도 시인했다.[15] 블로흐는 우리에게 "가능태로서의 존재"들이 가능함을 일깨워주었다고 하겠으며, 여기서 우리는 역사를 혁명노선에 입각하여 계획할 수 있게 되었다.

현대의 희망의 신학은 의외에도 블로흐가 열어준 활로를 따라서 전개되고 있다.[16] 몰트만[17]과 판넨베르크[18]는 블로흐를 비판·분석하는 가운데서 종말론, 약속, 희망 등의 중대한 성서 개념을 사상적으로 전개할 범주들을

---

[14] Cf. E. Bolch, *Philosophische Grundfragen. Zur Ontologie des Noch-Nicht-Seins* (Frankfurt: Suhrkamp, 1961).

[15] 블로흐의 전집 *Man on his Own* (New York: Herders, 1970)에 하비 콕스가 서문을 쓰면서 인용한 말이다(p.9).

[16] 블로흐는 무신론과 그리스도교의 관계를 고찰하였다(*Atheismus im Christentum* [Frankfurt: Suhrkamp, 1968]). 거기서 그는 "본연의 무신론자만이 본연의 크리스천이 될 수 있고, 본연의 크리스천만이 본연의 무신론자가 될 수 있다"는 말을 했다. 이 문장의 후반부는 몰트만의 답변을 본인이 다시 첨가한 것이다(J. Moltmann, *Über E. Bloch*, p.28). 성서는 인간의 무한정한 가능성을 전달하고 있기 때문에 성서야말로 진정으로 혁명의 서책이라는 것이 몰트만의 지론이다. 성서를 근본적으로 인정한다면 "너희는 신들이 되리라" 한 창세기 말씀을 인정하기에 이른다. 이 말씀은 구약 전편에 흐르고 있고, 출애굽 사건에서 분명히 드러났으며, 그리스도 사건에서 실현을 보았다. 그러나 블로흐는 성서를 "무신론적으로 해석"하지 않으면 그 말씀의 본뜻을 이해하지 못하리라고 한다. 그래서 "본연의 무신론자만이 본연의 크리스천이 될 수 있다". 그러나 블로흐는 교조주의적·실증론적 무신론을 반대하면서 "교조주의를 신봉치 않는 무신론 운동"을 주창한다. 그래서 "본연의 크리스천만이 본연의 무신론자가 될 수 있다". 그의 입장이 성서의 내용과는 근본적으로 다르지만 블로흐는 우리가 성서를 해독할 자극과 관념을 제공했다고 볼 수 있을 것이다.

얻어냈다. 그들이야말로 "희망이 있는 곳에 종교가 있다"[19]고 갈파한 블로흐의 말을 그대로 따르고 있다고 하겠다.

몰트만의 사상은 이렇다. 그리스인들은 계시라는 것을 "영원한 현재의 공현公現"이요, 무엇이 존재한다는 사실을 설명하는 데서 그친다고 보았다. 그러나 성서의 하느님 계시는 그런 것이 아니다.[20] 오히려 계시는 우리를 만나러 오시는 하느님, 우리로서는 "능동적 희망"을 품고서 기다릴 뿐인 하느님을 이야기한다.[21] 기존하는 사물의 현질서는 "약속"이라는 것에 의해서 심각한 도전을 받는다.[22] 인간은 부활한 그리스도에게 걸고 있는 희망 때문에 현재라는 비좁은 제약에서 풀려나와 장차 올 것에 비추어 생각하고 행동할 수 있게 된 것이다. 몰트만에게는 희망의 신학은 동시에 부활의 신학이다.[23] 부활한 그리스도는 곧 인간의 미래이다. "약속"이 담고 있는 주장들은 "기존하는 실재를 비춰주는 것이 아니라 도래하고 있는 실재를 비

---

[17] "그리스도교적 희망의 교의를 확립하고 쇄신하는 데 '희망 원리'의 철학보다 좋은 철학은 없다고 본다"(J. Moltmann, "Die Kategorie Novum in der christlichen Theologie", in *Ernst Bloch zu ehren*, ed. S. Unseld [Frankfurt: Suhrkamp, 1965], p.243; "'Behold, I make all things new': The Category of the New in Christian Theology", *The Future as the Presence of Shared Hope*, ed. M. Muckenhirn [N.Y.: Sheed and Ward, 1968]).

[18] "언젠가 그리스도교 신학은 에른스트 블로흐의 철학이 종말론의 핵심적 범주를 재발견할 용기를 제공해 준 데 대해 감사하게 될 것이다. … 블로흐는 아직 열리고 있는 중인 미래와 거기에 도달하는 희망의 막강한 힘을 우리한테 가르쳤다. 희망은 인간의 생명과 사유만이 아니라 모든 실재의 존재론적 유일성에까지 선참함으로써 그 미래에 도달하게 한다"(W. Pannenberg, *Basic Questions in Theology*, 2: 237-8).

[19] *Das Prinzip Hoffnung*, p.1404.

[20] J. Moltmann, *Theology of Hope*, p.84. [21] *Ibid.*, p.16.   [22] *Ibid.*, p.18. 86.

[23] 판넨베르크는 거기에다 "보편사(普遍史)의 신학"이라는 표현을 첨가했다. 총체적으로 본 역사에 근거하여 그리스도교를 해석하려는 시도다. 판넨베르크의 사상을 개관하는 데는 다음 두 사람을 참조하라: Claude Geffré, "La théologie de l'histoire comme problème herméneutique: W. Pannenberg", *Études Théologiques et Religieuses* 46, no.1 (1971): 13-27; I. Berten, *Histoire, révélation et foi, Dialogue avec W. Pannenberg* (Brussels: du CEP, 1969). 그런데 역사에 있어서 예수 부활의 역할을 파악하는 데 두 사람은 견해를 달리한다. 판넨베르크 본인에게는 "예수의 부활과 더불어 역사의 종말이 이미 일어났다"(*Revelation as History*, p.142). 몰트만은 예수의 부활은 "모든 신자들의 부활한 생명의 원천"이요, "신자들은 그리스도'처럼' 되리라고만 생각하는 것이 아니라 그리스도'에게서' 자기네의 미래를 발견한다. 그러므로 그들은 그리스도의 미래를 기다림으로써 곧 자기 자신들의 미래를 기다리는 것이다"(*Theology of Hope*, p.83, 76-84)고 하였다.

추려고 하며"[24] 따라서 "새로운 체험"이 가능할 여건을 조성하고자 한다.[25] 그래서 "기존하는 실재"[26]에 관해서 "사리事理의 부적합"inadaequatio rei et intellectus을 논하게 됨은 "역사를 위해서는 생산적이고 약속이 가득한 개방"이 비롯하는 시발점이 된다.[27]

그러나 알베스가 지적하듯이 몰트만은 현재에 대한 도전을 "약속"에서 이끌어낸다. 현재를 거부하는 것은 이 "약속" 때문이지, 인간적·구체적·역사적 경험 때문이 아니다. 몰트만으로서는 "어떤 초월적 희망이 하나 있어서 (어느 특정한 상황에 귀속되지 않기 때문에) 인간으로 하여금 자기의 현재의 고통스러움을 자각케 한다는 것이다. … 그러므로 약속의 사건이 비로소 현존하는 모든 것에 대한 비판의 시작이 된다".[28] 어떻게 보면 하느님은 아리스토텔레스가 말하는 제1원동자primum movens로서 "역사를 그 미래를 향해 밀고나가면서도 역사에 속하지 않는"[29] 분으로 볼 수도 있다. 알베스가 몰트만의 사상에는 "가현론"假現論(docetism)의 위험이 있다고 지적한 이유가 여기 있다: "육화 사건이 미래의 모체가 되는 것이 아니라, 초월적 미래가 인간으로 하여금 육화 사건을 깨닫게 만든다는 입장"이기 때문이다.[30]

몰트만은 상당한 노력을 기울였음에도 불구하고, 인간의 구체적인 역사적 체험과, 압제와 착취가 미만하고 있으나 풍부한 가능력可能力을 안고 있는 현재 상황을 충분히 반영시킨 언어, 곧 인간의 자기해방의 가능성을 표현하는 용어법을 발견하기 힘들었던 것 같다.[31] 그러니까 제1장에서 인용한 바 있는 "신학사상"들에 대한 그의 관념 역시 같은 난점을 안고 있는 것 같다.[32] 거기서 그는 무릇 신학사상은 "미래의 것에 선참해야지 현실의 뒤를 절뚝거리며 뒤따라가서는 안된다"고 하였다. 그러나 우리가 논하고 있는 문제는 인간적·역사적·구체적 현재 사물이며, 우리가 인간을 만나고 장

---

[24] *Theology of Hope*, p.18. [25] *Ibid.*, p.18. [26] *Ibid.*, p.85. [27] *Ibid.*, p.86.

[28] R. Alves, *Theology of Human Hope*, pp.59-60; Hugo Assmann, *Teología de la liberación* (MIEC-JECI, ser.1, doc.23-4, 1970), pp.37-8.

[29] *Theology of Human Hope*, p.59. [30] *Ibid.*, p.67. [31] 제9장 참조. [32] 제1장 참조.

차 오실 하느님을 만나뵙는 일에 실패하지 않기 위해서 우리가 마땅히 해야 할 일이 무엇이냐는 것이다. 예수의 죽음과 부활이 우리의 미래가 되고 있는 것은 그 두 사건이 위험천만하면서도 기대에 가득 찬 현재가 되고 있는 까닭이다. 죽음을 극복하는 희망은 역사적 실천 한가운데 자리잡지 않으면 안된다: 이 희망이 현재에 구체화하여 현재를 발전시키지 못하는 한 어디까지나 일종의 현실기피 또는 미래파적 환상에 불과하다. "피안"의 그리스도교를 철회한다면서 기껏 "미래파" 그리스도교를 대치시키는 어리석은 일이 없도록 극히 조심해야 한다. 전자가 세계를 망각하고 기피하려는 것이었다면, 후자는 비참과 불의로 가득 찬 현재를 전혀 고려하지 않고 해방을 위한 투쟁 따위는 안중에 없는 사조라고 하겠다.[33]

몰트만에 대해 이같은 비판을 가할 수 있음은 사실이지만 그의 저서가 현대신학계의 가장 중대한 문헌의 하나임은 아무도 의심치 못한다.[34] 그 저서는 희망의 신학에 새로운 진로를 개척하였고 크리스천 실존의 여러 부면을 신학적으로 고찰하는 데 새로운 활기를 불어넣었다고 하겠다. 몰트만은 많은 크리스천들이 미래에 대한 공포와 신앙을 은연중에 결부시키고 있다고 지적했다.[35] 그의 사상 덕분에 우리는 그런 허점을 극복할 수 있었다.

희망을 가진다 함은 미래에 관해서 무엇을 안다는 것이 아니라, 순박한 정신을 지니고서 미래를 하나의 선물로 받아들이고자 자기를 개방한다는

---

[33] 몰트만 본인도 자기 사상이 현세생활을 망각할 위험이 있음을 감지했다(op. cit., pp.26-32). 그러면서도 그 우려를 표명한 용어들로 미루어, 우리가 지적한 한계점을 극복한 것 같지는 않다. 그뒤의 글들을 보면 인간의 역사적 투쟁에도 상당한 관심을 보이고 있다: "Gott in der Revolution"; "Toward a Political Hermeneutic of the Gospel"; "The Christian Theology of Hope and its Bearing on Development" (*In Search of a Theology of Development* [Geneva: SODEPAX, 1970], pp.93-100). 특히 이 마지막 기사에서 그는 "미래"(생성되는 것, 예측할 수 있고 계산할 수 있고 미래학의 대상이 되는 것)와 "도래"(Zu-kunft; adventus: 다가오는 것, 바랄 만한 것, 측정할 수 없고 오로지 선참하는 것)를 구분하는 풍부한 역량을 보여준다 (*ibid.*, pp.97-8). 라너도 비슷한 이념을 제기하고 있다(K. Rahner, "Autour du concept de l'avenir", *Écrits théologiques*, 10: 95-103).

[34] 이 저서에 관한 논쟁들을 수집한 학자가 있다: Wolf-Dieter Marsch, ed., *Diskussion über die "Theologie der Hoffnung" von Jürgen Moltmann* (Munich: Chr. Kaiser Verlag, 1967).

[35] "Gott in der Revolution", p.69.

것이다. 그러나 이 선물을 받아들이려면 불의를 거부하고, 인권이 유린당하는 데 저항하고 평화와 형제애를 건설하는 투쟁에 참여해야 한다. 그러한 행동들을 하는 것이 곧 이 선물을 받아들이는 행위가 된다. 그렇게 함으로써 희망은 역사의 가동력이 되고 해방시키는 기능을 한다. 희망의 기능이 지금 확연하게 구명되어 있지는 않으나, 그 기능이 현실적이고 절실함은 사실이다. 페기는 "귀여운 희망"은 "사랑"과 "믿음"이라는 두 언니를 따라다니는 것처럼 보이지만 실은 자기가 두 언니를 데리고 다닌다고 했다. 그러나 미래에 대한 희망이 현재 속에 뿌리를 내리고 있을 경우, 미래에 대한 희망이 일상의 사건에서 경험을 즐기고 동시에 불의와 예속을 체험하는 가운데 구체화하는 경우에 비로소 페기의 말이 옳다고 확증할 것이다. 그러고 보면 "미래에 대한 진정한 아량은 현재의 순간에다 모든 것을 바치는 데 있다"고 한 카뮈의 말은 정말 정곡을 찔렀다고 하겠다.

종말사상이 대두되고 사회 행습에 그것을 적응시키는 문제가 거론되면서부터 희망의 신학이 최선단最先端으로 부상하였다. 수년 전에는 하느님 사랑과 인간애를 핵심으로 하는 신학이 신앙과 정통을 중심으로 하는 신학을 밀어내고 그 자리를 차지해 가는 인상을 주었다. 신앙의 우위에 뒤이어 "사랑의 우위"가 등장한 것이다. 그 결과 그리스도교 생활의 근본 핵심으로서의 이웃 사랑이 재발견되었다. 그런데 다소 역설적이기는 하지만, 웬일인지 어떤 사람들은 이웃 사랑 때문에 하느님과의 관계에 지장이 생기고 그래서 자기의 사상과 행동에 차질을 빚기 시작했다.[36] 그래서 근자에는 다른 어떤 것에다 가치의 수위를 두려는 사조가 일어났다. 희망에다 가치의 수위를 두자는 것이다. 희망은 다가오시는 하느님께로 개방되어 있기에 역사를 해방한다고 보는 까닭이다. "믿음"이 "사랑"에 의하여 재해석되었다고 할 것 같으면, 지금은 이 양자가 "희망"에 의해서 재평가되고 있다고 하겠다. 물론 이러한 설명은 어디까지나 소묘에 불과하며 어떤 가치에 역점

---

[36] 혁명운동의 투신이 신앙생활에 야기시킨 문제들에 관해서 다음 글을 보라: Pablo Fontaine, *El revolucionario cristiano y la fe* (MIEC-JECI, ser.1, doc.25, 1970).

을 두느냐는 문제일 따름이다. 크리스천 생활과 신학은 이 세 가지 차원을 하나로 통합하지 않으면 안된다. 그러나 그리스도교 공동체의 역사는 시대에 따라 그중 어느 한 부면이 특히 부각되어 왔음을 보여주고 있다. 그리고 연이어 새로운 종합이 출현하곤 했다. 우리가 보아온 사상적 추이도 그중 하나라고 하겠다.

그렇다면 우리는 신학의 이같은 변천이 현대에 지대한 영향을 끼친 세 인물의 사상과 어떤 병행을 이루고 있지나 않은가 생각할 수도 있다. 신학에도 지대한 영향을 준 이 인물들의 이름을 든다면 헤겔, 포이에르바하, 마르크스이다. 우리는 여기서 그들을 간략하게 언급하는 바이지만, 신학과 그들의 사상을 비교한다면 신학에 대한 이해도 한결 깊어지리라는 소신에는 변함이 없다.

포이에르바하는 신앙과 사랑을 철저히 대비시켰다: "신앙은 사랑과 상반된다."[37] 그는 신앙이란 인간을 하느님과 대립시키는 길이라고 보았다. 그 대신에 인간의 본질은 인류human race(인간 동류가 있다는 사실)요, 이 본질은 사랑을 통해 실현을 본다. 사랑은 한 인간이 타자를 필요로 한다는 표현이다.[38] 하느님은 인간의 이 본질이 인간 외부로 투영된 것이다. "하느님에 관한 지식은 결국 인간 자신에 관한 지식이다."[39] 그러니까 인간이 자기 본연의 실재를 되찾기 위해서는 존재하지도 않는 사람에 대한 신앙을 팽개쳐야 한다는 것이다. 그리스도교가 가르치는 "진리" ― 헤겔이 말하는 의미의 진리 ― 란 인간적 사랑이다. 신앙은 하느님을 긍정하는 데서 비롯하고, 사랑은 인간에 대한 긍정에 토대를 둔 것이다. 신앙은 분열시키고 사랑은 일치시킨다. 신앙은 특수화하고 사랑은 보편화한다. 신앙은 한 인간을 분해시키고 사랑은 한 인간을 통합한다. 신앙은 억압하고 사랑은 해방한다.[40]

---

[37] Ludwig Feuerbach, *The Essence of Christianity* (New York: Harper and Row, 1957), p.257.

[38] *Ibid.*, pp.1-12. "인간 본성이 인간에게 최상위의 자연이라면, 실천상으로 그러하며, 따라서 첫째가는 율법은 인간에 대한 인간의 사랑이 아닐 수 없다"(*ibid.*, p.271).

[39] *Ibid.*, p.12.   [40] *Ibid.*, pp.247-69.

포이에르바하가 보기에는 헤겔의 사상체계는 신앙을 기조로 하고 있다. 헤겔의 체계가 그리스도교 성격을 띠고, 엄격하고 권위주의적이고 억압적인 성격을 띠는 이유가 거기에 있다.[41] 포이에르바하는 헤겔 사상을 반대하고 나서기 때문에 "사랑"을 자기 학설의 중심으로 삼고, 나아가 자기 사상을 "사랑의 종교"라고 부른다.[42]

마르크스는 헤겔에 대한 포이에르바하의 여러 비판을 그대로 받아들이고 특히 종교에 대한 비판을 그대로 차용한다. 그러면서도 포이에르바하에게서 영감을 받는 소위 "정직한 사회주의자들"의 "사랑의 종교"를 은근히 비꼰다.[43] 그뿐 아니라 포이에르바하는 이념과 실천을 결합시키는 방식이 잘못되었으므로 혁명의 필요성을 간과하였다고 비난하였다. 흔히 인용되는 문구지만 마르크스는 이런 말을 하였다: "포이에르바하가 유물론자라면 그는 역사를 제대로 다루지 않은 것이다. 그리고 그가 역사를 다루는 자세로

---

[41] 포이에르바하는 헤겔의 초기 저서들을 몰랐다. 그 저서들을 보면 사랑이 극히 특출한 위치를 차지한다. "사랑은 곧 종교이다"(Hegel, "Amour et religion" [Fragment of 1798] in *L'Ésprit du christianisme et son destin* [Paris: J. Vrin, 1967], p.146). "사랑으로 말미암아 인간은 절대자의 위치에 오른다. 프랑크푸르트에서 쓴 헤겔의 글들에서 사랑은 셸링의 지적 직관에 해당한다"(Paul Asveld, *La pensée religieuse du jeune Hegel* [Louvain: Univ. de Louvain, 1953], pp.166-7). 후기 작품에서는 사랑이 그다지 부각되지 않는다. 그러나 그는 사랑을 "세계의 본체적 매듭"이라고 한다(*Lectures on the Philosophy of Religion* [New York: Humanities Press, 1962], 3: 216).

[42] Cf. L. Feuerbach, *Manifestes philosophiques, textes choisis (1839~1845)* (Paris: Univ. de France, 1960), p.200. *The Essence of Christianity*의 마지막 구절도 유명하다: "범사에 비범한 의미를 부여할 때, '생'(生)에다 종교적 의미를 주입할 때에 한해서는 사물의 정상궤도를 단절시킬 수가 있다. 그러므로 먹을 것도 신성한 것이 되고, 마실 것도 신성한 것이 되고, 물도 신성하여지이다. 아멘"(p.278). J. P. Osier가 "포이에르바하는 무종교주의자가 아니라 무신론자이다"라고 한 말은 옳았다(L. Feuerbach, *L'essence du christianisme* [Paris: Maspero, 1968]의 서문 p.65). Cf. Marcel Xhauffaire, *Feuerbach et la théologie de la sécularisation* (Paris: du Cerf, 1970).

[43] Cf. K. Marx, "Circular contra Kriege (1846)" in *Marx-Engels Werke, Ergänzungsband, Schriften Bis 1944* (Berlin, 1968), 4: 12-6. H. Kriege는 "감상적 공산주의자"요, 미국으로 이민한 자며, 바이틀링(W. Weitling)의 한패요, "충직한 사회주의"의 두목이라는 것이다. 「공산당 선언」에는 가차없는 용어들이 구사된다(*Capital, The Communist Manifesto and other Writings* [N.Y.: The Modern Library, 1932], pp.349-51). 마르크스가 크리거를 비판한 것은 사실상 포이에르바하를 비판하기 위함이었다: "'충직한 사회주의'란 포이에르바하 사상의 가장 정통한 창작으로 간주되었다"(Henri Arvon, *Ludwig Feuerbach ou la transformation du sacré* [Paris: Univ. de France, 1957], p.114).

본다면 그는 유물론자가 아니다."[44] 마르크스의 행동이념은 다르다: 그것은 역사의 변증법적 관념을 토대로 한 것이다. 그 역사는 미래에다 시선을 고정한 채 실제 행동으로 현재에 임하면서 생산의 새로운 구조를 기초로 하는 계급없는 사회를 향하여 부단히 전진하는 역사이다.

희망의 신학에는 블로흐를 통해서 마르크스의 사상이 상당한 영향을 끼쳤다고 할 수 있다. 그러나 바로 그 신학이 포이에르바하의 사상을 재현시켰다고 할 "사신신학"死神神學에 대답을 제시하고 있는 것이다.[45]

복음의 정치적 차원

복음과 정치는 어떤 관계가 있느냐 하는 것은 퍽이나 낡은 문제이다. 그러면서도 대단히 현대적인 문제로 대두하고 있으며 최근에는 전혀 새로운 차원을 띠고 등장하였다. 앞에서 누차 이 문제를 취급했다. 여기서는 다만 두 가지 사상을 소개·연구하는 데서 그치기로 한다. 하나는 소위 "신新정치신학"이요, 다른 하나는 예수의 메시지와 증거의 공적 성격이다.

"신新정치신학"

현대세계의 사회적 현실과 대면하면 종말론적 전망은 "활동적"인 것이 되고, 희망의 신학은 "창조적"인 것이 된다. 여기서 소위 "정치신학"[46]이 출

---

[44] "German Ideology", in *Writings of the Young Karl Marx on Philosophy and Society* (Garden City, N.Y.: Doubleday, 1967), p.419. 포이에르바하의 지론에 의하면 세계를 변혁하는 "실천"이야말로 "새로운 종교"의 재건이다: "그리고 세계를 재건하기 전에 먼저 사고방식을 개조해야 한다"(Marcel Xhauffelaire, *op. cit.*, p.209).

[45] Cf. Thomas Altizer – William Hamilton, *Radical Theology and the Death of God* (Indianapolis: Bobbs Merrill, 1966); Thomas Ogletree, *The Death of God Controversy* (Nashville: Abingdon, 1966). 그러므로 세속화 과정의 당연한 귀결이라고 흔히들 오해하는 "사신신학"은 "선(先)마르크스주의적"이라 할 몇 가지 특성을 갖추고 있다.

[46] 이 방면의 메츠의 가장 중대한 글은 1967년 토론토의 국제신학회의에서 행한 연설이라 하겠다: "The Church and the World in the Light of a 'Political Theology'", in *Theology of the World*, pp.107-40.

현한다. 메츠는 블로흐와 몰트만과 판넨베르크가 제기한 사상노선을 추종하면서 종말사상과 희망을 정치생활에 연결시키고자 한다.[47] 그렇다고 "새로운 신학 학문"을 창설하겠다는 시사는 아니다. "신학 의식 전반에 깔려 있는 기본 형세를 파악하여 드러내려는" 것뿐이다.[48] 그러니까 그의 시도는 어디까지나 기초신학의 소관이라 하겠다.[49] "정치신학"이라는 용어부터가 모호한 표현이다. 메츠는 처음부터 이 점을 인정했다.[50] 그리고 비판이 높아지자 자기가 이 논란이 심한 용어를 사용하는 이유를 여러 가지로 제시했다.[51] 그가 시도한 내용을 연구하면 그것을 이해하게 될 것이다.

메츠의 출발점은 "정치 분야"에 대한 새로운 사고방식이다. 그는 정치 분야의 독자성과 자율성이 성립되던 과정을 고찰하면서 그것이 계몽주의 시대에 와서 완성되었다고 본다.[52] 계몽주의 시대 이래로 정치질서는 자유의 질서가 되었다. 이전에는 정치적 구조가 인간에게 부여된 무엇, 인간의 자유보다 선재하는 무엇으로 간주되었다. 그러나 이제는 정치적 구조란 그런 것이 아니고 인간의 자유를 기반으로 한 실재, 인간에 의해서 설정되고 인간에 의해서 조정되는 실재이다. 계몽주의 시대 이후로 정치란 곧 자유의 역사이다. 정치를 이와같이 재정의한 연후에 그는 국가와 사회를 조심스럽게 구분한다. "본질적으로 반反전체주의의 예봉을 쥔"[53] 이같은 구분은 일종의 권력으로서의 국가 또는 교회 — 또는 양자를 연합시킨 것 —

---

[47] 그는 정치신학을 "종말론적 신학"이라고 칭한다("Politische Theologie in der Diskussion", in H. Peukert, ed., *Diskussion zur "politische Theologie"* [Mainz: Grunewald-Kaiser, 1969], p.280; cf. *Theology of the World*, p.91).

[48] "The Church's Social Function in the Light of a 'Political Theology'", in *Concilium* 36 (1968), p.9.

[49] Claude Geffré는 정치신학을 기초신학에 배치함으로써 이 점을 분명히했다("Recent Developments in Fundamental Theology: An Interpretation", in *Concilium* 46 [1969], pp.5-28).

[50] *Theology of the World*, p.107.   [51] "Politische Theologie", pp.268-79.

[52] "메츠는 계몽주의로 시작된 진전이 신학상으로 매우 중대하다고 본다: cf. J. Moltmann, Willi Oelmüller, *Kirche im Prozess der Aufklärung, Aspekte einer neuen "politischen Theologie"* (Munich: Kaiser, 1970).

[53] "Politische Theologie", p.270.

의 공공분야와 "사회집단으로서의 모든 인간의 관심이 표명되는" 공공분야를 동일시하지 않게 해준다.[54] 이와 같은 구분이 이루어지지 않았기 때문에 권위주의적이고 위압적인 "정치신학들"이 대두하여 소위 "그리스도교 국가"라는 것을 재건하겠다고 소란을 피웠다(예컨대 보날드Louis Bonald와 코르테스Donoso Cortés 등). 메츠를 비판하는 사람들이 흔히 오해하는 것과는 달리 그는 "종교 영역으로부터의 정치의 자유와 독자성을 포기하지" 않을 뿐만 아니라 도리어 "그것을 전제로 하고 있다".[55] 그는 한걸음 더 나아가서 정치 분야를 자유의 고유한 영역으로 파악하는 일이 무엇보다 중요하다고 주장한다. 이같은 핵심을 파악 못하면 메츠가 정치신학에서 무엇을 모색하고 있는지 이해하기 힘들 것이다. 메츠로서는 계몽주의 사상에서 야기된 도전을 고려하지 않는 사상(신학)은 모두가 "비판 이전"precritical의 것("제1단계 반성")이요, 그것을 고려하고 있는 사상은 "비판 이후"postcritical의 것("제2단계 반성")이다. 여기에 근거해서 그는 자기 정치신학이 "(학적 결론을) 직접 정치화하는 모든 형태의 신학"과 상반된 것이요, "신앙을 새로이 정치화하거나neo-politicization of the faith, 정치를 새로이 성직화하는neo-clericalization of politics 그릇된 개념(전통적으로 내려오는 사고방식 때문에 이것을 정치신학이라고 생각들 한다)을"[56] 조건부로 배척한다. 그때문에 그는 자기 사상을 "신新정치신학"이라고 부르기를 좋아한다.

현대에 들어와 종교생활과 사회생활의 합일이 깨어지기 시작하면서부터 그리스도교는 "다원적 영역 속의 한 특수 현상"으로 비쳐졌다. "그래서 보

---

[54] M. Xhaufflaire, "Les grandes lignes de la théologie politique selon J. B. Metz", in *La Lettre*, no.150 (1971), p.26. 그의 말에 의하면, 이 두 가지를 구분함으로써 정치신학이 정치 영역에 접착될 수 있다. 여기서 정치 영역이란 주권, 권력 또는 지배권의 영역으로 이해할 것이 아니라, 인간의 자유 또는 해방을 매개로 이루어지는 민주적 "공공" 장소로 이해해야 한다(따라서 사회의 복지 전반으로 생각해야지 교회의 특정한 복지를 위해서는 안된다).

[55] "Politische Theologie", p.271.

[56] *Ibid.*, p.268. 메츠와 그의 제자들은 이런 분석을 행하는 사회학적 입장에 있어서 Jürgen Habermas의 저서를 따른다. Cf. J. Habermas, *Strukturwandel der Oeffentlichkeit* (Neuwied: Luchterhand, 1962); *Technik und Wissenschaft als "Ideologie"* (Frankfurt: Suhrkamp, 1969).

편성을 내세우던 그리스도교의 절대적 주장도 역사상으로 제약된 무엇으로 단정되었다."[57] 계몽주의 사상과, 후일에 와서 마르크스도 종교를 특정한 사회적·역사적 구조에서 산출되는 하나의 이데올로기로 단정하고서 이것을 비판하였다. 메츠의 설명을 빌리자면, 이같은 형세에 처하자 그리스도교 신학이 취한 대응책이란 것이 그리스도교 메시지의 사회적 차원을 부차적이고 우유적偶有的인 것이라고 변명하면서 그 메시지의 개인적인 측면을 내세우는 일이었다. 그래서 신앙생활은 개인의 인격적 선택으로 환원되었고, 그 인간이 살고 있는 세계에서 유리되었다. 이런 신학은 "계몽주의에서 야기된 문제들을 전혀 무시함으로써 그 문제를 해소시키고자 했다. … 이런 신학에 의해서 형성된 종교의식은 사회적 현실과 종교 현실에 어둠을 더할 따름이었다".[58] 그리스도교를 내면적이고 사사로운 문제로 각색하는 풍조는 초월주의 신학, 실존주의 신학, 인격주의 신학의 공통된 특징이다. 과거와 같이 문제 자체를 회피하는 태도를 앞두고 우선 정치신학이 수행할 과업은 "비사사화"非私事化(de-privatization)를 주창하는 일이다. 여기서 우리는 "우리 신학의 기초 자료의 이해"[59]에 관해 비판할 여지가 생기게 된다.

---

[57] Metz, *Theology of the World*, p.108.

[58] *Ibid.*, p.109. 슐라이어마허는 감정이 종교의 본질적 특성이라는 주장을 내세움으로써, 계몽주의가 제기한 문제에 대해서 이런 구차한 해답을 내놓은 바 있다(cf. K. Barth, *Protestant Thought: From Rousseau to Ritschl* [N.Y.: Harper & Brothers, 1959], pp.306-54). 슐라이어마허와 정반대가 헤겔이다. 그는 계몽주의가 제기한 문제들을 일단 받아들이고서 역사에 근거하여 계시와 이성의 관계를 이해하고자 노력하였다.

[59] Metz, *op. cit.*, p.110. 불트만을 반대하는 뜻에서 메츠는 정치신학의 일차적 사명을 표현하는 신조어를 사용하여 "신약성서의 실존적 해석"을 강경하게 비판한다. 하이데거 철학에 바탕한 이 해석이 개인주의를 유발하는 심각한 위험 때문이다. 블로흐의 사회관과 역사관의 영향도 메츠에게 나타난다. 사실 하비 콕스도 블로흐의 "희망 원리"야말로 하이데거의 "존재와 시간"에 가장 철저한 대칭을 이룬다고 했다. 블로흐 본인도 불트만이 신앙에서 사회적 비중을 일체 박탈했다고 비난했다(*Atheismus im Christentum*, pp.66-72). 신학사상 면에서 우리는 현대철학과 매우 친숙한 입장에 있다. 마르크스주의와 실존주의는 자유의 가치, 인격적 결단, 인간 실존의 사회적·역사적 결단 문제를 놓고 수년간 논전을 벌였다(cf. Garaudy, *Perspectives de l'homme*; Sartre, *Critique de la raison dialectique* [Paris: Gallimard, 1960]). 조금만 깊이 생각한다면 키에르케고르와 마르크스의 불상용 관계를 파악할 수 있다. 둘 다 적어도 부분적이나마 헤겔 체계에 대한 반발을 담고 있다. 따라서 정치신학과 "사사화" 신학 간의 쟁점을 제대로 다루려면 헤겔 사상이라는 원천으로 소급할 필요가 있다.

정치 분야를 이렇게 정의하고 나면 신정치신학은 "과거의 정치신학이 흔히 그랬듯이 종교와 정치를 혼합하는" 과오에 떨어지지 않을 것이다. 아울러 복음의 비사사화는 종교가 정치와 무관하다고 하거나, "종교는 하느님께 관해 이야기하는 범위에 머물러야 한다"는 따위의 생각을 가지지 않게 해준다.[60] 이와같이 "이것이냐 저것이냐" 하는 양도논법兩刀論法을 거부했기 때문에 신정치신학은 "종교와 사회, 교회와 사회 '공공성' publicness, 종말론적 신앙과 사회생활"[61] 사이에, 그리고 "이론과 실천" 사이에 새로운 관계를 정립할 수가 있었다.[62] 그런데 이같은 정립은 "비판 이전의" 방법론으로는 안되고 어디까지나 "비판 이후의" 방법론, 즉 "제2단계"의 반성을 통해서만 가능하다. 이렇게 하여 정립된 새로운 형태의 관계는 "사회 역사와 그 역사적 과정에 대해 비판적이고 해방하는 능력"[63](이 능력은 예수가 선포한 구원 메시지에 내포되어 있다)에 토대를 둔 관계가 될 것이다. 예수의 이 메시지는 메츠가 말하는 "그리스도의 기념" memoria Christi 덕분에, 현재 살아 있는 능동적인 것이 된다: "그리스도의 기념"이란 "예수의 사랑 속에 하느님 나라가 소외된 인간들에게 도래함을 기념함을"[64] 뜻한다. 그리하여 구원 메시지의 "선포"가 자유와 정의와 평화의 "약속"으로 해석되고 있는 것이다. 이것들은 "종말론적 단서"[65]를 구성하게 되며, 이것들이 하는 역할은 "사회의 모든 역사적 현실태의 잠정적" 성격을 노출시키는 일이다.

이 모든 것이 결국 교회를 "사회비판 단체"[66]로 만든다. 교회의 "비판적 기능"은 자유의 역사를 위한 봉사이며, 정확히 말하면 인간해방을 위한 봉

---

[60] "Politische Theologie", p.272.   [61] Metz, *Theology of the World*, p.111.

[62] "소위 신학의 기초해석학적 문제는 조직신학과 역사신학의 관계가 어떻게 되며, 교의와 역사가 어떤 관계가 되느냐는 문제가 아니고, 실상은 이론과 실제, 신앙의 이해와 사회적 실천간의 문제로 귀착된다"(Metz, *op. cit.*, p.112).

[63] *Ibid.*, p.114.   [64] "Politische Theologie", p.289.

[65] *Theology of the World*, p.114. "종말론적 단서"(eschatological proviso: réserve eschatologique)라는 말은 일찍이 Heinrich Schlier가, 메츠의 경우와 같은 의미로 사용한 바 있다(*Le temps de l'Église* [Tournai: Casterman, 1961], pp.19-20).

[66] Metz, *op. cit.*, p.116.

사이다. 그러므로 복음 메시지에서 활기를 얻어 해방운동의 주체가 되는 것은 크리스천 개개인이 아니고 교회이다. 그러나 이 말이 사실이 되려면 교회가 비압제적 제도, "제2단계 반성에 속하는 제도", 비판적이고 해방하는 제도가 되어야 한다. 과거의 후유증이라고도 보겠으나 교회의 현재 상황은 이런 이상과는 거리가 먼 듯하다. 그러나 메츠는 이 이상이 가능하다고 확신한다. 왜냐하면 제도로서의 교회의 존재 그 자체가 이미 "종말론적 단서"의 표징 아래 있기 때문이다. 교회는 자기를 위해 존재하는 것이 아니다. 하느님 나라에 대한 희망을 설교하면서, 교회는 "자기의 (종말론적) 단서를 선포하는 일을 천직으로 하고 살아간다".[67] 메츠는 이것이 이상적 교회관이라고 생각하며, 교회가 자유의 제도가 되기 위해서는 새로운 행동원리praxis가 필요하다고 생각한다. 그러한 행동원리가 과연 가능할까? 메츠는 이렇게 대답한다: "자기의 정치신학은, 교회가 사회에 대한 비판적 기능을 행사하는 가운데 교회 자신을 새로이 의식하게 되리라는 희망을 가지고 있으며, 그 신학도 이 희망으로 말미암아 존속한다"고.[68]

메츠가 제기한 이념들은 굉장한 흥미를 모았으나 동시에 각계에서 거센 비판을 받았다. 그가 정치의 범위를 충분히 규명하지 않았던 것이 잘못이었다.[69] 메츠가 받은 비판은 다양했다: 그는 모호한 철학적 개념을 차용하였다.[70] 역사를 지나치게 단순화하였고 크리스천들의 정치관의 다원성을 존중하지 않았다.[71] 그는 신新성직주의에 떨어졌다.[72] 정치신학이라는 말로 무엇을 의미하려고 했는지 확실하게 밝히지 않았다.[73] 정치윤리의 고유한 영역을 무시하였다.[74] 사회비판자로서의 교회의 기능을 지나치게 이상적으로

---

[67] *Ibid.*, p.116.   [68] *Ibid.*, p.120.

[69] Robert Spaemann은 크리스천 정치활동이 꼭 신학적으로 정당화될 필요는 없다고 한다: "Theologie, Prophetie, Politik. Zur Kritik der politischen Theologie", *Wort und Wahrheit* 24 (1969): 491.

[70] Cf. Karl Lehmann, "Die 'politische Theologie': Theologische Legitimation und gegenwärtige Aporie", in *Diskussion zur "politische Theologie"*, pp.185-216.

[71] Cf. Henri de Lavalette, "La théologie politique allemande", *Recherches de Science Religieuse* 58, no.3 (1970): 321-50.

각색하였다.[75] 또 교회의 기능을 소극적인 비판에 국한시켰다[76] 등등이다.

메츠는 이같은 비판에 답변하는 뜻으로 자기 사상을 더 상세하고 적확하게 표현해 보려고 했다. 그러나 상대방의 비판에 답변하자면 비판하는 측의 입장에 깊이 파고들어야 했고 그때문에 자기 본연의 진취성이 상당히 약화했다. 여하튼 그의 사상에는 아직도 분명히해야 할 내용이 많고 아직도 풀리지 않은 문제가 많다. 우리도 여기서 두 가지만 지적하기로 한다.

메츠의 독자는 그의 현대 정치 상황 분석이 미흡하다는 인상을 받는다. 그의 사색이 전개되는 사회적 환경이 제3세계의 혁명적 분위기와는 거리가 멀어서인지, 그는 인류 대다수가 체험하고 있는 종속, 불의, 착취의 상황을 통찰하지 못하고 있다. 정치 영역에 관한 그의 관념은 인간에 의한 인간의 압제, 국가에 의한 국가의 압제를 물리치려는 대결과 갈등의 체험이 없다. 그같은 참담한 처지에서 치솟는 해방을 향한 염원의 체험이 없다.[77]

---

[72] Cf. Hans Maier, "Politische Theologie? Einwände eines Laien", in *Diskussion zur "politische Theologie"*, pp.1-25. 필자는 평신도들이 자율적인 정치활동 내지 사도직 활동을 수행하는 가능성을 주장하였다. 그 대신 자기 주장을 두호하기 위해서 그는 평신도와 교계제도의 대립 개념을 원용한 것이 흠이었다. 그렇지만 교회 내 문제를 떠나 다른 문제에 부심하는 크리스천들은 그같은 대립 개념을 이미 초월하고 있다.

[73] Karl Rahner의 견해: "'정치신학'의 개념이 절대 확실한 정도로 확립되지는 않았다." "나는 그 개념이 무엇인지 확연히 파악하지 못하고 있다." "나는 정치신학이라면 모든 신학적 정언들의 사회적 활용을 명시적으로 정당화하는 것 정도로 생각한다"("L'avenir de la théologie", *NRT* 93, no.1 [1971]: 24). 그러나 메츠의 노력이 이런 일방적 평가를 받을 만큼 미소한 것은 아니다. 물론 더 상세한 구명이 있어야 한다는 라너의 의견은 옳다고 하겠다.

[74] Cf. Trutz Rendtorf, "Politische Ethik oder 'politische Theologie'?", in *Diskussion zur "politische Theologie"*, pp.217-30. 메츠는 이 비판을 겸허하게 받아들이면서 자기의 지론과 정치윤리를 구분한다: "종말론 신학과 마찬가지로, 정치신학은 정치윤리의 통로를 이용하여 간접적 방법으로 실천의 향방을 규정할 수 있을 것이다"("Politische Theologie", p.280). Hugo Assmann은 메츠의 이 구분 자체를 놓고 비판하고 있다: *Teología de la liberación*, pp.39-40; "Teología política", in *Perspectivas para el Diálogo*, no.50 (1970), p.307.

[75] Marcel Xhauffiaire, Frans van den Oudenrijn, "Bulletin informatif", in *Les deux visages de la théologie de la sécularisation*, pp.74-5.

[76] K. Levêque, "De la théologie politique à la théologie de la révolution", *Frères du Monde*, no.46 (1970), p.34.

[77] 신학적 사색을 전개하는 데 있어서 이같은 체험은 참으로 유익할 것이다: cf. Juan Luis Segundo, "Desarrollo y subdesarrollo: polos teológicos", pp.76-80.

그뿐 아니라 메츠의 사상에는 상당한 억측이 함유되어 있다는 비난을 받아야 할 것이다. 실제로 신정치신학의 직접적 배경인 풍요한 사회의 현실보다는 피지배국가들의 상황이 더 많은 것을 설명해 줄 것이다. 그때문에 메츠의 저서에서 가끔 취급되는 "정치 영역"이 퍽이나 추상적인 수준에 머물고 있다. 정치신학의 분석은 일반 사회과학에서 많은 보조를 얻을 수가 있다. 메츠나 그의 동조자들은 최근에 와서 이 점에 착안하기 시작했다. 그뿐 아니라 정치신학의 분석은 어느 면에서 마르크스주의에서도 보조를 얻을 수 있다. 블로흐의 사상의 중재가 있었음에도 불구하고 (또는 그 중재 때문일까?) 그같은 기미가 아직까지는 뚜렷하지가 않다.

그러나 메츠는 세속화신학 — 결국 사사화私事化한 신앙과 속화한 세계와의 공존을 주창하고 변론하는 사상 — 에는 반대한다. 그 점에서는 옳다. 신학을 공업사회의 한 이데올로기로 전락시키려는 영합주의 신학에 반대하는 것이다. 따라서 메츠가 크리스천 신앙의 공적·정치적 차원을 강조한다는 점에서 그의 사상은 여전히 비판적 성격을 견지하고 있다. 그러나 세속화신학을 완전히 탈피하고 있는 것으로 보이지는 않는다. 그의 분석은 앞으로 계속되어야 할 것이며 더욱 깊어지리라 믿는다. 메츠 본인도 여기에다 목표를 두고 있을 뿐더러 그의 제자들 역시 이 방향을 과감하게 개척하고 있다.[78] 더군다나 속화된 세계의 보편화와 신앙의 사사화를 정치신학은 더 이상 문제삼지 않고 묵인해 온 듯하다. 그러나 라틴아메리카와 같은 지역에서는 사세가 다르다.[79] 이 지역의 형편은 유럽의 상황과 판이하다. 라틴아메리카에서는 신앙과 복음과 교회가 복합적으로 공적인 차원을 형성하고 있다. 이 차원은 지금까지 기존 질서를 비호하는 데 중대한 역할을 해 왔고 지금도 하고 있다. 근자에 이르러 그것을 탈피하려는 움직임이 있으나 전도는 예측할 도리가 없다. 이러한 경황에서 신앙의 "비非사사화"를 운위한다는 것은 문제를 너무 단순화하는 일이 된다. 메츠가 남미 같은 지역

---

[78] 이에 관해서는 위에 인용한 M. Xhaufflaire의 글 참조.   [79] 제6장 참조.

의 현실들을 고려하지 않았다는 점에는 이해가 가지만, 그같은 허점을 감안하지 않은 채 그의 사상을 그대로 이 지역에다 이식하려는 자들은 심각하고 위험스러운 과오를 저지르는 것이다. 그밖에도 신앙의 "비사사화"는 사실상 신앙과 교회가 다른 형태로 "정치화"하는 것을 은폐하는 소행이 아닐까? 이러한 문제들을 분석·검토하는 일은 매우 시급한 과제이지만 교회내의intraecclesiastical 사상적 배경만으로는 이 과제를 수행할 수가 없다.[80]

그러나 신정치신학은 신앙을 숙고하여 문제를 해결하려는 풍부한 노력을 담고 있다. 이 신학은 신앙의 정치적 차원을 고찰하며, 현대인의 가장 심각하고 예리한 당면 문제들을 의식하고 있다. 또한 현대세계에서의 교회의 기능이라는 원천적 문제를 다시 거론하고 있다. 그로써 유럽 신학계에 신선한 공기를 불어넣었다고 하겠다. "전통"에 집착하고 실제적이고 시급한 문제는 등한히하던 현대의 다른 신학 조류들과도 좋은 대조를 이루었다. 그러나 이 신정치신학이 참으로 미래 사회와 교회가 가야 할 영역에 도달하기 위해서는, 선진 자본주의 사회의 영향을 "천진난만하게" 고스란히 받아들인다든가 좁다란 교계적 틀에 갇히는 일이 없어야 하리라고 본다.

예수와 정치세계

현대에 와서 압제받는 이들의 해방, 현존 질서를 변혁시키려는 사회혁명, 기존 체제가 조장해 내고 구사하는 폭력에 "대응하는 폭력" 등을 놓고 생각하면서 크리스천들은 예수가 당신 시대의 정치적 상황에 어떻게 대처했던가를 다시 묻게 되었다. 이런 질문은 사람을 놀라게 한다. 왜냐하면 예수는 정치생활에 관심이 없었고 그의 사명은 순수히 영신적이었다고 단정하고들 있기 때문이다. 앞서도 논한 바 있지만, 콤블린의 말대로, 예수의 생애를 "성상화"聖像化하는 움직임이 줄곧 있었다. "이것은 제관의 모습

---

[80] 또 한 가지 신정치신학이 현재 역사에 투신하는 실재적이고 유효한 참여의 회피를 조장하는 일이 없도록 조심해야 한다. "종말론적 단서"(Vorbehalt) 같은 용어처럼 현대세계 문제들을 언어 영역에서 사변하다 보면, 본인의 의사와는 반대로, 도피를 유발할 수 있다.

으로 차리고 판에 박은 행동을 하는 예수이다. 그의 모든 행동거지는 신학적 내용을 담고 있다. 예수의 행동을 설명한다는 것은 그 행동에서 몇 가지 신학적 의미를 발견하는 일로 족하다. 그리하여 예수의 생애는 역사 안에 내리신 인간의 생애가 아니라 신학적 생애가 된 것이다. 곧 하나의 성화상聖畵像이 된 것이다. 성화상을 그릴 때 그러하듯이 예수의 행동은 인간적 배경을 다 상실하고 도식화하여 초월적·불가견적 세계를 나타내는 표징으로 변형된다."[81] 그리하여 예수의 생애는 역사 밖으로 끌려나갔고 인생을 좌우하는 현실세력과는 아무런 상관이 없어졌다. 예수와, 또한 예수가 가까이했던 인물들, 예수가 만났고 예수에게 적의를 품었던 인물들이 모두 인간적 내용을 상실하고 추상화되었다. 그 인물들은 거기서 처음부터 정해져 있는 대본을 외우고 있을 따름이다. 예수의 생애를 이런 식으로 제시하게 되면 비非실재라는 인상을 느끼지 않을 수 없다.

하느님이 살(肉)로 나타나신 나자렛 예수에게 다가가는 일, 그의 가르침만이 아니라 당신 말씀이 직접 구체적 배경에서 출현한 그의 생애를 꿰뚫어보는 일이 갈수록 요긴해진다. 그 작업의 일환으로 우리에게 와전된 예수의 "비정치적" 태도를 다시 검토할 필요가 있다. 과거의 전통적 해석은 우리가 아는 성서의 메시지나 예수의 가르침과 너무도 어긋나기 때문이다. 따라서 이 가정假定을 진지하게 재검토해야 한다. 그러나 그러자면 역사적 예수의 측면을 연구해야지 사실들을 우리 시대의 용어로 각색해서는 안된다. 만일 예수에게서 오늘과 같은 정치적 투사의 모습을 찾는다면 그것은 그의 생애와 증언을 왜곡할 뿐더러 현대세계의 정치까지 오해하는 소치이다. 그뿐 아니라 그의 생애와 증언이 가지는 심원하고 보편적인 의미, 오늘의 인간에게도 유효하고 구체적인 내용을 훼손하는 소행이 된다.

최근에 예수 시대의 정치적 문제와 관련시켜 그의 생애를 연구한 저작들을 보면, 비록 모든 점에서 사계의 동의를 얻고 있지는 못하지만, 지금까

---

[81] J. Comblin, *Théologie de la révolution* (Paris: Universitaires, 1970), p.236.

지 등한시하던 몇몇 문제에 놀라운 사실을 밝혀내고 있다. 그 중에서 우리가 보기에 이론의 여지가 없는 세 가지 사실에 관심을 집중하기로 한다. 예수와 혁명당의 복잡미묘한 관계, 유대인 지도자들에 대한 예수의 태도, 당국의 손에 의한 예수의 죽음.

근자에 이르러 "혁명당 운동"은 신약성서를 이해하고 특별히 예수의 생애와 죽음을 이해하는 데 매우 중대한 요소임이 분명해지고 있다.[82] 예수를 당대 시대적 배경에 놓고 보기 위해서는 로마 압제자들에게 저항하던 이 정치적·종교적 운동과 예수가 혹시나 어떤 연관이 있었던가를 일단 검토해야 한다. 예수의 측근들 가운데 몇몇은 혁명당원Zealots("열정"을 가리키는 그리스어 zelos에서 유래했다)이었다. 율법을 사랑하고 철두철미 국수주의자이며, 로마의 지배를 격렬하게 반대하던 이 사람들, 하느님 나라가 당장 도래하여 이 같은 상황에 종지부를 찍어줄 것을 학수고대하던 이 사람들을 예수는 매우 아꼈다. 쿨만의 논증에 의하면 예수의 직계 제자들 가운데도 몇은 혁명당이었거나 그들과 연줄이 닿는 인물들이었다. 쿨만의 결론은 이렇다: "열두 사도 가운데 하나 '혁명당원' 시몬은 분명히 이 당에 소속해 있었다. 그리고 이스가리옷 사람 유다와 베드로도 그랬을 것 같고 제베대오의 아들들도 그랬을 가능성이 있다."[83] 그보다 더한 것도 있다. 혁명당원들의 태도와 예수의 태도 및 가르침에는 상당한 유사성이 있다. 예를 들면, 하느님 나라

---

[82] Robert Eisler (*The Messiah Jesus and John the Baptist* [N.Y.: Dial, 1931])는 예수를 "혁명당원"으로 각색하였다. S. G. F. Brandon (*The Fall of Jerusalem and the Christian Church* [London: SPCK, 1951])은 그 정도는 안 가지만 예수와 혁명당 운동을 긴밀하게 연관시키고 있다. Oscar Cullmann (*The State in the New Testament* [London: SCM, 1957])은 문제를 신중하고 예리하게 검토하였다. 현대의 정치적 의식 때문에 이 문제는 새로이 부각되고 있다. Cf. Martin Hengel, *Die Zeloten* (Leiden: J. Brill, 1961); S. G. F. Brandon, *Jesus and the Zealots* (Manchester: Manchester Univ., 1967: 여기서는 복음 — 특히 마르코 복음 — 이 예수의 생애를 비정치화하는 경향이 있다고 주장한다); O. Cullmann, *Jesus and the Revolutionaries* (N.Y.: Harper & Row, 1970); M. Hengel, *War Jesus revolutionär?* (Stuttgart: Calwer, 1970); G. Crespy, "Recherche sur la signification politique de la mort du Christ", *Lumière et Vie* 20, no.101 (1971): 89-109.

[83] *The State in the New Testament*, p.17. Cf. G. Crespy, *op. cit.*, pp.100-1; Brandon, *op. cit.*, 203-5.

에 대한 그의 설교, 이 나라의 도래에 있어서 예수가 담당하는 역할, 그리고 — 해석이야 천차만별하지만 — "세례자 요한의 날부터 지금까지 하늘나라는 힘에 눌리고 있습니다. 힘쓰는 자들이 그것을 강탈합니다"(마태 11,12)는 말씀, 로마인들 앞잡이 노릇을 하는 유대인들에 대한 예수의 태도, 성전을 정화하던 행동,[84] 당신을 왕으로 추대하려 할 만큼 백성들에게 떨치던 그의 위력[85] 등을 생각할 수 있다. 이같은 사유들 때문에 예수와 제자들은 여러 차례 혁명당원으로 간주되곤 했다(사도 5,37; 21,38; 루가 13,1 참조).[86]

그러나 동시에 예수는 혁명당 운동과 상당한 거리를 두고 있었다. 당신 사명의 보편성을 의식하고 있었으므로 혁명당원들의 옹졸한 국수주의에 동조할 수 없었다. 혁명당원들은 사마리아인과 이방인을 멸시하고 배척했으므로, 그들을 대하는 예수의 행동거지를 용납할 수 없었을 것이다. 예수의 메시지는 모든 인간을 상대로 하고 있었다. 예수가 설교하는 정의와 평화는 국경에 매이지 않았다.[87] 그런 면에서 예수는, 율법에 글자 그대로 맹종하던 혁명당원들보다 훨씬 철저한 혁명가였다고 하겠다. 예수는 율법에 대

---

[84] Étienne Trocmé는 이 행동을 혁명당원의 제스처로 본다("L'expulsion des marchands du Temple", *New Testament Studies* 15 [1968]: 1ff).

[85] Cf. O. Cullmann, *Jesus and the Revolutionaries*, pp.8-10. 쿨만은 예수가 당신의 예루살렘 입성이 개선이나 정치적 색채를 띠는 것을 절대 거부하였다고 본다. 그래서 "전사(戰士) 메시아처럼" 기마를 타지 않고 당나귀 등에 올라타고서 입성했다는 것이다(p.43). 그런가 하면 G. Crespy는 W. Vischer (*Die evangelische Gemeinde Ordnung – Matthäus 16,13 – 20,28* [Zürich: Evangelische Verlag, 1946])의 지론을 받아들여, 마르 11,10을 그리스어에서 히브리 문장으로 번역해야만 텍스트의 의미를 이해할 수 있다고 주장한다. 번역하면 다음과 같은 문장이 된다는 것이다: "우리를 구원하소서, 주의 이름으로 오시는 이 만세! 다가오는 나라 만세! 우리 조상 다윗의 나라 만세! 로마인들 손에서 우리를 구원하소서!" 크레스피는, 텍스트를 이렇게 수정하면 조리가 맞는다는 것이다: "다윗 자손의 나라는 이국 정복자를 처기기는 승리를 통해서 온다. '높은 데에'라는 말은 형식상의 관계에서 설명이 되고 텍스트 전체가 완곡해진 것은 문법적 사실에 이유가 있다." 국민의 환성은 선동적이고 혁명당식의 행동이다. 마태 21,16처럼 사제들과 학자들이 이 구호에 겁을 먹고 당황하여 "사람들이 하는 소리를 듣고 있는 거요?" 하는 이유를 알아들을 수가 있다(pp.101-2).

[86] 요세푸스도 예수가 창조한 운동을 혁명당 운동으로 생각했을 정도이다.

[87] "이런 면에서는 혁명당이 보수주의자였음에 틀림없다. 그들이 노린 것은 무엇이었을까? 이스라엘이 완전한 독립을 쟁취하는 것, 유대인들을 타자들과 철두철미하게 분리시키는 것, 극단의 유다이즘 — 극단의 고립주의 — 을 성취하는 것 등이었다. … 혁명당 노선을 따르자면 과거로 퇴보할 수밖에 없었다"(J. Comblin, *Théologie de la révolution*, pp.240-1).

한 정신적 자유의 태도를 가르쳤다. 그럴 뿐만 아니라 예수는 하늘나라가 무엇보다도 하나의 "선물"임을 알았다. 우리는 이 "선물"이라는 개념을 토대로 하여 하늘나라의 도래에 인간의 능동적 참여를 생각하는 데 비해서, 혁명당원들은 하늘나라를 자기네 노력의 결실로 보았던 것이다. 예수가 보기에는, 압제와 불의는 특수한 역사적 상황에 국한된 것이 아니고, 그 원인이 훨씬 깊은 데에 있으며 문제의 핵심에까지 들어가지 않고는 결코 해소될 수 없는 것이었다. 인간들 사이의 친교가 허물어지고 형제애가 붕괴한 거기에 문제의 핵심이 있는 것이다. 더구나 예수는 온갖 형태의 "정치적-종교적" 메시아 사상을 반대하였다. 그러한 메시아 (구세주) 사상은 종교 영역의 고유한 깊이를 무시할 뿐더러 정치활동의 자율성마저 저해하는 까닭이었다. 그같은 메시아 사상은 우선은 효과를 볼지 모르나 미구에 혼동과 모호함 때문에 급기야는 소기의 목적을 그르칠 수 있다. 예수는 그때문에 그런 메시아 사상을 하나의 유혹으로 간주하고 이를 배척하였다.[88] 예수가 제공하는 해방은 보편적이고 전인적인 것이다. 그 해방은 국경을 초월하며, 불의와 착취의 근본 원인을 발본색원하는 것이며, 정치적-종교적 혼란을 제거하며, 따라서 순전히 "영신적" 차원에 국한되지 않는다.

그렇지만 예수가 혁명당원이 아니었다는 말만으로는 미흡하다. 예수의 언행에서 정치적 태도가 내비치는 것이면 무조건 부정하려는 선량한 크리스천들이 있다. 예수상像에서는 어느 한 측면도 단순화하여 처리해서는 안 된다. 예수의 언행이 담고 있는 복합성을 묵살하려다가는 그가 행한 증거의 풍부한 내용을 훼손할 우려가 있다.

공생활을 하는 동안에 예수는 줄곧 유대 백성의 "집권층"들과 부딪쳤다. 로마 압제자들이 괴뢰로 내세운 헤로데를 "여우"라고 불렀다(루가 13.32). 당

---

[88] 마태 4,1-11 참조. 여기에 관해 쿨만은 "인간은 주위에 가까이 있는 사물에 의해서만 유혹을 받는다"고 했다(*State*, p.24). 예수의 유혹의 의미에 대해서는 Ch. Duquoc (*Christologie*, pp.52-71)을 참조할 것. "예수는 정치적 메시아 사상을 배격한다. 그렇지만 정치권력과 대결하고, 그 세력과 관련을 가진다. 그때문에 예수의 메시지는 불가피하게 정치적 성격을 띤다" (Augustin George, "Jésus devant le problème politique", *Lumière et Vie* 20, no.105 [1971]: 5).

대 총독부의 앞잡이 노릇을 하는 세리들은 죄인들로 간주되었다(마태 9.10: 21.31: 루가 5.30: 7.34). 사두가이파 사람들은 예수가 자기네 지위와 특권을 위협한다고 생각하고 있었다. 예수의 설교는 종교문제에 있어서의 그들의 회의론에 강력히 도전했다. 사두가이파는 후에 예수를 단죄한 산헤드린의 다수파를 이루고 있었다. 외형과 율법 준수에 치우친 종교를 비판했기 때문에 바리사이파 사람들과도 격돌을 피할 수 없었다. 예수는 대예언자들의 전통 노선을 따랐다. 경신례가 진정한 경신례가 되기 위해서는 깊은 인격적 심성을 바탕으로, 인간간의 진정한 형제애를 토대로 타인들, 특히 몹시 곤궁한 사람들에게 자기를 실제로 열어주는 개방을 근거로 해야 한다고 가르쳤다(예: 마태 5.23-24: 25.31-45). 거기다가 예수는 부유층과 세도층과 정면으로 충돌했고 서민들을 편들었다. 가난하고 무력한 사람들을 대하는 태도가 곧 모든 종교행위의 진가를 판단하는 시금석이요, "사람의 아들"도 우선 그들을 위해서 왔다고 했다. 바리사이파 사람들도 로마의 지배를 달가워하지 않았으나 그 대신 종교적 계율과 행동의 규범으로 자기네 고유한 세계를 따로 구축하여 덕분에 로마 지배의 권외(圈外)에서 살고 있었다. 그들은 평화공존을 수락한 것이다. 혁명당원들은 이것을 잘 알고 있어서, 여러 가지 면에서 공통점이 있으면서도 바리사이파 사람들을 적대시하고 반대하였다. 예수는 바리사이파의 위장된 아성을 공격하여 그들의 정체를 벗겨놓았기 때문에 그들의 눈에는 예수가 위험한 국적(國賊)으로 보였다.

예수는 "행정 당국자들의 손에 죽었다". 유대 백성을 압제하는 식민자들의 손에 죽은 것이다. 로마 관례에 따르면 십자가에 붙이는 명패는 사형의 죄목을 나타낸다. 예수의 경우에는 이 명패가 정치범임을 표시하고 있었다. 그는 "유대인들의 왕"이었다.[89] 그래서 쿨만은 로마인들은 예수를 혁명당 지도자로 처형했다고까지 말할 수 있었다.[90] 쿨만은 혁명당원이었음에

---

[89] Cf. Pierre Benoit, *The Passion and Resurrection of Jesus Christ* (N.Y.: Herders, 1969), pp.176-7; Lucien Cerfaux, *Jésus aux origins de la tradition* (Paris: Desclée, 1968), p.199.

[90] *State*, p.43. 12; *Jesus and the Revolutionaries*, p.31; Crespy, *op. cit.*, p.99.

틀림없는 바라빠의 일화를 들어 자기 주장을 부연하고 있다. "바라빠가 예수와 동렬에 놓였다는 점으로 미루어, 로마인들의 눈에는 둘 다 같은 범죄와 형량에 해당하는 것으로 비쳤음이 분명하다. 예수는 바라빠와 마찬가지로, 로마인들에게 유죄판결을 받았지 유대인들에게 받은 것은 아니다. 그는 실상 혁명당원으로 판결받은 것이다."[91] 산헤드린은 하느님의 아들을 자칭하는 인간을 단죄할 종교적 명목이 있었다. 그러나 거기에는 정치적 이유도 있었다. 예수의 가르침과 국민 대중 위에 미치는 예수의 영향력은 유대 지도자들의 위치와 세력에 도전하는 것이었다. 이같은 정치적 배려에다가 로마인들을 자극한 또 다른 사유가 있었다. 예수가 메시아요 유대인들의 왕이라고 선전되었다는 점이다. 그의 죄상은 이런 여러 이유들이 복합되어 있었다.[92] 크레스피G. Crespy는 여기서 다음과 같은 주장을 내세운다: "우리의 연구 결과를 종합한다면 예수의 죄상은 '정치적' 죄목이었고, 비록 기소는 확실한 물증이 없는 것이었지만 혁명당원으로 판결된 것이다."[93] 설교를 시작할 당초부터 예수의 운명은 정해졌다. 그는 대제관에게 "나는 세상에 드러나게 말했습니다"(요한 18.20)고 답변한 바 있다. 이와 같은 이유에서 요한 복음은 예수의 이야기를 하나의 소송사건으로 묘사한다. "유대인들을 대표로 내세워서 세상이 예수를 걸어 제소했다. 이 사건은 로마 제국을 대표하며 정치권력을 장악하고 있는 본시오 빌라도 앞에서 공식적이

---

[91] *State*, pp.47-8. H. Schlier는 바라빠를 "메시아 혁명가"라고 했다(*The Relevance of the New Testament* [N.Y.: Herders, 1968], p.221). Paul Blanquart는 "예수는 당신이 '게릴라'인 바라빠를 풀려나게 할 수 있었던 감옥에 들어감으로써. 바로 같은 움직임으로 죽음과 부활의 세계로 들어갔다. 그럼으로써 바라빠라는 인물을 통해서 정치를 해방시켰다. … 예수는 정치를 인간 이성과 사랑에 위임함으로써 정치를 본연의 위치에 서게 한 것이다"고 했다 ("L'acte de croire et l'action politique", *Lumière et Vie* 19, no.98 [1970]: 26).

[92] "예수의 재판"에 관해서는 다음 글들을 참조할 것: Josef Blinzer, *The Trial of Jesus* (Westminster: Newman, 1959); X. Léon-Dufour, *Supplément au Dictionnaire de la Bible*, s.v. "Passion" cols.1419-92; P. Benoit, *Passion and Resurrection*; W. Trilling, *Jésus devant l'histoire* (Paris: du Cerf, 1968), pp.175-88; S. G. F. Brandon, *The Trial of Jesus* (London: Paladin, 1971); A. George, "Comment Jésus a-t-il perçu sa propre mort?" *Lumière et Vie* 20, no.101 (1971): 34-59.

[93] G. Crespy, *op. cit.*, p.105.

고 합법적 절차로 판결이 내려졌다."[94]

예수의 생애에서 볼 수 있는 이런 몇 가지 사실에서 어떤 결론을 내릴 수 있을까? 이 문제를 가장 진지하게 연구한 학자 쿨만은 정치문제에 있어서 예수의 행동을 풀이하는 열쇠가 되는 것은, 하늘나라가 당장 도래하리라는 희망에 근거를 둔 "종말론적 급진주의"[95]라고 했다. 따라서 "예수에게는 이 세상의 모든 실재가 필연적으로 '상대화'할 수밖에 없었고, 그가 전심하는 바는 '기존 질서'냐 '혁명'이냐 하는 양자택일을 초극하지 않을 수 없었다".[96] 예수가 현세적 활동에 관해서 무관심했다는 말이 아니라, 역사의 종말이 당장 임박했다고 기대하고 있었으므로 "개인의 회개만을 부심했고 사회구조의 개혁에는 미처 생각을 기울이지 않았다". 쿨만의 주장에 의하면 예수의 태도를 우리 시대에다 전이시키기 위해서는 수정을 가해야 한다. 역사의 추이로 미루어 세계의 종말이 당장에 임박하지 않을 것임이 밝혀진 순간부터 "더 정의로운 사회구조는 예수가 요구한 인간 개조를 아울러 조장한다"는 사실이 확실해졌다. 그리하여 "개인의 회개와 사회구조의 개혁 사이에는 교호작용이 성립되어야 하는 것이다".[97]

쿨만은 정치문제에 대한 예수의 태도를 해석하면서, 마지막 때가 임박하리라는 희망이 결정적 역할을 하고 있다고 하였다. 슈바이처가 시사한 바

---

[94] H. Schlier, *op. cit.*, p.216. 불트만도 같은 입장에서 요한 복음을 해석한다. 예수가 고발된 죄목에 있어서는 무죄였음을 증명하려는 학자가 상당수이다(Blinzer, Léon-Dufour, Benoit). 다만 그같은 입증의 대상이 무엇이냐가 분명치 않다. 예수가 무죄하다고 할 때 어떤 법에 따라 무죄일까? 유대 국민의 지도층이나 로마 집권층의 법으로 본다면, 예수는 비록 빨치산 운동의 의도는 아니고 사랑과 평화와 자유와 정의의 메시지를 내걸었다지만, 합법적 권위에 도전한 범인임에 틀림없었다. 예수의 메시지는 유대 지도층과 로마의 집권층을 비호하는 종교적 형식주의, 불의한 특권, 사회불의를 폭로했던 것이다.

[95] *Jesus and the Revolutionaries*, pp.20, 51.   [96] *Ibid.*, p.13.

[97] *Ibid.*, p.55. 그러니까 쿨만은 자기의 미온적 결론에다가, 크리스천은 마땅히 현대세계에 투신해야 한다는 주장을 접목시킨 것이다. 그러나 그 투신의 근본 이유는 방금 지적한 바와 같다. "우리는 예수의 사상 노선을 확대할 수도 있을 것이다. 또 어떻게 보면 개개인들이 예수가 요청한 완벽한 회개를 한다면 사회문제는 벌써 해결이 나지 않을까 하는 생각도 가능하다"(p.28). 이 말에는 정치 영역에 관한 이해가 거의 없다는 인상을 우리에게 준다. 예수의 태도를 그가 해석하는 노선도 그같은 전제에서 영향을 받는 듯하다.

있는 소위 "후속적 종말론"에서부터 예수는 하늘나라가 당장 도래하리라고 잘못 예고했다는 이론이 대두했다.[98] 이 이론은 주석학상으로 매우 곤란하고 논란이 심한 쟁점이 되었다.[99] 그러나 이 이론에는 정치생활에 관한 예수의 태도를 이해하는 건전한 토대가 없다. 예수의 태도를 이와같이 해석한 근거를 예수의 말씀에 둔다지만 실은 하늘나라에 관한 예수의 설교를 특징짓는 현재와 미래 사이의 긴장을 무시하고 약화시키고 있다.

더군다나 쿨만은 개인의 회개를 역설한 예수의 이 소신이 체제개혁의 필요와 상반된 듯이 설명했다. 종말에의 기대가 오래 걸리고 느슨해지자 체제개혁의 필요 등이 각성되기 시작했다는 말이다. 그렇지만 예수가 개인의 회개를 설교할 때 근본적이고 항구성있는 태도를 촉구하지만, 이것은 사회구조에 대한 배려를 제어하는 말이 아니고 순전히 형식적인 경신례, 즉 종교 본연의 내용과 인간적인 면을 결한 경신례를 지탄하는 말씀이다.[100] 그 때문에 예수는 대예언자들의 노선을 따르면서 "희생제사가 아니라 자비를", "번제가 아니라 뉘우치는 마음을" 요구했던 것이다. 그런데 예언자들

---

[98] Cf. Werner Georg Kümmel, *Promise and Fulfillment: The Eschatological Message of Jesus* (London: SCM, 1961). A. Schweitzer와는 달리 쿨만은 예수가 그 시각을 당신 죽음과 파루시아 사이로 보았다고 주장한다: O. Cullmann, *Christ and Time* (Philadelphia: Westminster, 1964), pp.148-50.

[99] 불트만도 예수가 종말이 미구에 닥치리라는 확신을 가졌다고 했으나 그런 확신이 예수에게 이차적인 것이었다고 하였다. 중요한 것은 하느님 나라를 앞두고 인간이 내리는 현재의 인격적 결단이다. 마태 10,23과 마르 9,1 및 13,30은 "곤란한" 본문이다. 슈나켄부르크는 이 본문들을 연구하고서 다음과 같은 결론을 내렸다: "우린 다음과 같은 입장에 도달하였다. 전승의 광범위한 추세로 미루어 예수는 하느님 통치의 도래와 사람의 아들의 임재를 예고하였다. 그것이 가까운 미래에 일어나리라고 했으나 특정한 시간을 지칭하지도 않았고, 거기에 관한 상세한 언질도 분명히 거부하였다. 그에 반해서 소수의 텍스트는 그 세대가 살아 있는 동안에 그 일이 이루어지리라는 식으로 일정한 시기를 시사하고 있다. 이 텍스트를 제대로 설명하기는 난감하였다. 초대교회는 예수의 종말론적 설교에 이질적인 이 텍스트를 제대로 맞춰넣는 데 부심했던 것 같다. 교회의 이 태도야말로 우리에게 최선의 방도를 암시해 준다: 예수의 급박한 예언자적 설교에서 생생한 종말론적 희망을 길어내되, 어느 특정한 텍스트를 내세워 그 예언에서 그릇된 결론을 꼬집어내서는 안된다"(*God's Rule and Kingdom*, p.212). Cf. W. Trilling, *Jésus devant l'histoire*, pp.143-66.

[100] Cf. Anton Grabner-Haider, "Zur Kultkritik im Neuen Testament", *Diakonia* 4 (1969): 138-46.

이 주창하던 이러한 요구는 사회정의의 촉구, 하느님을 알기 위해서는 정의를 실천해야 한다는 주장과 불가분한 연관을 가진다.[101] 예언자적 설교의 그같은 측면을 간과한다면 개인의 회개를 촉구하는 부름을 사회적·구체적 배경에서 완전히 유리시키는 것이다. 사회구조에 대한 관심은 기다리던 종말이 지체되는 데서부터 싹트기 시작했다는 이론은 예언자적 설교의 본래의 차원을 결정적으로 왜곡하는 것이다.

그렇다면 정치문제에 대한 예수의 태도를 결국 어떻게 판단해야 할 것인가?[102] 우리가 고찰한 바에 의하면 예수의 구원사업의 보편성과 전일성全一性을 인정해야 할 것이다. 그런데 이 보편성과 전일성이야말로 정치행위의 핵심에 관계되는 것으로서 정치의 참다운 영역과 깊이를 제공한다고 하겠다. 비참과 사회불의는 "죄많은 상황"을 말해주는 것으로서 인간애와 인간 소통이 붕괴하고 있음을 단적으로 입증한다. 예수는 우리 인간을 죄에서 해방함으로써 "불의한 체제"의 근저를 공격한 것이다. 예수에게는 유대 백성의 해방이라는 것은 보편적이고 영구적인 혁명의 일각에 불과하였다. 그같은 해방에 전혀 관심을 드러내지 않음으로써 예수는 더 깊은 차원에서, 더 근본적이고 폭넓은 성과를 바라본 것이다.

혁명당원들이 예수가 자기네 노선과 가까운 것 같으면서도 매우 멀다는 것을 감지한 것은 옳았다. 또 유대 백성의 지도층 역시 예수의 설교가 자기네 기존의 위치를 위협한다고 판단한 것도 옳았다. 행정당국이 예수를 반역죄로 몰아 사형을 선고할 때도 같은 판단에 의거한 것이다. 그들이 잘못을 저질렀다면 그것은 예수 사건이 우발적이고 일시적인 사건이요 예수

---

[101] 제6장 참조.

[102] "내 견해로는, 예수의 생애와 죽음의 정치적 의미를 논하기는 이를 것 같다. 지금 그것을 거론한댓자 다의적인 모호성을 피할 길이 없다"(Crespy, "*Recherche*", p.89). 그렇지만 너무 이르다거나 너무 늦다는 말은 항상 나오게 마련이다. 여하튼 이제는 예수의 생애와 죽음에 정치적 의미가 부여되고 있으며, 예수가 비정치성을 고수했다는 이유를 들어 문제를 회피할 수는 없게 되었다. 성서 주석가들이 자기들의 성서 해석의 정치적 대전제를 항상 의식하고 있는 것은 아니다. 그러나 Crespy도 자기 본래의 주장과는 달리 예수 증언의 정치적 의미에 상당한 관심을 기울이고 있다.

의 죽음으로 사건은 완전히 끝나며, 그뒤에는 아무도 이것을 기억하지 않으리라고 상상한 것이었다. 그러나 복음이 남긴 심각한 인간적 충격과 사회적 변혁은 영속적이고 본질적인 것이다. 왜냐하면 복음은 특정한 역사 상황에 귀속되지 않고 그것을 초월하여 인간 실존의 근저에 미치고 있기 때문이다. 인간 실존의 근저, 그것은 타인들과의 유대 속에서 하느님과 맺는 관계를 일컫는다. 복음은 이러저러한 임의에서 정치적 차원을 도입하는 것이 아니라 그 메시지의 핵심에서 정치적 차원을 추출해 낸다. 이 메시지가 기존 체제를 전복시키는 성격을 띠고 있다면 그것은 이스라엘의 희망을 반영하고 있기 때문이다. 이스라엘의 희망이란 "인간에 의한 인간의 지배를 종식시키는 하늘나라, 인간을 편들어 기존 세력을 적대하는 하늘나라"[103]였다. 그리고 복음은 이스라엘의 희망에다 더욱 심원한 의미를 부여하고, "새로운 창조"[104]를 시사한다. 예수의 생애와 설교는 "질적으로 다른 사회에 사는 전혀 새로운 인류의 출현"을 부단하게 추구하도록 우리에게 요청한다. 물론 하늘나라를 정의로운 사회의 구현과 혼동해서는 안되겠지만, 그렇다고 후자와 무관한 것이라고 생각해서도 안된다. 또 그렇다고 해서 정의로운 사회란 하늘나라가 도래하기 위한 "필연적 조건"이라는 말도 아니요, 양자가 긴밀히 결합되거나 양자가 하나로 수렴된다는 말도 아니다. 오히려 하늘나라를 선포함으로써 정의의 사회를 건설하려는 염원을 이 사회에 계시하며, 사회가 스스로 미처 예견하거나 탐색하지도 않은 차원과 길을 발견하도록 인도하는 것이다. 하늘나라는 인간애와 정의의 사회 한가운데에 실현되는 것이며, 이같은 실현은 모든 인간이 하느님과 완전한 친교를 이루리라는 약속과 희망을 열어준다. 곧 정치세계가 영원한 세계로 접목되는 것이다.

---

[103] W. Pannenberg, "Die politische Dimension des Evangeliums", in *Die Politik und das Heil* (Mainz: Matthias-Grünewald, 1968), p.19.

[104] 제9장 참조. Cf. Jacques Guillet, "Jésus et la politique", *Recherches de Science Religieuses* 59, no.4 (1971): 544.

그렇다고 해서 복음 메시지의 가치가 실추되는 것은 아니다. 오히려 그 메시지가 정치 영역을 풍부하게 만든다고 말해야 옳다. 더군다나 예수의 생애와 설교에 정치적 시사가 있다고 해서 그 메시지가 "덜 복음적"이라고 하지는 못한다. 예수의 증거와 메시지가 담고 있는 구원이 워낙 철두철미한 성격을 띠고 있기 때문에 그 증거와 메시지가 정치적 차원을 가지게 된 것이다: 아버지 하느님의 보편적 사랑을 설교한다는 그 자체가 필연적으로 불의와 특권, 압제, 옹졸한 국수주의를 반대하는 것이다.

신앙, 유토피아, 정치활동

지난 수십년 "유토피아"라는 용어가 재등장했는데 이 용어는 현재와는 질적으로 다른 사회를 나타내고, 인간 사이의 새로운 사회관계를 정립하려는 염원을 표현한다.[105] 사람들은 인류의 역사 형성에 있어서 하나의 역동이 되어온 유토피아 사상에 관해 여러 가지 연구를 했고 지금도 계속하고 있다. 그러나 간과해서는 안될 것은 이같은 유토피아 사상이 지속되고 그 풍부한 내용을 지니게 만든 것은 우리 시대의 "혁명운동의 체험"이었다. 정의가 유린되고 인간을 소외하는 사회질서를 전적으로 부정하고서 새로운 사회를 건설하기 위해 투신한 무수한 인간들의 생애와 죽음이 없었더라면 정말 유토피아 사상이란 학자들의 관념세계를 벗어날 길이 없었을 것이다.

---

[105] 우리 시대에 와서 유토피아의 개념을 고찰한 것은 Gustav Landauer였다. 그는 "토피아"(topia)와 "유토피아"(utopia)를 구분했다. 토피아는 고정적이고 반동적이며, 일상생활을 상대적 교착상태에 묶어두는 일반적인 응집을 말한다. 유토피아는 혁명적이고 의지의 염원과 취향을 응집시킨 것이며, 그로 말미암아 "토피아", 곧 기존 질서를 전복시킨다. 퍽이나 낭만적인 학설이다(G. Landauer, *Die Revolution* [Frankfurt: Rütten & Loening, 1907]). Cf. Karl Mannheim, *Ideology and Utopia* (N.Y.: Harcourt, 1966): 1929년에 초판이 나온 책이다. 그리고 유토피아의 개념, 모호성, 학리적 난점, 문제의 현황을 다룬 책자로는 Arnhelm Neüssus, *Utopia* (Barcelona: Barral, 1971) 참조. 콜롬비아 역사를 유토피아 사상에 입각하여 해설해 본 인물도 있다: Orlando Fals Borda, *Subversion and Social Change in Colombia* (N.Y.: Columbia Univ., 1969). 바오로 6세도 현대사회의 정치문제에 유토피아가 작용하는 기능을 인정한 바 있다(*Octogesima adveniens*, no.37).

유토피아 사상이 대두한 것은 역시 토마스 모어의 「유토피아」를 효시로 하고 있다. 후대에 가서는 이 용어가 현실성을 결한 무엇, 비합리적인 것, 하나의 환상을 지칭하는 말로 전락하였다.[106] 그러다가 현대에 들어서면서 해방에 대한 염원 — 적어도 해방에 관한 의식 — 이 심각하게 대두하면서 유토피아의 본 의미가 재등장했다.[107] 유토피아는 원래부터가 전복顚覆의 성격을 띠고 있으며 역사의 추진력으로 나타난다. "유토피아"라는 개념에는 세 가지 요소가 들어 있다: 역사적 실재와 관계를 가지며, 실천적 행동에 의해서 정당화되며, 합리성을 가진다.

유토피아란, 현재 흔히 쓰이는 의미와는 달리, "역사적 현실과 관련되어 있다". 토마스 모어가 구사한 문학적 서술이나 풍자 때문에 더러는 본래 사상을 곡해하거나 지엽적인 것에 눈을 돌리곤 한다. 그러나 모어의 이 저서는 당대의 영국을 배경으로 하고 있다. 공동선을 항상 우선으로 하고, 사유재산 제도가 없으며, 화폐와 특권이 통용되지 않는 유토피아의 구상은 당시 그가 살던 세계의 정치와는 상반된 것이었다. 모어의 「유토피아」는 미래의 국가이며 인간이 성취해야 할 무엇이지 실락원에 대한 향수가 아니다.[108] 우리가 여기서 말하는 유토피아 사상의 특징적 면모는 이런 것이다. 그러나 역사적 현실과의 관계는 단순하고 고정적인 무엇이 아니다. 여기서 두 측면을 생각할 수 있다. 양자가 상호 필요하고 복합적이며 역동적인 관계를 이룬다. 프레이레는 이 둘을 "결별"과 "예보"라고 명명했다.[109]

---

[106] Cf. Jean Servier, *Histoire de l'Utopie* (Paris: Gallimard, 1967).

[107] 마르쿠제는 유토피아 개념의 오해와 우리 시대의 새로운 상황을 두고 이런 말을 하였다: "나는 이같은 한정된 개념이 수정되어야 한다고 믿는 바이며, 현대사회의 현실적 진화로 말미암아 수정이 불가불 필요하게 되었고 그 내용이 시사되었다고 본다. 현대사회의 활발한 생산 능력에 비추어 유토피아가 결여되어 있다. "유토피아적"이라 해서 그것이 도외시된 것은 역사적 우주 속에 설 자리가 없고 설 자리를 얻지 못하는 까닭이 아니고 기존 사회의 세력이 그것을 차단하고 분쇄하고 있는 까닭이다"(*An Essay on Liberation*, pp.3-4).

[108] Thomas More의 *Utopia*를 이해하려면 다음 글과 거기 수록된 참고 문헌들을 보라: Concilium General Secretariat, "Utopia", *Concilium* 41, pp.149-65.

[109] "Education as Cultural Action: An Introduction", in Louis M. Colonnese, ed., *Conscientization for Liberation* (U.S. Catholic Conference), p.119.

유토피아는 필연적으로 기존 질서에 대한 고발을 의미한다. 기존 질서의 결함과 허점은 곧 유토피아의 출현을 위한 계기가 된다. 비인간화의 상황을 거부하는 일은 유토피아의 불가피한 일면이다. 그리고 이 거부는 철두철미한 거부이며 악의 근저를 박멸하고자 하는 시도이다. 무릇 유토피아가 단지 "개혁론"에서 그치지 않고 철저한 "혁명론"이 되는 이유가 여기에 있다. 에릭 바일Eric Weil의 말대로 "인간이 자신의 불만 자체에 대해서 불만을 가질 때 비로소 혁명이 터진다"(이 "불만"이란 단순한 개혁론에 대한 불만을 뜻하는 것 같다). 인간으로서 용납할 수 없는 상황에 대한 이 결별을 일컬어 마르쿠제는 자기의 사상을 전개하는 "풍요한 사회"에 대한 "위대한 거부"[110]라고 했다. 이것은 유토피아의 회고적 측면이다.

그러나 유토피아는 하나의 "예보"이다. 아직 미연未然의 것이나 장차 올 것에 대한 예보이다. (지금과는) 다른 사물의 질서, 새로운 사회에 대한 예보이다.[111] 이것은 창조적 상상력이며, 우리가 거부하는 가치체계와는 다른 가치체계를 제시하는 것이다.[112] 기존 체제에 대한 "고발"은 어느 정도까지 "예보"를 위한 것이다. 그리고 이 "예보"는 그런 거부를 전제로 한다. 이 거부는 과거로 돌아가려는 회고조를 일정한 선에서 제어하고, 또한 인간이 소망하지 않는 것을 밝혀준다. 그렇지 못할 경우에는, 유토피아라는 것이 언뜻 보기에는 하나의 진보처럼 생각되지만 실은 교묘한 퇴보가 될 수 있기 때문이다. 유토피아는 앞을 통해서 움직인다. 유토피아는 미래에 대한 투영이요, 역사의 동력이다. 이것이 곧 유토피아의 미래지향적 성격이다.

프레이레의 해설에 의하면 "고발"과 "예보" 사이에는 건설의 시간, 역사적 행동praxis이라는 것이 있다. 그뿐 아니라 오로지 "실천적 행동"에서 비

---

[110] H. Marcuse, *An Essay on Revolution*, p.9. 마르쿠제에 관해서는 제2장 참조.

[111] E. Bloch, *Geist der Utopie* (Frankfurt: Suhrkamp, 1964 [1971]); P. Furter, "Utopia e marxismo segundo Ernst Bloch", *Tempo Brasileiro* (1965).

[112] 그래서 José Carlos Mariátegui는 "인간을 혁명가와 보수반동가로 분류할 것이 아니라, 상상력이 있는 인간과 상상력이 없는 인간으로 분류하자"는 묘안을 내놓았다(*El alma matinal* [Lima: Empresa Ed. Amauta, 1959], p.39).

로소 고발과 예보가 성취된다. 우리가 유토피아는 곧 역사의 추진력이요 기존 질서의 전복이라고 이야기하는 것도 이러한 의미에서이다. 사실상 유토피아라는 것은 현시점에서 활동(行動)을 유발하지 않는다면 그것은 현실도피에 불과하다. 리꾀르는 유토피아적 명제가 실효를 거두는 것은 "그것이 점증적으로 역사적 체험을 변혁시키는 그 정도"에 달려 있다고 하고 "각 시대에 부여되는 가능성을 구체적으로 타진하지 못할진대 유토피아는 하나의 기만에 그친다"[113]고 하였다. 더 인간다운 생활조건을 창조하려는 노력과 활동에서 우러나온 것이 아니면 현상황에 대한 거부와 결별은 참되지도 심오하지도 못한 것이다. 오늘의 세계를 놓고, 특히 피지배의 대중을 위하여 모험을 감행하는 활동이 수반되어야만 그같은 결별이 의미를 가진다. 유토피아는 필연적으로 새로운 사회의식을 조성하고 새로운 인간관계를 확립하기 위한 참여와 투신을 가져오지 않으면 안된다. 그렇지 못할 경우 기존 질서에 대한 배격은 하나의 공론일 따름이요, 미래에 대한 예보 역시 일종의 환상임을 벗어나지 못할 것이다. 진정한 유토피아 사상은 정치적 활동을 요청하고 풍부하게 하며, 거기에 참신한 목표를 설정해 준다. 아울러 이같은 정치적 활동을 통해서 정당성이 입증되는 것도 이 유토피아 사상이다. 유토피아 사상이 과연 어떤 결실을 내느냐는 정치활동과 어떤 관계를 가지느냐에 달려 있다.

셋째로 유토피아란 "합리적" 질서에 속하는 것이다. 블랑까르는 이 점을 강력하게 피력하였다. 그는 유토피아란 "(보수주의자들이 말하는) 이성을 초월하는 것이지 결코 비이성적인 것이 아니다. 실제로 유토피아는 이성理性을 대행하는 까닭이다"[114]고 하였다. 과학이 사회적 현상을 해설하는 데 한계에 봉착할 때, 역사적 행습과는 다른 새로운 행로가 열렸을 때, 즉 위기와 전이의 순간이 올 때마다 유토피아는 참신한 활력을 가지고 재등장한

---

[113] Paul Ricoeur, "Tâches de l'éducateur politique", in *Ésprit* 33, no.340 (1965): 91.

[114] Paul Blanquart, "A propos des rapports science-ideologie et foi-marxisme". in *Lettre*, nos.144-5 (1970), p.36.

다.¹¹⁵ 그렇게 본다면 유토피아는 과학과 배치되는 것도 아니요 과학과 무관한 것도 아니다. 오히려 과학의 창조력과 기동력의 본질을 이루는 것이 곧 유토피아 사상이라 하겠다. 유토피아는 과학의 서주序奏이자 예고이다. 사회 현실을 파악하게 해주고 정치적 활동을 주효하게 하는 사변적 구조는 창조적 영상에 힘을 빌려야 한다: "경험적 차원에서 사변적 차원으로 전이하기 위해서는 일종의 도약과 단절을 전제로 해야 한다. 일종의 상상이 개입되어야 한다."¹¹⁶ 블랑까르는 정치 분야에 해당하는 이같은 상상을 가리켜 유토피아라 한다고 피력하였다.¹¹⁷

이 점은 유토피아와 이데올로기의 차이이기도 하다. "이데올로기"라는 용어 자체는 역사가 길고 이해 방식이 천차만별했다.¹¹⁸ 그러나 이데올로기란 현실에 관한 적정하고 과학적인 지식을 제공하지 못한다는 데에 우리는 원칙적으로 동의할 수 있다. 이데올로기가 오히려 그같은 지식을 가장하고 있는 셈이다. 이데올로기는 경험적·비합리적 영역 그 이상으로 초월하지 못한다.¹¹⁹ 그래서 자연히 이데올로기는 기존 질서를 지속시키는 방부제 역할을 한다. 또 이데올로기는 이데올로기 자체에서 분리되지 못하거나 혹은 이데올로기의 영향력에 좌우되는 것은 모두 교조화하는 경향이 있다. 그리고 정치활동, 과학, 신앙 등에도 이러한 경향이 없지 않다. 그렇지만 유토피아는 현실에 대한 과학적이고 적정한 지식에 도달하도록 하며, 현존하는 것을 변혁시킬 실천적 행동을 불러일으킨다.¹²⁰ 유토피아는 분명히 과학과는 다르지만, 그렇다고 과학의 내적인 활력소에서 그치지는 않는다.¹²¹

---

[115] "유토피아는, 눈에 띠지 않게, 과학적 소산 속에도 현존하며 그 활력소가 된다. 유토피아는 정상적 상황에서는 출현하지 않고, 학문의 두 모멘트, 곧 이미 퇴락하고 부족한 것과 아직 도래하지 않은 충일한 것 사이의 위기의 순간에 출현한다. 그래서 유토피아의 대두는 기존하는 이론적 수단의 부적당함을 표현하며 새로운 오성의 태동을 시사한다"(ibid.).

[116] Ibid., p.35.   [117] Ibid., p.35.

[118] Cf. Hans Barth, *Wahrheit und Ideologie* (Zürich: Manesse, 1945): K. Mannheim, *Ideology and Utopia*.

[119] Cf. Louis Althusser, *For Marx and Reading Capital* (N.Y.: Pantheon Books, 1971). 최근에 그는 이데올로기와 주체의 범주간의 관계를 규명해 보고자 노력한 바 있다: "Ideologie et appareils ideologiques d'Etat", *La pensée*, no.151 (1970), pp.3-38.

이상에서 논한 세 가지 요소 때문에 유토피아는 역사적 활력이자 근본 개혁의 인자가 되고 있다. 신新인간을 창조하고자 하는 문화혁명의 차원에도 유토피아는 있다. 프레이레는 오늘과 같은 세계에서는 압제받는 인간, 압제받는 계급, 압제받는 국민들만이 "고발"과 "예보"를 감행할 수가 있다고 했는데 참으로 옳은 말이라 하겠다.[122] 그들만이 혁명의 유토피아를 추구할 수 있으며, 미온적인 개선으로 모든 것을 무마시키려는 이데올로기를 극복할 수 있다. (타자를) 압제하는 체제의 미래라는 것은 오로지 현재의 풍요를 유지·보존하는 일뿐이다.

이제 신앙과 정치활동의 관계를 고찰해 보자. 지금까지 거론한 "유토피아"라는 관념을 도입한다면 신앙과 정치의 관계가 분명해질 것이다. 본서 전반부에서 "해방"을 논할 때 이 해방은 단일한 과정이라고 하였다. 그러나 그것은 복합적이고 다기多岐한 단일성이며, 그 속에는 의미를 혼동해서는 안될 여러 가지 차원이 내포되어 있다: 경제적·사회적·정치적 해방이

---

[120] 유토피아와 이데올로기를 준별한 Mannheim의 주장은 유명하다. "현실을 초월하는 노력들이 행동으로 돌입함으로써 기존 질서를 부분적으로든 전체적으로든 일시에 화해시키려는 성향을 보일 때 …" 이것이 곧 유토피아 사상이다(*Ideology and Utopia*, p.173). 그 반면에 이데올로기는 "마치 당대의 세계적 추이와 '유기적'으로 조화있게 상합하는 것처럼 일정한 존재 여건에 충용(充用)되고 만다(다시 말해서 이데올로기는 혁명의 가능성을 제공하지 않는다)"(*ibid.*, p.174). 그렇다고 해서 기존 질서와 이념을 연결시킬 능력이 이데올로기에는 전혀 없다는 말은 아니다. 단지 그런 이념들이 기존 질서에 실제적 변혁을 야기시킬 정도는 못 된다는 말이다. 만하임의 사상에 대한 비판도 없지 않다: Franz Hinkelammert, *Ideologías del desarrollo y dialéctica de la historia* (Buenos Aires: Ed. Paidos, 1970), pp.85-9.

[121] 그러나 Althusser는 위와 같은 구분을 알지 못하고 있다. 그는 이데올로기와 과학만을 머리에 두고 있었다. 마르크스 초기 저서와 후대의 저서 사이에 드러나는 "인식론적 파열"이 이데올로기에서 과학으로 건너가는 계기가 되는 듯하다. 알투세는 마르크스의 고유한 사상은 반드시 역사학을 창조한다고 역설한다. 이것은 마르크스의 사상을 이데올로기화하고서 그것을 "인본주의적"이라고 내세우는 따위의 해석을 반대하는 건전한 반응이라고 여겨진다. … (중략) … Ernest Mandel은 마르크스의 "소외"의 개념에서 진화와 연속의 개념을 연역해 냈다(E. Mandel, *The Formation of the Economic Thought of Karl Marx*, pp.154-86). 알투세는 소외의 개념이 마르크스 이전의 개념이라고 본다. 블랑까르는 마르크스 저서에 흐르는 유토피아 사상을 지적해 내기 위해서 적자생존(본래 Henri Lefebvre가 마르크스 사상에 나오는 자연의 적응, 사회적 인간의 자기 본능의 적응을 표현하는 데 쓴 개념이다: H. Lefebvre, *Marx: Sa vie, son oeuvre* [Paris: Univ. de France, 1964], p.71). 소외의 부정 등의 개념을 동원한다(Blanquart, "Acte de croire", p.20).

[122] Cf. "Tercer Mundo y teología", in *Perspectivas para el Diálogo*, no.50 (1970), pp.304-5.

있는가 하면, 새로운 사회에서 인간 유대를 바탕으로 사는 새로운 인간의 창조를 가져오는 해방이 있고, 죄에서 인간을 벗어나게 하여 하느님과 친교를 이루고 모든 인간과 친교를 이루게 하는 해방이 있다.[123] 처음에 말한 해방은 과학적 합리성의 차원에 해당하는 것으로서 정치활동을 개혁하는 실제적이고 효과적인 영역이라 하겠다. 두번째 해방은 유토피아의 차원에 해당하는 것으로서, 방금 고찰한 바와같이 역사적 투영을 전제로 한다. 세번째 말한 해방은 신앙의 차원에 해당한다. 그런데 이 세 가지 해방은 긴밀한 상관관계를 가지고 있어서 어느 하나가 이루어지지 않으면 다른 것이 달성되지 않는다. 방금 지적한 분류를 토대로 해서 우리는 이 세 가지 영역의 밀접한 연계관계를 더 잘 이해할 수 있으리라고 믿는다. 그렇다고 해서 하늘나라와 역사적 사건, 종말사상과 정치 사이의 복잡다기한 관계를 간단히 도식화하자는 말이 아니다. 새로운 각도에서 문제를 한번 고찰해 보자는 것뿐이다.

신앙과 정치 사이에 직접 관계가 있음을 인정한다면, 신앙 규범과 신앙 규준에서 특정한 정치적 원리를 추출하는 것은 당연하다. 그러나 이러한 시도가 올바로 되려면 그 원리가 현실의 합리적 분석을 토대로 해야 한다는 이론이 나온다. 여기서 일종의 혼동이 발생하여 "제정祭政 메시아 사상"에 흐를 위험이 있다. 이 사상은 정치 영역의 자율성도 제대로 살리지 못할 뿐더러, 종교적 고정관념을 탈피한 참 신앙과도 거리가 멀다. 블랑까르는 "제정 메시아 사상"이라는 것은, 메시아 사상 주창자들이 새로운 상황을 당하고서도 적절한 수단과 자세를 갖추지 못하여 이에 대처할 수 없게 되자 거기에 대해 회고조의 반응을 보인 것이라고 풀이했다. 이것은 "정치 이하의infrapolitical 태도이며 그리스도교 신앙과도 상합하지 않는다".[124]

그런데 만일 신앙과 정치는 아무런 연관이 없다고 주장한다면 양자는 병행하면서도 서로 관련이 없는 영역에서 작용하게 된다. 이같은 견해에 동

---

[123] 제2장 참조.

조하는 자라면, 신앙은 더 정의로운 사회를 구현하기 위해 무슨 발언을 해야 하느냐는 실속없는 입술운동이나 하게 되고, 신앙은 여하한 정치 상황에서도 공존할 수 있다는, 극히 기회주의적인 결론을 내리게 된다.

신앙과 정치가 정말 올바르고 결실 풍부한 관계를 가지려면, (현존하는 사회와는) 다른 사회에서 생활하는 새로운 인간상을 추구하려고 노력해야 한다. 다시 말해서 유토피아 사상을 통해서만 양자가 본연의 관계를 발견하고 유지할 수 있다는 것이다.[125] 이런 소망은 더 나은 생활조건을 위한 투쟁의 근거를 제공한다. 그러고 나면 정치적 해방이란 더 자유롭고 더 인간다운 인간, 자기 역사의 주역으로 등장하는 인간의 유토피아를 향하여 뻗친 하나의 도정으로 나타날 것이다.[126] 체 게바라는 이런 말을 했다: "… 사회주의란 단지 훌륭한 공장들을 세우는 데 목적이 있는 것으로 생각되어서는 안된다. 사회주의는 전인全人을 돕는 것이라야 한다. 생산고가 높아진 그만큼 인간이 개조되어야 한다. 물건만을 생산해 내고 그만큼 인간들을 향상시키지 못한다면 우리의 과업을 제대로 달성한다고 말하지 못할 것이다." 그러니까 체 게바라로서는 새로운 사회의 건설에 있어서 중요한 것은

---

[124] "Acte de croire", p.25. 혁명의 신학과 폭력의 신학은 이 위험을 벗어나지 못하고 있다. 한때는 이 신학들이 상당한 인기를 끌었다. 기존 질서와 결합된 신앙의 관념을 분쇄시키는 데 퍽 유용했기 때문이다(cf. M. Peuchmaurd, "Esquisse pour une théologie de la révolution", *Parole et Mission* 10, no.39 [1967]: 629-62). 그렇지만 이들 신학은 해당 신학 및 정치문제를 과소평가하는 경향으로 흐르기 쉽다. 그리고 주창자들의 의사와는 달리, 혁명과 "대응적 폭력"을 간단히 그리스도교적인 것인 양 속단하고 표방하거나, 그같은 혁명과 폭력에 지장이 될 수도 있다. 왜냐하면 이들 신학은 특정한 그리스도교 이데올로기에 심취하여, 이들 신학의 원리가 일차적으로 활용되는 정치적 분석의 영역을 무시하는 까닭이다. 혁명의 신학은 그렇지가 않다. 우리의 신학적 고찰은 이와는 다른 각도에서 전개되고 있다.

[125] "복음 메시지가 사회 및 정치 활동의 직접적 프로그램을 우리에게 제공하지는 않는다. 오히려 그 메시지가 간접적 방법, 이를테면 '유토피아적' 의미를 가지고서 사회적으로 정치적으로 개입하는 것이다"(E. Schillebeeckx, "The Magisterium and the World of Politics", *Concilium* 36, p.32). Cf. E. Schillebeeckx, "Dio e 'colui che verrà', Per una nuova immagine di Dio nel mondo secolarizzato", in *Processo alla religione*, p.155. 유토피아의 개념을 확실히하는 데 많은 연구를 바친 블랑까르는 더 정확한 범주를 사용한다: "이같은 유토피아의 공간에서 신앙과 정치활동이 서로 연관을 맺는다. 유토피아의 공간은 만남의 장이요, 파스카와 계약의 장이다"(*Croissance des jeunes nations* [1969], p.25; "Acte de croire", p.29).

[126] 제6장 참조.

"나날이 생산고와 인간 의식을 동시에 높이는 일"이었다.[127]

유토피아를 이와같이 파악한다면 그것이 정치적 투사들을 한 사람의 몽상가로 만들기는커녕 오히려 그의 참여와 투신을 철저하게 하며, 그가 소기의 목적 — 사회적 차별과 불평등이 없는 자유사회에서 인간들의 진정한 만남(交際)이 이루어지는 일 — 을 유감없이 달성하게 해줄 것이다. 리꾀르의 말을 빌리면 "유토피아만이 사회적·경제적·정치적 활동에 인간적인 구심점을 제시할 수 있다"[128]는 것이다. 인간이 관료주의와 파벌주의에 떨어지거나 인간들을 억압하는 새로운 체제를 만들 때에는 유토피아를 상실하게 마련이다. 여하한 과정과 운동에도 기복이 있고 결함이 없을 수는 없다. 그러나 그같은 과정이 더 자유로운 사회에서 사는 새 인간의 출현을 목표로 하는 것이 아니라면 결코 "해방운동"이라 일컫지 못한다. 먼저 정치적 해방을 성취한 연후에 이같은 해방을 생각하자는 구실로 뒤로 미룰 수 없는 문제이다. 그것은 더 정의로운 사회를 건설하려는 투쟁과 항상 병행해야 할 것이다. 역사적 활력과 창조적 영상(影像)에 관한 이런 비판적이고 합리적인 요소를 인정하지 않을 경우, 과학과 정치가 현실의 변화를 어떻게 보느냐 하면, 무릇 변화란 온당한 통어(統御)를 벗어나는 무엇이라고 간주하여 곧잘 교조주의로 기울어진다. 정치적 교조주의는 종교적 교조주의와 다를 바 없이 백해무익하다. 둘 다 이데올로기를 향하는 퇴보를 나타낼 따

---

[127] Che Guevara는 경제활동에 두 가지 촉진제, "의무감, 새로운 혁명의식" 등의 윤리도덕 상의 촉진제와 그에 대당되는 물질적 촉진제가 있다고 보았다. 후자는 "과거 시대의 잔재"로서 "자본주의의 산물"이며, "새로운 사회에서는 아무 역할도 못하는 것"이다.

[128] "Tâches de l'éducateur", p.90. 오늘날 이같은 시도는 두 가지 측면에서 볼 수 있다: "인류를 하나의 총체로서 파악하는 것이 그 하나요, 다른 하나는 인격을 하나의 개별체로 파악하는 것이다. 전자는 우리가 세계의 불평등에 관해서 거론하는 근거가 되고, 후자는 공업사회에서 개인들간의 관계가 익명화하고 비인간화함을 각성시키는 중대한 여건이 된다"(ibid., pp.90-1). 블랑까르 역시 이와 유사한 노선을 따르면서 "우리 시대에 이성의 구성요소라고 할 유토피아는 '모든 인간과 전인적 인간의 완전하고 총체적인 개발'이라는 용어로 표현할 수가 있다"고 한다("Acte de croire", p.22). 여기서 적자생존 개념의 유토피아적 의미가 따로 드러난다. 적자생존이야말로 "참으로 혁명적이라 할 유일한 행동의 기초가 된다. 단일하고 분업화된 체제에 당면할 때 이 개념이야말로 총체적이고 다양한 개념으로서 지속할 수가 있다. 말하자면 이 개념은 착취와 차별과 불의와 불평등과 달리 보편적이면서 동시에 총체적이고 다원적인 것이 되어 비인간화를 방지한다"(ibid., p.21).

름이다. 그러나 유토피아가 본연의 기능을 다하기 위해서는 사회적 실천 행동에서 그것이 정당화되어야 한다. 그것이 지성적 결벽도, 무질서한 주장도 초극하고 실효를 거두는 참여가 되어야 한다. 끊임없이 쇄신되고 구체화되지 않으면 안된다.

해방의 유토피아는 새로운 사회의식의 창조, 생산수단과 정치 과정의 사회적 전용, 그리고 궁극에 가서는 자유의 사회적 전용을 추구한다. 그렇다면 유토피아야말로 문화혁명의 고유한 무대가 아닐 수 없다. 말하자면 유토피아는 인간 유대를 기반으로 세워진 새로운 사회에서 사는 신新인간을 항구적으로 창조하는 무대인 것이다. 그러므로 신인간의 창조야말로 정치적 해방과 하느님과 만민의 친교라는 두 실재가 만나는 기점이 된다. 하느님과의 친교는 모든 불의와 온갖 착취와 온갖 이간離間의 궁극 원인이 되는 죄로부터의 해방을 전제로 한다. 우리의 신앙은 분명히 가르친다: 인간에 의한 인간의 착취를 종식시키는 데서 초래되는 인간애가 가능하다는 것, 형제애를 구현하려는 인간 노력은 헛되지 않다는 것, 하느님은 우리를 불러 그 사명을 위임하시고 또 완전히 성취할 힘을 주신다는 것, 잠시적인 사물 위에 결정적인 실재가 건립된다는 것을 가르친다. 역사는 우리 인간의 손으로 엮어진다. 그러나 신앙은 이 역사의 깊은 의미를 우리에게 계시한다. 더 정의로운 사회를 건설코자 하는 일체의 인간 행동은 하느님과의 친교, 즉 구원이라는 각도에서 반드시 가치를 가진다고 가르친다. 아울러 일체의 불의는 하느님과의 친교를 끊어버린다고 가르친다.

인간적 사랑에는 우리가 결코 간과할 수 없는 심오한 경지가 있다: 인간이 하느님을 만나는 것은 그 사랑에서다. 무릇 유토피아가 경제적·사회적·정치적 해방을 인간화한다고 말할 수 있다면, 이 "인간적인 것"humanness이야말로 — 복음의 빛을 받아 — 우리에게 하느님을 계시하고 있다. 정의를 실천하는 일이 하느님을 아는 길일진대, 정의를 실천하면 필히 하느님을 발견하리라는 결론을 끌어낼 수가 있다. 신인간의 창조라는 역사적 과업을 수행하노라면, 죄에서의 해방과 — 정치적 해방에서 반드시 표방하듯이 — 모든 인간이 유대를 이룬 가운데 하느님과 친교를 가지는 일이 단지 하나의 환상이나 이상론이 아님을 확신하게 된다. 동시에 그같은 사명 수행은 정치적 해방의 표방이 정치활동에 관한 그리스도교적 이데올로기나 "제정 메시아 사상"으로 와전되지 않게 방지하는 역할도 한다. 그리스도교적 희망은 우리로 하여금 하느님이 약속하신 미래의 선물을 어린아이와 같은 순박한 정신으로 기다리게 만든다. 그 희망은 우리가 어떤 일정한 역사적 단계를 하늘나라와 혼동하지 않게 방지하고, 인간이 성취한 어떤 결과를 놓고 우상숭배에 빠지지 않게 하며, 어떤 혁명을 절대시하는 일이 없게 만든다. 우리는 해방을 주는 유토피아에 이끌리고 현실을 과학적으로 분석한 데서 얻어진 수단을 가지고서 사회활동에 투신한다. 그런데 그리스도교의 희망이야말로 우리가 온전히 자유로운 처지에서 여기에 투신할 수 있게 해준다. 그리고 이 희망은 사회변혁에 투신할 자유를 주는 데서 그치지 않고 그 투신을 요구하고 동시에 정사正邪를 판별해 준다.

복음이 우리에게 어떤 유토피아를 제시하지는 않는다. 그것은 우리 인간에게 맡겨진 일이다.[129] "말씀"은 주님의 자유로운 선물이다. 그러나 복음은 역사적 계획과는 무관한 것이 아니다. 복음과 역사적 계획은 상호작용을 한다. "말씀"은 모든 인간 실존의 기반이자 의미이기도 하다. 그리고 이 기반과 의미는 인간 행동을 통해서 구체화되고 입증된다. 그리고 이같은 기반과 의미에 의거해서 살아가는 사람들에게는 믿음과 희망과 사랑이 곧 정신적 자유와 역사적 창조력과 주도권의 근본 요인으로 등장한다.

그리하여 "죽음을 이긴 승리는 곧 우리의 믿음입니다"라고 한 주장이 역사 한가운데서, 곧 하느님과의 결정적 만남으로 역사를 유도해 가는 해방운동의 한가운데서 실현을 본다. 그리스도에게 희망을 둔다는 것은 역사의 전도前途에 대해서 믿음을 가진다는 것이다. 여기서 크리스천의 사랑과 행동에 무한한 시야가 열리는 것이다.

---

[129] 위의 글에서 블랑까르가 확실히 주장하던 바이다. 쉴레벡스는 용어법에 관해서는 별로 까다롭지 않은 듯하다. 각주 125의 참고서적을 보라.

후 편

그리스도교 공동체와 새로운 사회

지금까지 우리는 믿음과 희망과 사랑이 현대인의 관심사와 어떤 관계가 있는지 구명했다. 복음 메시지의 의미에 관해 우리가 말한 내용은 세계 내의 교회의 사명과 교회의 존재의의를 파악하는 기초가 되었다. 가견적 공동체인 교회는 우리 시대에 여러 면에서 도전을 받고 있다. 그간에 달성한 성과와 변화나 공의회 이후에 비쳤던 희망에도 불구하고 많은 크리스천이 어떻게 하면 시의에 맞는 교회를 이룰 수 있는가에 고심하고 있다. 여기서 결정적 역할을 하는 것은 "정치 영역"을 어떻게 이해하느냐이다. 정치 영역에 복음을 삼투시키는 문제와, 지금까지 교회가 기존 사회질서와 관련하여 어떤 기능을 했는가를 대략 연구해 낸 것 같다. 그렇다면 문제는 단지 제도 교회라는 한계를 넘어서 새로운 사회를 건설하는 현대인의 과업에 있음을 알 것이다. 우리가 논한 이 모든 사실이 교회의 사명에 영향을 끼치고 좌우하며, 아울러 교회에 소속된다는 사실에 더 깊은 의미를 부여한다.[1] 그리고 "제도 교회"와 "공동체 교회"를 구분하는 따위의 편리한 방편으로 문제가 완전히 해결되는 것도 아니다. 한편으로는 제도와 공동체 사이의 긴장관계가 필요하고 유익하기도 하겠지만, 다른 편으로는 제도의 윤리적 실패는 거의 파경에 이른 느낌을 주고 있다.

과거의 교회 또는 현재의 교회는 철두철미한 근본 개혁을 필요로 하고 있다. 그리고 그같은 개혁의 움직임은 이미 제2차 바티칸 공의회에서 시작

---

[1] Paul Blanquart는 문제를 상당히 예리하게 지적하였다: "교회의 위기 저변에 깔려 있는 문제는 곧 정치의 문제이며, 정치와 신앙의 관계에 관한 문제이다. 사실 인류에게 정치가 전혀 새로운 문제로 등장했다면 교회에도 그것이 새로운 문제일 수밖에 없지 않은가?"("L'acte de croire", p.29).

되었다는 것이 일반 크리스천들의 견해이다. 또 지금에 와서는 그같은 움직임이 점점 활기를 띠고 있고 어느 정도까지는 거의 자율성을 지니고 있다. 왜냐하면 이 움직임에서는 공의회 자체도 미처 소화하고 조정하지 못한 새로운 조류가 일어났고 이 조류들이 조금도 기세를 늦추지 않고 갈수록 그 정체를 드러내고 있는 까닭이다. 교회가 "현대화"aggiornamento를 주창했기에 이러한 조류들을 가까이 접촉할 여건이 만들어지기는 했다. 그렇다고 문제점들이 감소되지는 않는다. 도리어 교회의 "현대화"의 노력 때문에 문제점이 가중된다고 하겠다. 어떻게 보면 좋은 일인지도 모른다. 이럴 경우에 그같은 문제점을 회피하려고 해서 이득이 될 것은 전혀 없다. 문제를 정면으로 맞서지 못하는 그만큼 실失이 많을 것이다. 그리고 사실을 앞에 두고 겸허한 자세를 취하는 것이 최상의 방법이 아닌가 한다.

이 사태는 사람들에게 경악을 자아내게 했고 그만큼 비상한 관심도 모았다.[2] 혹자는 교회의 존재 의의가 완전히 사라지지 않았나 하는 의구심을 품기도 했다. 그런가 하면 교회의 불가피한 숙명이라고 믿는 사람들도 있다.[3] 그러나 이런 와중에서도 우리는 신앙의 공동체적 차원을 재발견하고 아울러 신앙생활의 새로운 방안들을 되찾고 있는 것이다. 비록 지금은 괴로운 시행착오가 없지 않으나 그런 가운데서도 우리의 진로 모색은 이미 시작됐다고 보겠다.[4] "교회라고 일컫는 공동체"(후안 루이스 세군도의 표현이다)

---

[2] 대표적인 글: Henri de Lubac, "L'Église dans la crise actuelle', *NRT* 91, no.6 (1969): 580-96.

[3] Althusser는 교회의 상황을 이렇게 진단했다: "교회의 위기는 더욱 악화되고 있다고 생각한다. 일면에서는 신학사상의 퇴조가 현저해졌고 거의 회복 불가능한 것 같다. 소멸해 가는 '순수한' 신학 '사상'을 소생시키는 일은 '혁명의 신학'으로도 '폭력의 신학'으로도 안된다. 다른 면에서는 정치적·이념적 위기가 점고하고 있다. 교회에 오랜 옛날부터 상속되어 온 제도와 체제는 지배계급에 봉사하는 데 탁월한 정치적 기능을 발휘해 왔다. 그같은 전통에 비추어볼 때 과연 교회가 '계급투쟁을 하는 노동자들에게 봉사할 만큼 방향을 전환할 수 있느냐에 관해서 심한 회의를 사람들은 품고 있다'"(*Lumière et Vie* 18, no.93 [1969]: 29).

[4] 라틴아메리카에서 이같은 사조가 어떻게 대두하고 있는가를 보려면 제7장을 참조할 것이다. 참고 문헌: Cecilio de Lora, José Marins, Segundo Galilea, *Comunidades cristianas de base* (Bogota: Indo-American Press, 1970); Edgard Beltrán: *Pastoral de conjunto y comunidades de base* (*ibid.*, 1971): Eduardo Pironio, *La Iglesia que nace entre nosotros* (Bogota: Indo-American Press, 1970).

는 끈질긴 목숨을 갖고 있다. 그러나 그 생존이 지속되기 위해서는 본질적 변혁을 거듭해야 한다. 그리고 그같은 변혁이 일어나지 않고, 비록 변혁이 일어난다 해도 거기에 상관적 조화와 정격성이 결여되어 있다면 단지 인간의 악의나 의욕 부족만을 탓할 수는 없다(물론 어느 정도는 그런 이유도 있다). 오히려 그러한 변혁을 추진하는 노선이 확연하고 신중하지 못하거나 그러한 변혁을 저해하는 역사적·사회적 요인들을 완전히 파악하지 못한 연유일 것이다. 오늘날 교회가 할 일은 먼저 권위주의적 태도나 비관적 자세를 청산하는 일이며 상호의 논쟁을 극복하고 인신공격 따위를 삼가는 일이다. 이따위 일들은 우리 교회가 고사枯死하고 있다는 징후를 드러내는 짓에 불과하며 우리의 인격적 불안정을 노출할 따름이다. 정말 필요한 일은 어떻게 해서 우리가 이러한 비극적인 상황에까지 내려왔는가 하는 이유를 과감하고 냉정한 자세로 분석하는 것이다. 이같은 과감한 용기와 침착성이야말로 우리가 감정본위의 태도에 빠지지 않는 첩경일 것이다. 감정본위로 나오면 대개가 사태를 거의 자의적으로 해석하며 피상적인 해결책을 내놓거나 문제 자체를 회피하게 된다. 따라서 근본 개혁을 시도하거나 미지의 노선을 개척한다는 일은 꿈에도 생각지 못하게 된다. 교회가 추구해야 하는 이 모든 혁신은 실은 교회가 자기 주님께 성실하려는 데 목적이 있다.

　교회의 이같은 과업은 우리와 우리의 역량을 초월하는 문제이다. 그리고 인간은 무엇을 하지 않으면 안되는가를 지적해 내기는 쉬우나 지적한 그 일을 실제로 행동에 옮기기는 용이하지 않은 법이다. 여하튼 문제를 올바로 정립하기 위해서 두 가지 점을 고찰하기로 한다: 첫째, 교회의 존재의의와 세계에 대한 교회의 사명은 무엇인가. 둘째, 교회의 이 사명을 수행키 위한 일차적이고 필수적인 조건은 어떤 것인가.

제12장

교회: 역사의 성사

교회는 그 체제와 생활방식을 과거로부터 물려받아 왔기 때문에, 교회가 현재 당면하고 있는 역사에 대해서 생소한 감각을 가지고 있고 그보다 한 걸음 뒤늦은 상황에 있다. 그렇다고 해서 단순히 사목방법을 쇄신하고 적응하는 것만으로 문제가 해결되지 않는다. 그보다는 새로운 교회 의식과 세계 안의 교회 — 교회는 단지 세계에 "현존"하기만 하는 것이 아니라, 과거에 흔히 기피한 표현이지만, "세계의 일부"를 이루고 있다 — 의 사명에 관한 재정의가 요구된다. 이러한 교회 의식과 교회 사명의 재정의에 있어서 "교회 내"의 문제들은 어디까지나 부차적인 것이 된다.

구원의 보편적 성사로서의 교회

하느님의 보편적 구원 의지를 무조건 긍정함으로써 세계 내 교회의 사명을 파악하는 방식이 근본적으로 달라졌다. 교회의 존재 목적이 "천국을 보장하는"[1] 뜻에서 구원을 베푸는 것이 아님을 지금은 누구나 알게 되었다. 구원사업은 역사 한가운데 일어나는 실재이다. 구원사업은 인류의 역사적 생성에 심원한 통일을 기하고 아울러 가장 깊은 의미를 부여한다.[2] 이 통일과 의미에서 이야기를 시작할 때 비로소 우리는 교회의 사명을 새로이 이해할 분석과 해설을 설정할 수 있을 것이다. 주님은 "씨뿌리는 분"이시다. 주님

---

[1] 선교단체에서 이 주제가 많이 연구되었다: Joseph Comblin, "Le but de la mission: sauver l'homme", *Spiritus* 9, no.34 (1968): 171-9.

[2] 제9장 참조.

은 새벽에 일어나시어, 우리 인간들이 미처 사물을 분별할 수 있기 전에, 역사의 논밭에다 씨앗을 뿌리신다. 이 분별들은 "인간들의 역사에 하느님이 먼저 개입해 들어오는 새로운 주도성主導性"(P.-A. Liégé)을 알아내는 데에 도움이 되는 것도 사실이다. "그러나 이 인간측의 분별들을 너무 구사하다가는 하느님이 세계를 끊임없이 이끌어가시는 목표, 곧 '단일한 성취'로의 소명을 손상시킬 우려가 있다."[3] 그러므로 교회의 사명과 그 실현은 구원 경륜의 상황 속에 자리잡을 때에 비로소 선명하게 드러난다. 그렇게 함으로써 우리는 구원사업을 교회의 활동으로 환원시키는 크나큰 과오를 탈피할 것임에 틀림없다. 우리가 전개하는 교회론은 오로지 구원사업과 교회의 활동을 어떻게 연결시키고 어떤 관계를 설정하느냐에 좌우된다.

새로운 교회관

우리가 내다보는 전망으로는 교회가 "자기를 중심으로 놓고 생각하는" 자세를 지양해야 한다. 교회가 스스로를 구원의 유일한 장으로 자처하기를 중단하고 인간들에게 바치는 새롭고도 철두철미한 봉사로 시선을 돌리지 않으면 안된다. 아울러 그리스도의 활동과 성령의 역사役事야말로 구원 경륜의 혁신임을 새삼 각성할 필요가 있다.

사실 **초세기** 교회는 이 사상을 바탕으로 살았다. 교회가 사회에서 소수를 이루고 있어서 주위의 비그리스도교 세계의 압력을 받기 때문에 그리스도의 역사가 교회라는 테두리를 훨씬 넘어서 작용하고 있다는 사실,[4] 곧 그

---

[3] P.-A. Liégé, Nikos A. Nissiotis, Philip Maury, *Discerning the Times: The Church in Today's World* (Techny, Illinois: Word Publ., 1968), p.150.

[4] 부친의 죽음을 당하여 행한 나지안스의 그레고리오의 말을 들어보자: "당신(자기 부친)은 우리 대열에 들어오시기 전부터 이미 우리와 한가족이셨습니다. 우리와 함께 있는 이들도 그 생활로 말미암아 실은 신도들의 공동체에서 단절되어 있음과 마찬가지로, 많은 이들이 그들의 생활양식으로 미루어 이미 신앙에 참여하고 있으며, 부족한 것이 있다면 자기가 이미 소유한 그것이 무엇인가를 미처 깨닫지 못할 따름입니다. 나의 부친 역시 그런 분이었습니다. 다른 가지에 속해 계셨으나 그 생활 모습으로 우리에게로 가까이 온 분입니다" (*Funeral Orations by Saint Gregory Nazianzen and Saint Ambrose*, Fathers of the Church, vol.22 [N.Y.: Fathers of the Church, Inc., 1953], no.6, p.123).

리스도 구속사업의 총괄적 성격을 예리하게 감촉할 수 있었다. 당대의 위대한 그리스도교 문필가들이 종교자유를 천부적 인권으로 수긍하고 국가가 이 문제에 개입할 자격이 없음을 역설한 이유도 여기 있었다. 그들은 구원이 모든 인간에게 작용할 수 있다는 가능성을 확신하고 있었을 뿐 아니라 인간의 자유란 정도正道를 떠나 방황하는 모험일 수도 있지만 그보다는 정도를 발견하고 주님과 해후하는 필수조건도 됨을 통찰했다.[5]

4세기에는 그리스도교 공동체의 상황이 일변했다. 사회 외변으로 몰려 공격을 당하던 처지에서 벗어나 (313년의 밀라노 칙령으로) 공인을 받았을 뿐 아니라 (381년의 데살로니카 포고령에 의해서) 로마 제국의 국교가 된 것이다. 복음 메시지의 선포가 공권력의 비호를 받았다. 그리하여 세계의 그리스도교화가 강력히 추진되었다. 그리스도교의 이같은 급진적 확장은 인류와 구원의 관계를 파악하는 이해에도 변화를 초래하였다. 인류에는 그리스도께 신앙을 가지고 귀의한 인간들과, 악의로 신앙을 거부한 인간들 두 부류가 있을 따름이라고 하는 사상이 대두하였다. 교부들은 여전히 구원의 보편의지를 교의로 가르쳤고, 인간들 편에서 그 구원을 자유로이 받아들일 때 비로소 하느님의 그 의지가 실현을 보는 것이라고 가르쳤다. 그렇지만 교부들은 교회의 선교활동이 그만큼 있은 이상, 구세주가 누구신지를 몰랐노라는 변명은 이미 용납되지 않는다고 주장했다. 복음의 소식은 "이미" 모든 인간에게 퍼져나갔다는 지론을 폈다.[6] 따라서 유대인도 이방인도 변명할 여지가 없다. 이같은 사상은 4,5세기에 상당한 논란과 진통을 겪으면서도 점차 널리 보급되고 확고해졌다. 중세기에 이르러서는 교회가

---

[5] "인간이 자기가 믿는 분에게 예배를 드리는 것은 인류의 법칙이요 각 개인의 자연적 권리이다"(Tertullian, "To Scapula", in *Tertullian, Apologetical Works, and Minucius Felix, Octavius*, Fathers of the Church, vol.10 [N.Y., 1950], p.152). "자유는 종교에서만 존속한다. … 아무도 자기가 믿지 않는 자에게 예배하도록 강요당할 수 없다"(Lactantius, "Epitome divinarum institutionum", 54, in *Patrologiae Latinae*, 6: 1061).

[6] 암브로시오가 두드러지게 이 지론을 폈다: "설교가의 발이 미치지 않은 곳에도, 그의 음성과 글이 이미 알려져 있다"("Commentaria in epistolam ad romanes" [10: 17-8] in *PL*, 17: 146b).

당대에 이미 알려진 세계에는 깊이 뿌리박고 공존하고 있었기 때문에 크리스천들은 실로 안녕과 평안을 누리면서 감히 "교회 밖에서는 구원이 없다" extra Ecclesiam nulla salus고 단언하기에까지 이르렀다. "그리스도를 편드느냐 그에게 맞서느냐는 곧 교회를 편드느냐 교회에 맞서느냐와 같다"는 논리이다. 그래서 교회라는 울타리 밖에서도 진리의 편모를 발견할 수 있다는 사실이 전혀 무시되었고, 아예 교회에 속하지 않은 세계가 존재한다는 것조차 생각할 수 없게 되었다. 교회는 종교 진리의 유일한 보고寶庫로 숭상받았다. 그리하여 은연중에 교회 본위의 사상이 펼쳐진 것이다. 모든 면에서 교회를 중심으로 생각하는 사고방식, 교회의 생활과 교회에 관한 고찰에다 모든 것을 집중하는 사고방식이 대두하여 현대에 이르기까지 공고한 지반을 구축해 왔다.

그때부터 모든 인간의 "천부적 인권"으로서의 종교자유가 그저 "신앙을 고백할 자유"로 대치되었다. 그래서 종교문제에 관한 자유란, "그리스도교 신앙을 받아들이라는 강박을 받지 않을 권리"라는 말과 동의어가 되었다.[7] 동시에 그에 필적할 만한 또 다른 법칙이 생겼다. 과거처럼 정치적 세력이 종교문제에 개입할 "자격이 없다"는 문제는 전혀 망각하고, 그 대신에 국가가 "종교적 오류"에 대해서 "관용"해도 되느냐는 — 그러자면 국가가 진리에 대한 일가견과 규준을 보유하고 있어야 한다 — 논제를 내놓기에 이르렀다. 어떻게 해서 이런 기상천외한 변칙이 일어났을까? 이유는 간단하다. 교회가 기존 세력의 위치에 서게 되었다는 것이다. 그래서 교회는 만사를 자기 본위로 생각하게 되었고, 공권력과 결탁하게 되었으며, 자기만이 구원의 진리를 독점하고 있다는 우월감을 가지게 되었다.

---

[7] 우리는 여기서 외교인(外敎人, paganus)과 유대인 — 신앙에 들어오지 않은 자들 — 및 이교도(異敎徒, hereticus) — 신앙을 받아들였다가 포기한 자들 — 로 분리하는 과거의 태도를 이해할 수 있다. 전자들은 신앙을 자유로이 받아들이게 할 필요가 있으니까 우리측에서 더욱 관용을 베풀어야 하지만, 후자들은 일단 진리를 받아들였다 등지고 떠났으므로 자기 탓이 있으며 따라서 엄격하고 단호하게 취급해야 마땅하다는 것이었다. 토마스 아퀴나스의 다음 글에 잘 나타나 있다: "신앙을 받아들임은 자유의 문제이나 일단 받아들인 연후에 그 신앙을 지속시키는 일은 의무적이다"(S.Th. II-II, q.10, a.8, ad 3).

그러나 "근대"에 와서는 교회의 위치와 상황이 달라지기 시작했다. 그리스도교 세계가 내부에서부터 붕괴되면서 교회는 (교회와는 별로 관계없는) 새로운 인간들을 발견하게 된 것이다. 그런 경황에서도 처음에는 극소수의 예외를 제외하고는 교회는 여전히 "교회 본위의 사고방식"을 고집하였다. 우리가 지금 논하고 있는 "종교자유"의 문제에 있어서도 "종교적 관용" 정도로 생각하였다. 유대인들에게 크리스천들은 "종교적 관용"을 베풀어야 한다는 토마스 아퀴나스의 지론을 "자기 잘못으로" 교회에서 갈라져 나간 크리스천들의 후예들에게도 해당시켰다. 19세기만 해도 종교적 관용은 ─ 프랑스 혁명이 관용의 미덕을 찬양한 데 대해 호응한다는 ─ 하나의 부산물 내지 가설에 불과했다. 그렇지만 구원의 진리가 교회에만 있었다는 원칙에는 조금도 변함이 없었다. 그래서 "현대적 자유"란 인간의 영원한 운명을 위태롭게 하는 악으로서 위험시되었다.[8]

그러나 교회가 처한 역사적 상황이 변하고 새로워짐으로써 교회는 상당한 충격을 받았다. 19세기 전반에 걸쳐 그러했지만 특히 금세기에 들어와 더욱 심했다. 드디어 제2차 바티칸 공의회는 구원의 보편의지를 전적으로 수긍하는 노선을 취하고, 교회 본위의 사고방식에서 연역해 낸, 시대에 뒤떨어진 신학 이론과 사목지침에 종지부를 찍었다.[9] 교회의 이 결단으로 우리는 종교자유에 대한 태도의 전환을 설명할 수 있을 것이다. 「종교자유에 관한 선언」은 단지 인격의 존엄성의 차원에서 문제를 간단히 해결하려고 했던 것 같다. 그러나 하느님과 인간의 상면相面에 있어서 교회가 수행하는 기능에 대한 신학적 의문을 대하는 자세가 변하지 않는 한, 종교자유의 문제가 그리 쉽게 해결을 보지는 못할 것이다.[10]

---

[8] 19세기의 교황들이 종교적 자유를 반대한 이유가 여기에 있다. 진리와 오류를 사회적으로 동등하게 대우함은 인간의 구원을 위태롭게 한다는 것이었다: cf. Giovanni Lo Grasso, *Ecclesia et Status: Fontes selecti* (Roma: Univ. Gregorianae, 1952).

[9] G. Martelet, E. Schillebeeckx 등은 이 공의회가 시작한 "교회 본위 사상의 탈피"를 크게 강조하였다. Cf. G. Martelet, "Horizon théologique de la deuxième session du Concile", *NRT* 86, no.5 (1964): 449-68; E. Schillebeeckx, *L'Église du Christ et l'homme d'aujourd'hui selon Vatican II* (Le Puy: Xavier Mappus, 1965), pp.122-35.

여기서 우리는 교회가 초세기의 교회상으로 복원하고 있지나 않나 하는 생각을 가지게 된다.[11] 그러나 너무 간단히 생각해서는 안된다. 순전한 퇴보란 있을 수 없는 법이다. 4세기에 시작하여 금세기 전반기까지 이른 과정은 "우발적인 사고"가 아니었다. 그것은 오랜 세월에 걸쳐 힘들여 배운 경험이었다. 그리고 그같은 경험이 현대의 교회의식의 일부를 이루고 있다. 오늘날 교회 내에서 일어나는 많은 현상을 그것으로 설명할 수 있다. 아울러 그러한 일이 또다시 재연되지 않도록 우리의 경각심을 불러일으키기도 한다. 초세기에는 거의 자발적이었고 직관적이었던 현상이 오늘에 와서는 반성과 비판의 성격을 띠고 나타날 것임에 틀림없다.

성사와 표지

위와 같은 과정이 있었기에 제2차 바티칸 공의회는 새로운 교회론적 시야를 개척할 수 있었다. 그 가장 현저한 예가 교회를 "성사"聖事로 밝힌 것이다.[12] 이 점은 아마 이 공의회의 가장 큰 영구적 공헌일 것이다.[13] 성사

---

[10] 해당된 이념들을 더욱 진지하게 검토한 다음 글이 참고가 될 것이다: G. Gutiérrez, "Libertad religiosa y diálogo salvador", pp.13-43.

[11] 여기에 관해서 폰 발타살(Hans Urs von Balthasar)은 다음과 같이 말했다: "수세기 동안 기회를 놓쳤지만 그래도 괜찮은 편이다. 다만 그리스도교 기본 진리들이 다시 형상을 되찾고 있다. 한때 명명백백하고 적절하게 표현되었던 그 진리들이 어쩌면 그렇게도 오랜 세월 동안 잊혀지고 등한시되어 왔는지가 수긍이 안 갈 따름이다. 결코 단절되어서는 안되었던 그 교양들을 이제 다시 복구하고 있다. … 거기에 따라서 이미 오래 전에 내려졌어야 할 결론들이, 지극히 당연한 사실을 전제로 하여, 내려지고 있다. 몇 가지 예만 들어보자: 만민이 초자연적 구원으로 부름받았다면, 은총은 어떤 방식으로든 만민에게 작용하고 있음에 틀림없다. 그리고 그같은 은총을 바탕으로 하여 크리스천과 비크리스천간의 대화도 가능하며 필요하다. … 이러한 사실들이 오늘의 크리스천들에게는 극히 위대한 사실로 보일 것이다. 실상 위대한 사실들이라는 편이 옳다. 그렇지만 교부들을 알고 있는 그들에게 이런 것들이 그렇게 새롭게 비친다는 것 자체가 놀라운 일이 아닐 수 없다. 따져보면 신기할 것이 조금도 없다"(*Love Alone* [New York: Herders, 1969], pp.122-3).

[12] *Lumen gentium*, nos.1 및 48과 9 및 59를 보라. *Gaudium et spes*, no.45; *Sacrosanctum concilium*, nos.5. 26; *Ad gentes*, no.9.

[13] "우리 견해로는, 제2차 바티칸 공의회가 교의신학 분야에서 세운 가장 큰 이정표는 교회를 '성사', 즉 그리스도의 파견을 받은 성령을 통해 이루어지는 구원의 가견적 표징으로 정의한 사실일 것이다"(H. Mühlen, "Das Verhältnis zwischen Inkarnation und Kirche in den Assagen des Vaticanum II", *Theologie und Glaube* 55 [1965]: 171). 라너는 말하기를, 후일

개념을 이용하면, 교회를 구원사업의 차원에서 생각하고 또 교회 본위의 사고방식과는 전혀 다른 용어를 구사하여 교회를 설명할 수 있다. 물론 공의회 자체도 이 사상 노선을 철두철미하게 관철시키지는 않았다. 공의회 문헌 가운데는 과거 유산을 탈피하지 못한 것도 많다. 이러한 문헌들은 교회가 추구하고 걸어야 할 길이 어느 길인가를 조심스럽게 지적할 따름이며 그렇다고 그 길을 완전히 밝혀보이지도 않는다. 그렇지만 한 가지 상기시키고 싶은 것은 처음에 공의회를 지배했던 교회 본위의 사상이 회의가 거듭되면서 뒤로 물러나고 그 대신에 새로운 요소들이 대두하였으며 덕분에 과거의 교회 본의의 사고를 청산하고 오늘날 그리스도교 신앙에 실제로 제기되는 도전에 제대로 대응할 만한 사상을 전개할 수 있었다는 것이다.[14]

신학상으로 "성사"sacramentum라는 용어는 두 가지 의미를 담고 있는데 상호 긴밀한 연관을 가진다. 본래는 그리스어 *mysterion*(神秘)을 번역한 용어였다. 바울로의 서간들을 보건대, "신비"(심오한 진리)란 "구원 경륜의 계시와 성취"를 뜻한다: "그 신비가 여러 세기와 여러 세대 동안 숨겨져 있었으나 이제 … 드러났습니다"(골로 1.26). 그러므로 복음은 "오랜 세월 비밀로 간직되어 왔던 신비의 계시"로서 "믿음의 순종을 위해 모든 이방인에게 알려지게 되었습니다"(로마 16.25-26).[15] 이 신비는 곧 "세상을 이토록 사랑하여 외아들을 주기까지"(요한 3.16) 만민을 당신께로 부르시고 성령 안에서 당신과 친교를 나누게 하신 아버지 하느님의 사랑의 신비이다. 인간들은 하나의 공

크리스천이 공의회의 역사를 연구한다면 "이 주장이 아무런 반대도 받지 않고, 또 놀라거나 'Sacramentum salutis totius mundi'(세계의 구원의 성사)라는 말이 무슨 뜻이냐고 따지지도 않고 그대로 통과된 사실이 이상하게 여겨질 것이다"고 했다(*The Christian of the Future*, p.82). 공의회가 개최되기 수년 전에 Otto Semmelroth (*Die Kirche als Ursakrament* [Frankfurt: J. Knecht, 1953])와 K. Rahner (*The Church and the Sacraments* [New York: Herders, 1963])는 이 문제에 관한 중대한 연구를 했다. 그러나 이런 연구는 "교회론을 외부적 요인들에 관한 연구로 변질시킬 염려"가 있다고 해서 꺼린 신학자들도 많았다(Cf. Jerome Hamer, *The Church is a Communion* [New York: Sheed and Ward, 1964], p.88).

[14] Cf. Metz, *Theology of the World*, p.81; *Risposta dei teologi*, p.62; K. Rahner, *Risposta dei teologi*, pp.61-2.

[15] 다음 글은 좀 오래됐으나 매우 중요한 문헌이다: D. Deden, "Le mystère paulinien", *Ephemerides Theologicae Lovanienses* (1936), pp.405-42.

동체로서 부름을 받았지 개별 인간으로 따로따로 부름을 받지 않았다: 인간들은 하나의 공동체로서 성삼위의 공동체에 참여하고, 삼위를 일체로 묶는 사랑의 회로 속에 함께 들어가라는 부름을 받은 것이다.[16] 이것이 곧 "역사 한가운데 인간사회를 건설하는"[17] 사랑이다. 하느님 아버지의 뜻은 그리스도에게서 유일무이한 방식으로 계시되고 성취된다: 그래서 그리스도를 "하느님의 심오한 진리"(골로 2,22: 참조: 골로 1,27; 4,3; 에페 3,3; 1디모 3,16)[18]라고 부른다. 같은 이유에서 초대 크리스천들은 성서, 교회, 전례의식 등을 "신비"라고 불렀으며 라틴어로는 "성사"라고 번역되었다. 성사에서 구원계획이 성취되고 계시된다. 다시 말해서 성사를 통해서 구원계획이 인간들 가운데서, 인간들을 위하여 현실화하는 것이다. 동시에 인간이 하느님을 만나뵙는 것도 이 성사를 통해서이다. 그리고 이 상면은 역사 "한가운데서" 이루어진다. 하느님이 역사 "로부터" 연원하시기 때문이 아니라 역사가 하느님께로부터 연원하기 때문이다. 따라서 성사는 하느님과 친교를 가지고 모든 인류가 하나되라는 소명을 실현시키는 계시(事效的啓示)이다.

이상에서 말한 것이 "성사"의 일차적 의미이며, 교회 초기의 수세기 동안 통용되던 의미이다. 그러나 3세기 초엽에 떼르뚤리아누스는 다른 의미를 도입하였다. 이것이 곧 성사의 이차적 의미이다. 아프리카 출신의 이 교부는 성세와 성찬의 예식을 지칭하여 "성사"라는 용어를 사용했다. 여기서부터 "신비"mysterium와 "성사"sacramentum라는 용어가 점차 구분되기 시작했다. 전자는 심오한 교의상의 진리를 표현하는 용어가 되었고 후자는 오늘날 우리가 일반적으로 말하는 성사를 지칭하게 되었다. 중세기 신학은 좁은 의미의 성사, 즉 "은총의 사효적 표상"signum efficax gratiae을 논하는 데 치

---

[16] 제2차 바티칸 공의회 문헌 가운데 신학적 비중이 큰 「교회의 선교활동에 관한 교령」(*Ad gentes*)은 구원 경륜과 그 경륜 속의 교회 사명을 성삼위의 선교에 긴밀히 결합시킨다(1-5항).

[17] Juan Luis Segundo, *Nuestra idea de Dios* (Buenos Aires: Lohlé, 1970), p.91; Eng. ed. *A Theology for Artisans of a New Humanity*, vol.I (Orbis Books).

[18] Cf. E. Schillebeeckx, *Christ, The Sacrament of the Encounter with God* (N.Y.: Sheed and Ward, 1963).

중했다. "표상"은 성사의 가견적 성격을 나타낸다: 그 표상(상징적 행동과 재료)에 의해서 하느님과 인간의 인격적 만남이 일어난다. 그리고 표상은 표상의 배후에 있는 실재(이 경우에는 친교의 은총: 이것이 곧 하느님과 인간의 "만남"의 이유이자 결과이다)를 전달한다.[19] 하느님과의 이 친교 역시 역사 내 실재이다.

교회를 일컬어 "구원을 이룩하는 일치의 볼 수 있는 성사"(「교회헌장」 9항)라고 한 것은 구원의 경륜에 관련시켜 교회를 정의한 것이다. 교회는 이 구원 경륜이 역사 한가운데서 성취됨을 인간들에게 계시하고 표상한다. 눈으로 볼 수 있는 표지로서 교회는 "하느님과의 깊은 일치와 전인류의 깊은 일치"(「교회헌장」 1항)를 표시하고 이루어준다. 교회가 사람들에게 알리고 있는 사물과의 연관하에서만 교회의 정체가 이해될 수 있다. 교회의 존재 이유는 "자기 자신"에 있는 것이 아니라 "타자"에게 있다. 교회의 중심重心은 교회 내에 있지 않고 교회 밖에 있다. 그리스도의 사업과 그분의 성령의 사업에 바로 교회의 중심이 있다. 교회를 "구원의 보편적 성사"(「교회헌장」 48항)로 설정하신 이는 성령이시다. 우주와 역사의 그리스도 안에서 이루어지는 그 충만을 향해 이끌어가시는 성령의 역사하심이 없다면 교회는 아무런 의의가 없는 것이다. 나아가서 인류 안에 계시는 그리스도와 성령의 전체적 현존을 전제로 하지 않는다면 교회는 올바른 자의식을 얻지 못할 것이다. 교회는 "타자" — 그리스도와 성령의 현존이 발생하는 이 세계 — 를 의식해야 한다. 타자에 대한 이 의식이야말로 공동체-표지community-sign로서의 교회 자체를 의식하는 선행조건이 아닐 수 없다. 교회가 타자를 의식하는 일을 기피하고 묵살하려 한다면 반드시 교회 본위의 관념, 교회중심적 관념에 떨어지게 마련이다.

주님은 당신의 "말씀"을 명시적으로 받아들이는 인간들을 통해서 또한 세계의 정체를 밝히 드러내신다. 주님은 세계가 익명의 가면을 쓰지 못하

---

[19] Cf. H. Mühlen, *Ésprit dans l'Église*, 2: 84-114; Piet Smulders, "La Iglesia como sacramento de salvación"; E. Schillebeeckx, *La mission de l'Église*, pp.42-8.

게 하시고, 세계로 하여금 세계의 역사적 미래가 가지는 궁극적 의미, 모든 인간 행위의 종국적 가치를 파악하게 만드신다.[20] 그렇다면 교회 역시 그리스도와 성령께서 현존하시고 활동하시는 이 세계를 향해서 돌아서지 않으면 안된다. 교회 자체가 세계에 의해서 "복음화"되고 "정주"定住되도록 하지 않으면 안된다. 이런 이유에서 "세계 안의 교회"의 신학을 완성하려면 "교회 안의 세계"의 신학의 보충을 받아야 한다.[21] 교회와 세계의 이러한 변증법적 관계는 "성사로서의 교회"에서 특히 강조할 필요가 있다. 여기서 우리는 역사적 교회와 세계의 관계를 새로운 각도에서 이해하게 된다. 교회는 비非세계가 아니다: 교회는 곧 말씀을 경청하는 인류이다. 교회는 역사 한가운데서 살며, 주님이 약속하신 미래를 향하여 여행하는 하느님의 백성이다. 떼이야르 드 샤르댕이 말한 바와같이 교회는 "세계 가운데서 반성을 거쳐 그리스도화한 몫"이다. 그러므로 교회와 세계의 관계는 공간의 개념에서 볼 것이 아니라 역동과 시간의 개념에서 보아야 한다.[22]

교회는 구원의 성취를 선포한다. 그러므로 성사적 공동체인 교회는 그 내부구조부터가 구원을 표시하는 것이라야 한다. 교회의 체제는 그 사명에 기인하는 것이라야 한다. 교회는 인간해방과 역사해방의 표지이기에 교회의 구체적 실존 자체부터가 "해방의 장"이 되어야 한다. 무릇 표지란 분명하고 알아볼 수 있어야 한다. 우리가 교회를 세계 구원의 성사라고 생각하는 이상, 교회의 가견적 구조부터 교회가 전파하는 메시지를 증명하도록 배려할 의무가 있다. 교회 그 자체가 목적일 수는 없다. 따라서 교회가 수

---

[20] "교회는 인간 사랑에다 그 가치를 부여하는 것이 아니다. 오히려 인간애의 종말론적 차원을 선포하고 표상한다"(Duquoc, "L'Église et le monde", *Lumière et Vie* 14, no.73 [1965]: 65).

[21] Clement, "Ensayo de lectura", *Iglesia en el mundo*, p.663.

[22] "우리는 교회와 세계를 단일한 구원계획 안에 있는 두 개의 과정 또는 두 개의 시기로 생각하여 역동적 측면에서 보아야 한다"(Liégé, *Église de Jésus-Christ*, p.164). "교회와 세계의 결정적 관계는 공간적인 것이 아니고 시간적인 것이다"(J. B. Metz, *Theology of the World*, p.94). 각도가 다르지만, 「교회헌장」의 문맥을 따라서 현세적 사물과 영성적 사물을 구분하는 문제를 재해석하는 시도도 있다: Gustave Martelet, "La Iglesia y lo temporal: hacia una nueva concepción", *La Iglesia del Vaticano II*, 1: 559-77; Lucio Gera, "La Iglesia y el mundo", *La Iglesia y el país* (Buenos Aires: Búsqueda, 1967), pp.9-19.

행하는 그 기능 — 이것이 곧 교회의 존재 이유다 — 을 통해 (표지의 배후에 있는) 실재를 얼마나 명백하게 드러내느냐가 중요하다. "하느님 나라"라는 것을 떠나면 교회는 아무런 존재 가치가 없다. 이 실재 때문에 교회는 항상 잠정적이다. 또 교회가 지향하는 목적도 이 실재의 완전한 실현에 있다. 교회의 존재 이유가 되는 하느님 나라는 이미 역사 속에서 시작된 것이다.[23] 우리가 교회는 불의한 사회질서와 단절해야 하며 그리스도교 공동체의 역동과 활력을 보충하는 새로운 교회구조를 모색하지 않으면 안된다고 역설하는 것도 이같은 교회관에 근거하고 있다. 우리는 전적으로 새로운 교회 형태와 교회구조를 모색하고 있다. 다만 그같은 형태와 구조가 어떤 것이어야 하느냐는 현재의 경험에 의지하는 것이 고작이다. 그렇다고 이런 경향을 일시적 변덕으로 몰아세울 수도 없으며, 직업적인 비주류라고 매도할 수도 없다. 그같은 움직임을 추구하는 사람들은 교회를 인류의 일치의 성사요 구원의 성사로 굳게 믿고 있으며, 오로지 해방하는 말씀에만 의지해야 한다는 깊은 신념을 가지고 있다.

다만 한 가지 인정해야 할 사실로, 신학계에서는 어느 정도 교회 본위의 교회관을 청산했으나 그리스도교 공동체 대다수의 구체적 태도에서는 아직도 요원하다. 크리스천들의 구체적 행동에 변혁이 생기느냐 아니냐가 중대하기에 이것은 퍽 심각한 문제가 아닐 수 없다. 교회 내 문제에 치중하다 보면 — 일반적으로, 특히 선진국에서는 교회 내에서 일고 있는 일종의 저항운동도 기실 교회 내의 문제를 중심으로 한 것일 경우가 많다 — 교회의 진정한 쇄신이 무엇이냐를 제대로 지적하기가 어렵게 된다. 교회가 정말 세계를 있는 그대로 분석·파악하고 실제로 세계를 위해 헌신하는 태세에 근거하지 않는 한, 참다운 교회 쇄신은 달성되지 못한다. 교회 내의 변혁은 그런 파악과 참여에 근거하여 수행되어야 할 것이다. 변화 자체에 지나

---

[23] "올바르게 이해된다면, 교회는 자기의 잠정적 위치를 선포하고 또 하느님 나라의 도래 앞에 자기가 역사 속에서 점차 소거(消去)되어감을 선포함으로써 생존함을 알 것이다"(K. Rahner, "The Church and the Parousia of Christ", in *Theological Investigations* [Baltimore, Helicon Press, 1969], p.298).

치게 부심한다는 것은 (격변의 와중에서 교회가) 살아남기를 모색하는 소행이 된다. 그러나 문제는 교회가 살아남느냐 아니냐가 아니고, 교회가 봉사할 수 있느냐 없느냐는 것이다. 나머지는 덤으로 붙는 것들이다.

라틴아메리카라는 상황에서는 그리스도교 공동체가 사회혁명의 세계에서 살아가고 종말론적 희망을 경축해야 한다. 따라서 교회의 사명도 그같은 여건을 참작하여 구명되어야 한다. 교회가 과연 복음에 충실한다면 라틴아메리카 세계의 상황과 무관할 수가 없다. 해방을 동경하고 더 인간답고 정의로운 사회를 구축하려는 그 투쟁 속에 계시는 주님의 현존을 교회가 눈으로 볼 수 있게 드러내는 표지가 되어야 한다. 그래야만 교회가 선포하는 사랑의 메시지가 신빙성있고 실효를 거두게 될 것이다.

성찬과 인간애

주님의 만찬이 거행되고 인간애人間愛가 창조되는 거기에 교회의 사명이 달성된다. 이것이 곧 구체적이고 능동적인 방식으로 교회가 세계 구원의 성사가 되는 길이다.

"나를 기념하여"

교회의 최우선의 과업은 무엇인가? 그것은 그리스도의 죽음과 부활을 통해서 인류 안에 행하신 하느님의 구원사업을 기쁘게 "경축"하는 일이다. 이것이 곧 성찬이다. 기념제이자 감사제인 성찬이다. 성찬은 그리스도의 기념제이다. 그분 생애의 의미, 곧 타인들을 위한 전적인 헌신을 항상 새롭게 받아들이는 기념제이다. 아울러 성찬은 그리스도교 사건에서 드러난 하느님의 사랑에 사례하는 감사제이다. 성찬은 하나의 축제이다. 교회가 멸망하고 또 함께 나누고 싶어하는 기쁨의 경축이다. 성찬은 교회 안에서 거행되고 교회는 성찬에 의해서 건설된다. 쉴레벡스의 표현대로 "우리가 교회 안에서 경축하는 것은 교회 밖, 즉 인간 역사에서 성취되는 일을 경축하는 것이다".[24] 이 성취 — 여기서 깊은 인간애가 창조된다 — 야말로 교회의 존재 이유이기도 하다.

성찬에서 우리는 그리스도의 십자가와 부활, 죽음에서 생명으로 건너가는 파스카, 죄에서 은총으로 건너가는 우리 자신의 전이를 경축한다. 복음서를 보면 최후만찬은 유대인 유월절을 배경으로 하여 거행된다. 유월절은 에집트로부터의 해방과 시나이 산의 계약을 경축하는 축제였다.[25] 그리스도교 유월절은 유대 유월절의 의미를 완전히 구현한 것이다.[26] 죄악으로부터의 해방은 정치적 해방의 토대가 된다. 전자는 과연 정치적 해방이 무슨 의미와 내용을 가지는가를 밝혀준다. 그렇지만 하느님 및 타인들과의 깊은 일치는 모든 불의와 착취의 철폐를 전제로 하고 있다. 성찬례가 식사중에 설립되었다는 사실에서 이 사상이 잘 표현되었다. 유대인들로서는 함께 식사한다는 것은 우호의 표시였다. 그리고 식탁을 함께한 사람들은 일종의 성약聖約을 맺는 것으로 생각되었다. 그뿐 아니라 빵과 포도주는 우애의 표지이자 동시에 창조의 선물을 암시하였다. 그러니까 성찬에 사용된 재료 자체부터가 인간애는 이 지상의 좋은 것들을 모든 인간들에게 골고루 나눔으로써 더 인간다운 세계를 건설하라는 하느님의 뜻에 뿌리를 둔 것임을 상기시킨다.[27] 성체성사 제정의 이야기를 언급하지 않는 요한 복음도 이 사

---

[24] "Dio e 'colui che verrà'", in *Processo alla religione*, p.151.

[25] 출애굽과 시나이 계약은 단일한 사건을 이룬다. 계약을 체결하신 하느님은 곧 "노예의 땅 에집트에서"(출애 20,2; 신명 5,6) 이스라엘을 구출하신 하느님이시다. 앞의 9장에서 설명했지만 이 해방은 정치적 행위였다. 이 해방에 근거해서 우리는 유월절 잔치에서 경축하던 출애굽과 계약의 의미를 올바로 해석할 수가 있다. "초기 이스라엘 신앙의 정치적 차원을 제대로 이해한 결과, 우선 폰 라트가 제시하는 식으로 계약 전승과 출애굽 전승을 역사적으로 구분하기를 학자들이 거부하게 되었다. 이스라엘 창건 사건은 하나의 공동체가 도저히 감당할 수 없는 경제적·정치적 상황에서 비롯되며, 최초로 그들의 경제적·정치적 구원을 거론하게 된다: "야훼는 그들을 거기서 구출해 내신 것이다"(J. Blenkinsopp, "Scope and Depth of Exodus Tradition in Deutero-Isaiah 40-55", *Concilium* 20 [1967]: 41-2).

[26] Cf. Joseph Ratzinger, "La destinée de Jésus et l'Église", in *L'Église aujourd'hui*, ed. Y. Congar (Paris: Desclée et Cie, 1967), pp.43-5; Luc Dequeker, William Zuidema, "The Eucharist and St. Paul (1고린 11,17-34)", *Concilium* 40 (1969), pp.48-59. 출애굽의 주제와 언어를 신약에서는 예수의 생애와 죽음에다 해당시킨다고도 한다(J. Blenkinsopp, *op. cit.*, p.50).

[27] Cf. J. M. R. Tillard, "L'Eucharistie et la fraternité", *NRT* 91, no.2: 113-35.

상을 계속 강조하고 있다. 요한 복음은 성체 건립의 기사 대신에 발을 씻는 일화 — 봉사와 사랑과 형제애의 행동 — 를 보도하고 있기 때문이다. 사건을 이렇게 대치시킨 데는 이유가 있다: 요한은 제자들의 발을 씻기는 이 일화에서 성체 건립의 가장 깊은 의미를 발견한 것이다.[28] 이처럼 성찬은 참다운 인간애의 창조와 불가분한 관계를 가지는 것이다. "그러므로 중요한 것은 성찬의 예식이며, 거기에 모인 공동체는 이차적인 것, 예식에 수반되는 우연적인 것으로서 단지 음식을 먹는 모임으로 생각하면 안된다. 당초부터 성찬은 이스라엘의 사회에서 통용되던 식사의 인간적 관념에서 보아야 한다. 성찬 예식의 근본요소는 공동체적인 것이며 인간적 우애를 조장하는 목적을 담고 있다"(J. M. R. Tillard).[29]

마태오 복음의 본문에는 경신례와 인간애의 관계가 더 분명히 나타난다: "제단에 예물을 바치려다가 형제가 당신에게 원한을 품고 있다는 것이 생각나거든 예물을 제단 앞에 두고 먼저 가서 화해한 다음에 와서 바치시오" (마태 5,23-24).[30] 주의깊은 양심을 가지라는 것이 아니라, 무릇 타인이 내게 요청해 온 바에 그만큼 비중을 두고 살아가라는 것이다: "형제가 당신에게 원한을 품고 있다는 것이 생각나거든 …." 성찬은 주님께서 인간들 사이에 깊디깊은 친교를 이루시는 은총의 행위이다. 따라서 인간 우애를 파괴한 자는 그 예식에 참석하는 데 흠이 있는 것이다. 카밀로 토레스 신부의 말

---

[28] C. H. Dodd는 이 일화가 "최후만찬을 보도하는 공관복음과 상합하며" 요한 복음에서 최후만찬 기사를 빼놓은 까닭은 "복음사가가 그리스도교 비사(秘事)를 누설시키고 싶지 않았기 때문이 아닌가" 하고 추측한다(*The Interpretation of the Fourth Gospel* [Cambridge: Univ. Press, 1955], p.393).

[29] *Op. cit.*, p.121. Rafael Ortega는 십자가의 희생을 성서적 근거에 의해서 세 가지 의미로 보았다. 첫째는 파스카의 희생제사로서, 모든 예속으로부터의 해방을 의미한다(출애 12장; 1고린 5,6-8; 1베드 1,18). 둘째는 계약의 희생제사로서 하느님과 당신 백성간에 체결되었던 옛 계약을 복구시킨 것이다(출애 19,5; 24,1; 갈라 4,4; 1고린 11,25; 히브 9,15-28). 셋째는 대속(代贖)의 희생제사로서 죄악을 분쇄한 것이다(레위 16장; 1요한 2,1-2; 로마 3,23-25), in *Biblia y penitencia, Cuestiones litúrgicas*, no.8 (Medellín). Cf. Stanislas Lyonnet, Léopold Sabourin, *Sin, Redemption, and Sacrifice* (Roma: Biblical Institute Press, 1970), pp.170-4.

[30] 불트만도 이 텍스트는 예수 친히 행하신 말씀이라고 하였다: *Theology of the New Testament* (N.Y.: Charles Scribner's Sons, 1951), 1: 17ff.

을 인용하겠다: "그리스도교 공동체는 먼저 '이웃 사랑'의 계명을 제대로 준수한 후가 아니면 진정한 제사를 바칠 수가 없다."[31] 이웃 사랑과 경신례를 별도로 분리시킨 소행은 예수의 격렬한 비난을 받았다. 예수는 예언자 계열의 전통을 계승하여 허식적인 경신례를 철저히 비판했다: "세상에 사는 이웃에게 바치는 봉사하는 관계 — 기도와 전례에서 표현되는 것도 곧 이 관계이다 — 와 연관되지 않는다면 우리의 기도와 전례와 하느님을 운위하는 우리의 언어들은 … 도대체가 공허하고 거짓되며 무익한 가공물로 전락할 것이다."[32] 바울로도 같은 관념을 지니고 있었다. 그는 성찬의 제정을 이야기하기 전에 먼저 성찬에 참여하는 데 필요한 선행조건을 열거하고 있다: 고린토인들이 주님의 만찬을 거행하려고 모이는 마당에서 애덕에 위배되는 일이 많았기 때문이다(1고린 11,17-34; 참조: 야고 2,1-4).

신약성서에서 사용되고 있는 코이노니아*koinonia*란 용어는 여러 뜻으로 쓰이면서도 통일된 의미를 담고 있다. 코이노니아야말로 성찬의 이념들을 제대로 표현하고 요약한다고 말할 수 있겠다. 콩가르는 코이노니아라는 용어가 동시에 세 가지 내용을 담고 있다고 하였다.[33] 첫째는 현세생활에 필요한 재화의 공유를 의미한다: "선행과 서로 나누는 일을 잊지 마시오. 하느님은 이런 제사를 기뻐하십니다"(히브 13,16; 참조: 사도 2,44; 4,32). 그러니까 코이노니아는 형제애의 구체적 표현이다. 바울로는 예루살렘의 성도들을 위한 의연금 모집에 이 단어를 사용했다: 즉, 고린토 교회의 신자들은 "예루

---

[31] Camilo Torres 신부가 1965년 6월 24일에 발표한 선언의 한 구절이다. 그는 자기의 "성직 의무"를 해제해 줄 것을 요청했고, 이 요청은 수락되었다. 그는 "내가 가장 고귀하게 여기는 권리 가운데 하나, 즉 사제로서 교회의 외적 전례를 거행하는 권리를 희생시키고 드디어 참다운 경신례가 집전될 수 있는 여건을 만들기 위한" 투쟁에 뛰어들었다(Camilo Torres, *Revolutionary Writings*, pp.163-4). 까밀로 신부의 이 행동은 그럴듯한 말들과 선한 의향들로 첩첩이 은폐된 현실을 가차없이 밝혀냈다고 본다. 아울러 교회의 뛰어난 사람들에게 위와 같은 딜레마를 안겨다주지 않는 교회를 건설해야 한다는 희망을 심어주었다고도 하겠다.

[32] E. Schillebeeckx, "Dio e 'colui che verrà'", p.150. L. M. Alonso Schökel은 다음 글에서 그리스도의 구원사업과 인간들의 유대의 연관성을 진지하게 논했다: "La redemption oeuvre de solidarité", *NRT* 93, no.5 (1971): 449-72.

[33] "Les biens temporels de l'Église d'après sa tradition théologique et canonique", in *Église et pauvreté*, pp.247-9.

살렘의 성도들과 그밖의 모든 사람을 아낌없이 도와줌으로써" 결국 하느님의 영광을 찬양했던 것이다(2고린 9.13: 참조: 2고린 8.3-4: 로마 15.26-27). 둘째로, 코이노니아는 성찬을 통해서 이루어지는 신자들과 그리스도와의 합일을 가리킨다: "우리가 기리는 찬양의 잔은 그리스도의 피와 사귐이 아닙니까? 우리가 떼는 빵은 그리스도의 몸과 사귐이 아닙니까?"(1고린 10.16). 셋째로, 코이노니아는 크리스천들과 성삼위 하느님과의 합일을 지칭하는 말이다: "우리가 그분과 친교를 나눈다고 말하면서도 어둠 속을 거닐고 있다면 그것은 거짓말을 하는 것이지 진리를 행하는 것이 아닙니다"(1요한 1.6: 참조 1.3). "하느님은 진실하십니다. 바로 그분으로 말미암아 여러분은 그분 아드님이신 우리 주님 예수 그리스도와 사귀도록 부름받았습니다"(1고린 1.9: 참조: 1요한 1.3). "주님 예수 그리스도의 은총과 하느님의 사랑과 성령의 친교가 여러분 모두와 함께하시기를 빕니다"(2고린 13.13: 참조: 필립 2.1).

그렇다면 형제애의 기반은 성삼위와의 깊은 친교이다. 하느님과 인간을 맺는 결합이 곧 성찬에서 "거행"된다. 효과가 있는 실재로 기념되고 선포된다. 인간 소외와 착취에 항거하여 정의와 인간 유대의 사회를 건설하기 위한 실제적 투신과 관여가 없다면 성찬식은 무의미한 것이며, 거기에 참여하는 자들에게 아무런 보증도 제공하지 못한다. 라틴아메리카의 무수한 크리스천들이 갈수록 이 점을 절감하고 있다. 그들은 자신들과 전체교회에 이것을 강력히 요청하고 있다.[34] "그리스도를 기념하는" 일은 단지 하나의 경신례의 거행이 아니다. 이것은 부활의 희망을 가지고서 십자가의 표지 밑에서 살아가기로 다짐하는 것이다. 다른 이들을 사랑하기 때문에 이 세상 권세에 의해서 죽음에 붙여진 생명의 의미를 받아들이는 것이다.

---

[34] 에콰도르 사제단의 성명서를 보자: "에콰도르의 하느님의 백성에게 봉사하는 우리로서는 이 나라 국민의 소리와 사도 바울로의 소리를 함께 외쳐야 할 때가 도래하였다고 믿는 바이다. 우리는 압제자와 피압제자들이 진실한 화해를 하지도 않은 채 같은 빵을 먹고 같은 술을 마시는 성찬의 해방사건을 더 이상 이대로 계속 집전할 수가 없는 것이다"(*NADOC*, no.204 [1971], p.169).

고발과 예보

앞서 말한 바와같이 교회의 첫째 과업은 역사 한가운데서 행하신 하느님의 구원사업을 희열을 가지고 경축하는 일이다. 이 축제로 표상하는 형제애의 조성에 있어서 전체교회는 전혀 독특한 역할 — 그러나 역사적 상황에 따라 변모한다 — 을 담당한다.

라틴아메리카에서는 오늘의 시의에 맞는 교회가 되려면 현금의 사회적 불의와, 그러한 불의를 제거하고 더 인간다운 질서를 수립하려는 혁명운동에 관해서 분명한 입장을 취하지 않으면 안된다. 그러자면 먼저 교회가 지금까지는 기존 사회체제에 깊이 결합되어 왔음을 인정해야 한다. 실상 여러 지역국가에서 교회는 "그리스도교 질서"라는 것을 수립하였고, 인간을 소외시키고 권력층이 무력한 대중을 상대로 휘두르는 잔혹한 폭력의 사태에 "신성한 가치"를 부여해 왔다. 교회는 자본주의 사회의 혜택을 독점하고 비호하는 계급으로부터 특혜를 받아누리고 있다. 그 혜택 때문에 제도적 교회는 체제의 일부로 귀속되고 그리스도교 메시지는 지배계급의 이데올로기로 전락했다.[35] 교회가 정치에 개입하지 않는다는 — 최근 보수파들이 곧잘 표방하는 — 선언 따위는 사실 현상을 그대로 존속시키려는 핑계일 따름이다.[36] 교회의 사명을 추상적으로 정의해서는 안된다. 교회의 역사적·사회적 좌표라든가, 교회의 오늘 이 자리의 여건 등을 단지 사목방침

---

[35] "라틴아메리카에서는 크리스천들까지도, 그리스도교가 오늘의 문화적 소외를 조장하는 데 크나큰 책임이 있다는 견해를 만연시키고 있다. 그리스도교는 권력층의 지배를 정당화하는 일에 협조해 왔고 지금도 협조하고 있다. 적어도 라틴아메리카에서 그리스도교는 곧 현 체제에 봉사하는 종교적 노릇을 해왔다. 그리스도교의 전례, 성당과 사업 등은 오로지 대중의 불만을 현세와는 전혀 단절된 다른 세상으로 돌려 무마시키는 역할을 해왔다. 그럼으로써 그리스도교는 불의하고 독재적인 체제에 대한 대중의 반항을 억제한 것이다"(*Juventud y cristianismo en América Latina* [CELAM 교육분과 위원회가 주관한 청년문제 세미나 결의문] [Bogota: Indo-American Press, 1969], p.22).

[36] 교회가 감히 "정치에 개입한다"는 비난에 대해서 리마의 주교단과 장로교 연합회는 다음의 성명을 발표했다: "모든 인간 행위는 불가피하게 사회적·정치적 차원을 가진다. 복음설교는 기술적이고 투쟁적인 정치활동에 개입하지 않을지라도, 인간간에 정의를 확립함으로써 사회를 변혁시킬 의무를 깊이 자각케 한다"(1971년 5월 13일자 성명: *El Comercio* [Lima], May 14, 1972, p.10).

의 적부_適否_에만 비추어 판단해서는 안된다. 이같은 좌표와 여건은 전적으로 신학의 측면에서 고려되어야 한다.

라틴아메리카에서는 — 지역 국가에 따라서 다소간의 차이는 있겠으나 — 교회가 막강한 사회적 영향력을 행사하고 있다.[37] 그 영향력을 과장하지 않더라도 몇 가지 요인만 들추어보아도, 지금까지 행사되어 온 이 역량을 알고도 남을 것이다. 그런데 불행하게도 교회의 이 영향력이 늘 기존 체제를 옹호하는 데 행사되어 왔고 지금도 행사되고 있다. 그러나 다 그렇지는 않다. 상황이 바뀌기 시작한 것이다. 변화는 느리고 약하지만 그 가운데 남미의 그리스도교 공동체의 소수파들이 점차 성장하고 있다. 이 움직임은 저지할 수 없는 추세이며 점차 세력을 확보하고 있다. 모호한 면도 없지 않으나 초기의 경험을 바탕으로 문제 해결의 기준을 확립해 가는 중이다. 이 집단에 하나의 문제가 제기되었다: 이 질문에 대해서 어떻게 답하느냐에 따라서 미래의 진로가 결정될 것이다. 즉, "소기의 변혁을 달성하기 위해서 교회의 사회적 영향력을 원용해야 하느냐?" 하는 문제이다. 혹자는 "좌익 콘스탄틴 사상"Constantinianism of the Left이 재등장할세라 교회는 정치세력을 흔적도 없이 청산해야 한다고 주장한다.[38] 이같은 우려는 우리가 간과해서는 안될 위험을 지적해 주기 때문에 일리가 있다고 본다. 그러나 우리는 정치세력을 완전히 탈피하는 길은 압제받고 착취당하는 인간들과 운명을 함께하고 그들과 더불어 정의로운 사회를 구현하기 위해 투쟁하는 길이라고 믿는 바이다. 경제권과 정권을 장악하고 있는 자들이 교회의 이같은 태도를 용납할 리 만무하다. 그들은 라틴아메리카에서 오늘날 교회가 누리는 혜택과 비호를 단절할 것임에 틀림없다. 또 실제로 그런 사태가 이미 시작되었다. 여기서 또 다른 질문이 제기된다: 교회가 사회적 영향력을 행

---

[37] 이미 서구에서는 그리스도교가 혁명정신에 끼치는 영향력이 감소되고 있다지만 라틴아메리카에서는 상황이 매우 다르다(Arend van Leeuwen, *Development through Revolution* [N.Y.: Charles Scribner's Sons, 1970]).

[38] 제8장 참조: 남미의 커다란 쟁점이다. Cf. Assmann, *Teología de la liberación*, pp.44-5.

사하지 않으면 어떻게 해서 말씀을 설교하며, 라틴아메리카 역사가 맥동하는 그 토양에다 말씀을 육화시킬 수 있겠는가? 교회가 처한 상황으로 미루어 어떻게 하면 교회가 전혀 눈에 안 띄게 활동할 수 있겠는가? 어떻게 하면 교회가 현재 라틴아메리카 사회에서 차지하고 있는 위치를 떠나서 이 대륙에서 빚어지는 불의를 고발하고 복음을 선포할 수 있겠는가? 그렇다면 라틴아메리카의 혁명운동에 있어서 교회가 그 영향력을 행사하느냐 하지 않느냐는 문제가 아님을 깨닫게 될 것이다. 그보다는 어느 방향으로, 무슨 목표를 향해서 이 영향력을 행사하느냐가 문제다: 기존 체제를 편들 것이냐 그를 반대할 것이냐, 집권층과 유대를 계속함으로써 사회적 특혜를 계속 누릴 것이냐 아니면 집권층과 결별하고 억압받는 계급을 편듦으로써 그러한 특혜를 벗어날 것이냐 하는 문제이다.[39] 요컨대 문제는 사회적 현실론이며, 이미 주어진 상황을 올바로 파악하고 그 상황을 기점으로 하여 그것을 개선하는 것이다. 어떤 상황을 만들어내느냐 하는 문제가 아니다. 이미 상황은 여기 주어져 있으며, 따라서 라틴아메리카 교회가 수행할 과업은 이미 구체적이고 역사적인 틀 속에 짜여져 있다고 보아야 한다.

  이 틀에 맞추어 라틴아메리카 교회는 형제애와 정의와 자유에 배치되는 상황, 비인간화를 초래하는 일체의 상황에 결별을 고하고 예언자적 고발을 감행해야 한다. 동시에 인간 억압 체제를 신성화하는 조작을 일체 거부하고 비판해야 한다. 교회가 라틴아메리카 사회에서 차지하는 위치는 공적인 것이므로, 교회의 이 결별과 고발도 공적으로 나타나야 한다. 이 고발이 독재국가 한가운데서 외치는 소수(때로는 오직 한 사람)의 소리일 수도 있

---

[39] 앞장 말미에서 지적한 바 있지만, 이 문제에 있어서 교회 — 교회 내의 전위파로 자칭하는 단체들도 — 가 제정(祭政) 메시아 사상으로 퇴보하는 일이 없도록 극히 조심하지 않으면 안된다. 교회는 사회 및 정치 문제에 관한 책임감을 항시 의식해야 하지만 동시에 교회의 한계성도 인정할 것이다. "정치문제에 관한 '발언'으로 간주되는 교회의 모든 말과 활동은 제도로서의 비중과 객관성을 반드시 띠게 마련이다. 교회가 결코 권력을 쥐고 있지 않다고 주장할 경우에도 그것은 엄연한 하나의 사실이다. 그러나 동시에 교회의 이같은 발언과 활동은 교회 자체만으로는 그 추구하는 바를 달성하지 못한다는 약점도 있다. … 교회가 권력을 대신하지는 못한다. 그렇다고 해서 교회가 정치 과정에 참여하지 못한다는 말은 아니다" (Hector Borrat, "¿La Iglesia para qué?" *Cristianismo y Sociedad*, no.22 [1970], pp.13-8).

다. 어떻든 교회는 자기의 신앙을 역사적 현실 앞에 비판적으로 또 창조적으로 제시할 사명(이 사명은 하느님이 약속하신 미래에 대한 희망에 근거해야 한다)을 수행함에 있어서 상황의 근본 원인들을 구명해야지, 그저 그 상황에서 결과되는 몇몇 사례만을 지적하는 일로 만족하면 안된다. 그리고 라틴아메리카의 **혁신** 교회를 위협하는 가장 미묘한 위험이 무엇이냐 하면, (비록 개혁을 시도하는 사회라 할지라도) 어떤 한 사회에 교회가 무비판적으로 동화하고 마는 일이다. 이럴 경우에도 교회가 일정한 체제를 편드는 기능적 역할을 하는 셈이 된다. 다만 여기서는 체제가 (근본 개혁은 달성 못하면서) 현저하게 드러나는 포학한 불의를 무마시키고 제거하고자 시도한다는 점에서 다를 뿐이다.[40] 그러니까 라틴아메리카의 여건에서는 교회의 고발이 현체제에 대한 철저한 비판이라야 한다. 다시 말해서 체제의 일부가 되어 있는 교회 자체도 비판해야 한다. 그처럼 넓은 안목을 갖출 때 비로소 교회는 교회 내의 문제에 집착하는 편협한 태도를 지양하고 전체사회, 그리고 혁명운동이 요원의 불길처럼 번지는 세계에 대한 참여와 투신이라는 폭넓은 시야에서 문제를 바라보게 될 것이다.

그런데 앞서 시사한 바와같이, 교회의 대對사회 비판 기능이 순전히 언어의 차원, 분명한 행동과 참여를 외면하는 외적인 차원에 그칠 우려가 있다. 예언자적 고발이 더 인간다운 세계를 건설하려는 투쟁 속에서 우러나올 때 비로소 진실한 고발이요 주효한 규탄이 된다. 복음의 진리는 실천에 옮겨야 할 진리이다. 이 점은 정말 올바르고 또 반드시 필요한 고찰이다. 라틴아메리카 사회에서 교회가 처한 구체적 여건으로 보건대, 교회측의 고발과 규탄은 단지 **성명**이나 **문헌**에 그치지 않고 **행동**이며 **처신**이라야 한다는 말이다. 교회의 사회적 영향력으로 미루어, 교회가 내놓는 말이 분명하고 예리하기만 하다면 결코 그 말이 공론으로 전락하지는 않는다. 교회가 진지하게 발언하기만 한다면, 그 발언이 기존 질서의 낡은 기둥을 무너

---

[40] Cf. M. Xhaufflaire, "L'Église de demain", *Lumière et Vie* 19, no.99 (1970): 133-54.

뜨릴 수 있고 참신한 활력을 불러일으킬 수 있다. 그렇기 때문에 교회가 발언을 하고 성명서를 발표만 해도 교회의 여러 단체나 수많은 크리스천들이 기존 체제의 앞잡이들에게 격렬한 공격과 박해를 당한다. 자유를 박탈당하고 목숨까지도 잃는다. 우리가 이 말을 하는 것은 말의 능력을 과대평가하고 구체적 행동의 가치를 무시하기 위함이 아니다. 다만 교회의 사회적 위치로 보아 그 발언만도 현실 참여의 중대한 제스처가 됨을 이야기할 뿐이다. 그런 면에서 라틴아메리카에서 교회가 처한 역사적·사회적 여건으로는 교회의 사회비판 기능은 다른 어느 지역에서도 볼 수 없는 좋은 조건을 갖추고 있다고 하겠다. 교회가 해방운동에 행동으로 관여할 가능성과 여건이 구비되어 있다는 말이다. 따라서 교회의 책임도 그만큼 막중하다.

그러나 (기존 체제와 결별하고 고발하려면) 현재와는 다른 실재를 **예고**하고 예고한 그것을 가지고 현재의 상황에 대응해야 한다: 우리는 그리스도 안에서 만민을 부르시고, 성령의 역사를 통해 그들로 하여금 당신과 친교를 맺게 하고 또한 인간들 서로를 일치케 하시는 아버지 하느님의 사랑을 알린다. 복음을 알린다는 것은 인류의 역사적 생성 그 속에 하느님의 사랑이 현존하심을 선포하는 것이다. 궁극에 가서 그리스도께로 총괄되지 않는 인간행동이란 있을 수 없음을 예고하는 것이다. 교회로서는 "역사의 성사"가 되고, 공동체 — 모든 인간이 하느님께 함께 불리었다는 표지 — 로서의 기능을 다함으로써 곧 기쁜 소식(복음)을 설교하는 것이다. 교회가 복음을 설교하는 것은 곧 하느님 나라의 도래를 예보하는 것이다. 복음 메시지는 사회적 불의의 저변에 깔려 있는 것이 무엇인가를 가차없이 밝혀낸다. 불의는 아버지 하느님의 자녀됨을 근간으로 하는 형제애를 유린한다. 그러므로 복음은 우리 눈에 띄는 개별적인 인간 소원疏遠들 근저에는 인간과 하느님을 이간시키는 근본적인 소외가 있음을 노출시킨다. 그렇다면 복음화야말로 인격화personalization의 가장 강력한 인자라 하겠다.[41] 복음에 힘입

---

[41] Cf. Carlos Alvarez Calderón, *Pastoral y liberación humana* (Lima: CEP, 1970).

어 인간은 자기의 역사적 실존의 심원한 의미를 체득하게 되며, 자기들이 전심전력하여 추구하는 형제애를 실제로 실현하리라는 능동적이고 창조적인 희망을 품고 살아갈 수 있다.

그뿐 아니다. 복음의 선포로 자극받는 인격화가 라틴아메리카 같은 여건에서는 전혀 특수하고 절실한 형태로 나타날 수 있다. 불의와 착취가 하느님 나라와 모순된다면, 하느님 나라의 도래를 예고하는 말씀은 틀림없이 그 모순성을 날카롭게 지적할 것이다. 따라서 사회불의와 인간 착취 속에서 사는 인간들이 복음 메시지를 듣는다면, 복음을 들은 사실만으로도 자기네가 부당하게 압제받는 처지에 있음을 각성하게 되고 자연히 해방을 모색하게 될 것이다. 구체적으로 말한다면 그들은 비로소 "허기를 느끼게" 되고, 자기들의 굶주림이 복음이 규탄하고 있는 그 상황으로 말미암아 초래된 굶주림임을 깨닫기에 이른다. 그러므로 복음의 선포는 인간으로 하여금 자신의 상황을 각성하게 만드는 **의식화** 기능conscienticizing function, 다른 말로 표현하자면 **정치화** 기능politicizing function을 한다. 하지만 해방운동에 투신하면서, 국민 대중 및 착취당하는 사회계급과 구체적이고 실질적인 유대를 맺으면서 복음을 선포하고 생활화할 때에만 이것이 가능하다. 그 사람들이 전개하는 투쟁에 참여할 때에야 비로소 우리는 복음 메시지의 함축적 의미를 터득하게 되고, 그것을 역사에다 연결시킬 줄 알게 된다. 그러므로 이같은 노력을 회피한다면 말씀의 설교는 공허하고 비역사적인 것이 되고 만다.[42] 그런 말씀은 해방하시는 하느님의 말씀이 아니며, 아르게다스 José Mariá Arguedas의 표현대로 "다시 세우시는 분"의 메시지는 결코 아니다.

---

[42] 남미의 사목활동이 갈수록 이 방향으로 나아가는 중이다: Segundo Galilea, *La vertiente política de la pastoral* (Quito: Instituto Pastoral Latinoamericano, 1970), pp.7-16. "우리는 교회가 하나의 역사적·사회적 현상인 이상 언제 어디서나 정치적 차원을 보유함을 알아야 한다. 교회가 자기 행동지침을 미처 수립하지 못하고, 특정한 상황에 대한 입장을 확립하기 전에도 마찬가지다. 오늘날 흔히 보듯이, 교회가 정치문제에 선험적(先驗的)으로 중립적이며, 중립적이어야 한다는 주장이 나도는 것은, 교회가 비판의 기준을 확보하지 못하고 있거나 기존 정치체제를 비호하는 데 봉사하고 있음을 입증한다"(J. B. Metz, "Presencia de la Iglesia en la sociedad", *Concilium* [Dec. 1970], p.248).

교황 비오 12세가 인간관계를 "횡적으로"만 보았다고 비난할 사람은 아무도 없을 것이다. 교황이 되기 수년 전 — 그때는 에우제니오 빠첼리 추기경이었다 — 그는 "교회는 복음화함으로써 문명화한다"는 명언을 했다. 이 말은 아무런 이의없이 교계에 받아들여졌다. 오늘날 라틴아메리카의 배경에서는 "교회는 복음화함으로써 정치화해야 한다"는 말로 바꾸는 것이 좋겠다. 그러면 이 명제를 사람들이 이의없이 받아들일 것인가? 그럴 것 같지는 않다. 이 명제가 마음에 들지 않을 사람들이 너무도 많다. 그들은 이것은 곧 복음 메시지를 "인간화"하는 소리라고 비난하거나, 위험스럽고도 속임수가 많은 "현세주의"에 떨어질 염려가 있다고 경고할 것이 틀림 없다. 이런 반응을 어떻게 해석할 것인가? 그것은 "정치 영역"에 대한 현대적 개념을 가지지 못한 사람들(의외로 숫자가 많다)이 복음이 소위 "빨치산 운동"(그들은 인간해방을 위한 투쟁을 이렇게 보고 있다)으로 "전락"됨을 원치 않는다는 사실로도 어느 정도 설명할 수 있겠다. 그러나 그보다 심각한 반발을 하는 사람들은 그들이 아니다. 라틴아메리카 국민 대중 안에 진정한 정치의식이 성장할까봐 두려워하는 사람들, 복음 메시지가 정치의식의 성장과 발달에 도움이 될까봐 꺼리는 사람들의 반발이 훨씬 노골적이다. 교회가 세계를 "문명화한다"고 할 때에는 그들도 별다른 반응을 보이지 않았다. "문명화"라는 용어는 도덕적·문화적·예술적 가치의 신장이라든가, 극히 일반적인 의미에서의 인간 존엄성의 보호 따위로 적당히 번역하고 중화시키면 되었다. 그러나 "정치화"라든가 "의식화"라는 용어는 — 오늘의 라틴아메리카 상황으로 미루어 — 체제의 전복을 강력하게 시사하고 있다. 약자들을 착취하고 압제하는 "제도화된 폭력"에 대항하여 약자들이 투쟁하고 정의가 군림하는 사회를 건설하고자 투신하는 것이 과연 기존 체제와 영합한 도덕적·문화적·예술적 가치의 신장보다 덜 인간적이고 부도덕하며 "문명화"에 상반된다고 감히 말할 수 있을까? 지라르디는 "제도화된 폭력은 제도화된 허위와 공존하는 것이 상례이다"[43]고 했는데 참으로 적절한 말이라 하겠다.

교회가 (세상을) 복음화함으로써 세상을 정치화한다고 해서 복음이 곧 인간들에게 정치의식을 각성시키는 도구로 환원된다는 말은 아니다. 또 인간의 모든 염원을 불러일으키고 변화시키고 전혀 예측 못한 방식으로 채우는 아버지 하느님의 계시가 무효하게 되었다고 주장하는 것도 아니다. 우리가 하는 말은, 복음은 "전체적 사랑"의 메시지를 담고 있는 까닭에 불가피하게 정치적 차원을 가진다는 것이다. 왜냐하면 그 복음을 설교하는 대상이 사회관계의 조직 속에서 ― 우리 남미의 경우는 인간 이하의 조건에서 ― 살고 있는 인간들이기 때문이다. 우리의 소신을 비판하는 자들은 과거에 비오 12세가 복음을 "문화사업"으로 전락시켰다고 비난한 적이 있었던가? 그렇다면 과거에는 그렇게 생각지 않았으면서 왜 지금 와서는 우리를 비난하는가? 대답은 간단하다: "문화화한다"라는 말은 그자들이 "이" 세상에서 향유하는 특권적 위치를 위협하지 않는 것으로 보이는 데 비해서, "의식화"나 "정치화" 또는 압제받는 인간들로 하여금 자기도 하나의 인간임을 각성시키는 움직임은 그자들의 특권을 위협하는 까닭이다.

복음을 모든 점에서 중화되고 무해하게 처리하여 전달할 수는 없다. 복음의 "의식화" 기능은 교회의 사목활동을 전반적으로 개혁하고 쇄신해야 한다. 교회의 사목활동이 독재국가들에서 압제받는 인간들에게 우선적으로 베풀어져야지, 오늘날 체제 속에서 모든 혜택을 누리는 인간들을 우선적인 대상으로 해서는 안된다. 더 적절히 말하자면, 억압받는 자들이 스스로를 위해 사목활동을 전개해야 한다. 그리스도는 사회에서 밀려나고 천대받는 인간들을 찾아서 세상에 오셨다. 그럼에도 불구하고 그리스도의 교회에서는 천대받고 무력한 인간들의 소리가 아직도 용납되지 못한다.[44] 우연한 일은 아니다. 정말 그들이 교회 안에서 자기 자리를 차지하는 날, 교회의 구

---

[43] G. Girardi, "Amore cristiano e violenza rivoluzionaria", *La violenza dei cristiani* (Assisi: Cittadella, 1969), p.110.

[44] "압제와 소외 한가운데 자리잡은 교회는 아직도 출현하지 않고 있다"(Pedro Negre. "Biblia y liberación", *Cristianismo y Sociedad* [1970], p.70).

조와 가치관과 활동이 철저한 개혁을 맞을 것이 분명하다. 그때는 이 세상 재화의 소유주들이 곧 복음의 "소유주"인 양 행세하지 못할 것이다.

라틴아메리카의 혁명운동 요구가 복음을 너무 단순화하고 "혁명 이데올로기"로 만들 위험이 없다고 단언한다면 물론 지나친 속단이다. 또 이러저러한 위험이 있다는 사실을 지적함으로써 벌써 그같은 위험을 벗어났다고도 못한다. 그러나 무조건 무서워하기만 해도 안된다. 위험을 직시하고서 그 원인들을 분석하고, 투쟁에 헌신하고 있는 크리스천들에게 중대한 의의를 가지는 요인들을 냉철히 포착해야 한다. 우리는 어쩌면 복음의 정치적 활용을 은폐하고 싶어하기 때문에 은연중에 위의 태도를 회피하는지도 모른다. 공공연히 말은 안하지만 행동으로는 복음의 정치적 활용을 무산시키거나 자기들에게 편리한 방향으로 유도하는 자들은 복음의 "순수성"에 대해서 할 말이 없을 것이다. 이론상으로는 (현세를 초탈한 것 같은) "수직주의"를 운위하는 행동으로는 (이 세상만을 바라고 사는) "수평주의"를 실천하는 인간들에게서는 진실하고 적정한 해답을 기대할 수 없다. 문제는 있다. 그렇지만 바로 문제의 근저에서 해결을 찾아내지 않으면 안된다. 복음 메시지가 순전한 역사적 영역 속으로 함몰되어 버리는 것처럼 보일 때, 그때 우리는 반성적 고찰을 전개하고 영성을 모색하며, 그리스도교 메시지를 지금 이 자리에 육화(육화는 상실이 아니다)시켜 선포하는 새로운 설교방법을 고안해야 할 것이다.[45] 세뉘의 말대로, 복음화란 복음을 시간 속에 육화시키는 것이다. 이 시대는 오로지 어둡고 난감하기만 할는지 모른다. 그러나 그것은 주님이 어떻게 이 시대에 현존하시는가를 모르는 사람들과 주님이 이 시대에 현존하심을 믿기 어려워하는 사람들의 이야기이다.

고발과 예보를 유효적절히 수행하는 방법은 점차적으로 밝혀지리라 믿는다. 우선 시대의 징조들을 "영속성있는" 방식에 맞추어 조심스럽게 연구하면서(「사목헌장」 4항), 특수한 상황들에 대응하되, 영속적인 것을 특수한 상황

---

[45] Cf. Hector Borrat, *op. cit.*, pp.26-9.

하나하나에 반드시 적용하기로 요구해서도 안된다. 시행착오로 일을 추진해야 할 순간들도 있는 법이다.[46] 전체교회의 행태를 규정할 노선을 미리부터 확립하기란 어렵다. 교회는 자기가 처한 그 순간이 어둡든 밝든 그 순간의 요청을 받아들이면서 항상 복음에 충실하고자 노력하면 된다. 흔히 신학이란 사건과 시간이 흐른 다음 후일담처럼 쓰여지는 수가 적지 않다.

그런데 불확실한 시행착오 과정이 있다고 해서 사태의 시급성과 필연성을 소홀히하거나, 무엇이 영속적인가 — 복음의 예보는 인간 역사에 하느님이 약속하신 미래를 열어보이고 현재 하느님이 행하시는 사업을 계시한다는 사실 — 를 망각하면 안된다. 한편, 복음의 예보는 인간사회에 형제애와 정의를 성취하는 성공 하나하나가 곧 "총괄 친교"로 나아가는 일보임을 말해줄 것이다. 마찬가지로 복음은 인간이 성취한 것은 무엇이나 불완전하고 잠정적임도 말해줄 것이다. 복음이 이상에서 열거한 기능을 발휘하는 것은 어디까지나 인간과 역사에 관한 총괄적 시야에 근거해서이다. 제각기 자기 나름의 비판 기준을 가지는 초점들을 이리저리 짜맞춘 것이 아니다. 그리스도교 메시지의 예언자적 성격은 "항상 종말론적 관점과 전망에서 작용하게 마련이다. 종말론 사상에 의하건대, 역사는 — 종말론적 종국이 오기 전에는 — 결코 완전한 성숙에 도달하지 못한다. 따라서 어느 역사적 시점에도 반드시 그 시점을 위한 새로운 가능성이 주어져 있다".[47]

---

[46] 하느님의 백성이 각기 처한 위치에 따라 여러 가지 처신을 할 수도 있다. 교도권은, 주어진 상황의 특수성 때문에 전혀 독특한 입장도 나올 수 있으리라는 생각을 가지고 문제에 임해야 한다. 어떤 상황에도 적응시킬 추상적 원리원칙에 입각하여 고정된 규범을 설정하지 말고, 역사적 결단의 차원에서 상황에 대처하는 것이 중요하다. 그런다고 교회 권위가 실추되는 것은 아니다. 도리어 이익이 된다. 메델린 주교회의 문헌들이 그 좋은 예라 하겠다. 그 문헌들은 "오늘날" "주어진 상황에서" 시기가 적당하건 "적당하지 못하건" 하느님의 말씀을 설교하고자 시도한 문헌들이다. 쉴레벡스는 이 문제를 다룬 어느 글에서 "지금으로서는 '이' 특수한 문헌이 교회 공동체에게는 '지금 이 자리에서' 듣는 말씀으로 들릴 것이다"고 했다 (E. Schillebeeckx, "The Magisterium and the World of Politics", *Concilium* 36 [1968], p.37).

[47] Lucio Gera, "Reflexión teológica", *Sacerdotes para el Tercer Mundo* (Buenos Aires: Ed. del Movimiento, 1970), p.141. "예언사상은 모든 장소와 신전, 민족이나 국가를 비신성화할 뿐 아니라 모든 시간을 비신성화한다. 예언사상은 어느 제국이나 어떤 문화나 어떤 정치·경제·사회 체제를 최종적이고 결정적인 것인 양 숭상하는 일이 없다"(p.142).

다른 한편, 인간간의 형제애가 가능하며 반드시 성취되리라고 긍정함으로써, 복음 메시지는 크리스천들의 역사에의 투신을 자극하고 철저하게 만들 것이다. 우리가 믿고 사랑하고 희망을 가지는 하느님 사랑의 선물은 역사 한가운데, 그리고 오직 역사 안에만 있다.[48] 그런즉 인간 소외와 강자의 폭력에 항거하고 더 정의롭고 더 인간다운 세계를 건설하기 위한 투쟁을 회피하려는 술책은 하느님께 대한 크나큰 불충이다. 하느님을 아는 것은 정의를 행하는 것이다. 따라서 정의 외에는 하느님께 이르는 길이 없다.

크리스천 형제애와 계급투쟁[* 이 부분은 초역(抄譯)임]

인간적 형제애는 우리가 하느님의 자녀라는 사실에 궁극적 근거가 있다고 했다. 그런데 이 형제애는 역사 속에서 형성되는 것이다. 오늘의 역사는 이 형제애의 건설을 저해하는 갈등으로 가득 차 있다. 이 시대의 가장 두드러진 현상은 인류가 압제자와 피압제자, 생산수단의 소유자들과 자기 노동의 성과를 탈취당하는 자들, 다시 말해서 서로 적대하는 두 개의 사회계급으로 분열되어 있다는 것이다. 그러나 이것뿐이 아니다. 분열에는 대립과 투쟁과 폭력이 수반된다. 과연 이같은 상황하에서 우리는 복음적 애덕을 실생활에 옮길 수 있을까? 어떻게 하면 사해동포의 박애와 특정한 사회계급에 대한 편중을 공존시킬 수 있을 것인가? 교회는 항상 일치를 천명하는데 계급투쟁은 인간들을 분열시킨다. 교회의 일치와 계급투쟁은 공존할 수 있는가?

방금 열거한 질의는 크리스천 양심을 점차 무겁게 내리누르고 있다. 어떻게 보면 공의회가 주제로 삼은 "현대세계 내의 교회의 현존"의 구체적인 의미가 사실상 이 질문들에 달려 있다고 해도 과언이 아니다. 라틴아메리카의 경우를 보면 "현대세계 내의 교회의 현존"이란 교회가 혁명의 와중에

---

[48] 쉴레벡스는 신앙이 "인간의 나라" 건설을 동시에 상대화하고 또 철저화하는 두 기능을 가지는 사실을 잘 포착했다: "Foi chrétienne et attente terrestre", *L'Église dans le monde de ce temps* (Tours: Mame, 1967), pp.151-8. Cf. W. Kasper, "Faut-il encore la mission extérieure?", *Église et Mission*, no.180 (1970), pp.180-92.

있는 세계, 지극히 미묘한 형태에서부터 거창하고 노골적인 형태에 이르기까지 갖가지 형태로 폭력이 난무하는 세계 속에 자리잡는 것을 말한다.

제2차 바티칸 공의회는 세계를 향해서 교회의 문을 열었다. 이 새로운 노선은 결코 철회할 수 없게 되었다. 공의회 문헌들을 본다면 적극적이고 평화적인 각도에서 세계를 묘사하고 있긴 하지만, 그뒤로 교회는 그 세계 속에 만연해 있는 갈등과 대립을 확연히 의식하기 시작하였다. 교회는 세계를 향해서 자기를 기쁘게 투여하고 세계에 봉사하고자 한다. 그러나 교회는 세계에 대한 자기의 봉사가 예측하지 못한 요구와 도전을 받게 됨을 자각하기 시작한 것이다. 현대세계의 주요 문제들은 그리스도교 공동체의 사상과 생활을 크게 위협하지만, 교회로서는 더 이상 이 문제들을 기피할 수 없게 되었다. 그중에서도 계급투쟁은 가장 심각한 문제다. (중략)

계급투쟁은 우리의 경제, 사회, 정치, 문화, 종교의 일부이다. 계급투쟁의 기원과 진전, 정확한 한계와 미묘한 차이와 양태 등은 사회과학의 분석 대상이며 과학적 합리성의 연구 분야라고 해야 마땅할 것이다.[49]

우리의 종교적·도덕적 견해가 무엇이냐에 상관없이 계급투쟁이 있다는 사실만은 인정해야 한다. 계급투쟁이란 기실 조작된 것이며, 우리 사회를 이끌어가는 규범과는 이질적인 것이요, "서구 그리스도교 문화"의 정신에 배치된 것이요, 사실 선동자들과 불평분자들의 조작에 불과하다고 주장하는 사람들도 있다. 그런 사람들의 사고방식과 발언이 그렇더라도 그들의 말 속에서 한 가지 사실만은 분명히 암시되고 있다: 압제와 착취, 따라서 계급투쟁을 의식하고 경험하는 사람들은 누구보다도 "서구 그리스도교 문명"에서 소외된 인간들, 교회 내에서 발언권을 얻지 못하는 인간들이라는 점이다. 계급투쟁을 의식하는 사람들이 주로 사회의 권외자(圈外者)라고 해서 사회의 중심부에는 이 투쟁이 존재하지 않는다는 논리는 서지 않는다. 사

---

[49] 여기서는 분명히 밝혀야 할 점들이 너무도 많다. 일정한 하나의 사회구조를 분석한 것을 다른 사회에 그대로 적용하지는 못하기 때문이다. 일단 하나로 체계화하려다간 현실을 왜곡하게 된다. 그래도 연구는 해야 한다. 다만 이 연구가 주어진 상황에서 발생하는 계급투쟁을 현재사회의 중심에서 따로 적출해 내는 방법에만 부심해서는 안된다.

회 중심에서 이 사회를 다스리고 지도하는 사람들 때문에 피착취자들이 존재하는 것이다. 그러므로 계급투쟁은 그 체제에 의해서 무엇이 파생되는지 모르는 인간들, 무엇이 파생되는지 알고 싶어하지 않는 인간들의 착오에서 발생한다. 수년 전 프랑스 주교단의 성명대로 "계급투쟁은 결코 부인할 수 없는 기정사실이다. 이 계급투쟁이 누구의 책임이냐를 따진다면 일차적으로는 노동계급을 불의부당한 상황에 고의적으로 붙잡아매두고 그들의 단체적 향상을 방해하며, 스스로 속박을 벗어나려는 그들의 노력을 억압하는 자들의 책임이다".[50]

계급투쟁을 운위한다고 해서 그가 악의로 사실무근의 허위를 날조하여 그것을 "주창"主唱하는 것은 아니다. 어디까지나 사실 그대로를 인정하면서, 그 사실이 있음을 사람들에게 인식시키려 할 뿐이다. "사실"보다 분명한 것은 없다. 그같은 "사실"을 인정하지 않는다면 그것은 자신을 기만하고 남을 기만하는 소행이며, 계급투쟁이라는 불미스러운 상황을 근본적으로 해소시키는 데 — 계급 없는 사회를 추진하는 데 — 필요한 수단을 스스로 폐기하는 짓이다. 역설적인 현상이지만, 소위 집권층이 계급투쟁을 "주창한다"고 지목하는 이런 움직임도 실은 투쟁의 원인들을 제거하려는, 다시 말해서 원인들을 단지 은폐하는 데 급급한 것이 아니라 그것들을 발본색원하려는 뜻, 그저 입으로만 사회평등을 떠드는 것이 아니라 다수의 노동의 대가로 형성된 부를 소수가 독점하는 현상을 제거하려는 뜻을 나타내고 있다. 이것은 곧 피상적이고 허위적인 평등의 사회가 아닌 더 자유롭고 정의롭고 인간다운 사회를 창건하겠다는 의지이다. 따라서 계급투쟁을 운위하는 것은 … 인간사회를 저해하는 상황을 근본적으로 타개하고 참다운 인간 공동체를 창건할 목적에서, 이러저러한 사실이 존재하며 그 사실이 인간들을 분열시키는 심각한 사태를 조성하고 있음을 인정하자는 것이다. 〔중략〕

---

[50] Comisión Episcopal del Mundo Obrero (Oct. 1968), in R. Poterie, "Lutte de classes", *Masses Ouvrières*, no.271 (1970), p.9.

계급투쟁은 교회의 일치를 위협한다. 따라서 우리는 "일치"의 의미를 재정의할 필요가 있다.

교회는 오늘날 상호 적대시하는 두 개의 사회계급으로 분열된 세계 ─ 전세계의 차원에서나 국지적 차원에서나 이 분열은 상존한다 ─ 안에 자리잡고 있다. 교회는 우리 사회 속에 위치하고 있는 이유만으로도 그 사회에서 일고 있는 사실을 모르는 척할 수 없다. 더군다나 그 사실은 교회 내에도 존재하는 것이다. 교회의 성원인 크리스천들이 대치된 두 계급에 각기 소속되어 있다. 이는 그리스도교 공동체 자체가 이 사회 분열로 말미암아 양분되어 있음을 뜻한다. 따라서 세계의 구체적 상황을 고려하지 않고서는 교회의 일치를 운위할 수 없다.[51]

만일에 가공적이고 형식적인 일치를 내세워 이 심각한 사회 분열을 은폐하려 한다면 이는 어렵고도 알력이 심한 현실문제를 회피하고 결정적으로 지배계급에 영합하는 행위이다. 이는 현세의 우연지사들에 초연해야 한다는 종교적 자세를 이유로 하여 그리스도교 공동체의 참된 모습을 변조시키는 것이다. 그런 경우에는 예컨대 사제를 일컬어 "일치의 인간"이라 한다는 것은 실은 그를 기존 체제에 소속된 인간으로 만들려는 소치가 된다. 말하자면 대중 대다수를 착취하는 압제의 체제가 그래도 자기 체제를 정당화하고 체제의 영속을 정당화하는 데 사제라는 인물을 이용하는 것이다. 교회가 착취당하는 대중들에게 막강한 영향력을 쥐고 있는 라틴아메리카 같은 지역에서는 이런 일이 얼마든지 가능하다.〔중략〕

일치는 하느님의 선물이자 인간의 역사적 성취이다. 일치는 이미 주어진 무엇이 아니다. 일치는 하나의 과정이며, 인간들을 분열시키는 모든 것을 극복하려는 노력의 소산이다. 일치는 그리스도 사업의 중심을 이룬다: 그리스도 안에서 인간들은 아버지 하느님의 자녀가 되고 인간들끼리는 형제

---

[51] 교회일치를 운위하면서 흔히 간과하는 문제다. 교회론 대저로 꼽히는 다음 책자들에도 이 문제는 전혀 언급되지 않고 있다: Mühlen, *Ésprit dans l'Église*; Küng, *Church*; Congar, *L'Église: Une, sainte, catholique et apostolique* (Paris: Éditions du Cerf, 1970).

가 된다. 그리스도를 우리 주님으로 고백하는 사람들의 공동체인 교회는 인간들의 일치의 표이다(「교회헌장」1항). 세계의 일치가 없이는 교회의 일치가 본연의 모습대로 성취되지 못한다. 근본적으로 분열된 세계에서는 교회 공동체의 기능은 인간 분열의 궁극 원인들을 상대로 투쟁하는 데 있다. 이 참여와 투신만이 교회를 일치의 표가 되게 할 수 있다. 오늘날, 특히 라틴 아메리카에서는 교회의 일치는 피압제자들을 편들도록 요청한다. 그들을 편든다는 것은 이 사회 분열을 일으키는 요인에 대항하는 솔직하고 단호한 방도이다. 소외되고 착취당하는 자들을 해방하는 운동에의 참여와 역사적 과정 속에서 교회 자체가 일치를 보게 될 것이다.[52] 그러므로 일치는 입으로만 "주님, 주님" 하는 사람들 사이에 도모되는 것이 아니고 "아버지의 뜻을 준행하는" 사람들 사이에 도모된다.〔중략〕

이러한 전망은 교회 연합 일치운동에도 많은 유의사항을 제시한다. 라틴 아메리카에서는 신앙고백의 내용이 서로 다른 크리스천들이 불의와 비참에 대해서 비슷한 입장을 취하고 있는데 이것이 교회 내의 문제를 놓고 토론하는 것보다 그들을 훨씬 강력하게 결속시키고 있다. 그러니까 사회문제를 기점으로 시작한 교회 일치운동은 유럽의 그것과 상당히 다르다.[53] 세계 내의 교회의 현존과 소외당한 인간들에 대한 투신이라는 실제적 문제 때문에 라틴아메리카 크리스천들의 일치와 분열은 과거와는 다른 양상과 이유를 띠고 있다.[54] 그리스도 안에서 일치의 선물을 받아들이고 역사 한가운데서 활동하시는 성령의 은혜를 받아들이는 그 길이 교회 바깥으로 나 있다는 말이다. 과연 새 형태의 에큐메니즘ecumenism이 태동하고 있다.[55]

---

[52] "교회는 이미 '하나' 이지만, 교회가 이 세상을 순례하는 나그네인 한에는 항상 자신의 불완전한 일치 때문에 대가를 치르고, 더 큰 일을 향해 노력하지 않으면 안된다. 일치는 평화와 마찬가지로 부단히 성취해야 하는 무엇이다"(Gera, *op. cit.*, p.125).

[53] Cf. Jorge Mejía, "El encuentro anglicano-católico romano de Bogotá", *Criterio*, 1615 (March 11, 1971), pp.111-4.

[54] Cf. Noel Olaya, "Unidad cristiana y lucha de clases", *Cristianismo y Sociedad* (1970), pp.61-8.

만일에 그리스도교 공동체의 역사적 · 사회적 여건을 고려하지 않는다면, 여하한 신학도 비판적이고 온건한 신학이 되지 못하며, 오로지 기존 상황을 유지하고 현실을 도피하려는 태도를 정당화하는 데 기여할 따름이다. 그와 반대로 만일 교회가 분열되고 알력에 찬 사회, 그러면서도 더 인간다운 세계를 창건하고자 노력하는 사회에 처하고 있음을 인정하고 그 사회의 구체적 현실에서 신학을 출발시킨다면, 그때는 교회론의 새로운 방향을 발견하게 될 것이다.

---

[55] Cf. Y. Congar: "Do the New Problems of our Secular World make Ecumenism Irrelevant?" in *Post-Ecumenical Christianity*, ed. Hans Küng, *Concilium* 54 (New York: Herder and Herder, 1970), pp.11-21.

제13장

가난과 인간의 연대성

최근 십수년 동안에 교회 내에서는 가난*에 대한 더 확실하고 근본적인 의미와 가치가 재발견되고 있다.[1] 처음에는 신설 수도회들에서 이 현상이 일어났다. 이 운동은 곧 "수도적 청빈"이라는 좁은 테두리를 벗어나 교회 내에 보급되었으며, 자연히 교회의 몇몇 부류에게는 도전과 문제로 부각되었다. 청빈은 현대 그리스도교 영성의 주제가 되었고, 그만큼 심한 논란의 대상이 되고 있다. 가난한 그리스도를 성실히 모방하려는 노력에서 출발하여 그뒤로는 전체교회가 현재 가난의 문제에 과연 올바른 식별을 하고 있느냐는 점을 놓고 비판적이고 투쟁적인 자세가 교회 안에 일어나고 있다.

이 문제에 관심을 가진 사람들이 요한 23세를 필두로 제2차 바티칸 공의회의 문을 세차게 두드렸다. 공의회 개최 준비를 알리는 중대 메시지에서 요한 23세는 참으로 건설적인 시야를 열어놓았다: "저개발국가를 거론함에 있어서 교회는 자기 본연의 모습 또는 마땅히 정립해야 할 자기 모습을 보여줘야 한다. 다시 말해서 만민의 교회, 특히 가난한 자들의 교회로 나타나야 한다."[2] 그래서인지 공의회 제1회기 때부터 청빈은 크게 부상했다.[3]

---

* 문맥에 따라 "가난"(일반적 의미), "청빈"(종교적·수도적 의미), "빈곤"(제거해야 할 악으로서의 가난) 등으로 번역했다 — 역자 주.

[1] 본장은 1967년 7월 본인이 몬트리올(Montreal) 대학에서 행한 연속강연을 요약한 것이다. 제목은 "교회와 가난의 문제"였다. 약간 수정을 가하고 참고 문헌은 개편했다.

[2] 1962년 9월 11일 라디오 메시지: cf. *The Pope Speaks* 8, no.4 (1963): 396.

[3] "우리가 가난한 자들의 복음화 문제를 공의회 주제 가운데 하나로 거론하지 않는다면, 우리는 우리 시대의 참으로 진지하고 심각한 요구를 무시하는 것이며, 모든 인간이 참여하는 일치에의 염원을 저버리는 것이다"(1962년 12월 6일 레르까로 추기경의 연설: cf. *La Documentation Catholique* 60, no.1395 [1963], col.321, n.2).

청빈문제만을 거론한 「초안 14」가 작성되기까지 했다(이것은 「현대세계의 사목헌장」의 초안으로 작성된 「초안 13」 바로 뒤에 삽입되었다). 그러나 공의회의 최종 성과를 청산하고 보면 기대에 크게 어긋났음을 알 것이다. 공의회 문헌들은 수차 청빈문제에 언급하기는 했지만 그다지 큰 비중을 두지는 않았다.[4] 오히려 뒤에 나온 「민족들의 발전에 관한 회칙」*Populorum progressio*이 청빈에 관련된 문제점들에 구체적이고 명백한 입장을 취했다고 하겠다. 그러나 비참과 불의가 만연한 대륙에서 가난의 중요성을 설교하는 일은 여전히 교회의 사명으로 남아 있다. 교회가 선포하는 복음설교가 얼마나 진정한 것이냐는 교회의 청빈의 증거에 달려 있다.[5]

근자에는 청빈이 주로 영성의 분야에서 거론되어 왔다.[6] 인류 대다수의 수탈과 착취에 근거한 부와 권력에 매혹된 현대세계에서는 청빈이야말로 성화聖化로 나가는 불가피한 선행조건이 되었다. 그리하여 그리스도의 청빈을 상기시키는 성서 본문을 연구하고 묵상하는 굉장한 노력이 집중되었고, 청빈을 증언하는 그리스도의 영상을 찾아내고자 애썼다.

바로 최근에는 더 풍부하고 정확한 성서 주석학을 토대로 한 신학적 고찰이 등장하였다. 이상의 여러 노력에서 한 가지 사실은 분명해졌다. 청빈의 개념이 지금까지 신학에서 거의 다루어지지 않았으며, 아직도 그 개념이 불분명하다는 것이다.[7] 그것을 해석하는 노선들은 천차만별하며, 다양한 주석학들이 여전히 기승을 떨치고 있는가 하면, 청빈의 전모를 파악하는 데 장애가 되는 이론들도 많다. 그래서 우리들도 명석한 관념적 정립보다는 직관에 의지하여 문제를 해결하려는 유혹을 받기 쉽다.

---

[4] *Lumen gentium*(16회), *Gaudium et spes*(14회)에 주로 언급된다. *Lumen gentium* 제8항이 가장 중대한 내용 문헌이다.

[5] 메델린 문헌과 제7장에 인용된 남미 교회들의 문헌 참조.

[6] Pie-Raymond Régamey, *Poverty: An Essential Element in the Christian Life* (N.Y.: Sheed & Ward, 1950); R. Voillaume, *Seeds of the Desert* (Notre Dame: Fides, 1955); Paul Gauthier, *Christ, the Church and the Poor* (Westminster: Newman Press, 1965).

[7] "아예 초보부터 시작해야 할 만큼 가난에 관한 연구는 전혀 개척되어 있지 못하다"(A. Hayen, P.-R. Régamey, "Une anthropologie chrétienne", in *Église et pauvreté*, p.83).

"가난"의 개념

"가난"이란 매우 다의적인 용어이다. 그런데 용어가 모호하다고 할 때는 바로 그 개념이 모호하다는 뜻이다. 따라서 "가난"이라는 말뜻을 명백히 파악하기 위해서는 어디서 그 모호성이 발생하는가를 검토해야 할 것이다. 그래야만 이하에서 우리가 부여하는 의미를 적절하게 구명하게 될 것이다.

첫째로, "가난"이란 "물질적 빈곤"을 가리킨다. 인간생활을 인간답게 영위하기에 필요한 경제적 재화의 결핍을 말한다. 이런 의미의 가난은 현대인들이 수치스럽게 여기고 배척한다. 가난의 원인들을 모르는 — 알고 싶어하지 않는 — 사람들도 그런 가난은 마땅히 물리쳐야 한다고 믿는다. 그렇지만 크리스천들은 물질적 빈곤에 무슨 적극적 가치를 부여하려는 경향이 있으며, 그것을 인간적·종교적 이상으로까지 생각하기도 한다. 그런 견해는 이 세상의 사물에 대한 엄격성과 무관심으로 나타나며, 그것이 복음에 부합한 생활을 하기 위한 선결요건이라고 생각한다. 가난에 대한 이러한 해석은 결국 그리스도교의 요청과 현대인의 염원은 상충한다는 말로 풀이된다.[8] 현대인은 자연의 예속에서 벗어나고자 하며, 인간에 의한 인간의 착취를 근절하고 만인의 복지를 실현코자 하는 까닭이다. 이와같이 "가난"이란 동일한 용어를 이중으로 또 상반된 의미로 알아듣는 데서 개념상의 모호함이 발생한다. 여기다 "물질적 빈곤" 개념의 변천 과정을 첨가한다면 문제는 더 복잡해진다. 문화적·사회적·정치적 가치들을 거론하지 않더라도, 분명 현대인이 결코 좋아하지 않는 "가난"이 있다. 과연 그리스도교 생활의 "이상"이라는 물질적 빈곤도 이처럼 가치가 없는 것일까?

그런가 하면 다른 일각에서는 과거부터 가난은 권외자(圈外者)들의 생활조건의 일부라는 통념이 크리스천들 사이에 전해져 오고 있다. 이것은 일종

---

[8] Mounier는 미래사회를 연구하면서 말했다: "우리는 물질적 빈곤 속에서 정신적 청빈을 경험해 왔지만, 오늘의 인간은 물질적 풍요 속에서 정신적 청빈을 찾아야 한다는 곤란한 과제를 안고 있다"("La révolution personaliste", in *Oeuvres completes*, 1: 413).

의 숙명론이다. 그 "불쌍한 가난뱅이들"을 상대로 크리스천들은 자선을 베풀어온 것이다. 그러나 사태는 달라졌다. 사회계급과 국가와 대륙까지 자기네 빈곤을 의식하게 되었고, 일단 그 빈곤의 원인을 포착하면 거기에 대해 항거하는 것이다. 현대의 독특한 현상은 이 빈곤이 "집단적 빈곤"이 되었다는 사실이다. 그래서 이 빈곤에 시달리는 사람들이 자기들 사이에 유대를 맺고, 자기들이 처한 상황에 대해 조직적으로 투쟁하며, 그같은 상황에서 혜택을 받는 자들에게 공동으로 저항한다.

우리가 말하는 "물질적 빈곤"은 인간 이하의 상황임이 분명하다. 성서도 그렇게 보고 있다. 구체적으로 말하자면 가난하다는 것은 굶어죽고 무식하고 남에게 수탈당하고 그러면서도 본인은 그것도 모르며, 자기가 떳떳한 하나의 인격이라는 사실도 모른다는 뜻이다. 그러므로 복음적 청빈을 정의하기 위해서는 바로 이 빈곤 ─ 물질적·문화적 빈곤, 집단적·투쟁적 빈곤 ─ 과 연관시켜야 한다.

"정신적 가난"spiritual poverty의 개념 역시 아직도 모호하다. 대개는 이 세상 재물에 대해 초연한 내심의 자세라고 생각한다. 그렇다면 가난한(청빈한) 사람이란 물질적 재화를 못 가진 자라기보다는 ─ 비록 재화를 소유하고 있어도 ─ 애착을 가지지 않는 사람이다. 이렇게 볼 때 부유하지만 마음이 가난한 사람이 있고, 가난하지만 마음이 부유한 사람이 있다는 말이 된다. 그러나 이러한 설명은 사실 문제를 양극단과 예외로 몰고감으로써 우리의 주의를 분산시킬 따름이다. 산상수훈의 "마음이 가난한 사람들"을 빙자하여 문제를 이처럼 유도함으로써 실로 오랫동안 우리는 안일하고 편리한 결론을 내리고 있었다.

이 "영성론적" 사고방식은 막다른 골목으로 우리를 몰아넣으며, (재물에 초연한) 내심의 자세는 물질적 빈곤이라는 증거를 보여야 한다는 주장으로 귀결된다. 그렇다면 의문이 생긴다: 여기서 말하는 가난이란 무엇을 가리키는가? 현대인의 양심으로는 "인간 이하"로밖에 보이지 않는 그 빈곤을 말하는가? 그래서 정신적 청빈이 구체적인 증거를 보이기 위해서는 그같은 빈곤을 무릅써야 한다는 말인가? 어떤 사람들은 구태여 그와 같은 극단에까지 갈 필요는 없다고 대답하면서 "빈곤"destitution과 "청빈"poverty은 엄연히 다르다고 한다. 타인들에게 증거가 되는 것은 "생활상의 청빈"이지 "빈곤"은 아니라는 것이다. 그러나 만일 그렇다면 우리가 논하고 있는 것은 현대인이 실제로 살아가고 생각하는 그런 가난이 아니고 전혀 종류가 다른 가난, 우리의 정신적 청빈의 특수한 성격에 맞추어 만든 추상적 가난이 되고 만다. 이것은 하나의 말장난이며 사람들을 우롱하는 것이다.

계명과 복음적 권고를 구분한 데서 또 다른 모호성이 생겨난다. 말하자면 복음적 청빈은 특별한 성소(소명)를 받은 사람들에게 해당하며, 모든 크리스천들에게 의무를 지우는 계명이 아니라는 것이다. 이런 구분이 생겼기 때문에 복음적 청빈은 오랫동안 — "복음적 권고"를 중심으로 구성된 — 수도생활이라는 좁은 분야에 한정된 것, 범인凡人들에게는 통하지 않는 것으로 여겨졌다.[9] 오늘에 와서 이따위 구분은 오해만 불러일으킬 따름이다.[10]

이상과 같이 모호하고 불확실한 점들 때문에 우리는 가난의 개념을 확립할 수 없었다. 불확실한 노선을 이리저리 방황하면서 어떤 돌파구를 발견하지 못한 것이다. 그외에도 우리는 용어 자체도 확연히 정립하지 못한 채 일종의 감상感傷에 빠졌다. 감상주의는 끝까지 분석해 보면 언제나 기존 상황을 정당화하게 마련이다. 오늘날 라틴아메리카 같은 상황하에서는 심각한 문제가 아닐 수 없다. 몇 가지 위험한 실례를 열거해 보자: "교회 안에 가난한 자들이 차지하는 탁월한 품위"를 운위하는 보수에Jacques Bossuet의 저서에다 붙이는 갖가지 주석, 가난한 자들의 굶주림을 "하느님께 주린 영혼들의 영상"으로 도용하는 상징적 수법, (요한 23세의 의도야 조금도 흠잡

---

[9] 수도생활에서도 거의가 청빈을 순종과 직결시켜 왔다. 가난하다는 것은 경제적 재화를 "개인적으로" 관리하지 않음을 뜻한다고 설명한다. 개인을 넘어 공동체 이야기가 나오면 문제가 전혀 달라지고 만다.

[10] Cf. A. Hayen, P.-R. Régamey, *op. cit.*, pp.106-12; H. Feret, *L'Église des pauvres, interpellation des riches* (Paris: du Cerf, 1965), pp.201-28; Y. Congar, "Poverty, in Christian Life amidst an Affluent Society", *Concilium* 15 (1966), pp.52-3; K. Rahner, "Théologie de la vie religieuse", in *Les religieuses aujourd'hui et demain* (Paris, 1964), p.71.

을 데 없었지만) "가난한 자들의 교회"라는 표현을 권위주의의 냄새를 풍기는 해석으로 유도하는 따위이다.

가난의 개념을 분명히할 필요가 있다. 이하에서 대략이나마 밝혀보고자 하는데, 누구의 말대로 가난의 첫째 형태는 우리의 가난 개념을 버리는 일이라 하겠다.

"가난"의 성서적 의미

가난은 신·구약을 막론하고 성서의 중심 주제가 되고 있다. 간략하게 다루어지고 있지만 의미는 깊다. 성서는 사회 상황을 묘사하고, 상대방에게 전달하기가 몹시 힘든 영성적 체험을 표현한다. 성서는 하느님 앞에서 인간 개개인의 태도와 전체 백성의 자세를 규정하고, 인간 상호간의 관계를 규정한다. 그리고 다음 두 노선을 추적해 가면 가난에 관한 문제들을 풀고 시야를 뚜렷이 잡을 수 있을 것 같다. 두 노선이란 창피한 처지scandalous condition로서의 가난과 정신적 순박spiritual childhood으로서의 가난을 말한다.[11] 이 두 관점을 비교·연구하면 복음적 청빈의 개념이 밝혀지리라 믿는다.

가난: 창피한 처지

성서를 보면 가난은 인간 품위에 불리한 창피스러운 처지이며 따라서 하느님의 뜻에 위배된다.

가난에 대한 이같은 배척은 사용된 단어를 보아도 알 수 있다.[12] 구약에서 가난한 사람을 가리키는 데 중립적인 의미를 띤 *rash*라는 단어가 나오

---

[11] 이같은 사상 노선은 젤랭이 창안한 것이다: A. Gelin, *The Poor of Yahweh* (Collegeville: The Liturgical Press, 1964). 그리고 루이즈도 이 문제를 조심스럽게 깊이 다룬 바 있다: González Ruiz, in *Pobreza evangélica*.

[12] 용어문제 참조: A. Gelin, *op. cit.*; A. George, "Pauvre", in *Supplément au Dictionnaire de la Bible*, 1966, cols.387-406; Jacques Dupont, *Les béatitudes*, vol.2, *La Bonne Nouvelle* (Paris: J. Gabalda et Cie, 1969), pp.19-34; Ernst Bammel, "Ptokós", in *Theological Dictionary of the New Testament* (Grand Rapids: B. Eerdmans Publ., 1968), 6: 885-915; Jesús María Liaño, "Los pobres en el Antiguo Testamento", *Estudios Bíblicos* 25 (1966): 162-7.

기는 하지만 거의 쓰이지 않는다.[13] 절랭에 의하면, 예언자들은 사람들의 처지를 생생하게 묘사할 수 있는 용어들을 즐겨 사용했다.[14] 그래서 가난한 사람을 *ébyôn*이라고 했다: 구하는 사람, 거지, 없는 사람, 남이 주기를 기다리는 사람을 말한다.[15] 또 *dal*이라는 말도 쓰인다: 약자 또는 허약한 사람을 가리키며 "시골의 가난뱅이들"이라는 표현은 빈번히 나온다.[16] 그리고 *ani*라는 말도 쓰인다: 굽신거리는 사람, 품팔이하는 사람, 기력이 없는 사람, 천대받는 사람을 뜻했다.[17] 끝으로 *anaw*가 나온다: 어원상으로는 *ani*와 같으나 종교적 색채를 띠어 "하느님 대전에 겸허한 사람"을 의미했다.[18] 신약에서는 *ptokós*라는 그리스어가 쓰였다: 생계에 필요한 것을 못 가진 사람, 패가망신하여 구걸을 하게 된 사람을 가리킨다.[19]

비참해진 인간 처지를 나타내는 데는 "궁색하다", "약자", "굽신거리다", "망하다" 등의 적절한 용어들이 무수하다. 그런데 지금까지 나열한 용어들에는 일종의 저항이 담겨 있다. 그 용어들이 다만 어떤 처지를 서술하는 데서 그치지 않고 이미 어떤 "입장"을 나타내고 있다.[20] 가난을 철두철미하게 배척하는 태도에서 이 입장이 잘 드러난다. 가난을 서술하는 어조가 항상 분개심을 품고 있다. 가난의 원인을 지적할 때에도 적개심이 드러난다. 압제자들의 불의에 비분강개하고 있다

---

[13] 구약에 21회 나오는데 주로 잠언에 집결되어 있다. [14] A. Gelin, *op. cit.*, p.19.

[15] 구약에 *ébyôn*은 61회 나오는데 시편과 예언서에서 주로 쓰인다: cf. P. Humbert, "Le mot biblique ébyôn", *Revue d'Histoire et de Philosophie Religieuse* (1952), pp.1-6.

[16] 구약에 *dal*은 48회 나온다. 예언서, 욥기, 잠언에서 쓰였다.

[17] 가장 흔한 용어가 이 *ani*이며 구약에 80번 나온다. 시편과 예언서에 주로 쓰였다.

[18] *anaw*는 구약에 25번 쓰이지만 한 번말고는 반드시 복수명사로 나온다(주로 시편과 예언서에 쓰임).

[19] 신약에 34회 나오는 명사이며 "없는 사람"을 가리켰다. 다만 여섯 번은 정신적 의미로 쓰이지만 이 경우에도 소경과 절름발이, 나병환자와 병자들의 무리와 같이 취급된다.

[20] "예언자들이 가난의 문제를 대수롭지 않은 것으로 본 적은 없었다. 예언자들이 가난을 언급할 때에는 반드시 부자와 세도가들의 불의와 압제를 규탄하는 말이 나온다. 그들의 표현은 자기네 피부로 느끼는 감정을 나타내고 있다(Van der Ploeg, "Les pauvres d'Israël et leur piété", *Oudtestamentische Studiën* 7 [1950]: 258).

욥기의 다음 구절에 그 사실이 잘 나타나 있다:

> 악한 자들은 지계표를 멋대로 옮기고
> 남의 양떼를 몰아다가 제것인 양 길러도 좋고
> 고아들의 나귀를 끌어가고
> 과부의 소를 저당잡아도 되는가.
> 가난한 사람들을 길에서 밀쳐내니
> 흙에 묻혀 사는 천더기들은 아예 숨어야 하는가.
> 들나귀처럼 일거리를 찾아 나가는 모습을 보게.
> 행여나 자식들에게 줄 양식이라도 있을까 하여
> 광야에서 먹이를 찾아 헤매는 저 모양을 보게.
> 악당들의 밭에서 무엇을 좀 거두어 보고
> 악인의 포도밭에서 남은 것을 줍는 가련한 신세,
> 걸칠 옷도 없이 알몸으로 밤을 새우고
> 덮을 것도 없이 오들오들 떨어야 하는 몸,
> 산에서 쏟아지는 폭우에 흠뻑 젖었어도
> 숨을 곳도 없어 바위에나 매달리는 불쌍한 저 모습을 보게.
> 아비 없는 자식을 젖가슴에서 떼어내고
> 빈민의 젖먹이를 저당잡아도 괜찮은가.
> 걸칠 옷도 없이 알몸으로 나들이를 해야 하고
> 빈 창자를 움켜잡고 남의 곡식단을 날라야 하는 신세,
> 악인들의 돌담 사이에서 기름을 짜며
> 포도 짜는 술틀을 밟으면서 목은 타오르고
> 죽어가는 자의 신음소리와
> 얻어 맞아 숨이 넘어갈 듯 외치는 소리가 도시마다 사무치는데 …
> 해만 지면 살인자가 활개를 치며
> 빈민과 가난한 자들을 죽이려 찾아다닌다 (욥기 24.2-12.14).

가난과 인간의 연대성

가난은 숙명이 아니다. 예언자들이 고발하는 그 인간들의 못된 행동 때문에 가난이 생긴다.

> 나 야훼가 선고한다.
> 이스라엘이 지은 죄, 그 쌓이고 쌓인 죄 때문에
> 나는 이스라엘을 벌하고야 말리라.
> 죄없는 사람을 빚돈에 종으로 팔아넘기고,
> 미투리 한 켤레 값에 가난한 사람을 팔아넘긴 죄 때문이다.
> 너희는 힘없는 자의 머리를 땅에다 짓이기고
> 가뜩이나 기를 못 펴는 사람을 길에서 밀쳐낸다(아모 2,6-7).

인간들이 인간들의 희생제물이 되기 때문에 가난한 이들이 생겨난다. 이사야는 그 수치스러운 죄상을 말한다:

> 아, 너희가 비참하게 되리라,
> 악법을 제정하는 자들아,
> 양민을 괴롭히는 법령을 만드는 자들아!
> 너희가 영세민의 정당한 요구를 거절하고
> 내가 아끼는 백성을 천대하여 그 권리를 짓밟으며
> 과부들의 재산을 털고 고아들을 등쳐 먹는구나(이사 10,1-2).[21]

예언자들은 일체의 사치와 낭비, 빈자들을 그 빈곤에 묶어두는 모든 술책, 빈민들을 생겨나게 하는 모든 여건을 가차없이 단죄한다. 예언자들은 단지 상황을 규탄하는 데서 그치지 않는다. 그들은 그 책임이 있는 자들을 손가

---

[21] 약한 자와 고아를 보살펴주고
없는 이와 구차한 이들에게 권리 찾아주며
가난한 자와 약자들을 풀어주어라.
악인의 손에서 구해주어라(시편 82,3-4).

락질하여 질책한다. 그들은 부정한 상술과 착취(호세 12,8; 아모 8,5; 미가 6,10-11; 이사 3,14; 예레 5,27; 6,12), 토지 사취(미가 2,1-3; 에제 22,29; 하바 2,5-6), 부정직한 재판(아모 5,7; 예레 22,13-17; 미가 3,9-11; 이사 5,23; 10,1-2), 지배계급의 폭력(2열왕 23,30.35; 아모 4,1; 미가 3,1-2; 6,12; 예레 22,13-17), 노예제도(느헤 5,1-5; 아모 2,6; 8,6), 부당한 과세(아모 4,1; 5,11-12), 탐관오리(아모 5,7; 예레 5,28) 등을 모조리 고발한다.[22] 신약성서도 특히 루가 복음(6,24-25; 12,13-21; 16,19-31; 18,18-26)과 야고보서(2,5-9; 4,13-17; 5,16)에서 부자들에 의한 압제를 단죄하고 있다.

그렇지만 빈곤을 적발하는 것만이 능사가 아니다. 성서는 가난이 하느님 백성의 고질이 되지 않게 하는 적극적이고 구체적인 지침을 제시한다. 레위기와 신명기는 부의 편중과 착취를 예방하기 위한 상세한 법전이라고 봄이 옳다. 얼마나 세심한 배려가 있는가. 예를 들자. 밭에서 곡식을 거두거나 올리브나 포도를 딴 뒤에 남은 이삭을 다시 거둬서는 안된다: 그것은 뜨내기와 고아와 과부의 몫이기 때문이다(신명 24,19-21; 레위 19,9-10). 그리고 밭을 샅샅이 뒤져서도 안된다: 가난한 사람과 뜨내기들의 몫으로 조금은 남겨야 한다는 말이다(레위 23,22). 주님의 날인 안식일은 사회적 의의를 가진다: 노예와 뜨내기들이 쉬는 휴일이다(출애 23,12; 신명 5,14). 3년마다 십일조를 성전에 내지 않아도 된다: 뜨내기와 고아와 과부들을 위해서 할당해야 한다(신명 14,28-29; 26,12). 금전대부에 변리를 금했다(출애 22,25; 레위 25,35-37; 신명 23,20). 그외에도 안식년이나 경축년의 중대한 규정이 있다. 7년마다 밭을 경작하지 않고 놀려야 했다: "너희 백성 중에서 가난한 자들이 먹게 하여라"(출애 23,11; 레위 25,2-7). 그러나 이 규정은 제대로 지켜지지 않았던 것 같다(레위 26,34-35). 7년이 경과하면 종들은 자유의 몸으로 놓아보내야 했다(출애 21,2-6). 부채도 탕감해야 한다(신명 15,1-18). 레위기 25,10 이하[23]에 나오는 희년의 의의도 이런 때에 있었다: "희년(경축년)은 그 나라에 사는 모든 주민의 사면의 해였다. 토지는 묵혔다. 모두가 대대로 물려받던 소유지로 되돌아

---

[22] A. Gelin, op. cit., pp.17-8.   [23] 신명 23,16-21; 24,5-22도 참조.

갔다. 다시 말해서 남의 손에 들어갔던 토지와 가옥이 본주인에게로 돌아오는 것이다"(R. de Vaux).[24]

이상과 같은 성서 본문 외에도 이스라엘인들이 가난을 배척했던 세 가지 주요 이유를 볼 수 있다. 첫째로 가난은 "모세 종교"와 배치된다. 모세는 자기 백성을 에집트의 노예생활과 착취와 소외에서 해방하여[25] 참다운 인간 품위를 가지고 살 수 있는 땅으로 인솔해 간 것이다. 해방을 수행하는 모세의 사명에는 야훼 종교와 노예제도의 근절이 긴밀하게 결부되어 있었다:

> 모세와 아론이 온 이스라엘 백성에게 말하였다. "저녁에는 너희가 에집트 땅에서 너희를 이끌어내신 분이 야훼임을 알게 되리라. 그리고 아침이 되면 야훼의 영광을 보게 되리라. 야훼께서는 너희가 당신께 불평하는 소리를 들으셨다. 우리가 무엇이라고 너희는 우리에게 불평하느냐?" 모세는 말을 계속하였다. "야훼께서 저녁에는 먹을 고기를 주시고 아침에는 배불리 먹을 빵을 주신다. 야훼께서 당신께 불평하는 너희의 소리를 들으셨다. 도대체 우리가 무엇이냐? 너희가 하는 불평은 우리에게가 아니라, 야훼께 하는 것이다"(출애 16,6-8).

이 약속에는 야훼께 대한 예배와 땅의 소유도 포함되었다. 인간에 의한 인간의 착취를 거부하는 사상이 이스라엘 국민의 저변에 깊이 깔려 있다. 하느님이 당신 백성에게 땅을 주신만큼 하느님 홀로 땅의 주인이시다(레위 25,23.38). 하느님은 당신 백성을 예속에서 구출하셨고 다시는 누구에게 예속됨을 용납치 않는 유일한 야훼이시다(신명 5,15; 16,22; 레위 25,42; 26,13). 그래서 신명기는 "가난이 없는 이상적 박애 사회"[26]를 이야기하고 있다고 한다.

---

[24] *Ancient Israel: Its Life and Institutions* (N.Y.: McGraw-Hill, 1961), p.175. 그러나 이 규정이 제대로 지켜진 증거는 거의 보이지 않는다는 것이 드 보오의 의견이다.

[25] 출애 1,9-14는 대중을 착취하여 그들의 노동을 비인간화시키는 지배계급을 이야기한다.

[26] A. Gelin, *op. cit.*, p.16.

예언자들은 모세의 이념을 계승한 사람들이다. 그들은 가난을 배격하면서 이스라엘의 과거, 이 백성이 탄생하던 시대를 회상시킨다. 거기서 정의사회의 건설을 위한 영감을 찾아냈던 것이다. 가난과 불의를 용납한다는 것은 에집트에서 종살이하던 옛날로 후퇴하는 것이다. 그것은 퇴보이다.

유대인들이 에집트에서 당하던 노예살이와 착취를 거부하는 둘째 이유는 그것들이 "창세기의 계율"에 위배되는 까닭이다(창세 1,26; 2,15). 인간은 하느님의 모습대로, 하느님과 비슷하게 지음받았고 땅을 다스리도록 작정되어 있었다.[27] 인간은 자연을 변모시키고 타인들과 관계를 맺음으로써 자신을 완성하게 되어 있다. 그럼으로써만 인간은 자신이 창조적 자유의 주체임을 자각하기에 이른다. 이 자유는 노동을 통해서 실현된다. 그런데 가난(빈곤) 속에 은닉되어 있는 인간 착취와 불의는 인간의 고귀한 노동을 노예적이고 비인간적인 것으로 만든다. 인간다움에서 소외된 노동은 인간을 해방하는 대신에 인간을 더욱 예속시킨다.[28] 그래서 빈자와 노예와 외국인들을 정당하게 대우하라고 호소함은 곧 이스라엘이 한때 에집트에서 외국인이었고 종살이했음을 상기시키는 것이었다(출애 22,21-23; 23,9; 신명 10,19; 레위 19,34).

셋째 이유가 있다: 인간은 하느님의 모습대로, 하느님과 비슷하게 지음받았을 뿐 아니라, 인간은 "하느님의 성사"the sacrament of God이다. 이 심원한 성서적 주제는 이미 한번 언급한 바 있다.[29] 성서가 가난을 배격하는 다른 이유들은 사실상 여기에 근거가 있다. 가난한 자를 억압하는 것은 곧 하느님께 득죄하는 것이요, 하느님을 안다는 것은 곧 인간들간에 정의를 실천하는 것이다. 인간들을 상대하는 가운데서 우리는 하느님을 만난다. 우리가 다른 사람들에게 행한 것은 곧 주님께 행한 것이다.

한마디로 말해서, 가난이 존재한다는 것은 인간간의 유대와 인간과 하느님의 친교에 균열이 있다는 표시이다. 가난은 죄 — 곧 사랑의 거부 — 의

---

[27] Cf. G. von Rad, *Old Testament Theology*, I: 139-48; C. Spicq, *Dieu et l'homme selon le Nouveau Testament* (Paris: du Cerf, 1961), pp.179-213.
[28] 제9장 참조.   [29] 제10장 참조.

표징이다. 그러므로 가난은 하느님 나라 — 사랑과 정의의 나라 — 와 공존할 수 없는 것이다.

가난은 하나의 악이요, 오욕의 처지이다.[30] 우리 시대에는 이 악이 엄청날 정도로 만연하고 있다.[31] 그리고 가난을 제거하는 것은 타인들과 일치된 가운데 하느님을 마주뵙는 순간을 앞당기는 것이다.[32]

가난: 정신적 순박

성서에는 가난을 보는 또 다른 사상 노선이 있다. 가난한 사람은 "야훼의 보호를 받는 자"다: 가난은 "하느님을 맞아들일 자격이요 하느님께 대한 자기개방이요, 하느님의 도구로 쓰이겠다는 용의이며, 하느님 대전의 겸손"이다.[33]

여기서도 악으로서의 가난에 사용한 용어들을 그대로 쓴다. 그 대신 의미가 훨씬 요청적이며 종교적이다.[34] 특히 *anaw*(복수로는 *anawim*)라는 용어가 현저히 그런 성격을 띠고서 정신적으로 가난한 사람들의 칭호로 쓰인다.

이스라엘 백성의 계약에 대한 불충을 거듭 경고하다 못해 예언자들은 "소수의 남은 자들"(이사 4,3; 6,13)에다 기대를 걸게 된다. 야훼께 끝까지 충실했던 이 남은 자들이 미래의 이스라엘이라는 착상이다. 바로 그들 가운데서 메시아가 출현하고 새 계약(신약)의 첫 결실이 그들에게서 얻어지리라

---

[30] "부(富)도 가난도 그 자체가 인간의 선익은 못 된다"(Thomas Aquinas, *Summa Contra Gentiles*, 3: 134).

[31] "가난은 결핍과 곤궁의 영역에 해당하며 도저히 견딜 수 없는 오욕이다"(G. Ruiz, *op. cit.*, p.32).

[32] 절랭은 성서에 부차적인 견해가 또 하나 있다고 하였다. 가난과 죄악의 연관성, 부와 빈곤의 중간에 있는 이상적인 상태에 유의하는 사상 노선이다(*op. cit.*, pp.23-6). 그러나 위에 고찰한 노선이 가장 중요하다.

[33] *Ibid.*, p.26.

[34] "과거에 사회학적 현실을 지적하던 용어들이 그대로 전용되어 영혼의 자세를 표현하고 있다"(*ibid.*, p.26). "정의"라는 용어에도 같은 현상을 볼 수 있다: 성서는 당초 사회 상황을 지칭하는 데 이 말을 쓰다가, 본뜻을 잃지 않은 채, 정신적 의미로 전이시켜 정의를 "성덕"의 동의어로 사용한다.

는 것이다(예레 31,31-34; 에제 36,26-28). 7세기경의 스바니야 시대부터 메시아의 구속사업을 대망하는 사람들은 "가난한 자"라고 불렸다: "내가 기를 못 펴는 가난한 사람만을 네 안에 남기리니 이렇게 살아남은 이스라엘은 야훼의 이름만 믿고 안심하리라"(스바 3,12-13). 이리하여 "가난한 자"라는 용어가 정신적 의미를 띠게 되었다. 그때부터 가난에는 하나의 이념이 부여되기 시작했다: "너희는 야훼를 찾아라. 하느님의 법대로 살다가 고생하는 이 땅 모든 백성들아, 바로 살도록 힘써라. 겸손한 마음을 갖도록 애써라"(스바 2,3). 이렇게 볼 때 가난은 자기만족과 오만과 반대되며, 신앙, 야훼께 대한 의탁 및 신뢰와 동의어이다.[35] 스바니야 예언자 이후에 이스라엘은 역사적인 체험을 겪으면서 이 정신적 의미를 더욱 부각시켰다. 예레미야는 하느님께 감사의 찬미가를 바치면서 자기 자신을 "가난한 자"*ébyôn*라고 했다(예레 20,13). 정신적 가난은 하느님께 가까이 가는 선행조건이다: "'모두 내가 이 손으로 지은 것이 아니냐? 다 나의 것이 아니냐?' 야훼의 말씀이시다. '그러나 내가 굽어보는 사람은 억눌려 그 마음이 찢어지고 나의 말을 송구스럽게 받는 사람이다'"(이사 66,2).

시편을 보면 이같은 종교적 자세를 더 분명하게 이해할 수 있다. 야훼를 아는 자들은 곧 그이를 찾는 자들이며(9,11; 34,11), 자기를 비우고 야훼께 오로지 신뢰하는 자들이요(10,14; 34,9; 37,40), 야훼께 희망을 두고(25,3-5.21; 37,9), 야훼를 두려워하고(25,12.14; 34,8.10), 그이의 계명을 준행하는 자들이다(25,10). 가난한 자들은 의로운 이며 완전한 이요(34,20.22; 37,17-18), 성실한 이들이다(37,28; 149,1). 가난한 자들과 반대되는 오만한 사람들은 야훼와 원수되고 희망이 없는 자들이다(10,2; 18,28; 37,10; 86,14).

신약의 "여덟 가지 참 행복"(眞福八端)이야말로 정신적 가난을 고양시킨 최상의 표현이 아닐 수 없다. 정확한 주석학상의 연구 덕분에 마태오 복음의 구절 — 행복하여라, 마음이 가난한 사람들! — 은 스바니야 시대 이후로

---

[35] A. George, *op. cit.*, col.393.

이해해 온 정신적 가난을 가리키며 해석상의 난점은 전혀 없다. "행복한" 가난은 오로지 야훼의 처분에 자기를 온전히 바치는 심성을 가리킨다. 이것은 하느님의 말씀을 받아들이는 전제조건이다.[36] 이것은 복음이 가르치는 "정신적 순박"(어린이다움)과 의미상으로 동일하다. 우리와 나누시는 하느님의 친교는 어디까지나 하나의 선물이다. 따라서 이 선물을 받자면 가난한 마음이 되어야 하고, 정신적으로 어린이가 되어야 한다. 이 가난은 부富와는 하등의 직접적 관계가 없는 개념이다. 이 세상 재물에 대한 무관심 내지 초연의 문제가 아니다. 그보다 훨씬 깊은 인간 자세, 곧 하느님의 뜻말고는 그 무엇에도 매이지 않음을 의미한다. 이것이 곧 그리스도의 태도였다. 사실상 진복팔단은 모두가 그리스도께 해당하는 이야기들이다.[37]

루가의 구절 — 복되도다, 가난한 사람들!(6.20) — 은 해석상의 난점이 크다.[38] 이 난점들을 해결하기 위해 두 가지 사상 노선이 대두되고 있다. 루가는 누구보다도 사회문제에 관심이 컸다. 그의 복음과 사도행전에서는 물질적 가난, 재산의 공동소유, 부자들에 대한 힐난이 자주 언급된다. 루가의 이같은 태도로 미루어, 루가가 "행복하다"고 말한 "가난한 사람들"은 그가 비난하는 부자들과 반대된 사람들을 지칭한다는 해석이 나타났으며, 따라서 가난한 사람들이란 먹고 살 것이 없는 사람들을 의미하게 된다. 그렇다면 루가가 진복팔단 첫 구절에서 말하는 가난은 "물질적 빈곤"이다.

그러나 이 해석에는 두 가지 곤란이 따른다. 그것이 사회계급을 정식으로 승인하는 것으로 풀이될 수가 있다. 가난한 사람들은 하느님 나라의 특전을 받은 인물들일지도 모른다. 그렇다면 그들이 자원해서 그 처지에 선 것이 아니고 사회적·경제적 상황이 그들을 그 처지로 몰아넣었음에도 불

---

[36] "정신적 가난은 하느님의 뜻에 자기를 개방하는 이 능력을 가리킨다"(Pierre Ganne, "Aujourd'hui, la béatitude des pauvres", *Bible et Vie Chrétienne* 37 [1961]: p.74).

[37] Bonhoeffer, *The Cost of Discipleship* (N.Y.: Macmillan, 1963)의 주제가 바로 이것이다.

[38] Cf. Jacques Dupont, *Les béatitudes: Le problème littéraire, Le message doctrinal* (Bruges: de l'Abbaye de Saint-André, 1954), pp.82. 122-3; L. Vaganay, *Le problème synoptique* (Tournai: Desclée, 1954), pp.255, 291-2. 위의 두 학자는 루가의 본문이 원자료에 더 가깝다고 하나 절랭은 마태오 복음에서 더 오래된 특징을 찾으려 했다.

구하고 그들의 가난한 처지는 기정사실이 되고 만다. 이러한 해석은 복음적이 아닐 뿐더러 루가의 의도와도 상반된다는 주석가들이 있다.[39] 그런가 하면 해석학상의 난점을 회피하고 아울러 루가가 말한 가난의 사회학적인 구체적 의미를 살리기 위해서 달리 주석하는 사람들도 있다. 그들은 지혜문학의 사상을 배경으로 삼아 진복팔단의 첫 조항은 현세와 후세를 대조시킨 것이라고 풀이한다. 현세의 고통은 후세생활에서 보답이 된다는 것이다.[40] 현세 밖의 구원은 가히 현세생활을 무의미한 것으로 만들 만한 "절대가치"이다. 그렇지만 이런 해석은 루가가 세상의 불의와 비참을 신성화하고 그것을 초월하라고 설교했다는 말밖에 안된다.

이상과 같은 곤란이 있기 때문에 마태오 복음을 근거로 하는 다른 해석이 시도되고 있다. 루가도 마태오와 마찬가지로 "정신적 가난" 곧 하느님께 대한 인간의 자기개방을 이야기하고 있다는 설명이다. 루가의 사회적 처지에 비추어 이 해석은 실제상의 가난을 "영혼의 가난으로 나아가는 은혜로운 길"[41]로 해석하는 느낌을 준다.

우리는 이 둘째 해석이 루가 본문의 의미를 과소평가한다고 본다. 복음사가가 "가난"이라는 용어에 부여한 구체적이고 "물질"인 의미를 기피해서는 안된다. 이 구절은 무엇보다도 이 세상 재화를 못 가진 사회적 상황,

---

[39] "이 구절을 가지고 예수께서 '어떤 사회계급'을 복되다고 하셨을까? … 복음이 어떤 사회학적 계급을 정식으로 인정하고, 그 계급이 하느님 나라와 직결되는 양 제시할 수는 없다"(Gelin, *op. cit.*, p.107): cf. J. Dupont, *op. cit.*, p.242, 215. Léon-Dufour도 같은 해석 노선을 따르면서, 주석가가 "루가 복음 기록만 따르다가는 어떤 사회적 신분이 행복한 것인 양 풀이하게 되고, 마태오 복음 기록만 따르다가는 부자들도 진복팔단에 있는 가난의 정신은 있다는 결론에 빠질 우려가 있다"고 하였다(Léon-Dufour, "L'exégète et l'événement historique", *Recherches de Sciences Religieuses* 58 [1970]: 559).

[40] "루가 복음의 진복팔단에서 근본사상을 이루는 것은 후세의 보상이다. … 루가는 그리스도교에서는 어쩔 수 없이 현세와 결별하고 후세를 택해야 할 의무가 있다고 생각한 것이다(J. Dupont, *op. cit.*, pp.213-8).

[41] A. Gelin, *op. cit.*, p.108. 절랭은 가난에 관한 성서 사상을 영성화하는 경향이 있다. A. George (*op. cit.*, col.402)도 같은 노선이다. J. Dupont (*op. cit.* [1969], pp.141-2)은 "물질적으로 가난한 사람들은 하느님 나라를 받아들일 정신 자세가 더 용이하기 때문에 행복하다"는 해석을 거부한다. Karel Truhlar도 영성론의 노선을 따르는 듯하다("The Earthy Cast of the Beatitudes", *Concilium* 39 [1968], pp.33-43).

비참과 빈곤으로 초래된 사회적 상황에서 살고 있는 사람들을 가리킨다. 더구나 자유를 잃고 억압당하는 사회의 권외자들을 말하고 있다.[42]

정황이 이러므로 우리는 루가의 본문이 물질적으로 가난한 사람을 지적한 다른 설명에서 야기되는 난문제를 재검토해야 할 것이다.

"가난한 여러분은 행복합니다. 하느님 나라가 여러분의 것입니다"라는 구절이 "여러분의 가난을 감수인내하시오. 현세의 불의가 하느님 나라에서 장차 보상될 것입니다"라는 뜻은 아니다. 하느님 나라는 역사 한가운데서 받아들이는 선물임을 믿는다면, 또 종말론적 약속들이 시사함과 같이 하느님 나라는 필연적으로 이 세상에 정의가 재건되는 것을 요청함을 믿는다면,[43] 우리는 그리스도가 가난한 사람이 행복하다고 한 것은 하느님 나라가 이미 "시작되었기 때문"이라고 이해해야 한다: "때가 차서 하느님 나라가 다가왔습니다"(마르 1.15). 달리 말해서 가난한 사람을 인간답지 못하게 가로막는 착취와 빈곤의 제거작업이 이미 착수되었다. 가난한 사람들의 소원을 훨씬 초월하는 하느님 나라가 이미 시작된 것이다. 하느님 나라의 도래는 박애의 세상을 만듦으로써 그들의 빈곤에 종지부를 찍게 할 것이므로 가난한 사람은 행복하다. 메시아가 소경의 눈을 뜨게 하고 굶주린 이에게 빵을 줄 것이므로 가난한 사람은 행복하다. 우리는 예언자들의 사상 노선에서 루가의 본문을 이해해야 한다: 가난은 악이며 따라서 역사 속에서 완전히 실현되고 인간 실존의 전영역을 총괄할 하느님 나라와 양립할 수 없다.[44]

---

[42] 루가 복음에는 "가난한 사람"(ptokós)이라는 용어가 열 번(4,18; 6,20; 7,22; 14,13.21; 16,21.22; 18,22; 19,8; 21,3) 나온다. 그 문맥으로 미루어 우리가 방금 내놓은 의견이 옳은 듯하다. 그리고 루가의 진복팔단 중 처음 세 가지는 한 내용이므로 전체적으로 해석할 필요가 있다. "가난하고" "굶주리고" "욕을 당하는" 사람들은 감히 영성론으로 환원시킬 수 없는 생생하고 구체적인 현실을 나타내고 있다(J. Dupont, *op. cit.* [1969], pp.49-51, 139).

[43] 제3장 참조.

[44] 뒤퐁은 문장의 텍스트를 해석함에 있어서 예언자 계열의 사상을 도입하였다(*op. cit.*, p.212). 그러나 루가가 지혜문학의 사상에 맞추기 위하여 예언사상을 포기했다는 것이 뒤퐁의 지론이다(p.213). 최근에 와서 뒤퐁은 이 입장을 약간 수정하는 듯하다(*op. cit.* [1969]).

문제의 종합: 유대와 저항

물질적 빈곤은 욕된 조건이다. 정신적 가난은 하느님께 자기를 개방하는 자세이자 정신적 순박이다. "가난"의 이 두 의미를 확실히한 이상 가난의 그리스도교적 증언을 이해하는 단계로 들어갈 수 있을 것이다. 이제는 가난의 셋째 의미, "유대紐帶와 저항에의 참여"로서의 가난을 살펴보자.

위에서 말한 가난의 두 가지 개념을 우리는 이제까지 소홀히해 왔다. 처음 것은 미묘한 속임수가 깃들여 있고 두번째 것은 부분적이고 불충분하다. 첫째로, 만일 "물질적 빈곤"이 성서에서 강경하게 주장하듯이, 오로지 제거되어야 할 것이라면 가난(청빈)의 증거가 크리스천의 이상이 될 수는 없다. 가난이 인간을 비하시키는 조건으로 여겨지는 한 그럴 수밖에 없다. 또 역사의 추세와도 어긋난다. 인간에 의한 자연의 지배 및 그에 수반하는 생활 조건의 향상이라는 이념과도 배치된다. 그리고 가난을 조성하는 원인인 착취와 불의를 직접·간접으로 정당화하는 소행이 될 수도 있다.

또 한편 "정신적 청빈"에 관한 성서 본문들을 분석한 결과, "정신적 청빈"이 현세 재물에 대한 내심의 이탈을 일차적으로 가리키는 것도 아니고, 그 가난이 필히 물질적 빈곤으로 구체화되어야만 타인들에게 증언으로서의 가치를 가지는 것도 아님을 알게 되었다. 정신적 청빈은 훨씬 복잡미묘하고 심원한 것이다. 정신적 청빈은 무엇보다도 주님께 전적으로 이용되는 존재가 됨을 뜻한다. 이것은 경제적 재화를 사용하고 소유하는 일과 불가피하게 연관을 가지게 마련이지만, 그 일은 어디까지나 이차적이고 지엽적일 뿐이다. 정신적 순박 — 피동적인 수용이 아니라 능동적으로 받아들이는 역량이다 — 이란 하느님과 인간들과 사물 앞에서의 인간 실존이 취하는 전체 자세를 규정한다.

그렇다면 실제적이고 물질적이며 구체적인 가난의 복음적 의미를 어떻게 이해해야 할 것인가? 「교회헌장」은 그리스도교 청빈의 깊은 의미를 "그리스도에게서" 발견하라고 천명한다: "그리스도께서 가난과 박해를 당하시며 구세사업을 완수하셨듯이, 구원의 은혜를 사람들에게 나누어주기 위하여 교회도 같은 길을 걷도록 부름을 받은 것이다. 예수 그리스도께서는 '하느님의 모습을 지니셨지만 … 도리어 자신을 비우시어 종의 모습을 취하셨고'(필립 2.6-7), '부요하셨지만 여러분을 위해 가난하게 되셨습니다'(2고린 8.9). 이와같이 교회도 그 사명을 완수하려면 인간적 수단이 필요하겠지만, 교회가 설립된 것은 현세의 영광을 추구하기 위해서가 아니라, 그 표양으로써 겸허와 극기를 전파하기 위해서이다"(「교회헌장」 8항). 성자 예수의 육화는 사랑의 행위였다. 그리스도가 사람이 되어 죽고 부활한 것은 우리를 해방하여 자유를 누리게 하기 위함이었다(갈라 5.1). 그리스도와 함께 죽고 함께 부활한다는 것은 죽음을 정복하고 새 생명으로 들어감이다(로마 6.1-11 참조). 십자가와 부활은 우리 자유의 인장印章이다.

 제2 이사야가 예고했듯이, 인간의 죄스럽고 노예적인 처지를 용인함은 — 바울로의 표현을 빌리면 — 자발적 파멸의 행위이다. "여러분은 우리 주님 예수 그리스도의 은총을 알고 있습니다. 그분은 부요하셨지만 여러분을 위해 가난하게 되셨습니다. 당신 가난으로 여러분을 부요하게 하시려고 말입니다"(2고린 8.9). 이것이 곧 그리스도의 비하卑下요 케노시스kenosis(자기를 비움)이다(필립 2.6-11). 그러나 그리스도가 인간의 죄스러운 처지를 받아들인 것은 그것을 이상화하기 위함이 아니었다. 그것은 죄스러운 처지에서 괴로워하는 인간들을 사랑하고 그들과 유대를 가지기 위함이었다. 인간들을 그들의 죄에서 구속하고 당신의 가난으로 그들을 부요하게 만들기 위함이었다. 인간적 이기심과 투쟁하고, 인간들을 분열시켜 부자와 빈자, 가진 자와 빼앗기는 자, 압제자와 피압제자를 만드는 모든 것에 대항하기 위함이었다.

 가난은 사랑과 해방의 행위이다. 이 가난은 구원의 가치를 지닌다. 인간 착취와 소외의 궁극 원인이 이기심이라면, 자발적 청빈의 깊은 이유는 이웃 사랑이다. 그리스도교적 청빈은 가난한 사람들과의 유대, 불의와 비참으로 고통받는 자들과의 유대일 때 한해서 의의가 있다. 이 연대성에의 참여는 악(악은 죄의 결과이며 동시에 친교의 단절이다) 앞에서 증언을 하는 것이다. 가난을 이상화하는 것이 아니라 가난을 있는 그대로 ― 하나의 악으로서 ― 받아들여 그것을 고발하고 저항하고, 소멸시키고자 투쟁하는 것이다. 리꾀르의 말대로, 가난에 항거하여 투쟁하지 않는 한 우리는 가난한 자들 편이라고 말하지 못할 것이다. 이러한 연대성 ― 이 연대성은 특별한 행동, 생활양식, 자기의 사회계급과의 단절 등으로 구체화되어야 한다 ― 때문에 우리는 가난한 자와 착취당하는 자들로 하여금 자신들이 당하는 빈곤과 착취를 의식하고 거기서 해방되고자 움직이도록 도울 수 있다. 사랑의 표현인 그리스도교적 가난은 "가난한 자들"과의 유대이며 "가난에 대한" 저항이다.[45] 이것이 곧 청빈의 증언이 가지는 구체적이고 현대적인 의미이다. 가난 그 자체가 좋아서 받아들이는 것이 아니라 그리스도를 그대로 모방하는 뜻에서 받아들인다. 이것이 곧 인간의 죄스러운 처지를 받아들임으로써 인간을 죄와 죄의 모든 결과에서 해방하는 가난이다.[46]

루가는 초대교회가 재산을 공동소유하던 일을 하나의 이상으로 제시하고 있다: "신도들은 모두 함께 지내며 모든 것을 공동으로 소유하였다"(사도 2.44). "신도들의 무리는 한마음 한정신이 되었으며 아무도 자기 재산을 자기 것이라 하지 않고 모든 것을 공동으로 소유했다"(4.32). 이것은 그들이 "한마음 한정신이 되어"(4.32) 깊이 일치된 덕분이었다. 그러나 뒤퐁이 지적했듯이, 이런 행위는 가난을 이상화하는 것이 아니라 아무도 곤궁한 자가 없게 하려는 뜻에서 나온 것이다. "그들 가운데 궁한 사람은 하나도 없었다. 누구든지 밭이나 집을 소유한 사람은 그것을 팔아 받은 돈을 가져다가 사도들 발치에 놓았고, 사도들은 그 돈을 저마다 필요한 만큼씩 나누어 주

---

[45] Régamey는 좀 다른 입장에서 말하고는 있으나, 상당히 예리하고 현실적인 견해를 표명하고 있다: "진복팔단의 영성적 내용이 그 메시아적 의미를 배척하지는 않는다. … 그리스도교는 항상 가난한 자들의 희망이 될 사명을 띠고 있다. 메시아의 사명이 곧 크리스천들의 사명으로 인수된 것이다. 진복팔단이 2천년 전 유대인들의 염원의 실현을 선포했듯이, 교회도 변천하는 상황 속에서 만민의 염원의 실현을 예보하는 방향으로 해석해야 한다"(Régamey, *Le portrait spirituel de chrétien* [Paris: du Cerf, 1963], p.26).

[46] "그러나 현세 재화를 포기하는 거기에 완덕이 있는 것이 아니다. 재화의 포기는 완덕에의 길일 따름이다"(Thomas Aquinas, *S.Th.* II-II, q.19, a.12).

었다"(4.34-35). 재산의 공동소유는 취지가 뚜렷하다. 가난한 사람들을 위하는 뜻에서 가난을 구제하려는 것이다. 뒤퐁의 결론은 이렇다: "재산을 공동소유로 한 것은 가난을 하나의 이상으로 여겨 가난해지기 위해서가 아니라, 가난한 사람이 없도록 하기 위함이었다. 그들이 추구한 이상은 애덕, 가난한 사람들에 대한 진실한 사랑이었다."[47]

우리가 사용하는 낱말들에도 주의를 기울여야 한다. "가난하다"라는 이 말은 모호하고 교회 본위일 뿐 아니라 감상적感傷的이고 방부적防腐的인 용어가 되어 있는 것 같다. 오늘날 "가난한" 사람은 압제받는 사람, 사회에서 소외당한 사람, 인간 기본권을 회복하기 위해 투쟁하는 사람을 가리킨다. 착취당하고 수탈당하는 사회계급, 해방을 목표로 투쟁하는 국가들을 가리킨다. 오늘의 세계에서는 인간 유대와 저항은 그것들이 해방을 목적으로 하는 한 필연적으로 "정치적" 성격을 띠게 된다. 피압제자들을 편들면 압제자들을 적대함이 된다. 오늘날 남미 대륙에서 "가난한 자들"과 유대를 가지는 일은 개인적 모험, 때로는 생명의 위험을 무릅쓰는 것이다. 라틴아메리카 혁명운동에 가담한 무수한 크리스천과 비크리스천들은 바로 이같은 모험을 감행하고 있다. 그리하여 "이 세상 재물을 끊어버림"이라는 양식과는 전혀 다른 가난을 실천하는 새로운 길들이 개척되고 있다.

가난을 거부하고, 가난에 대항하기 위해서 스스로 가난해질 때 비로소 교회는 "정신적 가난"이라는 것을 설교할 수 있다. 정신적 가난이란 인간과 역사가 하느님이 언약하신 미래에 자기를 개방함이다.[48] 그렇게 함으로써만 교회는 인간에게 있는 모든 불의를 고발하는 예언자적 사명을 다하고, 그 외침에 귀기울이게 만들 것이다. 또 그렇게 함으로써만 교회는 해방의 말씀, 참다운 박애의 말씀을 설교할 수 있을 것이다.[49]

가난한 자들과의 바른 유대관계, 우리 시대의 가난에 항거하는 실제적인 저항만이 가난을 신학상으로 거론하는 데 필요한 구체적이고 생명력이 넘

---

[47] J. Dupont, "Los pobres y la pobreza en los Evangelios y en los Hechos", *La pobreza evangélica hoy* (Bogota: CLAR, 1971), p.32.

치는 장場을 제공할 것이다. 우리가 오늘날 가난이 가지는 증언으로서의 가치를 현대적 사고방식에 부합시켜 정립하지 못하는 까닭은 우리가 가난한 사람들과 충분히 결합되어 있지 않기 때문이다.

특히 라틴아메리카 교회로서는 가난의 증언이야말로 교회 사명의 정당성을 입증하는 데 절대 필요한 표징이다.

---

[48] "교회의 가난"에 대한 메델린 문헌은 "가난"의 의미를 셋으로 구분하고 그에 따라서 교회의 사명을 규정하고 있다. 전문을 여기에 게재한다: "첫번째 가난은 인간답게 살아가는 데 필요한 현세 제물의 궁핍을 말하는 것으로 이것은 그 자체가 하나의 악이다. 예언자들은 이 가난을 하느님의 뜻에 반대되는 것으로 규탄하였고, 거의가 인간들의 불의와 죄악의 결과로 취급하였다. 둘째는 야훼의 가난한 이들을 주제로 한 정신적 가난이다(스바 2,3; 루가 1,46-55 참조). 정신적 가난은 하느님께 자기를 개방하는 태도이며, 모든 희망을 주님께 두는 심성을 가리킨다(마태 5,3 참조). 현세 재물의 가치를 인정하지만 거기에 집착하지 않고 하느님 나라의 더 고상한 가치를 인정하는 것이다(아모 2,6-7; 4,1; 예레 5,28; 미가 6,12-13; 이사 10,2 등 참조). 셋째는 참여로서의 가난이다. 이 세상 빈곤한 자들의 처지를 기꺼이 받아들임으로써, 그 빈곤을 조장하는 악 앞에 증언을 행하고, 물질 재화에 대한 정신적 자유를 증거하는 것이다. 이것은 인간들의 죄스런 상황에서 오는 모든 결과들을 스스로 취하신(필립 2,5-8 참조) 그리스도, 우리를 구원하시기 위해서 '부요하시면서도 가난하게 되신'(2고린 8,9) 분의 모범을 따르는 행위이다. 이같은 배경에서 가난한 교회는 세상 재화의 부당한 결핍과 그것을 조장하는 죄악을 고발하며, 주님 대전에 어린이 같은 순박과 자기개방의 태도로서의 정신적 가난을 설교하고 생활하며, 교회 스스로 물질적 빈곤을 함께 나눈다. 사실상 교회의 가난은 구원 역사에 있어서 항속적인 요인인 것이다"(4-5항).

[49] 부강국의 교회들이 빈곤한 지역의 교회를 원조하는 문제도 이 각도에서 진지하게 재검토되어야 한다. 이같은 원조가 실은 가난한 지역의 교회가 행해야 할 증언을 말소시킬 우려가 있다. 그뿐 아니라 원조를 받는 교회들은 단순한 개혁주의 노선을 탈피하지 못하게 되어 결국 소외된 국민이 당하는 불의와 비참을 연장할 따름이다. 또한 이같은 원조를 베풂으로써 세계경제를 장악하고 있는 국가의 크리스천들이 그처럼 약소한 대가(원조)를 치르고 양심의 평안을 누리는 현상도 초래한다. 이 문제에 관해서 다음의 유명한 문헌을 참조하기 바란다: Ivan Illich, "The Seamy Side of Charity", *America* 116, no.3 (1967): 88-91.

결 론

해방신학은 불의를 없애고 새로운 사회를 건설하고자 투신하는 신앙의 체험과 그 의의를 신학적으로 고찰하는 연구이다. 이 신학은 착취당하는 사회계급이 압제자들에 항거하는 투쟁에 적극적이고 유효하게 참여하고 투신하는 실천을 통해서 입증되어야 한다. 모든 형태의 인간 착취에서의 해방, 더 인간답고 더 품위있는 인생의 가능성, 새 인간의 창조 … 이 모든 것이 이같은 투쟁을 거쳐야 한다.

그러나 최후로 정말 올바른 해방신학이 정립되려면, 피압제자들 스스로가 사회와 하느님의 백성 가운데서 발언권을 가지고 자유로이 의사를 표시할 수 있어야 하며, 자기네가 지니고 있는 "희망을 해설하며", 그들 스스로가 자기네 해방의 주역이 되어야 한다. 우리 신학도로서는 이처럼 이미 시작된 해방운동과 과정을 더 깊게 하고 성원하는 데 우리의 노력을 국한시켜야 한다. 신학이 그리스도교 공동체로 하여금 사랑의 과업에 더욱 철저하고 더욱 완전히 투신하게 함으로써, 세계 안의 교회 공동체의 활동에 활력을 부여하지 못한다면 별 가치없는 신학이다. 특히 라틴아메리카에서는 신학이 교회로 하여금 피압박 계급과 피지배 국민들의 편에 서도록 이끌지 못한다면 그것은 무가치한 신학이다. 신학이 도리어 실효없는 사고방식과 어중간한 수단들을 정당화하고 그때문에 인간들이 복음에서 이탈하는 현상을 합리화하는 도구까지 될 수 있다.

또한 우리가 지적인 자기만족감을 가지거나, 그리스도교의 해박하고 진보된 새 사상을 지녔다는 승리주의에 도취되어서도 안된다. 정말 새로운 것이 있다면 날마다 성령의 은혜를 다시 받는 그것이다. 성령은 우리에게 사랑할 힘을 주신다. 그리고 사랑한다는 것은, 구체적인 차원에서는 그리스도가 우리를 사랑한 그 온전한 사랑으로 참다운 인간적 박애를 건설하는 것이요, 역사적 차원에서는 그리스도가 우리를 사랑한 그 온전한 사랑으로 불의의 질서를 전복시키는 것이다. 파스칼의 유명한 구절을 상기해 볼 때 우리가 전개하는 모든 정치신학, 희망신학, 혁명신학, 해방신학도 결국 착취당하는 계급과 진지하게 유대를 가지는 구체적인 행위 하나에도 미치지 못한다고 말할 수 있다. 실상 이 모든 신학도 신앙과 희망과 사랑의 행위, 즉 인간을 비인간화하는 모든 것에서, 인간이 아버지 하느님의 뜻에 따라 사는 길을 저해하는 모든 것에서부터 인간을 해방하고자 적극적으로 참여하는 행동 하나에도 미치지 못할 것이다.